Logística de almacenamiento

Paraninfo

COMERCIO Y MARKETING

Logística de almacenamiento

2.ª edición

M.ª Jose Escudero Serrano

NOTA: *un porcentaje de los derechos de autor de esta obra se destinan a la* ***Asociación Española Contra el Cáncer.***

Paraninfo

Logística de almacenamiento

Gerente Editorial
María José López Raso

Técnico Editorial
Paola Paz Otero

Editora de Adquisiciones
Carmen Lara Carmona

Producción
Nacho Cabal Ramos

Diseño de Cubierta
Ediciones Nobel

Preimpresión
Diseño y Control Gráfico

2.ª edición, 2019, 1.ª reimpresión, 2020

C/ Velázquez 31, 3.° Dcha. / 28001 Madrid, ESPAÑA
Teléfono: 914 463 350 / Fax: 914 456 218
clientes@paraninfo.es / www.paraninfo.es

ISBN: 978-84-283-4077-9
Depósito legal: M-10804-2019

(21407)

Impreso en España /*Printed in Spain*

Lavel Industrias Gráficas (Humanes de Madrid, Madrid)

La editorial recomienda que el alumnado realice las actividades sobre el cuaderno y no sobre el libro.

Presentación

Este libro desarrolla los contenidos del módulo profesional **Logística de Almacenamiento** de los Ciclos Formativos de grado superior de Comercio Internacional, de Gestión de Ventas y Espacios Comerciales, y de Transporte y Logística, de la familia profesional de Comercio y Marketing.

Las unidades del libro se acompañan de multitud de **recursos didácticos** que ayudarán al futuro profesional a comprender la materia y acercarlo a su inminente realidad laboral:

- Legislación y normativa.
- Recuadros de texto con información complementaria.
- Casos prácticos resueltos.
- Gran cantidad de actividades propuestas.
- Numerosas ilustraciones y fotografías.
- Resúmenes al final de cada unidad.
- Actividades de tipo test y de desarrollo, tanto para trabajo individual como en equipo.

Este libro dispone de los siguientes **materiales y recursos** disponibles en línea para el **profesorado que confirme su adopción** como libro de texto para impartir la materia:

- **Programación de aula.**
- **Solucionario.**
- **Material de apoyo y complementario para impartir las clases, y otros recursos.**
- **Presentación en PowerPoint.**
- **Examina.**
- **LDP (Libro Digital Proyectable).**

Este libro dispone además de **materiales y recursos previo registro** disponibles en línea para el **alumnado:**

- **Plantillas de documentos (en Word y en Excel) para facilitar la realización de las actividades.**

Índice

1 Logística y planificación del almacén

INTRODUCCIÓN

Cuando compramos un artículo, la mayoría de las veces, no somos conscientes de su origen; quién es su creador (fabricante), cómo ha llegado al punto de venta, por cuantos intermediarios o almacenes ha pasado, etc. El proceso logístico nos permite seguir la trazabilidad de un producto; conocer el camino o circuito que ha seguido desde su origen hasta que llega a nuestro carro de la compra.

La logística, desde el punto de vista empresarial, consiste en aplicar un conjunto de técnicas para acortar tiempos, reducir costes de transporte/almacenamiento y conseguir que el producto llegue al destinatario final cuando lo necesita, en el lugar que lo necesita y con plena satisfacción en calidad y cantidad.

OBJETIVOS

- Conocer las funciones y objetivos de la logística en las empresas industriales, comerciales y de servicios.
- Analizar los canales de distribución que aproximan los productos desde el centro de producción o extracción a los puntos de venta y consumo.
- Conocer los agentes o intermediarios que intervienen en la cadena logística y los almacenes que se utilizan para que los productos lleguen al consumidor final.
- Saber las funciones que cumple cada tipo de almacén y cuál debe ser su ubicación geográfica, para minimizar los costes de almacenaje y transporte.

CONTENIDOS

1.1. Logística empresarial

La logística se define en el diccionario de la RAE como «el conjunto de medios y métodos necesarios para llevar a cabo la organización de una empresa, o de un servicio, especialmente de distribución». Las actividades de la logística son fundamentales para el comercio, pues sirven de enlace entre los centros de producción y los mercados que están separados por el tiempo y la distancia.

Podemos definir la logística como una parte de la cadena de suministro encargada de planificar, gestionar y controlar el flujo y almacenamiento de los bienes, los servicios y la información generada, desde el punto de origen del producto hasta el punto de consumo, con el objetivo de satisfacer la demanda de los consumidores.

La logística, en el terreno empresarial, debe garantizar el diseño y la dirección de los flujos: de materiales y de información, desde sus fuentes de origen hasta sus destinos finales. Estos flujos se deben realizar de forma racional y coordinada con el objetivo de proporcionar al cliente productos y servicios en la cantidad requerida, con la calidad exigida, en el plazo y lugar demandados, con elevada competitividad y garantizando la preservación del medio ambiente.

La logística es una actividad empresarial que tiene como finalidad planificar y gestionar todas las operaciones relacionadas con el flujo óptimo de materias primas, productos semielaborados y productos terminados, desde las fuentes de aprovisionamiento hasta el consumidor final.

Orígenes de la logística

La palabra logística deriva del griego «logistiké», relativa al cálculo. Representaba un método de cálculo aplicado o cálculo científico opuesto a las matemáticas. Durante el Imperio romano se empezó a utilizar la logística como término militar, al denominar «logista» al administrador o intendente del ejército, y este concepto se mantuvo durante todo el Imperio bizantino.

Durante el siglo XIX, el concepto de logística se extendió como arte de la guerra que atiende al movimiento de las tropas en campaña, su alojamiento, transporte y avituallamiento. Después de la Segunda Guerra Mundial, la logística militar se incorporó al mundo empresarial y las técnicas logísticas evolucionaron rápidamente.

La logística se aplica en la empresa para identificar todas aquellas actividades relacionadas con el aprovisionamiento y suministro de productos. Actualmente no se concibe una empresa, que opera a nivel mundial, que no incluya en su organización un sistema logístico de gestión encargado de coordinar las funciones de aprovisionamiento, producción, almacenaje, transporte, distribución y servicio al cliente.

Evolución del transporte

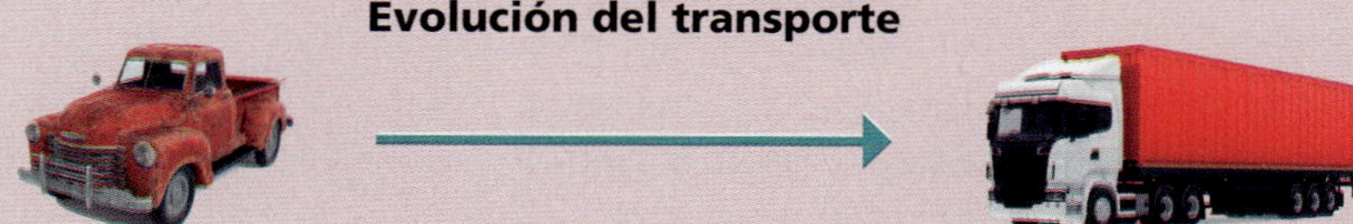

Importante

El profesor **Lambert** define el término «Logística» como la parte de la gestión de la cadena de suministro que planifica, implementa y controla el flujo eficiente y efectivo de materiales y el almacenamiento de productos, así como la información asociada desde el punto de origen hasta el de consumo, con el objeto de satisfacer las necesidades de los consumidores.

¿Sabías que...

Actualmente el sector de la logística es uno de los que más puestos de trabajo necesita cubrir, como:

- Técnico de compras, para gestionar los aprovisionamientos de la empresa.
- Técnico de almacén, para la gestión de *stock* e inventarios.
- Técnico de ventas, para venta personal y *on-line*.
- Técnico de distribución, para gestionar el transporte y que las mercancías lleguen a destino.

Aproximación del producto al mercado

Los centros de producción se ubican en determinados puntos de la geografía; unas veces porque ciertas zonas o países gozan de recursos naturales como bosques, minas, yacimientos, etc., y otras porque algunas empresas se especializan en la elaboración de determinados bienes, que fabrican con mayor calidad y menor coste.

La aproximación del producto a los puntos de consumo es un proceso logístico que se realiza, básicamente, a través de actividades de transformación, almacenaje y trasporte. Las actividades de transformación y transporte originan el movimiento físico del producto, mientras que las de almacenaje sirven de enlace y conservan el producto hasta que se produce la demanda.

Los fabricantes, para satisfacer las necesidades de los consumidores, utilizan técnicas logísticas para planificar, organizar y controlar los recursos necesarios; especialmente, cuando necesitan realizar actividades de aprovisionamiento, producción, almacenaje, transporte y distribución, con el fin de suministrar al cliente un servicio de calidad al mínimo coste.

Concepto

Proceso logístico es el conjunto de actividades que tiene como objetivo aproximar o situar en el mercado bienes, mercancías, artículos, etc., con un coste mínimo.

1.1.1. Funciones de la cadena logística

El proceso logístico se compone de una serie de fases o etapas que se suceden en cadena y depende, por una parte, de la naturaleza del propio producto y, por otra, de la actividad principal de las empresas que intervienen; es decir, industrial, comercial o de servicios. Para que el producto pueda llegar al consumidor final, generalmente, se utilizan dos vías:

- **Canal de aprovisionamiento:** cuando el producto se traslada desde el centro de extracción (mina, bosque, huerta, etc.) a la fábrica o almacén.
- **Canal de distribución:** cuando el producto se traslada desde la fábrica o el almacén a los puntos de venta.

Funciones logísticas en empresas industriales

Las empresas industriales se caracterizan por su actividad transformadora. Las funciones logísticas, en este tipo de empresas, se dividen en cuatro grupos:

- **Aprovisionamiento:** consiste en seleccionar los proveedores más eficientes para suministrar al centro de producción las materias primas, las piezas o los elementos que mejor respondan al ritmo y volumen de producción; garantizando el mínimo coste.
- **Producción:** implica organizar todos los medios de producción: físicos (fábricas y maquinaria), humanos (personal adecuado y eficiente) y las actividades de elaboración o transformación (envasado, manipulación y almacenaje).

Concepto

Los ***stocks*** son las existencias en mercancías o productos que una empresa tiene en el almacén, a la espera de un posterior consumo (materias primas) o demanda (artículos para la venta).

Caso práctico 1.1

Pensemos en dos productos de consumo: tomates naturales y botes de tomate en conserva. Para llegar al consumidor, los dos inician el recorrido en la misma fuente de origen, la huerta.

Se pide:

Hacer un esquema-gráfico de la cadena logística de cada uno de ellos.

Solución:

- **Cadena logística de tomates naturales:** se recogen en la huerta y se trasladan a uno o varios almacenes de distribución y, desde aquí, a los puntos de venta donde los compra el consumidor.

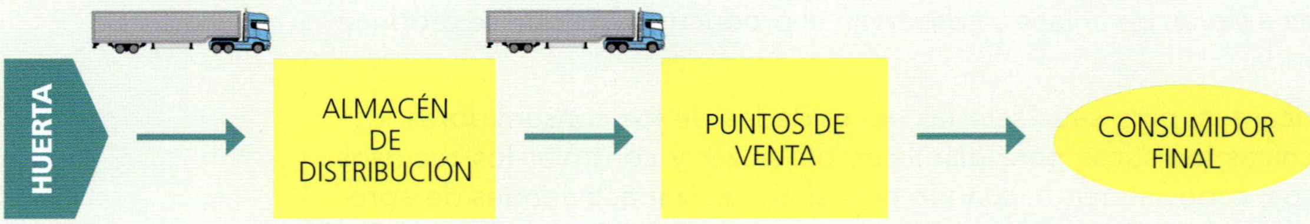

- **Cadena logística de botes de tomate en conserva:** los tomates naturales se recogen en la huerta y se trasladan a uno o varios almacenes de distribución. Los fabricantes los compran como materia prima y se trasladan a la fábrica para elaborar el producto (tomate en conserva); después se envían a los almacenes de distribución y a los puntos de venta, donde los compra el consumidor.

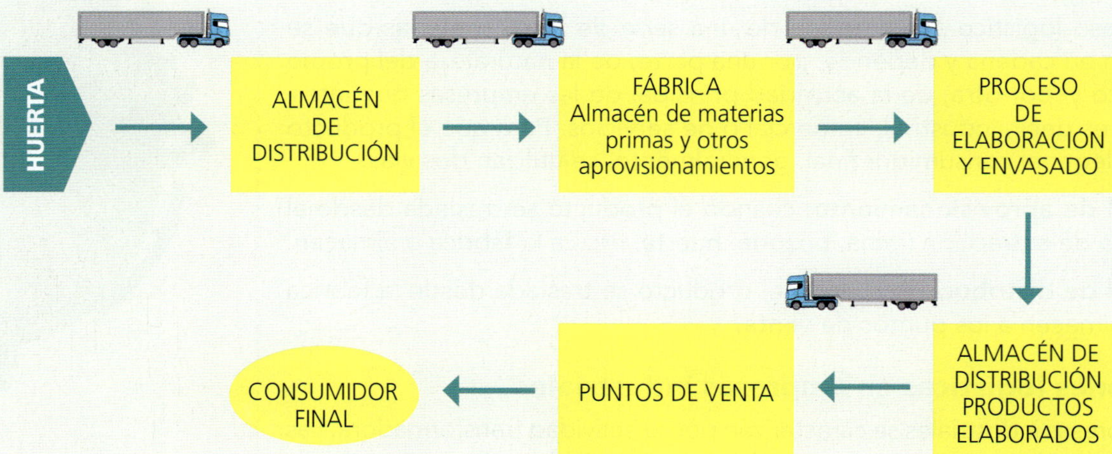

Una vez que los materiales y mercancías han llegado a la empresa, su cadena logística o trazabilidad se refleja a través de los flujos (entradas/salidas) que se producen en las distintas secciones o almacenes que realizan las actividades de fabricación y venta.

- **Distribución comercial:** consiste en adecuar el almacén y el medio de transporte. Las actividades logísticas respecto al almacenaje se centran en estudiar la ubicación óptima del local, distribuir los espacios, colocar los productos en el lugar apropiado, gestionar el *stock*, etc. La logística aplicada en el transporte establece los criterios para seleccionar los medios y optimizar las rutas.
- **Servicio posventa:** es esencial para que la empresa se pueda mantener en el mercado, y esto solo será posible mediante la satisfacción de los clientes. Las actividades logísticas de servicio al cliente se centran en estudiar las necesidades del cliente, gestionar los pedidos y las devoluciones, establecer los servicios posventa de productos de uso duradero, etc.

Los materiales que componen el *stock* en la empresa industrial son muchos y variados; también pasan por muchas fases de transformación y los flujos que se producen en los distintos almacenes son muy frecuentes. Por eso, el proceso logístico en una empresa industrial es más complejo, pues el aprovisionamiento procede tanto de fuentes externas (proveedores) como internas (centro de producción). Por ejemplo, las materias primas y otros componentes llegan con transporte externo desde el almacén del proveedor, mientras que los productos elaborados se trasladan con medios internos (carretillas, cintas transportadoras, etc.) al almacén de productos terminados.

Funciones logísticas en empresas comerciales

Las empresas comerciales centran su actividad en las funciones de **aprovisionamiento y distribución**; los productos o mercancías son bienes adquiridos con el fin de revenderlos a terceros sin transformación previa.

- Las empresas mayoristas compran directamente del fabricante y la reventa se dirige, principalmente, hacia empresas detallistas o puntos de venta.
- Las empresas detallistas pueden comprar al fabricante o al mayorista y las ventas se dirigen al consumidor final.

Las funciones de la logística que están relacionadas con el flujo de materiales (almacenaje y transporte) varían de una empresa a otra; dependen de factores tales como la estructura, la organización o tamaño de la propia empresa, los objetivos establecidos para cada área o sección de la compañía, etcétera.

Funciones logísticas en empresas de servicios

Las empresas de servicios centran sus funciones en satisfacer las necesidades de los clientes, a través de los servicios que prestan. Los bienes que adquieren son para llevar a cabo la actividad que realizan y al ser de uso, generalmente, no se almacenan. Por ejemplo, en una empresa de transportes el aprovisionamiento lo forman los vehículos y otros servicios solicitados por sus clientes. También podemos citar hoteles y restaurantes, en estas empresas los aprovisionamientos que adquieren son de consumo diario (alimentos, bebidas, etc.) o de uso (ropa, vajilla, cristalería, etc.) y las cantidades que almacenan son mínimas, para cubrir imprevistos.

Si analizamos la relación que existe entre la actividad principal de la empresa (industrial o comercial) y el *stock*, podemos observar que el aprovisionamiento de materiales y otros bienes no tiene la misma importancia en todas las organizaciones; pues los productos que fabrica una empresa pueden ser bienes de consumo, mercancías o materias primas. Por ejemplo, un neumático es un producto fabricado que se puede destinar al mercado de consumo (venta a talleres, venta a consumidores finales) o al mercado de bienes intermedios (venta a fabricantes de vehículos).

También podemos analizar el *stock* inmaterial, que no necesita espacio físico ni transporte. Por ejemplo, en una compañía de seguros el producto objeto de la actividad comercial es la póliza de seguro, que contrata o adquiere una empresa de transportes, un comercio, un hotel, etc.; estos productos los adquiere el cliente como un servicio.

¿Sabías que...

Cuando la empresa no trabaja sobre pedido en firme, la función de distribución también lleva implícita promoción de ventas, captación de clientes y realizar la entrega en los puntos de venta.

Recuerda

Los **mayoristas** compran en grandes cantidades, lotes o cargas completas (camión, vagón, etc.), para hacer frente a la demanda de los puntos de venta.

Los **detallistas** compran cantidades limitadas para cubrir la demanda del cliente/consumidor.

Las empresas de servicios, como asesorías, gestorías, bancos, y otras entidades financieras utilizan como medio de transporte las redes de comunicación (Internet o extranet) y los ordenadores como almacén.

Actividad propuesta 1.1

La fábrica Renault España, en Valladolid, recibe algunos motores, piezas, etc., de otras empresas de la firma (Renault-Francia o Renault-Sevilla), pero también compra otros complementos como neumáticos, tapicería, etc., a otros fabricantes (proveedores).

Los vehículos fabricados se dejan en el almacén central de distribución hasta que se llevan a concesionarios, donde los compran los clientes nacionales.

Se pide:

Hacer un esquema gráfico de la cadena logística que sigue un automóvil, desde que llegan las materias primas y otros componentes a la fábrica y hasta que llega el vehículo fabricado al cliente final.

Importante

El objetivo de la empresa es satisfacer la demanda al menor coste, y trasladado a la logística consiste en:

- Alcanzar el nivel de servicio exigido por los clientes.
- Reducir los costes de almacenaje y distribución.

La logística se utiliza como técnica de trazabilidad del producto, desde el origen (materia prima) hasta el destino (consumidor).

1.1.2. Objetivos de la logística

La logística tiene como objetivo principal satisfacer la demanda en las mejores condiciones de servicio, coste y calidad. Garantizar la calidad del producto y/o servicio es una ventaja competitiva y reducir costes permite aumentar el beneficio de la empresa; por ello, la logística se encarga de gestionar los medios necesarios (locales, medios de transporte, programas de gestión informática, etc.) y movilizar los recursos humanos y financieros más adecuados.

Los **objetivos** que se consiguen con una buena planificación logística son:

- Adquirir los materiales en las condiciones más adecuadas, de esta forma evitamos realizar operaciones de desembalaje, preparación y adaptación posterior.
- Reducir los costes de transporte, realizando agrupación de cargas y minimizando etapas y distancias en el recorrido.
- Reducir los costes de manipulación, procurando cambiar la mercancía de lugar el menor número de veces.
- Reducir los grupos de clasificación del *stock*, así como minimizar el volumen, el espacio y el número de recintos destinados a almacenaje.
- Reducir el número de revisiones y control de existencias, haciendo las necesarias y de la forma más fácil y cómoda posible.

1.2. Agentes de la cadena logística

Como hemos visto, desde que un producto, natural o fabricado, sale del lugar de extracción o de fabricación hasta que llega al consumidor final pasa, generalmente, por muchas etapas y en cada una de ellas hay una persona o empresa que es responsable de su cuidado y conservación. Estas personas o empresas son los intermediarios, son los que enlazan cada uno de los eslabones de la cadena logística.

Por ejemplo, analicemos los agentes que intervienen en un producto tan simple como una barra de pan:

1. El agricultor cultiva y cosecha el trigo (empresa extractiva o del sector primario) y se lo vende a un comerciante mayorista.
2. El comerciante (empresa del sector terciario-comercio) vende el trigo al molinero.

3. El transportista (empresa del sector terciario-servicios-transportes) traslada el trigo desde el almacén del comerciante al del molinero.
4. El molinero (empresa del sector secundario-industrial) transforma el trigo en harina y se la vende a las panificadoras. Muchas veces intervienen comerciantes mayoristas, almacenes de tránsito o de distribución, transportistas, etcétera.
5. La panificadora (empresa del sector secundario-industrial) compra la harina, fabrica el pan y se lo vende a las panaderías.
6. Los puntos de venta (panaderías, empresas del sector terciario-comercio) compran el pan para atender la demanda de sus clientes (consumidores).

También podemos añadir otros agentes como supermercados, restaurantes, etc., que compran el pan congelado para prestar mejor servicio a sus clientes.

Empresa extractiva (minas y canteras).

Empresas del sector primario (agricultura y ganadería).

Centro comercial, empresas de servicios (comercio y ocio).

Tipos de empresas según el sector de actividad

La empresa es una unidad económica que se crea con el fin de obtener un beneficio a través del ejercicio de una actividad empresarial. Según el sector de actividad las podemos clasificar en:

- **Empresas extractivas:** pertenecen al sector primario y su actividad principal consiste en extraer las materias primas o productos que nos brinda la naturaleza. Por ejemplo: empresas agrícolas, ganaderas, mineras, pesqueras, forestales, etcétera.
- **Empresas industriales:** se incluyen en el sector secundario y su actividad es la fabricación o manipulación de bienes físicos. Transforman las materias primas en productos elaborados y aptos para el uso o consumo, como una fábrica de quesos, muebles, vehículos, calzado, etc., y las que se dedican a la construcción.
- **Empresas de servicios:** son las incluidas en el sector terciario. Las actividades de estas empresas son poner al alcance del público los bienes y servicios que proceden de los sectores primario y secundario. Por ejemplo: comercio, transportes, enseñanza, sanidad, espectáculos, banca, comunicaciones, seguros, etcétera.

1.2.1. Canales de distribución

El canal de distribución es el recorrido que sigue el producto desde el origen (fabricante) hasta el destino (consumidor). Dicho recorrido se puede hacer atravesando múltiples etapas o ninguna, es decir, el producto se puede vender a través de múltiples intermediarios, entre el fabricante y el consumidor, o distribuirse de forma directa. El fabricante decide el sistema de comercialización para su producto y elige entre: venta directa o venta indirecta.

- **Venta directa:** consiste en hacer llegar el producto al consumidor a través de vendedores propios o agentes comerciales. Los **vendedores propios** pertenecen a la plantilla de trabajadores de la empresa; los **agentes comerciales** actúan a nivel individual y venden por cuenta y en nombre del fabricante, sin pertenecer a su plantilla, a cambio de una comisión en base a las ventas realizadas.

¿Sabías que...

Los agentes comerciales pueden representar o vender al mismo tiempo productos de varias firmas o empresas.

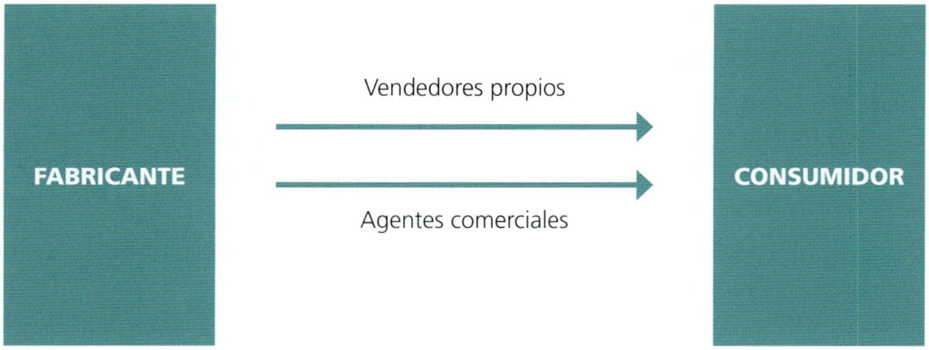

La venta directa o «marketing directo» se utiliza para las ventas a domicilio, por correo, por Internet, por televisión y en los establecimientos propiedad del fabricante. Por ejemplo, venta de seguros, productos de cosmética (Avon) o para el hogar (Tupperware), libros (Círculo de Lectores), etcétera.

- **Venta indirecta:** consiste en hacer llegar el producto al consumidor final a través de uno o más intermediarios, que compran el producto y lo revenden a un precio más alto. Existen dos tipos de intermediarios: **detallistas** (compran el producto al fabricante o al mayorista y lo revenden al consumidor) y **mayoristas** (compran el producto al fabricante y se lo venden al detallista, quien posteriormente lo revenderá al consumidor final).

Según el número de intermediarios que intervienen en la distribución, se distinguen los siguientes tipos de canales:

- **Canal de nivel cero:** no existen intermediarios entre el fabricante y el consumidor. Se trata de ventas directas con costes fijos muy elevados; por ello, solo se utiliza para productos de alto valor unitario, como en construcción, aviación, grandes ordenadores, maquinaria industrial, etc., y especialmente cuando la venta se realiza a empresas.
- **Canal de un nivel:** el producto pasa por un intermediario mayorista o detallista antes de llegar al consumidor. Por ejemplo, en los bienes de consumo el fabricante llega al consumidor a través del detallista.
- **Canal de dos niveles:** entre el fabricante y el consumidor hay, al menos, dos intermediarios (mayorista y detallista).
- **Canal de tres niveles:** cuando se introducen otros intermediarios como un importador, agentes de ventas, centrales de compra, etc., en estos casos se dice que el canal es muy largo (véanse las Figuras 1.1 y 1.2).

Recuerda

Muchos de los productos que fabrica una empresa son materias primas para otros fabricantes y el ciclo termina en el cliente industrial, pero ese producto, una vez incorporado en el otro, inicia un nuevo ciclo para llegar al consumidor. Por ejemplo: tela, botones, cremalleras; otros ejemplos pueden ser tableros, tornillos o cerraduras.

Importante

Los **intermediarios** adquieren el producto para revenderlo a un precio más alto.

Los comerciantes **mayoristas** compran el producto directamente al fabricante y lo venden al detallista.

Los comerciantes **detallistas** compran el producto al fabricante o al mayorista y se lo revende al consumidor final.

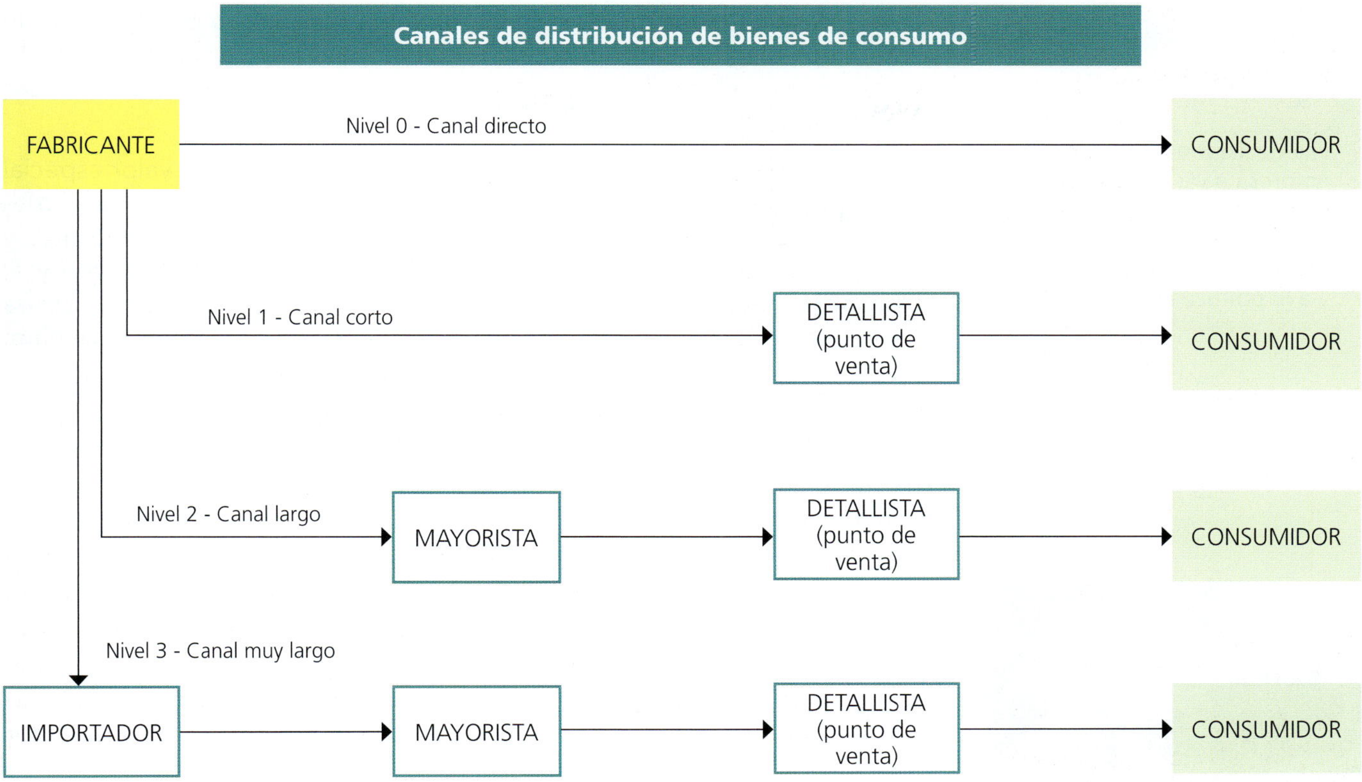

Figura 1.1. Canales de distribución de bienes de consumo.

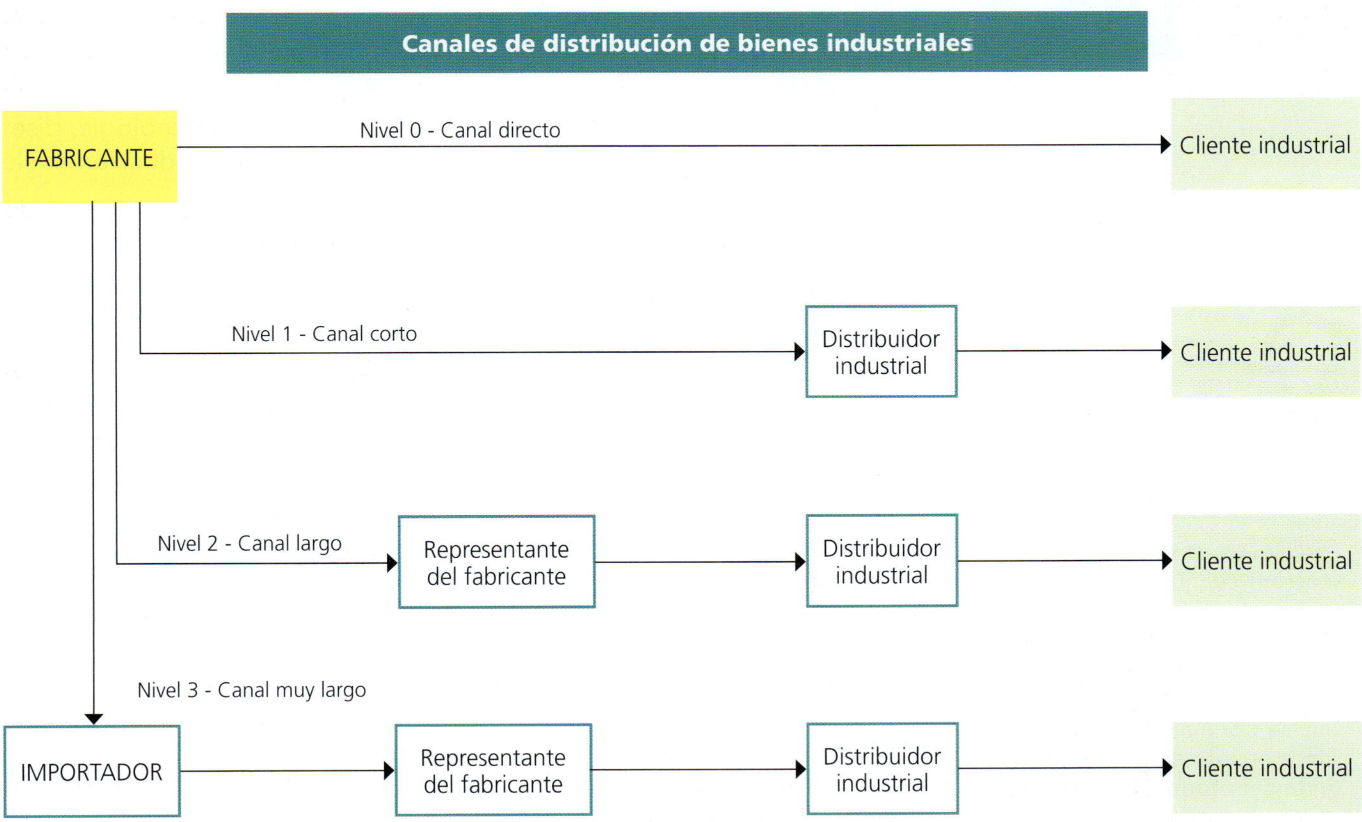

Figura 1.2. Canales de distribución de bienes industriales.

¿Sabías que...

Las decisiones que tome la empresa para la distribución comercial son estrategias del «marketing-mix», que afectan a la imagen del producto y a la política de precios.

Recuerda

El fabricante se encuentra ante una realidad evidente: «el ciclo de vida del producto es cada vez más corto»; cuando aparece un producto nuevo las empresas de la competencia tratan de imitarlo y cuando esto ocurre la empresa tiene que luchar por mantener la cuota de mercado y prolongar la vida del producto el tiempo máximo posible.

La empresa que fabrica un producto (bien de consumo o componente de otro) debe elegir el canal más corto posible, pues una vez que el producto ha entrado en el canal de distribución mantiene las mismas características y propiedades.

Los costes de almacenaje y transporte no le añaden ningún valor especial al producto, pero encarecen el coste final e impiden que sea competitivo por razones de precio. Sin embargo, las actividades de almacenaje y transporte son esenciales, pues el **almacén añade «valor tiempo»** y el **transporte añade «valor situación»**. El producto desde que se elabora hasta que se consume, permanece almacenado o se encuentra en camino.

La globalización del mercado afecta a un gran número de empresas que para seguir siendo competitivas tiene que cuidar aspectos como calidad, precio o servicio y establecer flujos comerciales eficientes, tanto a nivel nacional como internacional. Por otra parte, el fabricante se encuentra ante una realidad evidente: «el ciclo de vida del producto es cada vez más corto»; cuando aparece un producto nuevo, las empresas de la competencia tratan de imitarlo y cuando esto ocurre la empresa tiene que luchar por mantener la cuota de mercado y prolongar la vida del producto el tiempo máximo posible.

Ciclo de vida del producto

El Ciclo de Vida del Producto (CVP) es el tiempo que está en el mercado; comienza cuando se fabrica por primera vez y se prolonga hasta que, por falta de demanda, se deja de fabricar. El producto durante su vida pasa por cuatro etapas o fases: introducción, crecimiento, madurez y decadencia.

- **Introducción** o lanzamiento: empieza cuando el producto se pone a la venta por primera vez; se caracteriza por un lento crecimiento de las ventas, los costes son elevados y los beneficios bajos. Durante esta fase el fabricante tiene muchos gastos de inversión (nueva tecnología, diseño inicial, distribución, promoción y publicidad) y la producción suele ser reducida.
- **Crecimiento** o desarrollo: la inversión genera beneficios, las ventas aumentan rápidamente y, algunas veces, el incremento de la demanda es superior a la fabricación. El objetivo de la empresa es mantener el ritmo de crecimiento, asegurar el precio de venta y la rentabilidad del producto.

El principal inconveniente, durante la fase de crecimiento de un producto, es que los competidores empiezan a imitar el producto y se deben tomar medidas para evitar que estos ocupen puntos desatendidos, introduciendo nuevos productos. La estrategia del fabricante debe consistir en potenciar el producto y abrir nuevos puntos de distribución o establecer franquicias de la marca.

- **Madurez:** suele ser la fase más larga. El producto se ha posicionado como líder del mercado, las ventas se mantienen constantes y se estabiliza la demanda. El fabricante debe procurar la supervivencia del producto utilizando estrategias como bajar el precio, mejorar o innovar sus características, introducir promociones, ofertas 3×2 o más cantidad por el precio inicial.

- **Decadencia** se caracteriza por un rápido descenso de la demanda y las ventas; debido a la aparición de productos sustitutivos, cambios tecnológicos o de moda. El fabricante comienza a reducir la producción y el producto desaparece del mercado. La empresa intentará dar salida a los *stocks* a precios bajos, entrar en otros mercados o desarrollar nuevos productos.

El CVP se representa mediante una curva que relaciona el volumen de ventas y el tiempo de permanencia en el mercado.

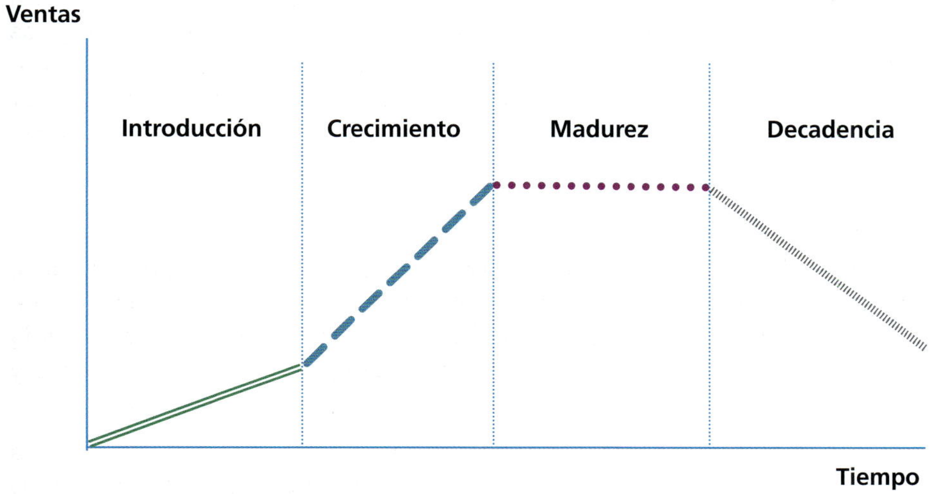

Figura 1.3. Representación del Ciclo de Vida del Producto.

Ten en cuenta

El CVP también se puede aplicar a una empresa. Algunas se mantienen en la fase de madurez muchos años y pasan de padres a hijos.

El Instituto Valenciano para el Estudio de la Empresa Familiar (IVEFA) ha desarrollado un proyecto pionero en España: el Club de Empresas Familiares Centenarias.

¿Existe en la provincia dónde vives alguna empresa centenaria?

1.3. Logística inversa en la cadena de suministro

La logística inversa o distribución inversa de la cadena de suministros incluye todos los movimientos de materiales desde el consumidor o usuario hacia el fabricante o hacia los puntos de recogida, para su reutilización, reciclado o destrucción.

Podemos definir la **logística inversa** como: «El proceso de planificar y controlar el flujo eficiente y rentable de materias primas, inventario en proceso, productos terminados y la información relacionada, desde el punto de consumo al punto de origen con el fin de recuperar valor o su correcta eliminación».

La **logística directa** es el circuito que realiza el producto (incluidas materias primas y piezas que lo componen) desde el fabricante al consumidor; en cambio, la **logística inversa** es el circuito contrario, desde el consumidor al fabricante o la gestión de residuos (véase la Figura 1.4).

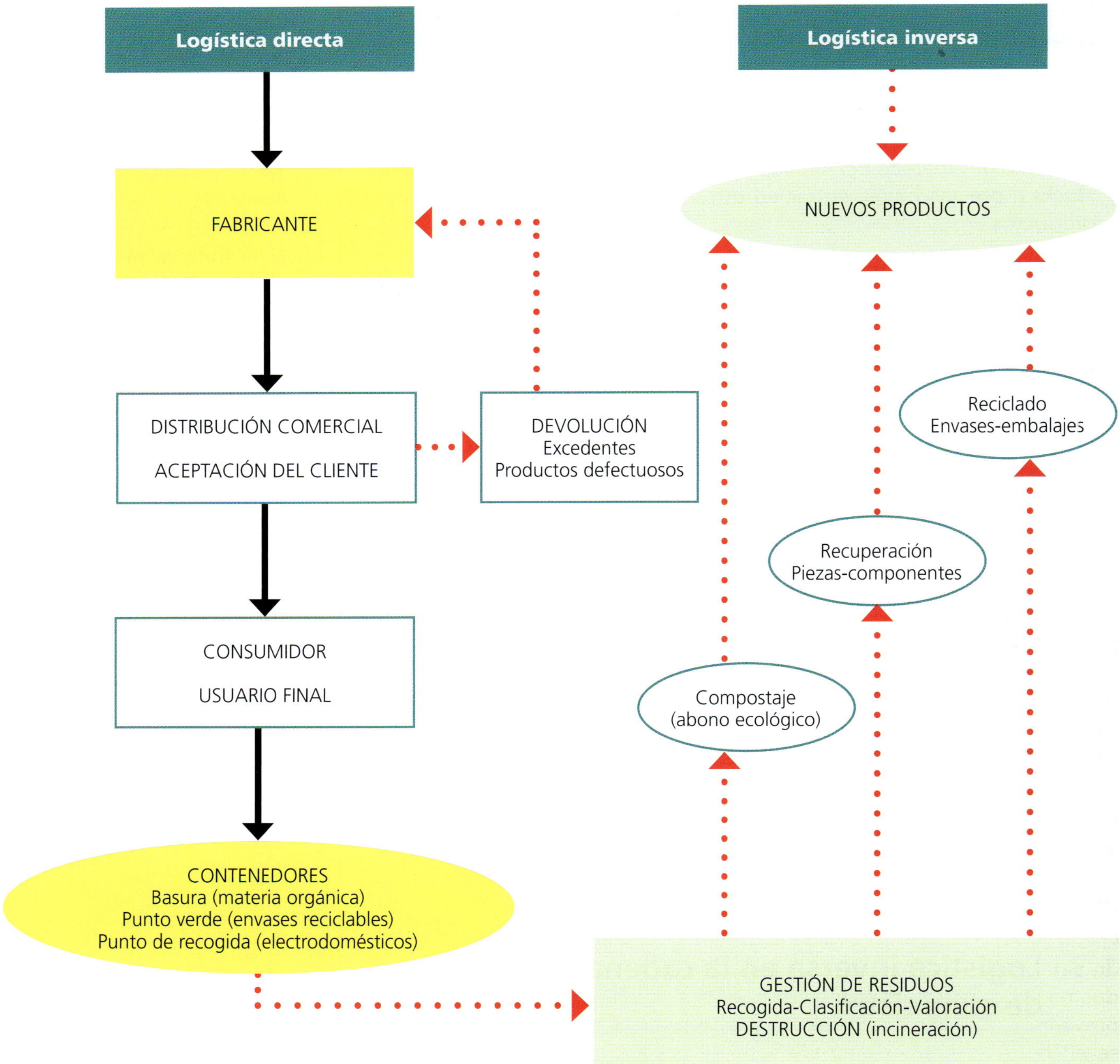

Figura 1.4. Comparación del circuito de logística directa y logística inversa.

> **Recuerda que**
>
> La empresa se puede beneficiar con el tratamiento de sus desperdicios (reutilizando piezas). También es una alternativa para que los efectos de la tecnología no sean dañinos para el medio ambiente.

Causas que originan la logística inversa

La logística inversa se inicia en la propia fábrica, cuando se detectan piezas o componentes defectuosos, en materias primas, productos en curso, envases o embalajes. Mediante un control de calidad se retiran algunos productos del lote y se reparan para su venta posterior como nuevos o se recuperan sus materiales para fabricar otras unidades. Algunas veces, por errores humanos, no se detectan defectos durante el proceso de fabricación y, en estos casos, la devolución del producto procede del cliente.

Una vez que el producto ha iniciado el circuito comercial (logística directa), podemos distinguir las siguientes circunstancias que originan la logística inversa:

- **Devolución de productos defectuosos.** El comprador (mayorista/detallista) devuelve artículos cuando encuentra defectos de fabricación, piezas o elementos y embalajes rotos por golpes durante el transporte.
- **Devolución por excedentes de inventario.** Algunas veces el comprador solicita más unidades de las que puede vender, durante una temporada o campaña, y devuelve al fabricante los artículos sobrantes.
- **Devolución del usuario/consumidor.** El consumidor tiene la obligación de depositar los artículos cuya vida útil ha concluido en los puntos establecidos, así como sus envases y embalajes.
- **Compromiso del fabricante.** Consiste en respetar el medio ambiente, a través del tratamiento y manejo de desechos nocivos para la naturaleza. Para ello, se prestan servicios de transporte «cliente-proveedor», así como ofrecer descuentos para la renovación en su gama de productos.
- **Reciclaje y desecho de piezas.** Las piezas útiles se pueden utilizar en un nuevo proceso de fabricación, así se generan ganancias a través de una política verde responsable.
- **Inicio de un nuevo ciclo de producción.** Las piezas reciclables son tratadas en nuevos procesos de producción (fabricación de otros productos). Por ejemplo, los desechos de neumáticos se utilizan como asfalto de carreteras; con el reciclado de envases de plástico se fabrican muebles para jardines y terrazas, materiales para la construcción, etcétera.

La logística inversa incluye operaciones muy diversas como: gestión de materiales sobrantes del inventario, devolución de compras a proveedores, recuperación de embalajes y envases, devolución de productos de electrodomésticos, electrónica e informática (denominados gama blanca, gama marrón y gama gris) o gestión de residuos.

Con la gestión de residuos se han desarrollado nuevos conceptos y mercados conocidos como «**sociedad del reciclado**», cuyo objetivo es evitar la eliminación descontrolada y utilizar los residuos como materia prima aprovechable. Esta tendencia está generando nuevas normas de calidad, transparencia, apertura y organización, entre otros aspectos.

La sociedad del reciclado ha fomentado estrategias preventivas del ciclo de vida total de productos y procesos. Actualmente se desarrollan productos y procesos que consideran desde la etapa del diseño aspectos preventivos de su impacto ambiental, para que al final de su ciclo de vida se obtenga potencial de reutilización, incorporación de mejoras que minimicen la carga contaminante, uso adicional, fácil desmontaje, etcétera.

¿Sabías que...

La logística inversa en España es una necesidad y una oportunidad para aumentar la cantidad y calidad del material reciclado. Permite una relación más estrecha entre empresas, distribuidores y clientes, y con la reutilización se reducen los costes de embalajes industriales.

Importante

La sociedad está cobrando conciencia de la necesidad de reducir los residuos que generamos actualmente.

La logística inversa facilita la creación de canales de recogida selectiva de residuos industriales, vehículos y neumáticos fuera de uso, residuos de equipos eléctricos y electrónicos o residuos de la construcción.

Logística verde y ecodiseño

Logística verde es un proceso que tiene como objetivo la reducción o minimización del impacto medioambiental de las actividades de logística directa y de logística inversa. La logística verde se ocupa de cuestiones como la medición del consumo de energía o el ecodiseño de embalajes que no son tratadas por la logística inversa.

El **ecodiseño** (conocido también como **diseño verde, diseño sostenible o diseño responsable**) es la aplicación, al diseño de un producto o a su proceso de fabricación, de metodologías orientadas hacia la prevención o reducción del impacto medioambiental. Las prácticas del ecodiseño se distinguen por incorporar criterios específicos medioambientales del comportamiento del producto a lo largo de su ciclo de vida (producción, distribución, utilización, reciclaje y tratamiento final).

Importante

La gestión del *stock* y su distribución integran conocimientos de distinta naturaleza para conseguir que las actividades de aprovisionamiento y almacenaje generen los mínimos costes.

1.4. Nueva logística: *Cross Docking*

Actualmente las empresas buscan una ventaja competitiva para mejorar su posicionamiento dentro de mercados globalizados. Para ello, el flujo, de productos, a través de puntos de almacenamiento y distribución, se debe realizar de la manera más rápida posible. Una de las mejores herramientas del proceso logístico es el *Cross Docking*, el cual se define como un sistema de distribución donde las unidades logísticas son recibidas en una plataforma o centro de distribución y no son almacenadas sino preparadas para ser enviadas de forma inmediata.

El ***Cross Docking*** es un sistema de distribución en el cual los productos recibidos en un almacén o centro de distribución no se almacenan, sino que se preparan inmediatamente para su próximo envío. Es decir, que las mercancías no hacen *stock* ni ningún otro tipo de almacenaje intermedio.

El modelo del *Cross Docking* se centra en un proceso de consolidación de productos y desconsolidación de varios pedidos. La siguiente figura representa un modelo general, sin embargo el transporte de las unidades desde los proveedores a la plataforma y después hacia los clientes se puede dar con sistemas de multirrecogida, multientrega o no.

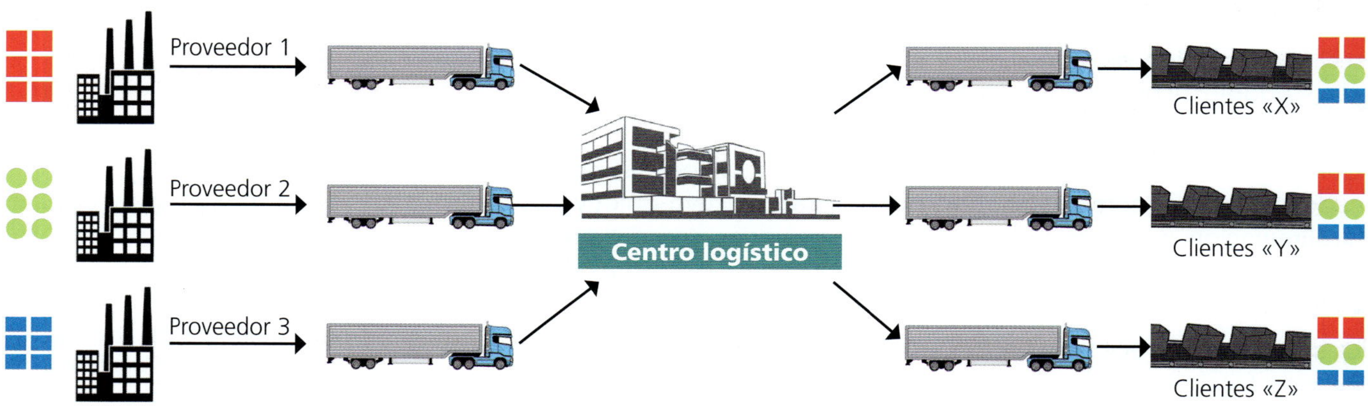

Como podemos ver en la figura, los clientes «X», «Y» y «Z» compran a los fabricantes «P1», «P2» y «P3»; es decir, cada proveedor tiene que realizar una entrega pequeña a cada uno de los clientes. Aplicando el modelo del *Cross Docking* cada fabricante transporta camiones completos hasta el centro logístico. Desde aquí se envía un camión completo a cada cliente, pero con productos de cada uno de los fabricantes.

Los invernaderos de El Ejido (Almería), conocidos como «El mar de plástico», utilizan este sistema de distribución. Cada agricultor o invernadero se dedica a un producto concreto (tomates, pepinos, calabacines, etc.). Cuando se recolectan se preparan en cestones paletizados, se cargan camiones completos del mismo producto con destino a MERCAMADRID y desde aquí se distribuyen en camiones completos, pero con variedad de verduras, cada uno puede llevar 3 palés de pepinos, 6 de tomates, 2 de calabacines, etc., según las necesidades del supermercado, cuyo pedido ha realizado directamente al invernadero.

Tipos de *Cross Docking*

Existes dos tipos: directo e indirecto.

- ***Cross Docking* directo.** Las unidades de carga (palés o cajas) que llegan al almacén se transportan al muelle de salida en el mismo formato sin manipulación. Las entregas son preparadas por el proveedor, en función de cada uno de los clientes finales, mediante una unidad de carga específica (palés, cajas, etc.). El centro de distribución identifica, clasifica y envía la mercadería a cada cliente. El *Cross Docking* directo también se conoce como *Cross Docking predistribuido*.
- ***Cross Docking* indirecto.** Las paletas o cajas entran fragmentadas y hay que desfragmentarlas y reetiquetarlas para su entrega; esta modalidad conlleva más operaciones de manipulación. El *Cross Docking* indirecto también se conoce como *Cross Docking consolidado,* pues las unidades logísticas se reciben y son enviadas a un área de acondicionamiento (dentro del centro de distribución) para organizar las nuevas unidades logísticas y enviarlas a sus respectivos puntos de destino.

El *Cross Docking* se utiliza preferentemente para productos alimenticios frescos y medicamentos con el objetivo de incrementar los **beneficios** que reporta su aplicación, como son:

- Reducir los tiempos de entrega al cliente y mejorar la disponibilidad del producto.
- Minimizar los costes de distribución.
- Disminuir el tiempo de localizaciones en el almacén.
- Reducir las áreas físicas de almacenamiento.
- Reducir los costes de manipulación y deterioro de la mercadería.
- Respaldar las estrategias JIT (*Just in Time*) de la cadena de abastecimiento.

Estrategia y características del *Cross Docking*

La estrategia consiste en un flujo continuo de productos, ahorro de costes, transporte rápido y a bajo coste y cumplir las necesidades de los clientes. Las características que permiten identificar si una empresa está implementando un sistema de *Cross Docking* son:

- El tiempo de almacenamiento es inferior a 24 horas.
- Las mercancías recibidas se envían al destino final o se llevan a la zona de *picking*.
- Existe un intercambio efectivo de información entre proveedores, centro de distribución y clientes.

Elementos para aplicar *Cross Docking*

Durante la fase preliminar, para que el resultado de la implementación sea óptimo, hay que considerar varios elementos fundamentales, como son:

- **Evaluación económica:** hay que percibir una serie de beneficios que justifiquen la inversión en elementos técnicos y el software (software ODBMS de JDA) que permite administrar y coordinar eficientemente las líneas comerciales y logísticas.

¿Sabías que...

El ***Cross Docking*** indirecto se utiliza para ofertas de productos que serán enviados a almacenes de la cadena o grandes superficies.

¿Sabías que...

También es frecuente encontrar el ***Cross Docking* de oportunidad** que se basa en la filosofía de utilizar la metodología solo si es necesario.

El requisito para llevar a la práctica esta aplicación es que el proveedor pueda organizar órdenes de sus clientes en un ciclo reducido de anticipación de 24 a 48 horas, y el cambio de ritmo es determinado por condiciones predeterminadas de aprovechamiento de la oportunidad.

- **Compromiso de la alta dirección:** se debe acordar una estrategia común y equilibrada para la distribución de las unidades logísticas, así como permitir el flujo mixto de información entre las compañías que participan en la estrategia.
- **Composición horizontal de la organización:** esta estrategia requiere de un compromiso horizontal, es decir, que todas las áreas de la organización deben ser partícipes del proceso.
- **Utilización de herramientas que permitan ECR:** junto con la inversión económica y compromiso de la alta dirección, es necesario realizar inversiones tecnológicas en herramientas que permiten la aplicación de estrategias de Respuesta Eficiente al Consumidor (ECR).

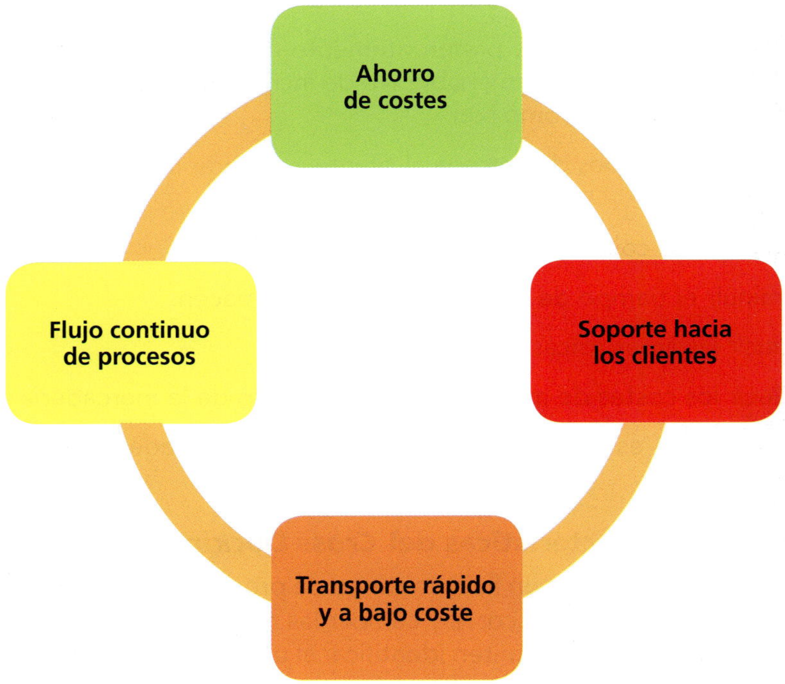

Importante

El proceso logístico *Cross Docking* aporta ventajas y beneficios cuando existe una correcta coordinación entre las empresas que lo utilizan:

- Fabricantes.
- Distribuidores.
- Transportistas.

¿Qué empresas suelen aplicar el *Cross Docking*?

- **Empresas manufactureras:** recepción, consolidación y envío de materias primas o partes hacia la planta. Desde las líneas de producción para servir directamente los pedidos de los clientes (internos y/o externos).
- **Distribuidores:** fabricantes que envían sus mercancías a un distribuidor para que ensamble los productos y luego los envíe hacia su cliente.
- **Transportadores:** configuración de estibas basadas en destinos geográficos, lo que permite la consolidación de mercancías y la optimización de costes.

Logística inversa y *Cross Docking*

Hemos visto que las empresas utilizan el *Cross Docking* como una ventaja competitiva para abaratar costes de distribución, mediante procesos de consolidación y desconsolidación de productos. Por otra parte, el último escalón de la logística inversa consiste en retornar los desechos de los consumidores e iniciar con ellos un nuevo ciclo de producción o utilidad.

Veamos cómo podemos aplicar el *Cross Docking* en la logística inversa. El consumidor deposita:

- **Contenedor verde,** envases de vidrio. Algunas veces estos envases llevan partes de plástico o metal, como los frascos de colonia con formato espray.
- **Contenedor azul,** papel y cartón. Pero, ¿nos entretenemos en quitar las tapas plastificadas de un libro o el alambre de un cuaderno?
- **Contenedor amarillo,** es para multitud de envases (plástico, botes de aluminio, briks multimaterias, etcétera).
- **Contenedor gris,** es para restos de comida o materia orgánica. Pero, en la práctica real, se utilizan para depositar la bolsa de la basura y muchas veces contienen de todo, bien porque el consumidor no clasifica o porque no está próximo el contenedor adecuado.

El camión que vacía los contenedores amarillos hace una consolidación (*Cross Docking* agrupa mercancías con el mismo destino) y las lleva hasta la planta de clasificación y reciclado (plataforma logística utilizada en *Cross Docking*). Aquí se hace una desconsolidación y se preparan los envíos para los distintos clientes, como fabricantes de envases de plástico, envases de aluminio, botes de hojalata, muebles, juguetes, etc. Estas fábricas reciben la materia prima y sin almacenar la incorporan en sus procesos de fabricación de nuevos productos.

Con los otros contenedores se realiza el mismo proceso. Las diferencias que podemos encontrar es que la clasificación sea más o menos costosa. Por ejemplo, los envases de vidrio son muy fáciles de clasificar y la preparación del envío es solo para un tipo de clientes. En cambio, la clasificación de los restos encontrados en contenedores grises es lenta, desagradable y los envíos se preparan para empresas con actividades muy diversas. Las plantas de reciclado de los contenedores grises abastecen a fabricantes de abonos y compostaje, fábricas de productos cuya materia prima tiene una parte de plástico reciclado, y los últimos residuos se destinan a incineradoras.

Con el reciclado de los plásticos tanto de las botellas, como de las bolsas del supermercado, después de un tratamiento adecuado, se pueden fabricar juguetes.

Muchos de los kilos de basura que generamos en nuestro hogar se pueden reutilizar.

El reciclado de materiales es fundamental, ya que permite el ahorro de materias primas y disminuye el gasto de energía y agua, al mismo tiempo que reduce la generación de residuos y la contaminación añadida.

Importante

La diferencia entre «almacén» y «almacenaje» es que el almacén es el lugar donde se realizan operaciones de almacenaje; el almacenaje es el conjunto de actividades o tareas que tienen por objeto almacenar y custodiar aquellos *stocks* que no están en proceso de transformación o se encuentran en trayecto desde los proveedores o hacia los clientes.

Concepto

Dársena es la parte del puerto que está resguardada artificialmente y se destina a la carga y descarga de embarcaciones.

Muelle es una obra construida en la orilla del mar o de un río para facilitar el embarque y desembarque.

Andén alto, propio para la carga y descarga en las estaciones ferroviarias.

Sabías que...

Los huevos que produce una granja permanecen almacenados una media de dos días. Mientras que, el vino permanece almacenado en la bodega que lo elabora tres o más años.

1.5. Almacén: concepto y funciones

La palabra almacén se define como el edificio o lugar donde se guardan o depositan mercancías o materiales y donde, en algunas ocasiones, se venden artículos al por mayor. No obstante, el almacén como «depósito de mercancías» ha pasado por varias denominaciones a lo largo de la historia.

Durante la dominación del Imperio romano, se llamaba «silo» y era un local subterráneo que se utilizaba para guardar aceite, vino, cereales, etc. Posteriormente, cuando los musulmanes se instalaron en la península, los depósitos de cereales o graneros se construyeron sobre la superficie y se denominaron «al-malizén»; vocablo árabe, del cual deriva la denominación actual «almacén», aunque también se utilizan los términos «silo» y «dock».

- **Silos:** son depósitos que se destinan para almacenar a granel determinados productos como trigo, arroz, semillas, forrajes, etc. La construcción de estos depósitos es de cemento armado, hierro o acero y están provistos de aparatos elevadores para la carga y descarga automática; su ubicación, generalmente, es cerca de las carreteras nacionales o comarcales y las vías férreas.
- ***Dock:*** son almacenes generales de depósito situados en las dársenas y los muelles. Los *docks* se utilizan como almacenes de tránsito y en ellos las mercancías permanecen en depósito, sin pagar derechos de aduana, hasta su venta en el país o su exportación.

Funciones y actividades del almacén

Los almacenes son centros reguladores del flujo de existencias que están estructurados y planificados para llevar a cabo funciones de almacenaje, como: recepción, custodia, conservación, control y expedición de mercancías y productos. Las principales funciones y actividades que se realizan en el almacén son:

- **Recepción de mercancías:** consiste en dar entrada a los artículos enviados por los proveedores. Durante el proceso de recepción se comprueba que la mercancía recibida coincide con la información que figura en el albarán o nota de entrega. También se observa que las características, cantidad, calidad, etc., se corresponden con el pedido.
- **Almacenamiento:** es ubicar la mercancía en la zona más idónea del almacén, con el fin de poder acceder a ella y localizarla fácilmente. Para ello se utilizan medios de transporte interno (cintas transportadoras, elevadores, carretillas, etc.) y medios fijos como estanterías, depósitos, instalaciones, soportes, etcétera.
- **Conservación y mantenimiento:** trata de conservar la mercancía en perfecto estado, durante el tiempo que permanece almacenada. La custodia de la mercancía también comprende aplicar la legislación vigente sobre seguridad e higiene en el almacén y normas especiales sobre cuidado y mantenimiento de cada tipo de producto.
- **Gestión y control de existencias:** consiste en determinar la cantidad que hay que almacenar de cada producto y calcular la frecuencia y cantidad que se solicitará en cada pedido, para generar el mínimo coste de almacenamiento.

- **Expedición de mercancías:** comienza cuando se recibe el pedido del cliente y el proceso consiste en seleccionar la mercancía y el embalaje (según las condiciones exigidas) y elegir el medio de transporte (según tipo de mercancía y lugar de destino). Los almacenes de distribución comercial también hacen otras operaciones como consolidación, división de envíos y combinación de cargas.

Silo para cereales a granel (La Almarcha-Cuenca).

1.6. Tipos de almacenes

La actividad de almacenaje se puede realizar en empresas con actividad industrial o comercial, en estructuras edificadas o no, con mercancías muy diferentes entre sí, bajo diferentes acuerdos económicos y legales, etc. Algunas veces, la empresa necesita utilizar varios almacenes por necesidades específicas o de funcionamiento. Por ello, para clasificar los almacenes nos apoyaremos en las características comunes que permiten su agrupamiento, en función de:

- El grado de protección que ofrecen contra los agentes atmosféricos.
- La actividad empresarial y las características de las mercancías almacenadas.
- La función logística de distribución o lugar de ubicación.
- El grado de mecanización que ofrecen las instalaciones.
- La titularidad o propiedad de local destinado al almacén.

Tabla 1.1. Clasificaciones de los almacenes

Según la estructura o construcción	• Almacenes a cielo abierto. • Almacenes cubiertos.
Según la actividad de la empresa	• Empresa comercial: almacén de mercancías y, en algunos casos, de envases o embalajes. • Empresa industrial: almacén de materias primas y auxiliares, almacén de materiales diversos y almacén de productos terminados.
Según la función logística	• Plataformas logísticas o almacenes centrales. • Almacenes de tránsito o de consolidación. • Almacenes regionales o de zona y locales.
Según el grado de automatización	• Almacenes convencionales. • Almacenes automatizados. • Almacenes automáticos.
Según la titularidad o propiedad	• Almacenes en propiedad. • Almacenes en alquiler. • Almacenes en régimen de *leasing*.

Almacén para productos empaquetados.

¿Sabías que...

Los materiales que se almacenan a cielo abierto, cuando tienen que permanecer mucho tiempo almacenados se protegen con envolturas de plástico, lona, polietileno, etcétera.

Recuerda

Las piezas y complementos que se adquieren de otro fabricante y se incorporan al producto final se almacenan en la planta de fabricación, y el tiempo de almacenaje de estos materiales es muy corto.

¿Sabías que...

Algunas veces, el almacén de productos terminados de una fábrica de ladrillos actúa como almacén de materias primas de las empresas de construcción.

Almacenes según la estructura

La estructura del local y las instalaciones que protegen las mercancías contra agentes atmosféricos como el sol, la lluvia, el viento, el frío, el calor, etc. Según el grado de protección que ofrece el edificio destinado a almacén, estos pueden ser de dos tipos:

- **Almacenes a cielo abierto:** son aquellos que carecen de edificación, los espacios están delimitados con vallas o alambradas, marcas de pintura en el suelo, mojones, postes, etc. Los materiales que se pueden almacenar de esta forma son: vehículos, maquinaria, materia prima para la industria maderera, ladrillos cerámicos, etcétera.
- **Almacenes cubiertos:** son los que están construidos y cubiertos para proteger la mercancía de las inclemencias del tiempo o de otros riesgos. El local o edificio se construye con materiales como hormigón armado, paneles metálicos, ladrillo de obra, etc., que permitan incluso modificar las condiciones de temperatura e iluminación. Para algunos productos el almacén se construye en el subsuelo como sótanos (bodegas para conservar el vino) y depósitos (para carburantes que se destinan al propio consumo o a la venta, en el caso de las gasolineras).

Almacenes según la actividad de la empresa

Los **comerciantes mayoristas y detallistas** solo utilizan un almacén denominado **almacenes de mercancías.** No obstante, dentro del propio almacén se hacen subdivisiones para los productos que necesitan condiciones especiales de conservación. También se habilita una zona para almacenar envases o embalajes y otra como «almacén de cargas y paquetería», cuando para la expedición hay que agrupar mercancías de varias referencias y con un mismo destino.

Las **empresas industriales** utilizan varios tipos de almacenes, debido a la actividad y la gran variedad de materiales que necesitan almacenar. Los más importantes son:

- **Almacén de materias primas y materias auxiliares:** está situado dentro del recinto de la planta de producción y contiene los materiales, los suministros, los envases, etc., que se utilizan durante el proceso de producción. Según las características del material almacenado pueden estar al aire libre o cubiertos, pero generalmente las industrias utilizan almacenes de los dos tipos.
- **Almacén de productos terminados:** se destina exclusivamente al almacenaje de productos terminados. Su ubicación puede estar en el recinto de la fábrica o próxima a ella; pues la función principal de este almacén es hacer de regulador para varias empresas. Los almacenes de productos terminados son los más abundantes y también los de mayor coste económico; pues el objetivo principal de todo almacén es conseguir que los productos almacenados tengan el mayor índice de rotación posible.
- **Almacén general:** se destina para almacenar recambios, herramientas y materiales auxiliares a la producción, como: combustible, baterías, material de limpieza, etc. Estos almacenes se suelen ubicar en una zona intermedia entre la planta de producción y el área destinada a otras actividades.

Almacenes según la función logística

Los almacenes atendiendo a su localización o punto estratégico de ubicación, entre el centro de producción y los puntos de venta, se clasifican en:

- **Almacén central o plataforma logística:** se encuentra cerca del centro de fabricación, para reducir los costes de manipulación y transporte desde la fábrica al punto de almacenamiento. Estos almacenes deben estar preparados y acondicionados para manipular unidades de carga de grandes dimensiones (paletas completas) y para la carga/descarga de camiones de gran tonelaje. El almacén central suele ser de gran capacidad, pues es la fuente de suministro de otros almacenes regionales.
- **Almacén de tránsito o consolidación:** se utilizan para ahorrar costes de distribución, cuando la zona a cubrir por un almacén regional es muy extensa y el trayecto es superior a una jornada de transporte. Los almacenes de tránsito se ubican en puntos estratégicos y están dotados de medios mecánicos para que la carga y descarga de mercancías sea muy rápida. La mercancía llega de los almacenes centrales en paletas completas y se distribuye a los almacenes regionales. Algunas veces se establece en estos almacenes un centro de recogida o terminal de carga para consolidar los pequeños envíos en otros más grandes, reduciendo así los costes de transporte.
- **Almacén regional o de zona:** son los que suministran a los clientes mayoristas y detallistas de una determinada región o comarca; se utilizan para abastecer a un mercado concreto y deben estar lo más cerca posible de los puntos de venta. Estos almacenes se pueden abastecer del centro de producción o del almacén central; en cualquiera de los casos deben estar perfectamente acondicionados para la preparación de envíos pequeños, según las necesidades del punto de venta.

¿Sabías que...

Los almacenes regionales deben estar preparados para la descarga de camiones de gran tonelaje y para la carga de camiones pequeños o furgonetas de reparto.

Almacén automatizado.

Almacenes según el grado de automatización

La mecanización o automatización de los almacenes afecta de forma directa a su utilidad, hasta tal punto que algunas mercancías no pueden ser almacenadas con ciertos medios mecánicos. Atendiendo a estos medios se clasifican en:

- **Almacenes convencionales:** son aquellos que están equipados de estanterías y medios sencillos para el transporte interno. Las actividades de almacenamiento, manipulación y movimiento de mercancías se realizan de forma manual o por medio de carretillas elevadoras convencionales. Estos almacenes tienen una altura máxima de 10 m y es necesario dejar más anchura en los pasillos de maniobra para el manejo de cargas. Como la colocación de las mercancías depende de los medios utilizados se efectúa un apilamiento en bloque que normalmente no supera las tres alturas y la capacidad de almacenamiento es menor.
- **Almacenes automatizados:** su característica es que la mayoría de las actividades se realizan con medios mecánicos; generalmente el movimiento de las mercancías se hace de forma automática, sin la intervención de personal. Estos almacenes se edifican con una altura superior a los 15 m, llegando incluso a superar los 40 m. También se reducen los pasillos de maniobra y circulación entre las estanterías al mínimo imprescindible para optimizar la capacidad de almacenamiento.

Almacén automático.
Cortesía de Mecalux.

¿Sabías que...

La mayoría de los fabricantes poseen almacén propio, aunque su forma y tamaño puede variar desde un modesto trastero hasta un local de miles de metros cuadrados.

Concepto

Los **servicios logísticos** incluyen recepción de mercancías, almacenamiento, envío, consolidación o grupaje, combinación y división de envíos, y todas las demás actividades relacionadas con el almacenaje y el transporte nacional e internacional.

- **Almacenes automáticos:** son aquellos cuya relación capacidad/volumen es superior al 50 % y también se conocen como «almacenes de alta densidad», siempre que el índice de accesibilidad a la mercancía almacenada sea del 100 %. El grado de automatización de un almacén es mayor cuanto más rutinario sea el movimiento de mercancías, para ello las cargas deben ser totalmente homogéneas o con márgenes de tolerancia muy estrechos. El máximo grado de automatización del almacén se consigue cuando todos los movimientos se efectúan a través de las órdenes que emanan del ordenador central; en estos casos se deben instalar aparatos totalmente automáticos y programables para la carga y descarga de las estanterías.

Almacenes según la titularidad o propiedad

Los almacenes desde el punto de vista de la inversión en capital, independientemente de las actividades que se realicen en ellos, los podemos clasificar en función de quién sea el propietario. Por la titularidad o propiedad del local destinado a almacén los tipos básicos son:

- **Almacenes en propiedad:** son almacenes privados cuyo edificio e instalaciones pertenecen al mismo propietario o empresa titular de la mercancía almacenada; la inversión en el local y los gastos que se originan son a cargo de dicha empresa. La característica común es que la empresa espera obtener ciertas ventajas y rentabilizar la inversión realizada en el edificio y los equipos. Este tipo de almacén resulta rentable cuando su utilización es constante o se trabaja con mercancías que requieren un almacenamiento especializado, por ejemplo, laboratorios, fabricantes de productos químicos, secaderos de embutidos, etcétera.
- **Almacenes en alquiler:** son propiedad de compañías que se dedican a ofrecer servicios de almacenaje a otras empresas. El contrato de alquiler generalmente es por temporadas o a corto plazo y se puede pactar solo el uso del local y las instalaciones o también con servicios logísticos. El almacén alquilado ofrece muchas ventajas, aunque las mayorías son contrarias a las del privado, entre las principales destacan: no se necesita realizar inversión alguna; permite cambiar la ubicación del almacén si se cambia de mercado; los costes son variables, en proporción directa al tiempo (productos de carácter estacional) o el espacio que se utiliza y los servicios recibidos.
- **Almacenes en régimen de *leasing*:** son aquellos cuyo uso se establece bajo un contrato de alquiler a largo plazo, con derecho a compra si el dueño tiene intención de vender el local. El *leasing* es una elección intermedia entre el alquiler de espacio a corto plazo y la propiedad de un almacén. Las ventajas que presenta esta opción son: las tarifas de alquiler son más bajas; el usuario puede controlar tanto el espacio destinado a almacenaje como las operaciones que se realizan. Como desventaja, el usuario pierde flexibilidad en cuanto a la posibilidad de cambiar la ubicación, pues el contrato garantiza que mantendrá el local alquilado por un tiempo determinado.

Los almacenes en propiedad intentan rentabilizar la inversión realizada en el edificio y las instalaciones.

Caso práctico 1.2

La cadena de electrodomésticos MILAR es un mayorista que adquiere artículos tanto nacionales como de importación. Tiene una plataforma logística (almacén central en Coslada-Madrid) y en Barcelona ha instalado un almacén, para que sea menor el coste de transporte de los artículos de importación.

Los proveedores nacionales de MILAR transportan sus artículos directamente a la plataforma y los proveedores extranjeros al almacén de Barcelona.

Los clientes (tiendas de electrodomésticos) están repartidas por toda España y para que la entrega al cliente final (consumidor) sea más rápida tiene 6 almacenes de reparto, que están ubicados en: Lugo, Valladolid, Zaragoza, Valencia, Ciudad Real y Sevilla.

Se pide:

Realizar un esquema de la red logística de MILAR, explicando el tipo de almacén que se utiliza en cada caso.

Solución:

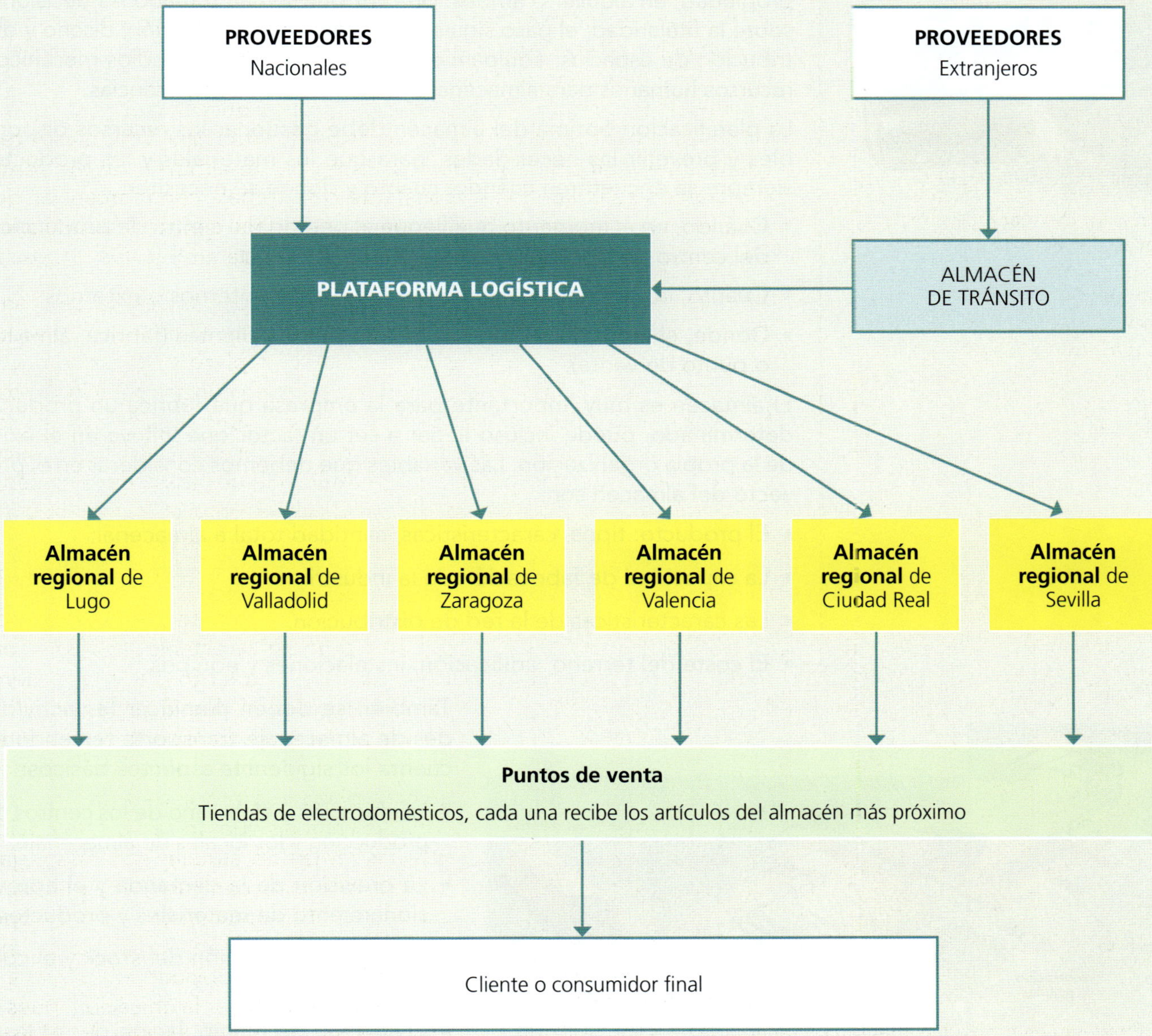

Actividad propuesta 1.2

El supermercado BETA tiene un almacén central (plataforma logística) en Toledo y desde aquí suministra a los puntos de venta que tiene en Madrid, Cuenca, Toledo, Guadalajara, Albacete y Ciudad Real.

Los proveedores de BETA transportan sus productos directamente al almacén central, excepto los ubicados en Cataluña. Para los proveedores de Cataluña se ha instalado un almacén en Tarragona, con el fin de agrupar los pedidos para que el coste del transporte sea menor.

Se pide:

Realizar un esquema de la red logística de BETA y explica el tipo de almacén que utiliza en cada caso.

1.7. Planificación y ubicación de los almacenes

La empresa, en función de su actividad principal, puede necesitar uno o varios tipos de almacenes y la primera decisión que debe tomar es si estos serán de propiedad, en alquiler o ambos. Una vez que se han tomado las decisiones sobre la titularidad, el paso siguiente es planificar la ubicación; diseño y distribución de espacios; equipamiento de instalaciones y medios mecánicos; recursos humanos para almacenaje y manipulación de mercancías.

La planificación óptima del almacén debe gestionar los recursos disponibles y prevenir las necesidades, para que los materiales y los productos siempre se encuentren cuándo, cuánto y dónde se necesiten.

- Cuándo, en el momento que llegue el pedido del centro de producción, del centro de distribución o del punto de venta.
- Cuánto, la cantidad solicitada por los clientes internos o externos.
- Dónde, el lugar de entrega solicitado por los clientes (fábrica, almacén o punto de venta).

El almacén es muy importante para la empresa que fabrica un producto determinado, puede incluso llegar a ser un factor que influya en el éxito de la propia organización. Las variables que debemos considerar en el proyecto del almacén son:

- El producto: tipos, características, cantidad total a almacenar.
- La capacidad de fabricación de la industria.
- Las características de la red de distribución.
- El coste del terreno, edificación, instalaciones y equipos.

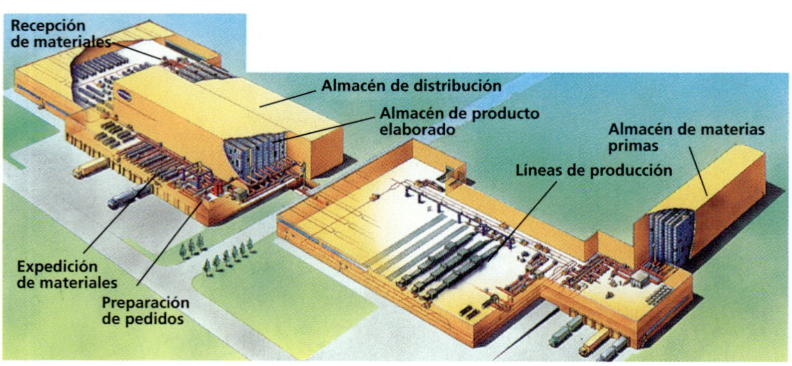

Esquema de los almacenes anexos en una empresa industrial.

También se deben planificar las actividades de almacenaje-transporte teniendo en cuenta los siguientes aspectos básicos:

- La ubicación y el tamaño de los centros de producción y los locales de almacenaje.
- La previsión de la demanda y el aprovisionamiento de materiales y productos.
- El sistema de gestión del *stock* y el control de los inventarios.
- El sistema de manipulación de mercancías y materiales.

- La organización del transporte de aprovisionamiento y distribución.
- El procedimiento de pedidos, empaquetado y protección de productos.
- El nivel de servicio que se prestará al cliente.
- El sistema de información entre los distintos centros o secciones.

1.7.1. Almacén central

El almacén central sirve de recolector de los productos terminados obtenidos en uno o varios procesos industriales y, por tanto, procedentes de distintas fuentes de suministro que al mismo tiempo actúan como centro de distribución de los mismos. Esta doble función dificulta las decisiones de su ubicación y nos conduce a plantearnos la siguiente pregunta:

La ubicación del almacén debe estar en función del origen y destino de los productos.

¿Dónde ubicaremos el almacén central?

La decisión se debe tomar estableciendo un equilibrio entre el origen y el destino de los productos que tendremos almacenados.

El **origen de los productos** es la ubicación de las fuentes de suministro. Puede dar lugar a dos situaciones:

- Los productos proceden de un solo punto de origen; nos encontramos ante el almacén central de una fábrica y lo más lógico es que el almacén esté integrado en la propia fábrica o muy próximo a ella.
- Los productos proceden de varios puntos de origen o fuentes de suministro; en este caso conviene ubicarlo en un punto estratégico a todas ellas.

El **destino de los productos** se relaciona con la posición territorial de los almacenes de distribución y los puntos de venta. Como se trata de los productos fabricados por la propia empresa esta influencia es menor que la que ejercen las fuentes de suministro, pues una de las funciones del almacén central es acondicionar el producto para su transporte y distribución a los almacenes regionales y locales. El único aspecto que será necesario cuidar es elegir un punto bien comunicado con el resto del territorio y accesible para todos los medios de transporte que vayamos a utilizar.

Costes derivados de la ubicación del almacén

Edificar un almacén supone que la empresa tiene que hacer una gran inversión en capital inmovilizado cuya recuperación tendrá lugar a muy largo plazo. Por ello, antes de tomar decisiones se deben analizar los costes económicos y comerciales que pueden influir en la instalación de los almacenes.

Los costes económicos son los factores que influyen en el proyecto y la ubicación, como:

- La adquisición de terrenos y los correspondientes permisos y autorizaciones; para edificar sin impedimentos, obtener suministros de electricidad, gas, agua, etcétera.
- La propia edificación o construcción, cuya capacidad y diseño físico deben cubrir las necesidades y permitir posibles ampliaciones del edificio.

El proyecto de ubicación del almacén debe tener en cuenta los permisos y las autorizaciones de construcción.

- El coste de mano de obra directa e indirecta, instalaciones y equipos para traslado interno y manipulación de mercancías y otros costes paralelos a la actividad, como servicios y seguros.

Los costes comerciales afectarán en el desarrollo de la actividad empresarial y sus repercusiones se ven con el paso del tiempo; en estos costes influyen:

- El lugar de ubicación, condicionado por el medio de transporte que utilizamos con más frecuencia (camión, tren, barco o avión).
- La distancia entre nuestro almacén y el de nuestros proveedores, pues ello repercutirá en el coste del transporte.
- La distancia desde nuestro almacén a las zonas de entrega de la mercancía. Además, debemos tener en cuenta el número y el tamaño de los pedidos, y la puntualidad de entrega que exigen los clientes.
- La proximidad entre nuestro almacén y los almacenes de la competencia, la distancia entre estos y las zonas de mayor consumo, la eficacia y servicio de sus instalaciones, etcétera.

Caso práctico 1.3

La cooperativa El Prado (ubicada en Ponferrada, León) compra leche a las ganaderías de Galicia, Asturias y León. Esta cooperativa tiene como único cliente a Industria Lechera del Norte, SA.

Observa la siguiente figura: los productos proceden de varios puntos de origen y tienen un solo destino. La cooperativa El Prado se ha situado estratégicamente cerca de sus proveedores, a corta distancia y bien comunicada con su cliente.

Ubicación del almacén central con varias fuentes de suministro y un solo punto de venta.

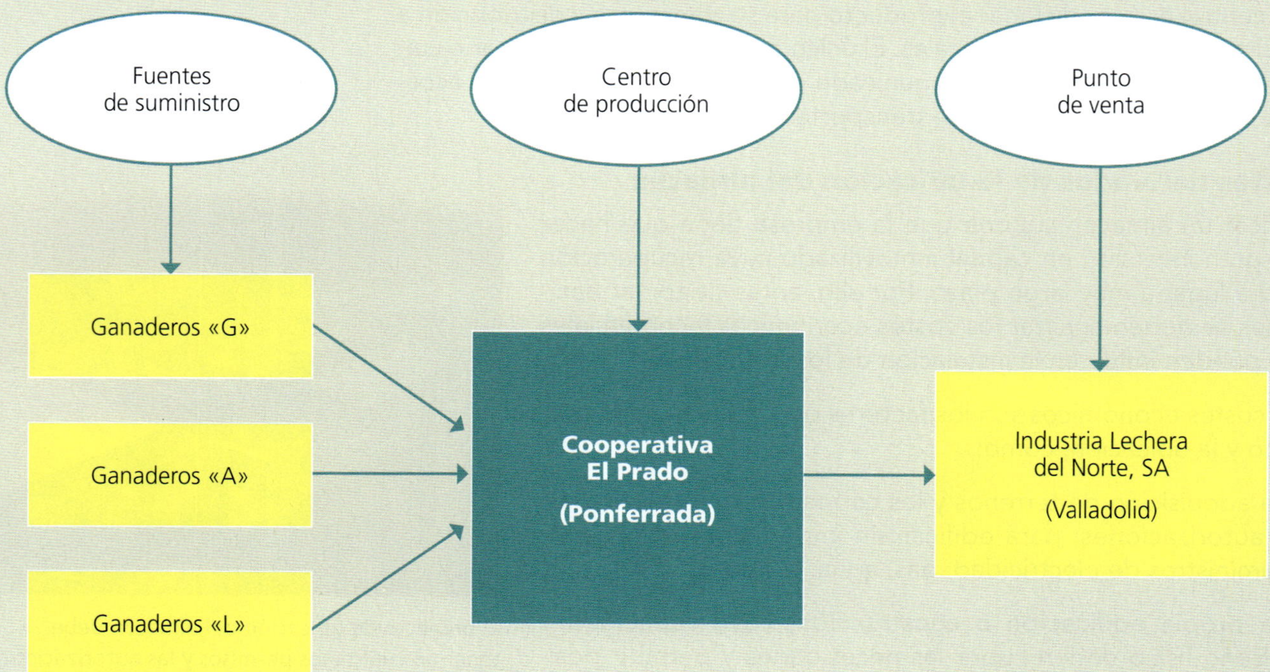

Caso práctico 1.4

La empresa Industria Lechera del Norte, SA se abastece únicamente de la Coop. El Prado, pero tiene un mercado que abarca todo el norte y centro del país (desde Galicia a Cataluña bajando hasta Madrid). Ha establecido la fábrica en Tordesillas (Valladolid) y tres almacenes regionales situados en Guadalajara, Zaragoza y Vitoria.

Observa la figura siguiente: el almacén central deberá tener facilidad para el acceso de los medios de transporte que realizan la distribución a los puntos de venta.

Ubicación del almacén central con un solo punto de origen y destino a varios almacenes.

Actividad propuesta 1.3

Localiza en un mapa de carreteras la ubicación de los almacenes que se citan en los casos anteriores.

Se pide:

Calcular la distancia aproximada y analizar si la situación regional ha sido la más acertada.

Resumen

La **logística** es una actividad empresarial cuya finalidad es planificar y gestionar todas las operaciones relacionadas con el flujo óptimo de materias primas, productos semielaborados y productos terminados, desde las fuentes de aprovisionamiento hasta el consumidor.

El **proceso logístico** tiene como objetivo aproximar los productos al mercado, utilizando dos vías:

- Canal de aprovisionamiento: desde los centros de extracción a la fábrica o almacén de distribución.
- Canal de distribución: desde la fábrica o el almacén a los puntos de venta.

Funciones de la logística según la actividad de la empresa:

- Empresas industriales: aprovisionamiento de materias primas y otros componentes, proceso de elaboración del producto, distribución comercial y servicios posventa.
- Empresas comerciales: aprovisionamiento de mercancías, distribución comercial y servicios posventa a clientes detallistas o consumidores.
- Empresas de servicios: satisfacer las necesidades de los clientes, con los servicios que prestan a otras empresas y a los consumidores.

El **principal objetivo de la logística** es satisfacer la demanda en las mejores condiciones, es decir:

- Alcanzar el nivel de servicio exigido por los clientes.
- Reducir los costes de almacenaje y distribución.

La **logística de la cadena de suministro** se aplica por dos vías:

- **Logística directa** o circuito del producto desde el fabricante al consumidor.
- **Logística inversa** o circuito de productos, envases, embalajes, etc., desde el consumidor al fabricante o la gestión de residuos.

Las **actividades que se realizan en el almacén** son:

- Recepción de las mercancías enviadas por los proveedores.
- Almacenamiento o ubicación de los productos en la zona más idónea del almacén.
- Conservación y mantenimiento en perfecto estado de las características de los productos almacenados.
- Gestión del *stock,* calculando la cantidad que hay que almacenar de cada artículo y la frecuencia de los pedidos.
- Realización de expediciones que lleguen a destino en las condiciones solicitadas por el cliente.

Los **principales tipos de almacenes** son:

- Según la estructura o construcción: almacenes a cielo abierto y almacenes cubiertos.
- Según la actividad de la empresa: empresa comercial (almacenes de mercancías, envases y embalajes), empresa industrial (almacén de materias primas y auxiliares, de materiales diversos y de productos terminados).
- Según la función logística: almacén central o plataformas logísticas, almacén de tránsito o de consolidación, almacén regional o de zona.
- Según el grado de automatización: almacén convencional, almacén automatizado, almacén automático.
- Según la propiedad: almacén en propiedad, almacén en alquiler, almacén en régimen *leasing.*

Los **factores que influyen al planificar el almacén** son:

- El producto por sus características y cantidad a almacenar.
- La capacidad de fabricación de la empresa y el grado de transformación del producto.
- Las características de la red de distribución comercial.
- Los costes del proyecto (terreno, edificación, instalaciones, equipos) y los costes comerciales que afectarán sobre la actividad empresarial.

El **almacén central** se debe instalar en un punto geográfico bien comunicado, accesible a todos los medios de transporte y que guarde un equilibrio entre:

- Las fuentes de suministro.
- El destino de los productos.

Actividades de comprobación

Actividad 1.1

Indica **la** respuesta correcta de las siguientes preguntas:

1. **El canal de aprovisionamiento consiste en:**
   a) Transportar mercancías desde el centro de producción al almacén de distribución.
   b) Transportar productos terminados hasta los puntos de venta al consumidor.
   c) Transportar materias primas al centro de producción.

2. **Las funciones de la logística en las empresas de servicios son:**
   a) Aprovisionamiento de los medios y recursos para satisfacer la demanda de los clientes.
   b) Prestación de los servicios que solicitan sus clientes.
   c) Aprovisionamiento de vehículos y otros servicios solicitados por los clientes.

3. **El canal de distribución comercial consiste en:**
   a) Transportar mercancías desde la fábrica a los almacenes de tránsito.
   b) Transportar productos fabricados hasta los puntos de venta al consumidor.
   c) Transportar materias primas al centro de producción.

4. **La logística como actividad empresarial se utiliza para organizar los flujos de productos, con el fin de:**
   a) Satisfacer la demanda al menor coste.
   b) Alcanzar el nivel de servicio exigido por el cliente.
   c) Reducir los costes globales de almacenaje y distribución.

5. **La logística inversa en la cadena de suministro es:**
   a) El recorrido que hace un producto desde el fabricante al consumidor.
   b) El recorrido que hace un envase desde el consumidor al contenedor del punto verde.
   c) El recorrido que hace un envase desde el consumidor al centro de gestión de residuos.

6. **Las actividades logísticas de una empresa comercial son:**
   a) Aprovisionamiento de mercancías y su distribución hasta el consumidor.
   b) Aprovisionamiento de materias primas, elaboración de productos y su distribución comercial.
   c) Distribución del producto fabricado hasta el consumidor.

7. **La logística inversa de un producto fabricado se inicia:**
   a) Cuando el consumidor devuelve un producto defectuoso (comprado en un supermercado).
   b) El mayorista o el detallista devuelve a su proveedor los excedentes.
   c) Cuando en la fábrica el producto no supera el control de calidad.

8. **Los almacenes, según el grado de automatización, pueden ser:**
   a) Convencionales: utilizan medios mecánicos sencillos y personal muy cualificado.
   b) Automatizados: están equipados con medios mecánicos programables.
   c) Automáticos: las actividades se realizan con medios mecánicos, sin la intervención del personal.

9. **Los almacenes, atendiendo a la función logística, pueden ser:**
   a) Centrales, de consolidación, regionales y locales.
   b) Centrales, convencionales y plataformas logísticas.
   c) Automáticos, convencionales y regionales o de zona.

10. **Los factores que debemos tener en cuenta antes de ubicar un almacén son:**
    a) La cantidad total a almacenar de cada tipo de producto.
    b) El grado de transformación que la empresa realice en el producto.
    c) La distancia entre nuestro almacén y nuestros proveedores y clientes.

Actividades finales

Actividad 1.2

Indica si son verdaderas (V) o falsas (F) las siguientes afirmaciones:

1. Aplicando el *Cross Docking* directo, las unidades de carga que entran en un almacén se despachan con el mismo formato.
2. Cuando las cargas que entran en el almacén hay que desfragmentarlas aplicamos la logística inversa.
3. Los residuos de envases y embalajes son materias primas que una industria utiliza para fabricar sus propios productos.
4. Uno de los objetivos de la logística es reducir los costes de distribución de mercancías.
5. Una de las funciones del almacén es la recepción de la mercancía.
6. Cuando una empresa de distribución aplica estrategias del *Cross Docking* no necesita almacenes.
7. Los medios de transporte externo influyen en la ubicación de los almacenes.
8. Una cadena de grandes supermercados puede tener almacenes regionales y locales.
9. Cuando las agencias de transportes aplican tarifas de coste bajo por recorridos cortos, es conveniente tener un almacén de tránsito.
10. Los almacenes son centros reguladores de la organización comercial y la distribución de mercancías.

Actividad 1.3

Responde brevemente a las siguientes preguntas:

1. ¿Cuál es la diferencia entre una dársena y un muelle?
2. ¿Qué es la logística y qué objetivos se persiguen con su aplicación?
3. ¿Qué diferencia existe entre «almacén» y «almacenaje»?
4. ¿Qué diferencia existe entre un almacén privado y uno público o de alquiler?

Actividad 1.4

Explica las principales funciones y actividades que se realizan en un almacén.

Actividad 1.5

Explica las principales actividades que se realizan en un almacén de distribución que aplica la «Nueva logística» *(Cross Docking* directo e indirecto).

Actividad 1.6

Describir el circuito logístico de aproximación (desde el suministro de materias primas al fabricante, de este al distribuidor, supermercado/tienda o hasta que llegue al consumidor) de los siguientes productos, tomando como referencia los productos de la marca que consumes habitualmente:

1. Agua mineral.
2. Bote de conserva de alcachofa.
3. Mermelada de ciruelas.
4. Paquete de pan tostado.

Actividad 1.7

La empresa PREHORM, SL se dedica a la fabricación de viguetas de hormigón para la construcción. Para la elaboración del producto (vigueta de hormigón) se suministra de cemento a granel y en sacos, varillas de hierro, arena y gravilla. También utiliza siliconas especiales para que las viguetas no se peguen a los moldes de fabricación, así como otros componentes para un mejor acabado.

Se pide:

Que enumeres los tipos de almacenes que deberá utilizar esta empresa atendiendo al tipo de mercancía y a la estructura.

Actividades finales

Actividades de aplicación

1.8. Los consumidores de un grupo de pueblos solo disponen de contenedores de basura color gris y depositan en ellos las bolsas de residuos domésticos sin hacer clasificación para el reciclado.

Tres personas que se han quedado sin empleo deciden crear la empresa MATE & PRIM y se dedican a recoger la basura de los contenedores. La actividad de MATE & PRIM consiste en clasificar la basura y transformarla en materias primas que venden a empresas que fabrican productos nuevos fabricados total o parcialmente con materiales reciclados.

Se pide:

1. Hacer un esquema gráfico del proceso logístico inverso desde que el consumidor deposita la bolsa de basura en el contenedor hasta que llegan las materias primas a los fabricantes de productos nuevos.
2. Indicar los fabricantes que pueden ser clientes de MATE & PRIM.

1.9. La empresa Renault España, SA fabrica TURISMOS, FURGONETAS, CAMIONES y AUTOBUSES (para transporte municipal).

Los turismos y las furgonetas desde la fábrica pasan al centro logístico ubicado en Madrid. Los vehículos que se destinan al mercado nacional se distribuyen a través de concesionarios y para los que se destinan a la exportación se ha creado un almacén en Barcelona.

Los camiones y los autobuses desde la fábrica pasan al centro logístico de Valladolid. Los camiones que se destinan al mercado nacional se entregan desde este almacén al cliente final, mientras que para los que se destinan a la exportación se ha creado un almacén en Cádiz. Los compradores de los autobuses sue en ser los ayuntamientos y a estos clientes la entrega se les hace desde el centro logístico correspondiente.

Se pide:

Completar, en los cuadros siguientes, la red logística de la empresa Renault, indicando el tipo de almacén y cliente. Utiliza flechas de dirección para indicar el recorrido de cada tipo de vehículo (→).

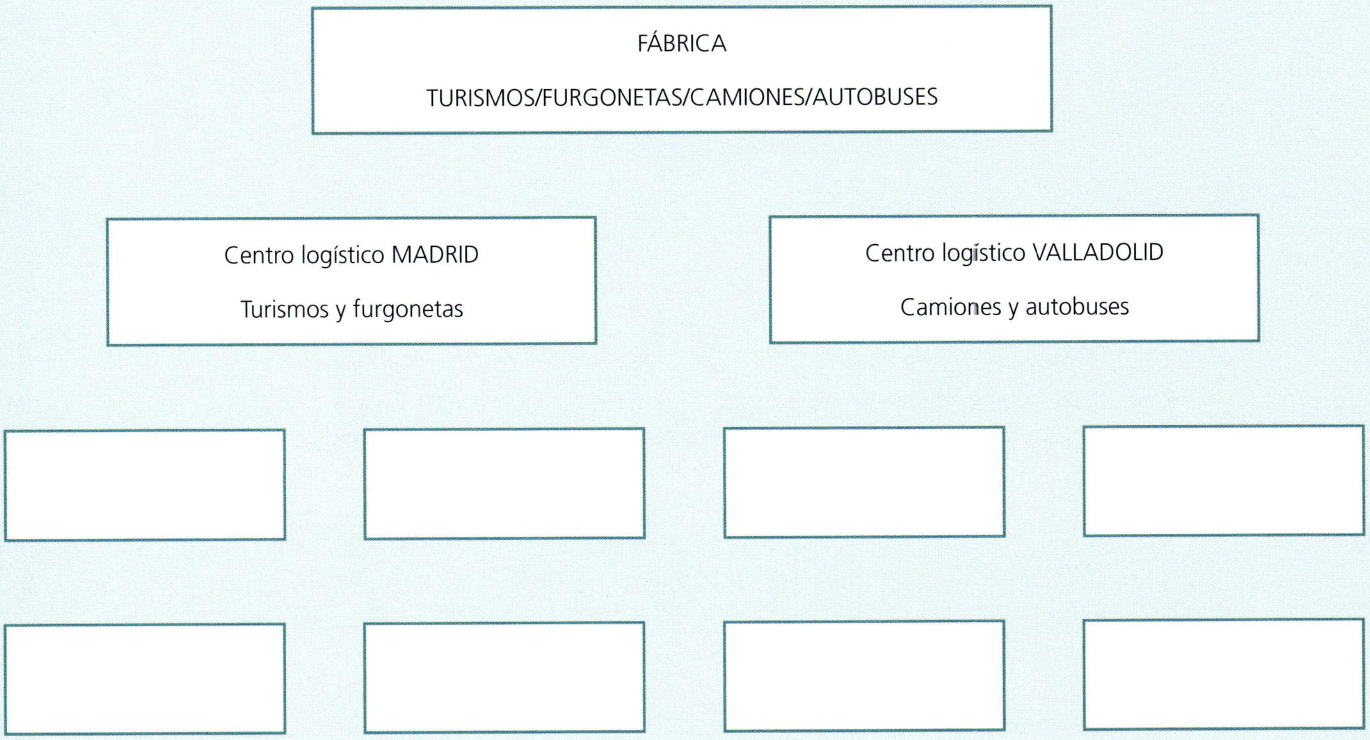

1.10. La empresa Curtidos El Becerro es una fábrica, ubicada en Valladolid, que compra pieles en bruto a varios mataderos de Sevilla, Córdoba, Madrid y Barcelona.

Las actividades que se realizan en esta empresa son: proceso de lavado, curtido y tinte. Una vez ha finalizado el tratamiento de las pieles se venden a varias industrias (calzado, muebles, automóviles, etcétera).

Se pide:

Explicar gráficamente el flujo de materiales y productos desde que salen las pieles del matadero hasta que llegan a los clientes de Curtidos El Becerro (indicando el tipo de almacenes que utiliza Curtidos El Becerro).

1.11. La fábrica de calzado Kur-hapíes está ubicada en Elda (Alicante) y se suministra de Curtidos El Becerro de Valladolid (véase la actividad anterior).

Una vez que los zapatos han pasado el proceso de fabricación, se venden en los siguientes mercados:

- España: en zapaterías de prestigio.
- Europa: a través de un mayorista que desde Alemania hace de importador-distribuidor en países de la UE y otras naciones.
- América del Norte: a través de un importador que vende a los mayoristas, y estos a su vez suministran a las zapaterías de EE. UU. y Canadá.

Se pide:

Hacer un esquema con el flujo de materiales y productos, desde que llegan las materias primas a la fábrica de calzado Kur-hapíes hasta que llegan los zapatos al cliente consumidor.

2

Almacén: diseño y equipos

INTRODUCCIÓN

Diseñar y distribuir el espacio de un almacén es algo aparentemente sencillo, pero en la práctica es complicado. El proyecto se puede diseñar para instalar un nuevo almacén, ampliar los almacenes existentes o reorganizar los actuales y adaptarlos a nuevas tecnologías.

Los fabricantes de equipos de almacenaje compiten para que los trabajadores puedan realizar cada vez más cantidad de trabajo con menos esfuerzo. Por otra parte, la tendencia actual es rentabilizar al máximo el edificio debido a los problemas urbanísticos y los impedimentos que ponen quienes tienen que autorizar el proyecto de obra.

OBJETIVOS

- Conocer las distintas zonas del almacén, en función de las actividades que se realizan en el mismo, para rentabilizar al máximo la inversión realizada en el edificio, las instalaciones y los equipos.
- Saber los medios y equipos que se utilizan para el almacenaje y manipulación de productos o cargas y conocer las funciones que mejor desempeña cada uno de ellos, con el fin de reducir costes.
- Calcular las estanterías que necesitamos instalar, en función de los medios y la cantidad de mercancía que necesitamos almacenar.

CONTENIDOS

> **Importante**
>
> La **productividad** se refleja en el tiempo que se tarda en realizar las tareas de traslado y manipulación de materiales; mientras que la **seguridad** repercute sobre accidentes laborales y prevención de riesgos.

2.1. Edificio y zonas externas

La infraestructura de un almacén afecta a dos factores muy importantes: «productividad» y «seguridad». Por eso, el proyecto del almacén debe reflejar tanto la disposición exterior como la distribución interior. Se trata de hacer una planificación efectiva a largo plazo; el almacén debe estar diseñado para satisfacer las necesidades actuales y las del futuro.

La infraestructura exterior abarca: orientación del local, vías de acceso (carreteras, autovías, ferrocarriles, etc.), muelles, andenes, rampas, puertas, dimensiones del edificio destinado a almacenamiento (superficie y altura), etc. Además, existen otros factores que cada día influyen más en el diseño de un almacén, como son el concepto del *Just in Time* y el uso de camiones de grandes dimensiones.

> El aprovisionamiento *Just in Time* (justo a tiempo) consiste en abastecerse de los productos que se necesitan para hacer frente a la demanda inmediata. Este aprovisionamiento está muy extendido en las empresas de automoción que necesitan un suministro continuo de materiales procedentes de almacenes externos o de otros fabricantes.
>
> Por otra parte, las dimensiones de los camiones son cada vez mayores, las compañías solicitan vehículos grandes para aprovechar mejor la capacidad de carga y reducir el coste del transporte. Esto obliga a diseñar playas de maniobra amplias (para camiones de gran longitud) y adaptar los muelles de carga y descarga a vehículos de diversas alturas, como es el caso de los *«high cubes»* (camiones con el piso más bajo).

> **Importante**
>
> Los supermercados también exigen que el proveedor sirva el pedido en un tiempo limitado y cada día hay más establecimientos comerciales que practican el aprovisionamiento *Just in Time;* así reducen el espacio del almacén para aumentar el destinado a exposición y venta.

Accesos y cerramientos

La planificación de accesos y cerramientos se debe enfocar para reducir accidentes y disminuir las interferencias entre camiones, medios de carga y descarga y el personal que circula a pie por las vías de servicio. Para ello, se deben tener en cuenta las siguientes consideraciones:

- Los accesos en forma de **«Y»** (véase la Figura 2.1) son los que ofrecen mayores ventajas. Los vehículos que entran en el almacén pueden abandonar rápidamente la carretera, sin bloquear el tráfico, y los que salen se pueden incorporar al tráfico con mayor facilidad.
- La carretera de acceso directo al almacén tiene que ser, preferentemente, de doble calzada y su longitud será superior al doble del camión más largo.
- Dentro del recinto, las vías de servicio pueden ser dobles o simples (estas permiten una circulación más segura). El tráfico se debe ordenar en sentido contrario a las agujas del reloj, de esta forma la visibilidad del conductor es mejor cuando maniobra y retrocede hacia los muelles.
- La superficie de rodadura será de hormigón, para soportar el peso de camiones de gran capacidad (entre 20 y 70 toneladas) y grandes escarchas, cuando las condiciones dan lugar a ello.
- Las puertas de acceso tienen que ser independientes para peatones y para vehículos.

También debemos prever que las carretillas elevadoras puedan acceder desde el edificio a la zona de rodadura y entrar en los camiones y otros vehículos de transporte externo.

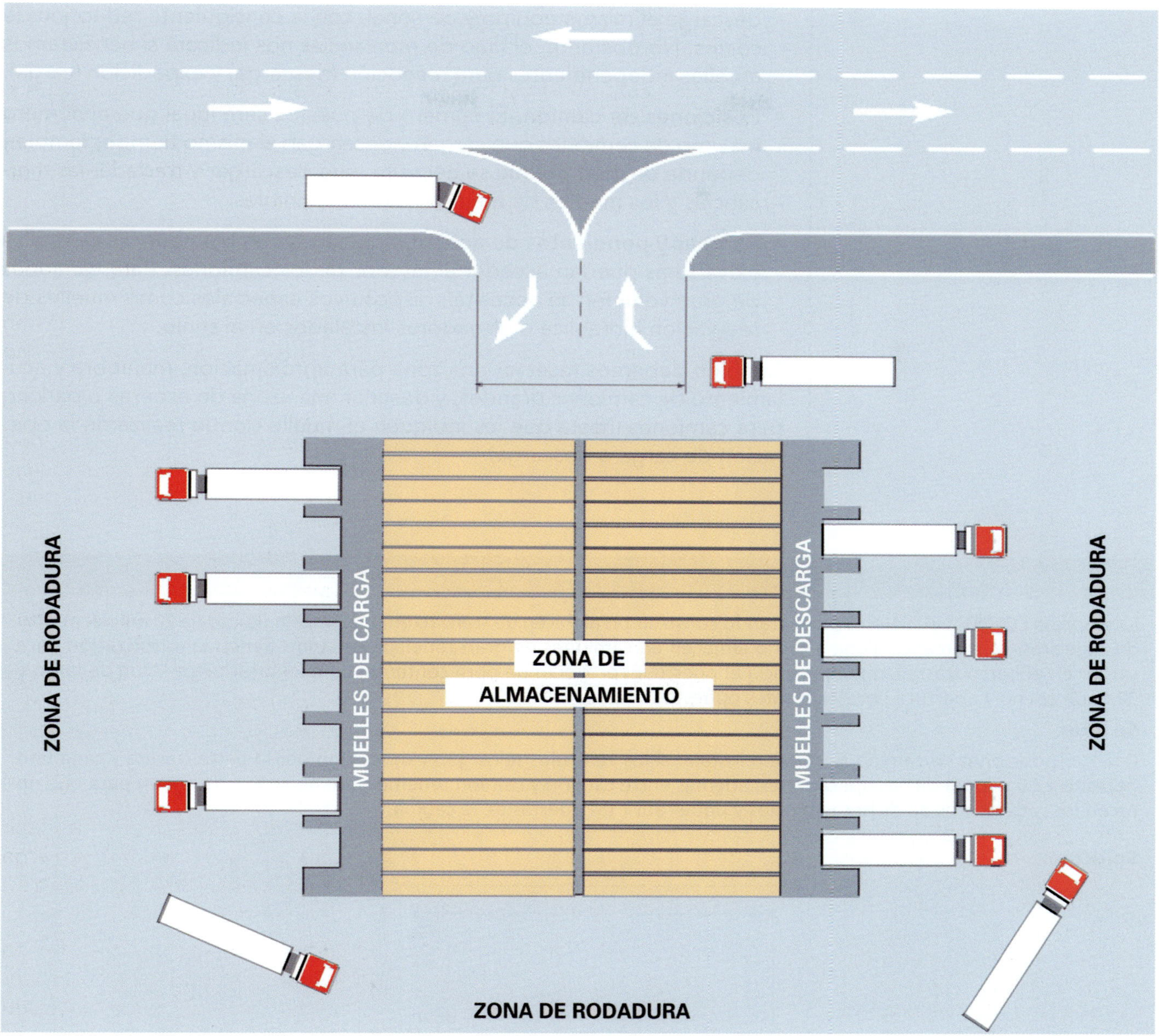

Figura 2.1. Disposición de accesos y muelles. Diseño de J. V. Gómez Herraiz.

Muelles

Los muelles son plataformas o estructuras de hormigón adosadas al almacén, cuyo fin es que el suelo de este quede a la misma altura que la caja del camión. Por ello, antes de decidir dónde situarlos es preciso analizar los siguientes elementos:

- **Utilización del almacén.** Debemos hacer un estudio de los tipos de carga, la frecuencia de las entradas, la necesidad de espacio para camiones, etcétera.
- **Situación de los muelles.** La mejor ubicación, según los expertos, es en la calle lateral del edificio; son más eficaces al combinar en una misma área la recepción y la expedición. Así podremos utilizar para carga y

¿Sabías que...

Generalmente, los transportistas hacen las entregas por la mañana y las recogidas por la tarde.

Cuando los medios de transporte son de la empresa, los camiones que acceden a la zona de carga y descarga tienen la misma altura de caja y se puede fijar el nivel de los muelles.

descarga el mismo equipo y personal, con la consiguiente reducción de costes. No obstante, el flujo de mercancías nos indicará si necesitamos muelles independientes para recepción (descarga) y expedición (carga).

- **Posiciones de camión.** El número de puestos será igual que el número máximo de camiones que cargan y descargan al mismo tiempo; también depende del tiempo que se necesita para descargar y trasladar las mercancías y los medios de manipulación disponibles.
- **Rampas y pendientes de acceso.** Son necesarias para que las carretillas elevadoras puedan acceder al interior de los camiones. Para camiones de gran volumen se necesitan dispositivos especiales como muelles de regulación hidráulica o elevadores instalados en el suelo.

También debemos reservar una zona para aproximación, maniobra y aculamiento de camiones grandes, y destinar una «zona de espera» o parking para camiones (hasta que les indiquen el muelle donde realizarán la operación de carga o descarga).

Caso práctico 2.1

La empresa LOGIST & ALFA está proyectando construir un almacén de tránsito en una parcela ubicada a 20 km del puerto de Algeciras. La mercancía llega a dicho almacén en camiones de gran tonelaje y cuando tienen la autorización para cargar en el barco trasladan la mercancía al puerto. El proyecto de obra contempla que el local tenga 73 m de largo y 38 m de ancho y apertura por dos frentes opuestos.

Se pide:

Cuántas posiciones de camión se pueden instalar si los vehículos se cargan y descargan por la parte trasera y cada uno necesita 2,50 m para dichas operaciones; además entre camión y camión tenemos que dejar 1 m de andén para que no rocen los retrovisores de dichos vehículos y poder abrir las puertas de la cabina.

Solución:

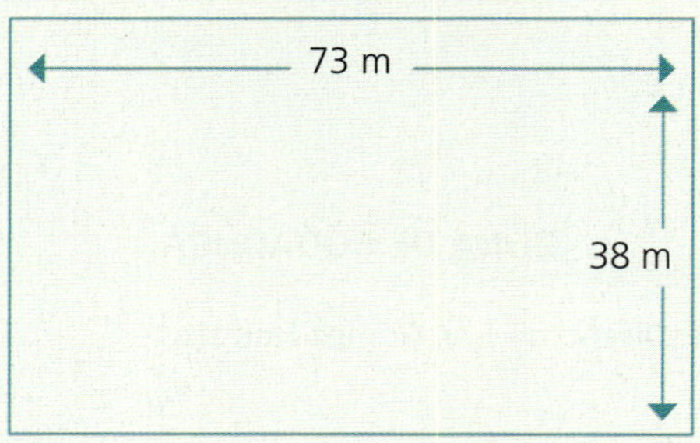

Cada camión necesita 2,50 m más 0,50 m por cada lado son, 3,50 m. Suponiendo la apertura del local por el **lateral ancho** se pueden instalar:

38 / 3,50 = 10,86; es decir 10 posiciones de camión en cada frente.

Se pueden instalar 10 posiciones de camión en cada frente. Pueden estar cargando y descargando 20 camiones al mismo tiempo.

Sobran: 38 – (10 x 3,50) = 3 m de fachada (en cada frente) y se puede abrir una puerta peatonal para entrar a oficinas o zonas auxiliares.

Suponiendo la apertura del local por el **lateral largo** se pueden instalar:

73 / 3,50 = 20,86; es decir 20 posiciones de camión en cada frente.

Se pueden instalar 20 posiciones de camión. Pueden estar cargando y descargando 40 camiones al mismo tiempo.

Sobran: 73 – (20 x 3,50) = 3 m de fachada (en cada frente) y se puede abrir una puerta peatonal para entrar a oficinas o zonas auxiliares.

Actividad propuesta 2.1

La agencia de transportes SEUR ha comprado una nave en Manises (Valencia). El local está adosado a otros dos edificios pero tiene apertura a dos calles y mide 27 m de ancho (ambas fachadas son iguales) y 95 m de largo.

La mercancía entra en camiones que miden 3,50 m de ancho (incluidos retrovisores y puertas abiertas) y la expedición se hace con furgonetas de reparto y cada una necesita 2,20 m para las operaciones de carga.

La empresa también quiere construir dos oficinas, una en la fachada destinada a recepción, de 2,50 m de fachada por 3 m de fondo (con apertura desde la calle), y la otra oficina para expediciones, de 2,80 m de fachada por 4 m de fondo y con apertura desde la calle.

Se pide:

¿Cuántas posiciones se pueden instalar para los camiones y para las furgonetas?

Carga y descarga de buques.

2.1.1. Zonas de carga y descarga

Las zonas de carga y descarga están siempre muy concurridas, lo ideal es ubicarlas en lugares opuestos; es decir la zona de descarga (entrada de mercancías) en un frente del almacén y la zona de carga (salida de mercancías) en la parte opuesta. Esta ubicación se puede hacer cuando el almacén tiene acceso desde varias calles y podemos abrir puertas en cualquiera de los frentes, pero si solo tiene entrada por una calle, la carga y descarga se realizará en el mismo frente.

Sin embargo, el factor que más influye en su ubicación es el medio de transporte externo (camión, ferrocarril, buque o avión). Según estos medios, pueden ser de dos tipos: zonas integradas en el almacén y zonas independientes del almacén.

Carga y descarga de aviones.

Zonas integradas en el almacén

Las zonas integradas se construyen en los laterales del almacén, de forma que las carretillas o los medios mecánicos pueden acceder al interior de los vehículos. Estas zonas son las más apropiadas cuando el transporte se realiza en camión y para ello se adaptan a la altura de los vehículos mediante muelles de carga y descarga (véase la Figura 2.1).

Cuando los almacenes son cámaras frigoríficas, para evitar la pérdida de frío, los muelles están unidos al almacén por una puerta de acceso y con cierre hermético que las abre al adosar el vehículo y las cierra cuando se ha terminado el proceso de carga y descarga. Otras veces las puertas poseen un fuelle de abrigo que abraza el camión para evitar dañar el ambiente del interior del almacén (véase la Figura 2.2).

Figura 2.2. Zonas de carga y descarga integradas. Puertas con cierre de abrigo.

¿Sabías que...

Cuando la carga del camión se realiza por detrás también se puede hacer introduciendo las mercancías con deslizaderas mecánicas, que empujan unas cargas contra otras a lo largo de la caja del camión.

Zonas independientes del almacén

Estas zonas están ubicadas fuera del almacén, aunque siempre dentro de su entorno, son muy frecuentes en las plataformas logísticas y en los centros integrados de mercancías. Normalmente, están formadas por una gran explanada a la que tienen acceso directo los camiones y otros medios (buques, aviones o trenes), y su construcción presenta las particularidades propias de cada medio de trasporte.

La carga y descarga de los camiones puede ser por los laterales o por la parte trasera. Las carretillas elevadoras acceden al vehículo mediante rampas adosadas al muelle.

Cuando el transporte es por ferrocarril se necesitan medios mecánicos de desplazamiento transversal para introducir las cargas en el interior de los vagones, pues resulta bastante complicado acceder a ellos con rampas, ya sean estas fijas o móviles.

Los buques, al igual que los aviones, se cargan y descargan con medios y sistemas diferentes. La mercancía se deposita en los muelles y desde estos se lleva al almacén o se carga en el camión o ferrocarril. Por eso, en el diseño de almacenes portuarios se consideran estas zonas como no integradas en el propio almacén.

Almacenes portuarios y aéreos

- **Los almacenes portuarios** realizan dos operaciones: importación y exportación. Las mercancías de importación llegan en barco y se descargan en el muelle marítimo. Desde el muelle marítimo se pasan al almacén con carretillas u otros medios mecánicos y posteriormente, según el destino, se cargan en camiones o en el ferrocarril. Las mercancías de exportación llegan al almacén en camiones o por ferrocarril y se expiden hacia el muelle de carga del barco. Como en estos almacenes las zonas de carga y descarga cumplen una doble función (recepción/expedición), lo más aconsejable es disponer de dos zonas independientes (una para camión o ferrocarril y otra para buques) con acceso y salida en ambos frentes.
- **Los almacenes destinados al tráfico aéreo** presentan características muy similares a los de tráfico marítimo; reciben o expiden las mercancías mediante camiones o ferrocarril por uno de sus frentes y expiden o reciben las mercancías de los aviones por el otro. Los aviones se cargan o descargan en las zonas de aparcamiento de estos, mediante plataformas o cintas transportadoras. El traslado de la mercancía desde el almacén al avión o viceversa se realiza mediante carretillas elevadoras o tractores de arrastre con remolque.

Los almacenes portuarios están destinados a envíos de gran volumen.

2.2. Diseño interior *(lay-out)* del almacén

Distribuir el espacio interno de un almacén es uno de los aspectos más complejos de la logística de almacenes. Por una parte, nos enfrentamos al espacio físico edificado (dimensiones establecidas por la obra) y, por otra, a las necesidades de almacenamiento a medio y largo plazo. Las decisiones que tomemos sobre la distribución general deben satisfacer las necesidades de un sistema de almacenaje que permita conseguir los siguientes objetivos:

- Aprovechar eficientemente el espacio disponible.
- Reducir al mínimo la manipulación de materiales.
- Facilitar el acceso al producto almacenado.
- Conseguir el máximo índice de rotación de la mercancía.
- Tener la máxima flexibilidad para la ubicación de productos.
- Facilitar el control de las cantidades almacenadas.

El *lay-out* o proyecto debe evitar zonas y puntos de congestión, facilitar las tareas de mantenimiento y obtener la mayor velocidad de movimiento, para reducir los tiempos de trabajo. La distribución de la planta se hace conectando las distintas zonas del almacén con las puertas de acceso, los obstáculos (pilares, columnas, escaleras, etc.), los pasillos y pasos de circulación. Sin embargo, los factores que más influyen en la planificación son los medios de manipulación y las características de la mercancía. Por ello, antes de organizar los espacios, debemos analizar las siguientes necesidades:

- Características de las mercancías a almacenar: forma, tamaño, peso, propiedades físicas.
- Cantidad que recibiremos en cada suministro y frecuencia del mismo: diario, semanal, quincenal, mensual.
- Carga máxima de los medios de transporte externo, los equipos disponibles para el transporte interno (carretillas, elevadores, grúas) y el tiempo necesario para cada operación.
- Unidades máximas y mínimas de cada uno de los productos, en función de las necesidades y la capacidad de almacenamiento (según la superficie, la altura y los métodos empleados).

Las zonas que deben estar perfectamente delimitadas son: recepción, almacenaje, preparación de pedidos, expedición y áreas auxiliares.

Zona de recepción

La zona de recepción es donde se deposita transitoriamente la mercancía procedente de la zona de descarga; debe estar muy próxima a la entrada y lo más independiente posible del resto del almacén. Las actividades que se realizan en esta zona son:

- **Control de calidad:** se comprueba que las mercancías recibidas se corresponden con las solicitadas en el pedido; se cotejan las cantidades del envío con las que figuran en el albarán o nota de entrega y se verifica la calidad y las características.

Concepto

El ***lay-out*** es la denominación inglesa que recibe el diseño de un almacén plasmado en un plano. La función logística del ***lay-out*** consiste en estudiar el plano o proyecto de arquitectura y distribución de las instalaciones del almacén.

La correcta distribución del espacio dentro del almacén es uno de los cometidos fundamentales de la logística.

- **Clasificación y codificación** de las mercancías recibidas: para que el código de barras se pueda leer con el escáner. Cuando el ordenador identifica el producto genera la etiqueta de ubicación y la carretilla u otro medio mecánico procederá a su colocación en el lugar correspondiente.
- **Adaptación de las mercancías para su almacenamiento:** esta operación se realiza cuando las paletas o unidades de carga son incompatibles con el sistema de almacenaje o las estanterías y es preciso realizar un trasvase de la mercancía antes de su ubicación.

Zona de almacenaje

La zona de almacenaje es el lugar donde la mercancía quedará depositada hasta el momento de su expedición. El almacenaje en esta zona puede ser en el suelo, en estanterías o en instalaciones complejas.

El **almacenamiento en el suelo,** sin ningún tipo de instalación o soporte, se utiliza para mercancías de gran resistencia como ladrillos, bloques de hormigón, etc. Otras mercancías como sacos de cemento o piensos también se pueden almacenar en el suelo, pero precisan paletas o soportes.

Almacenaje en el suelo, bloques de palés apilados sin estanterías.

El **almacenamiento en estanterías** se realiza cuando tenemos que almacenar en altura y las unidades de carga no resisten el apilamiento de unas sobre otras. Las estanterías son estructuras metálicas formadas básicamente por pilares y travesaños debidamente instalados, que pueden ser: estanterías convencionales (racks), estanterías compactas (drivers) y estanterías en voladizo (cantilevers).

El **espacio para almacenaje** se divide en función del índice de rotación de la mercancía o las características del producto. Las zonas principales son:

- Zona de **baja rotación.** Las mercancías de rotación baja se solicitan en grandes cantidades pero pocas veces. Para este tipo de productos se necesita mucho espacio, pero no es necesario que sea de gran accesibilidad ya que las salidas no son muy frecuentes.
- Zona de **media rotación.** Las mercancías de rotación media necesitan mucho espacio y con gran accesibilidad. Los productos de rotación media, generalmente, se solicitan por palés completos y los clientes emiten el pedido con frecuencia periódica. El almacenaje puede ser en bloques o estanterías, destinando un nivel o ubicación para cada referencia del mismo producto.
- Zona de **alta rotación.** Las mercancías de alta rotación se solicitan muchas veces pero en pequeñas cantidades. Los artículos de alta rotación de un almacén central cubren el *stock* de reserva de los almacenes regionales, por eso estas mercancías necesitan una zona con alta velocidad de extracción y muy accesible. Las estanterías que se instalan en esta zona pueden ser para almacenamiento puro o con estanterías de preparación de pedidos.
- Zona de **productos especiales.** Se destina al almacenaje de mercancías que necesitan un cuidado o mantenimiento especial; por ejemplo, para productos perecederos se acondiciona térmicamente el lugar o se instalan cámaras frigoríficas; las mercancías inflamables o que tienen un alto índice de peligrosidad, como los explosivos, se almacenan separadas. También se instalan en esta zona los **almacenes de seguridad** que se destinan a productos de volumen pequeño pero alto valor y muy susceptibles de robo.

¿Sabías que...

El acceso a zonas especiales está sometido a un riguroso control (solo puede acceder personal autorizado), ya sea por las condiciones de aislamiento que necesita el producto, por el riesgo que entraña su manipulación o por la seguridad del mismo.

Algunos almacenes establecen las secciones en función del aprovisionamiento (diario, semanal, etc.), bajo este criterio podemos diferenciar:

- Zona de reposición de existencias.
- Zona de selección y recogida de mercancías.
- Zona de preparación de pedidos.

Zona de preparación de pedidos

La zona de preparación de pedidos es imprescindible cuando las mercancías salen del almacén con una configuración o composición diferente a la que tenían en el lugar de almacenaje. Esta zona puede ser de dos tipos:

- **Zona de preparación de pedidos integrada en las estanterías de almacenaje.** La preparación de pedidos o *picking* en estas estanterías puede ser: mecánico o manual.
  - El *picking* mecánico se hace con carretillas recoge-pedidos o máquinas elevadoras, que se trasladan por los pasillos de almacenaje. El operario que está subido en ella va cogiendo los productos que componen cada uno de los pedidos.
  - El *picking* manual se hace sin medios mecánicos. Las mercancías están a una altura media o baja y el operario se desplaza de un lugar a otro utilizando escaleras y otros medios mecánicos como transpaletas para facilitar el traslado.
- **Zona de preparación de pedidos independiente.** Cuando el almacén dispone de una zona para almacenaje y otra destinada exclusivamente a preparación de pedidos. Las mercancías en esta zona pueden estar en el suelo o en estanterías.
  - La zona de preparación de pedidos en el suelo se abastece de unidades de carga completas (que están ubicadas en las estanterías de la zona de almacenaje) y de ellas se van tomando los productos individuales que conforman los pedidos.
  - La zona de preparación de pedidos sobre estanterías está provista de estanterías especialmente diseñadas para el *picking*. Las estanterías están formadas por una serie de huecos de diferentes tamaños, en función del tipo de producto, y se cargan y descargan manualmente introduciendo un artículo o referencia en cada ubicación.

Zona de expedición

La zona de expedición se destina para ubicar temporalmente las mercancías que salen del almacén. Las actividades que se realizan en esta zona son: embalaje, etiquetado de destino y comprobación de los productos seleccionados, o simplemente consolidación de pedidos o agrupación de las mercancías que hay que enviar a cada uno de los clientes. Según la cantidad de pedidos, el medio de transporte de reparto o el grado de preparación de la mercancía, esta zona se puede dividir en varias secciones o áreas, como son:

- **Área de consolidación:** se utiliza para agrupar y preparar las cargas de un mismo destino, y cuando la mercancía se entrega con una configuración o composición diferente a como ha estado almacenada.

Recuerda

El *picking* mecánico presenta la ventaja de alcanzar mayor altura y se pueden preparar pedidos prácticamente en todos los niveles de la estantería.

En la zona de expedición se lleva a cabo el embalaje, el etiquetado y la agrupación de los pedidos para enviar a los clientes.

Recuerda

Cuando los accesos de carga y descarga están en el mismo lateral del almacén, las zonas de expedición y recepción deben estar claramente diferenciadas.

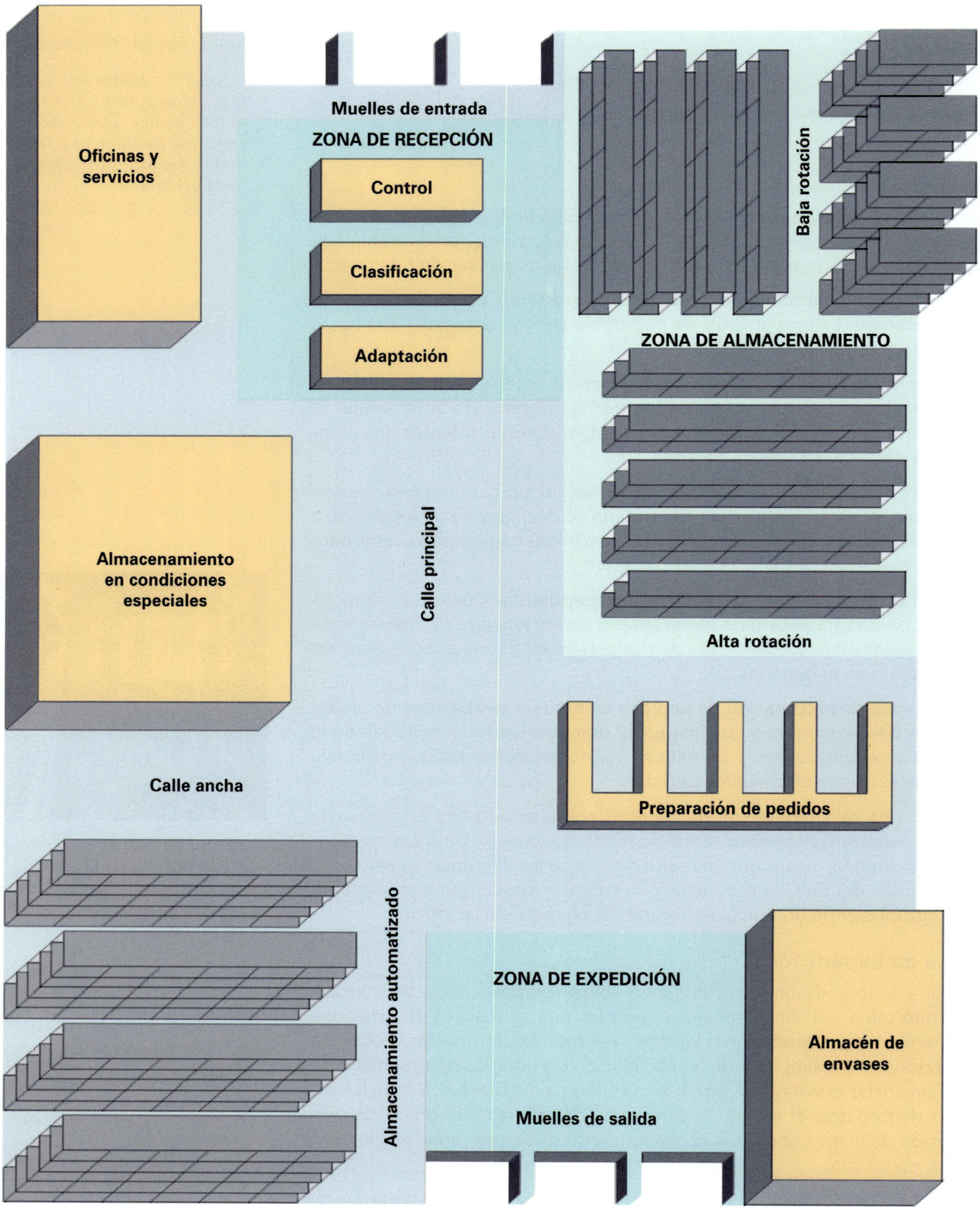

Figura 2.3. Distribución interna del almacén. Diseño de J.V. Gómez Herraiz.

- **Área de embalaje:** se destina para preparar mercancías que, por las características propias del embalaje o el volumen del pedido, no se pueden arreglar en la zona de preparación de pedidos o en el área de consolidación.
- **Área de control de salidas:** es donde se comprueba que las mercancías preparadas corresponden con las solicitadas por el cliente y que el embalaje es el adecuado para el medio que las llevará hasta su destino.

Zonas auxiliares

Las zonas auxiliares son las secciones o áreas que no tienen una relación directa con el almacenaje, pero en ellas se realizan actividades de apoyo y no podemos considerarlas como menos importantes que las descritas en los apartados anteriores. Aunque no todos los almacenes disponen de todas ellas, las más importantes son:

- **Área de devoluciones:** se utiliza para depositar mercancías que devuelven los clientes por estar defectuosas o por exceso de pedido. Estas mercancías una vez examinadas, se ubican en su lugar de almacenaje o se llevan a producción. También se depositan en esta zona los artículos que, por idénticas causas, se devuelven a los proveedores; pero deben estar claramente diferenciados unos productos de otros.
- **Área de envases o embalajes:** sirve para depositar los envoltorios que pueden ser reutilizados o reciclados. Los envases y los embalajes nuevos, generalmente, se depositan en la zona de expedición.
- **Área de oficinas o administración:** es una pequeña oficina para gestionar la documentación propia de las operaciones de almacenaje, tales como pedidos, albaranes, etcétera.
- **Área de servicios:** se compone de varias salas o dependencias para recibir visitas de proveedores o clientes, para que los trabajadores puedan descansar, tomar café o almorzar, vestuarios y aseos.

2.2.1. Pasillos y codificación de zonas

La división del almacén, generalmente, es una combinación de estanterías y pasillos que proporcionan accesibilidad a las actividades de aprovisionamiento, almacenaje y recogida de las mercancías. Los pasillos se distribuyen con una doble finalidad: para establecer la separación que debe existir entre las estanterías de las distintas zonas del almacén y para acceder fácilmente al lugar donde están depositadas las mercancías cuando hay que trasladarlas de unas zonas a otras del almacén.

La dirección de los pasillos debe ser recta y estar orientados hacia las puertas; debemos evitar ubicar pasillos en las paredes, siempre que no haya puertas en las mismas. Los tipos de pasillos más importantes son los siguientes:

- **Calle principal.** Los almacenes de gran actividad habilitan una o varias calles, a lo largo de toda la planta, que permitan un movimiento rápido de las máquinas que están al mismo tiempo realizando operaciones de colocación y extracción de mercancías. La anchura de esta calle es superior a 3,80 m pudiendo llegar incluso a los 6 m.

¿Sabías que...?

El ordenador o sistema de información de la oficina del almacén debe estar en constante comunicación con el ordenador de la oficina central, es lo que se denomina «gestión integral de información».

Al planificar un almacén se suele habilitar un pasillo central que permita agilizar el movimiento de las máquinas y las operaciones de preparación de envíos.

¿Sabías que...?

La anchura de los pasillos afecta a la tasa de ocupación y a la operatividad del almacén, así como a los medios mecánicos que podemos utilizar.

Recuerda

Por razones de seguridad, en los pasillos para máquinas está prohibida la circulación de personas mientras que los medios mecánicos están funcionando.

- **Calle ancha.** Esta calle es la más generalizada, permite al mismo tiempo el acceso de personas y máquinas, así como las maniobras de giro y cruce entre ellas. Su anchura oscila entre 2,50 y 3,80 m.
- **Pasillo estrecho para máquinas.** Existe en almacenes automatizados y están preparados para máquinas automáticas, que se desplazan sobre carriles o guías y sin posibilidad de giro (desplazamiento en sentido longitudinal). La anchura máxima es de 1,70 m y la mínima depende del medio mecánico y del tamaño o la forma del bulto a manipular.
- **Pasillo estrecho manual.** Tiene una anchura máxima de 1,20 m y se utiliza para realizar operaciones de reposición y extracción manual de productos. Por estos pasillos circulan las personas y los medios auxiliares poco automatizados, como carritos, roll-paletas o transpaletas.
- **Paso de personas.** No son pasillos propiamente dichos, pues su finalidad es la seguridad del personal de almacén y no están destinados a las operaciones de almacenaje. La anchura mínima es de 0,80 m.

Codificación de pasillos y zonas

Para identificar las distintas dependencias del almacén se asigna a cada una un código que permita reconocer, rápidamente y sin errores, cada área, pasillo o estantería. Los elementos mínimos que se deben codificar son:

Cada estantería se subdivide en módulos, niveles y ubicación.

- Las zonas o áreas principales del almacén.
- Los pasillos de cada área.
- Las estanterías de cada pasillo.

Cada estantería, a su vez, se subdivide en **módulos** (conjunto de ubicaciones contenidas entre dos patas consecutivas de la estantería), **niveles** (son los pisos que hay dentro del mismo módulo) y **ubicación** (cada espacio diferente dentro del mismo nivel).

El sistema de codificación puede ser numérico (formado por números) o alfanumérico (formado por números y letras). El código estará formado por varios caracteres numéricos o alfanuméricos, asignando uno o dos para cada área, cada pasillo, cada módulo, cada nivel, cada ubicación y un dígito de control (para evitar errores de codificación).

El sistema de codificación debe permitir una identificación inequívoca de cada elemento de almacenaje; aunque diferentes pasillos o diferentes módulos pueden tener un código común. Por ejemplo, el pasillo se codifica mediante el código área-pasillo, el nivel mediante el código área-pasillo-módulo, y el código completo será área-pasillo-módulo-nivel-ubicación (véanse las Figuras 2.4 y 2.5).

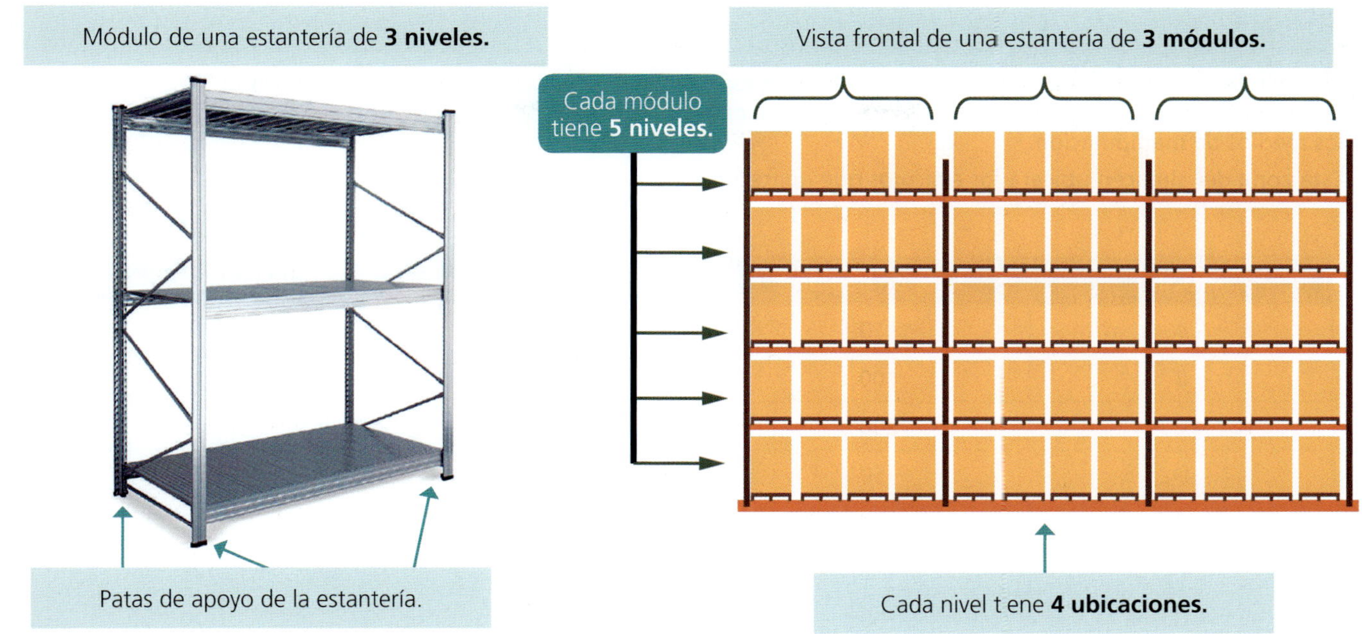

Figura 2.4. Elementos de una estantería.

Figura 2.5. Codificación de pasillos y ubicaciones.

Caso práctico 2.2

El Hipermercado El Sur quiere instalar en su almacén estanterías convencionales de 30 m de largo por 1,50 m de ancho. Cada estantería tiene capacidad para 120 paletas y se colocan de dos en dos, dejando entre ellas un pasillo de 2 m para los medios de manipulación.

Esta zona del almacén ubicará los artículos que aparecen en la siguiente tabla:

Artículo	Lote de pedido	*Stock* de seguridad	Capacidad necesaria
A	10	4	14
B	100	10	110
C	200	15	215
D	50	20	70
E	10	3	13
F	100	25	125
G	60	10	70
		Total	617 paletas

Lote de pedido es la cantidad de mercancía que entra en el almacén cada vez que hacemos un pedido.

Se pide:

Calcular el espacio que se necesita para esta zona de almacenaje.

Solución:

Estanterías necesarias = 617 / 120 = 5,14; se necesitan 6 estanterías.

La superficie necesaria será:

Estanterías = 6 x 1,5 x 30 = 270

Pasillos = 3 x 2 x 30 = 180

Total espacio de la zona = **450 m²**

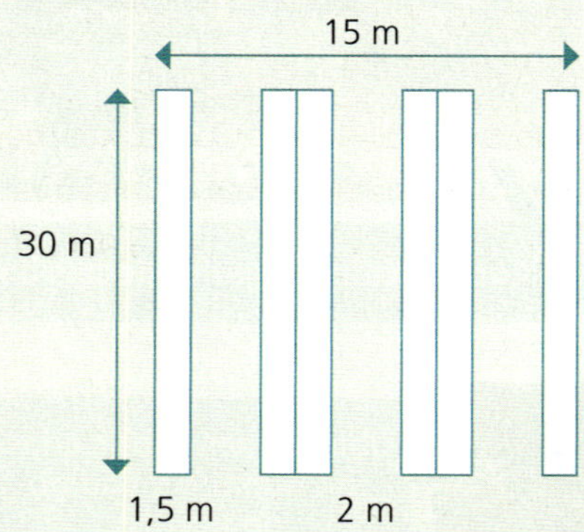

Como el resultado es un número par de estanterías colocamos las dos de los extremos solas, pues si las ponemos todas de dos en dos necesitamos un pasillo más. Se trata de poder acceder a todas las estanterías. Por el primer pasillo podemos acceder a las estanterías 1.ª y 2.ª, por el segundo a la 3.ª y 4.ª y por el tercero a la 5.ª y 6.ª.

Las estanterías 1.ª y 6.ª pueden estar adosadas a una pared u otro bloque de estanterías colocadas en sentido contrario.

Actividad propuesta 2.2

La empresa UNICOP tiene que almacenar un total de 4.200 paletas. El almacenaje se realizará en estanterías convencionales de 50 m de largo, 1,40 m de ancho y capacidad para 300 paletas.

Para la distribución de las estanterías están barajando dos posibilidades:

1. Establecer una especialización de pasillos, colocando las estanterías separadas para establecer pasillos dedicados a la entrada de las paletas y pasillos para reponer las zonas de *picking*.
2. Colocar las estanterías de dos en dos, de tal forma que los pasillos se utilicen tanto para reposición como para *picking*.

El ancho de los pasillos en ambas opciones será de 1,50 m.

Se pide:

Calcular el espacio necesario en cada una de las opciones para esta zona del almacén.

Pavimento

El pavimento es un elemento muy importante dentro del almacén, cumple la misión de soportar y trasladar, tanto las cargas dinámicas (producidas por las máquinas en movimiento) como las cargas estáticas, de los pilares y las estanterías.

El peso de las cargas dinámicas de los equipos, que circulan por pasillos muy estrechos, dependen del equipo que se utilice, por ejemplo: con el transelevador el peso puede llegar a 18 Tm, concentradas sobre la superficie mínima de una rueda; mientras que en el caso de la carretilla trilateral el peso más importante se produce cuando está parada depositando o tomando una carga.

El peso de las cargas estáticas que ocasionan las estanterías es de tipo puntual, de gran intensidad, concentradas en una superficie muy pequeña y distribuida equitativamente sobre toda la cimentación del suelo del almacén.

El pavimento del almacén debe tener la dureza y la estabilidad necesarias; pues si no ponemos en el suelo el sustrato adecuado nos exponemos a un elevado riesgo. Las características más importantes del sustrato son: su resistencia al peso y la presión, su tendencia al deslizamiento y su posibilidad de absorción del agua.

Recuerda

La superficie del suelo debe estar correctamente nivelada y dentro de los márgenes de tolerancia que se necesita para cada tipo de instalación, maquinaria y sistema de almacenaje que utilicemos.

Actividad propuesta 2.3

La empresa Trovador (fabricante de ropa para el hogar: toallas, sábanas, colchas, edredones, mantelerías, etc.) quiere instalar en tu ciudad un almacén de distribución para suministrar a las tiendas y grandes almacenes que venden al consumidor final, de tu comunidad autónoma. El local tiene que tener unos 2.500 m^2 aproximadamente; no es necesario que esté situado en un polígono industrial, puede estar instalado en los bajos de una finca de pisos o en un local independiente.

Se pide:

1. Indicar la calle o zona apropiada para instalar el almacén, analizando los accesos desde la carretera más próxima, las puertas para la carga y descarga de camiones y furgonetas.
2. Hacer el *lay-out,* en función de las necesidades de almacenaje.
3. Establecer una codificación lógica de calles, pasillos, estanterías, ubicaciones, etc., según los artículos que pensáis almacenar en cada dependencia o ubicación.

Importante

Los pilares de obra, escaleras y montacargas son los elementos que más condicionan la distribución de las estanterías y los equipos con movimiento sin traslado.

2.3. Medios mecánicos de almacenaje

Para almacenar y manipular las mercancías existen básicamente dos tipos de medios operativos: fijos y móviles.

- Los **medios fijos** son estáticos y se utilizan como depósito del producto mientras permanece almacenado. Estos medios son: el propio edificio, las estanterías y otras instalaciones auxiliares, que se utilizan para el mantenimiento y conservación, como es el caso de las cámaras frigoríficas.
- Los **medios móviles** son equipos dinámicos que se mueven dentro del almacén y sus instalaciones y facilitan el flujo de mercancías.

Los **medios mecánicos móviles** son equipos dinámicos o vehículos con mayor o menor libertad de movimiento y giro que se desplazan mientras se realizan las actividades de almacenaje y manipulación de cargas. Se utilizan para actividades como: carga y descarga; almacenamiento puro; preparación de pedidos y traslado de mercancías o unidades de carga de un lugar a otro.

Estantería, medio fijo de almacenaje.

Clasificación de los medios móviles

Los equipos móviles o dinámicos que podemos encontrar en un almacén son muchos, dependen del tamaño y grado de automatización del propio almacén, de las actividades que se realicen en el mismo o del medio de transporte externo. Para establecer una clasificación se puede hacer en función de:

- Las actividades para las cuales están mejor dotados: medios para carga y descarga, medios para almacenamiento convencional y medios para almacenamiento automatizado.
- El mayor o menor grado de automatización del propio medio: medios mecánicos manuales y medios mecánicos autopropulsados.
- Las características de movimiento y tracción del propio medio: equipos con movimiento sin traslado y equipos con movimiento y traslado.

Transportador por camino de rodillos, medio móvil de almacenaje.

Con objeto de seguir mejor el desarrollo de este apartado, la Figura 2.6 recoge una clasificación general de todos los medios: manuales, automáticos, VGA, con movimiento y traslado, con movimiento sin traslado, etcétera.

Recuerda

La descripción y funcionamiento de estanterías y medios auxiliares los estudiaremos al analizar los diversos sistemas de almacenamiento, en las unidades siguientes, y en este apartado nos limitaremos a los medios mecánicos.

Medios mecánicos de almacenaje

Según las características de movimiento y tracción

Equipos con movimiento sin traslado

- Cinta transportadora de rodillos.
- Cinta transportadora de banda.
- Transportadores por raíles aéreos.
- Transportadores por grúas aéreas.

Equipos con movimiento y traslado

- Transpaletas.
- Apiladores.
- Carretillas elevadoras:
  - Contrapesadas.
  - Retráctiles.
  - Trilaterales.
- Transelevadores.
- Vehículos de guiado automático (AGV).

Según el grado de automatización

Medios manuales

- Transpaleta manual.
- Apilador manual.

Medios automáticos

- Transpaleta autopropulsada.
- Apilador autopropulsado.
- Carretillas elevadoras.
- Transelevadores.

Vehículos automatizados

- Carretillas automáticas de pasillo estrecho.
- Transelevadores automatizados.
- AGV:
  - Carros filoguiados.
  - Robots móviles.

Según las actividades que mejor realizan

Para carga y descarga de camiones

- Transpaletas.
- Apiladores.
- Carretillas elevadoras.

Para almacenamiento convencional

- Cintas transportadoras.
- Transportadores aéreos.
- Transpaletas.
- Apiladores.
- Carretillas elevadoras.
- Transelevadores.

Para almacenamiento automatizado

- Carretillas trilaterales.
- Transelevadores.
- Vehículos de guiado automático.
  - Carros filoguiados.
  - Robots móviles.

Figura 2.6. Clasificación de los medios mecánicos de almacenaje.

Sabías que...

Los ascensores y los montacargas son medios mecánicos de almacenaje que se instalan en un punto fijo.

Detalle de un transportador de rodillos. Observa los topes para que no se puedan salir las paletas.

Importante

El inconveniente de los transportadores que se fijan al suelo del edificio (cintas de rodillos o de banda) es que son una barrera o impedimento para otros medios móviles de transporte interno.

2.3.1. Equipos con movimiento sin traslado

Estos equipos se fijan al suelo o al techo del edificio y permiten el transporte de mercancías mediante un movimiento continuo o alternativo. Los más importantes son los sistemas de transporte rodante (cinta de rodillos o cinta de banda) y los sistemas de transporte aéreo por raíles y grúas (véase la Figura 2.7).

Cinta transportadora de rodillos

La cinta trasportadora de rodillos o camino de rodillos puede ser de acero o de plástico, en función del trabajo a realizar y el tipo de cargas que soportar. Atendiendo al modo de deslizarse, las cargas se clasifican en transportadores por gravedad y motorizados.

- Los **transportadores por gravedad** se instalan con cierto grado de inclinación para que las cargas se deslicen mediante el efecto de la fuerza de la gravedad.
- Los **transportadores motorizados** son cintas que utilizan un motor eléctrico para mover las cargas. Estas cintas se ponen en movimiento cuando se deposita una carga sobre ellas.

Los transportadores de rodillos se pueden utilizar en todo tipo de almacenes, pues permiten un transporte continuo y el flujo de mercancías puede ser constante. Por ejemplo, para trasladar cargas pesadas con cierta rapidez y para realizar funciones de clasificación, acumulación o embalaje.

Cinta transportadora de banda

Está formada por una banda deslizante de goma, plástico, neopreno u otro material flexible, sobre un lecho continuo de rodillos. Existen cintas de banda con superficies lisas o rugosas y también sistemas combinados a base de rodillos y banda.

Los transportadores de banda se pueden adaptar mejor a los caminos con curva y son muy adecuados para tramos largos. Las cintas de banda se utilizan con el fin de apoyar mejor los paquetes de base blanda o irregular. También se utilizan mucho para el transporte de productos a granel como los agroalimentarios, minería, etc.; en la industria frigoalimentaria se utilizan con banda de acero.

Transportadores aéreos

Los transportadores aéreos se utilizan en infinidad de industrias, por ejemplo: cárnicas (mataderos), textil, automovilístico, etc. Su principal característica es que permiten mantener el suelo despejado de mercancías, con ello se facilita el paso de otros equipos móviles, como carretillas, transpaletas, etc. Pero también presentan algunos inconvenientes de instalación ya que utilizan cierto espacio en altura y cuando el techo es bajo dificultan el paso de personas o aparatos de manutención.

Los transportadores aéreos más importantes son:

- **Raíles aéreos:** se fijan en el techo o en estanterías y en ellos se sujetan distintos dispositivos como ganchos, platos, perchas, garruchas, poleas, etc., que desplazan las cargas y las transportan. También cuentan con accesorios para realizar giros, desplazamientos laterales y bifurcaciones.

- **Grúas aéreas:** se fijan, generalmente, en la parte más alta del techo del almacén y permiten el transporte de la mercancía desde una parte a otra del local. Para la instalación de grúas se necesita que los techos del edificio sean muy altos.

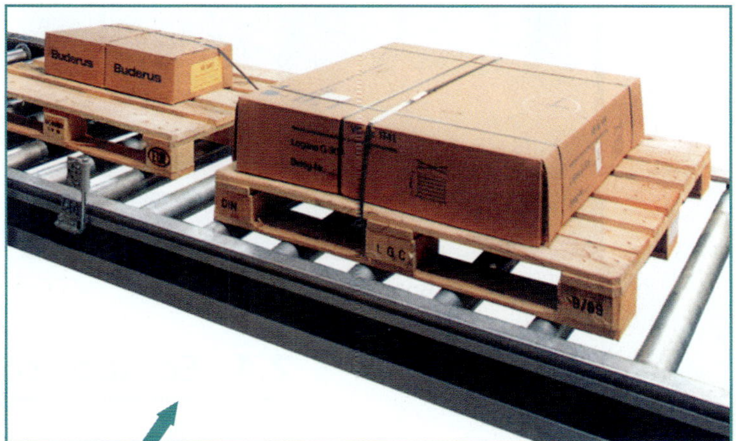

Cintas transportadoras de rodillos.

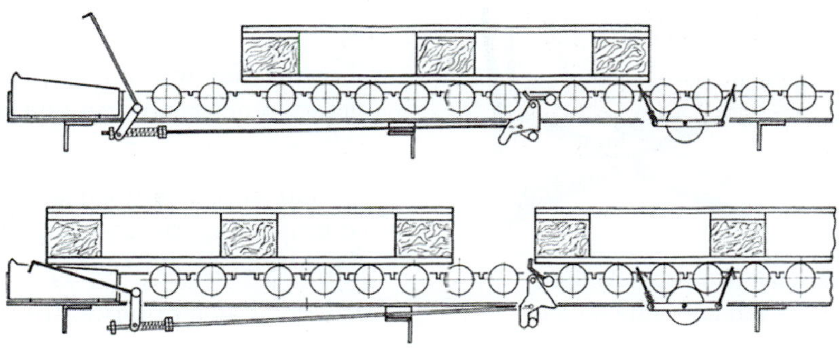

Detalle de los retenedores de paletas, para que al deslizarse la carga no ejerza presión sobre la anterior.

Cinta transportadora para clasificación de paquetes.

Cinta transportadora con banda de goma.

Figura 2.7. Cintas transportadoras. *Cortesía de Mecalux y EISENMANN.*

Transportador aéreo para calderas de calefacción.

Transportador aéreo por electrovías.

Figura 2.8. Transportadores aéreos.

2.4. Equipos con movimiento y traslado

Son medios mecánicos que se mueven y desplazan de forma individual de un lugar a otro del almacén y algunos necesitan que el suelo y los pasillos reúnan unas condiciones especiales. Estos medios por su grado de mecanización o automatización pueden ser de dos tipos: manuales y mecanizados o autopropulsados.

- Los **medios manuales** no poseen movimiento autónomo propio y necesitan la actuación de una persona, tanto para la tracción como para la elevación de las cargas.
- Los **medios autopropulsados** poseen sistemas de movimiento eléctrico o con motor de combustión, y únicamente necesitan que los dirijan en las tareas de almacenaje.

Los principales equipos con movimiento y traslado, en orden de menor a mayor grado de automatismo, son: transpaletas, apiladores, carretillas elevadoras, transelevadores y vehículos de guiado automático (AGV).

Transpaleta manual de tijera (altura variable hasta 80 cm).

2.4.1. Transpaletas

La transpaleta está formada por dos largueros en forma de **U** invertida y unidos por una carcasa que cubre un mecanismo de elevación. Los largueros se introducen en los alojamientos de la paleta para elevarla y proceder a su traslado. La guía o control es a través de un timón o volante, y atendiendo a su sistema de tracción, pueden ser: manuales y autopropulsadas o eléctricas.

Las **principales aplicaciones de las transpaletas** son:

- Carga y descarga de camiones.
- Traslado, a corta distancia, de paletas y contenedores.
- Medio auxiliar o de apoyo en la preparación de pedidos.
- Medio auxiliar para el abastecimiento de carretillas y transelevadores.

Transpaleta manual con báscula incorporada.

Existen dos tipos de transpaletas, manuales y eléctricas:

- **Transpaletas manuales.** Utilizan la fuerza de una persona tanto para la tracción como para la elevación de las cargas. Su manejo es por medio de una palanca (instalada en el timón) y que tiene tres posiciones: para elevar los largueros, para mantenerlos elevados y para bajarlos. La transpaleta manual se suele utilizar en almacenes pequeños, pues las distancias a recorrer no deben ser superiores a los 40 m, y con suelos lisos. Cuando el suelo es irregular se adaptan ruedas grandes de nailon o de bandaje macizo.

Transpaleta eléctrica.

- **Transpaletas eléctricas o autopropulsadas.** Están provistas de un sistema eléctrico para efectuar tanto los movimientos de tracción como los de elevación; pueden moverse y elevar la mercancía por sí solas. La velocidad del motor se controla por medio de aceleradores instalados en la empuñadura del timón de mandos, que también contienen los pulsadores de elevación. Las transpaletas autopropulsadas se clasifican en dos categorías:
  - Transpaleta con **conductor a pie.** El operario tiene que ir andando y la máquina no puede alcanzar mayor velocidad que la de su paso normal.
  - Transpaleta con **conductor montado.** Estas máquinas en lugar de timón llevan volante, para aumentar la productividad del operario. La velocidad de marcha puede ser mayor y se utiliza en almacenes de gran longitud. Según la posición que ocupa el operario existen:
    - ✓ Transpaletas con **conductor en plataforma.** Se utilizan cuando, en la preparación de pedidos, el operario tiene que subir y bajar con mucha frecuencia, y hacer largos recorridos.
    - ✓ Transpaletas con **conductor sentado.** Se utilizan para carga y descarga de camiones y para trasladar las cargas hasta los transelevadores y carretillas trilaterales, que normalmente no salen de la zona de almacenaje.

Transpaleta eléctrica con conductor en plataforma.

2.4.2. Apiladores

El apilador es similar a la transpaleta, pero lleva incorporado un mástil elevador telescópico por el cual discurren las horquillas que sujetan las paletas. El mástil permite elevar las cargas hasta cierta altura y por eso puede realizar trabajos de apilado. El cuerpo inferior del apilador permanece en contacto permanente con el suelo mediante dos barras de acero que reciben el nombre de patas de apoyo. Según el sistema de tracción existen dos tipos de apiladores: manuales y autopropulsados (véase la Figura 2.9).

- **Apiladores manuales.** Se utilizan para elevar cargas (paletas y plataformas) en el interior del almacén, pero es muy difícil encontrar apiladores puramente manuales (con tracción y elevación manual). Los apiladores más frecuentes son los que poseen tracción manual y elevación eléctrica.

Apilador con conductor sentado.

- **Apiladores eléctricos o autopropulsados.** Se parecen a las transpaletas eléctricas y también se pueden encontrar con conductor acompañante, conductor en plataforma y conductor sentado. Los apiladores pueden

Apilador con elevación eléctrica.

Apilador eléctrico con mástil retráctil.

realizar diferentes aplicaciones, según la posición de las horquillas y el sistema de patas. Los tipos o sistemas de patas pueden ser:

- Horquillas y largueros sobre patas. Se utilizan con todo tipo de paletas de fondo abierto y no reversibles.
- Horquillas y largueros entre patas. Solamente se pueden utilizar con paletas que por su tamaño quepan entre las patas del apilador, aunque en este caso las paletas pueden ser de fondo cerrado o reversible. La ventaja fundamental de estos apiladores es que poseen mayor estabilidad y pueden alcanzar mayor altura y mejor capacidad de carga.

Los apiladores autopropulsados se utilizan en:

- Grandes almacenes de distribución para la carga y descarga de estanterías (situadas en las zonas de recepción y expedición) y para realizar trabajos ligeros o de auxilio a otros sistemas de manutención.
- Grandes superficies de alimentación para la carga mecánica y reposición de las estanterías que abastecen directamente al público.
- Operaciones de carga y descarga de pequeñas furgonetas, que no se pueden realizar con una carretilla contrapesada.

2.4.3. Carretillas elevadoras

Las carretillas elevadoras son vehículos autopropulsados que están formados por un **chasis o bastidor** donde llevan el **motor de tracción,** que puede ser eléctrico o de combustión (diésel o gasolina); un **mástil telescópico o poste elevador,** que puede tener dos o tres posiciones; **dos ejes** con tres, cuatro o seis ruedas (de bandajes macizos o neumáticos); un par de **horquillas,** para recoger las paletas y realizar el traslado y apilado de las cargas.

El mástil de las carretillas elevadoras puede ser de tres tipos:

- **Mástil doble telescópico:** puede alcanzar alturas de elevación de 6 a 7 m en las carretillas de hasta 7 Tm de capacidad.
- **Mástil doble con elevación libre total:** puede alcanzar el techo del almacén sin que estorbe el cuerpo interno del mástil. Se utilizan para realizar un almacenamiento a tope y para llenado y vaciado de contenedores.
- **Mástil triple:** está compuesto por tres cuerpos telescópicos que se van extendiendo uno sobre otro y de esta forma se alcanzan grandes alturas de elevación. Los mástiles triples pueden ser con o sin elevación libre total.

Importante

El inconveniente del **mástil doble** es que la altura del mástil fijo es demasiado alta para algunas aplicaciones.

El **mástil triple** presenta la ventaja de alcanzar grandes alturas de elevación y mantener el cuerpo fijo a una altura muy inferior, ante elevaciones equivalentes con un mástil doble.

Transpaleta manual.

Transpaleta eléctrica con conductor acompañante.

Apilador con conductor acompañante.

Transpaleta eléctrica con conductor sentado.

Apilador con conductor en plataforma. Lleva incorporado un mástil retráctil.

Apilador eléctrico con hombre a pie.

Figura 2.9. Transpaletas y apiladores. En www.logismarket.es puedes encontrar distintos modelos de medios mecánicos.

¿Sabías que...

Las carretillas eléctricas que más se utilizan son las de neumáticos y bandajes super elásticos, en función de que tengan que salir al exterior con mayor o menor frecuencia.

Cuando la carretilla se destina a la carga y descarga debemos elegir la que pueda entrar en el interior del camión, aquella cuyo mástil permita mantener una baja altura de gálibo aunque las horquillas y la carga estén elevadas; esto solo se puede conseguir con un mástil del tipo de elevación libre total.

Los **tipos de carretillas elevadoras** que existen actualmente son: contrapesadas, retráctiles y trilaterales.

Carretilla contrapesada

Carretilla contrapesada.

Se denominan así por el contrapeso de hierro que incorporan en su parte posterior y pertenecen al tipo de *«cargadoras en voladizo»*, lo que significa que llevan la carga por delante de su punto de apoyo. Son los vehículos autopropulsados más utilizados en las zonas de carga y descarga de los almacenes. Las carretillas elevadoras contrapesadas se pueden clasificar de dos formas:

- **Atendiendo al tipo de ruedas:** carretilla con neumáticos (para carga y descarga en el exterior del almacén) y carretilla con bandajes macizos (para trabajos de interior).
- **Atendiendo al tipo de tracción:** carretilla con motor térmico o de combustión (para trabajar en el exterior) y carretilla con motor eléctrico o batería (para trabajos de interior).

Carretilla retráctil

Carretilla con ruedas de bandajes macizos.

Las carretillas retráctiles funcionan con motores eléctricos, alimentados por baterías, ya que están concebidas única y exclusivamente para trabajar en el interior del almacén. Para que la máquina resulte de pequeñas dimensiones, las ruedas son de bandajes macizos y de diámetro pequeño. Se caracterizan por necesitar pasillos de maniobra inferiores a los que utilizan las contrapesadas de igual capacidad de carga.

Las carretillas elevadoras retráctiles pueden ser de dos tipos:

- **Carretilla con mástil retráctil** que discurre a través de las patas delanteras o «patas de carga».
- **Carretilla con horquillas retráctiles** que van montadas sobre un tablero que está unido a una especie de pantógrafo. Las horquillas pueden ser simples o dobles, ambas disposiciones permiten a la máquina realizar la maniobra de giro dentro de pasillos muy estrechos.

El mástil de las carretillas retráctiles puede ser de todos los tipos citados (dobles telescópicos, elevación libre total y triples). No obstante, el sistema de mástil retráctil y el sistema de pantógrafo permiten alcanzar alturas de elevación superiores a las que se alcanzan con las carretillas contrapesadas.

Concepto

El **pantógrafo** es una especie de paralelogramo articulado con dos de sus lados opuestos prolongados.

Carretilla trilateral

Estas carretillas son capaces de tomar y depositar carga en tres posiciones: lateral izquierda, lateral derecha y frontal. Esta característica les permite trabajar en pasillos tan estrechos como estrecha sea su configuración, en la mayoría de los casos corresponde a la anchura de la carga que trasladan más la anchura del cuerpo del cabezal, que permite los movimientos, y un pequeño margen de seguridad del orden de los 3 cm. Con estas dimensiones, el ancho de pasillo para una carretilla trilateral oscila entre 1,7 y 1,9 m en función del tipo, modelo y capacidad.

Las carretillas trilaterales se clasifican según la posición del operario y por el tipo de cabezal. Atendiendo a la posición del operario pueden ser:

- **Carretilla con hombre abajo o torre.** El operario va montado en el cuerpo de la máquina y realiza todas las maniobras desde esta posición. Estas carretillas utilizan mástiles dobles o triples y, sin elevación libre total, alcanza grandes alturas, llegando incluso a los 13 o 14 m. Para ello hay que dotarlas de preselección de altura, así la maniobra de carga y depósito de mercancías en las estanterías se realiza de forma automática.

- **Carretilla con hombre arriba o «carretilla recogepedidos».** Se conoce así por su doble aplicación de apiladora y preparadora de pedidos. El operario va montado sobre una especie de cabina unida al cabezal o en un pequeño mástil adicional. Esta característica permite que el operario ascienda y pueda ver dónde tiene que colocar la carga o extraer la mercancía y, por tanto, no necesita preselector de altura.

El cabezal de las carretillas trilaterales puede ser de tres tipos:

- **Cabezal en «L»:** es el más utilizado, su ventaja es que no posee limitación de altura de carga y se puede utilizar para cualquier tipo de carretilla.

- **Cabezal en «J»:** tiene en el cuerpo del cabezal una viga-pluma colgada, que facilita el movimiento de rotación del cuerpo giratorio y mantiene durante el giro la posición del centro de gravedad de la carga.

- **Cabezal con horquilla telescópica:** es similar al que utilizan los transelevadores. La ventaja de este sistema es que para el apilado necesita pasillos más estrechos, al no tener un cuerpo de cabezal giratorio como en los casos anteriores.

Las carretillas trilaterales obtienen mayor rendimiento (circula a la máxima velocidad) cuando son guiadas dentro de los pasillos. El guiado puede ser dos formas:

- **Raíles guía.** Los rodillos guía de la máquina se apoyan sobre unos perfiles laminados que se instalan a ambos lados de los pasillos.
- **Guiado inductivo o filoguiado.** Se hace instalando un cable en el centro de los pasillos de circulación y enterrado a unos 15 cm.

Además del guiado, la carretilla trilateral necesita que el suelo tenga una nivelación exacta para evitar el balanceo de la parte superior de la máquina, pues la presión que ejercen por centímetro cuadrado es muy elevada.

Concepto

Preselector de altura es un aparato óptico-electrónico-mecánico, que mediante lectores ópticos determina la posición en la que se encuentran las horquillas y con una programación previa detiene la elevación a la altura deseada.

Carretilla retráctil.

Recuerda

El **cabezal en «J»** consigue una posición más estable de la carga cuando se gira en alturas muy altas. Pero la altura de la carga a manejar queda limitada por la distancia entre las horquillas y la viga-pluma superior.

Carretillas contrapesadas con neumáticos.

Permiten la carga y descarga de camiones.

Carretillas retráctiles con ruedas de bandajes, macizos y mástil retráctil.

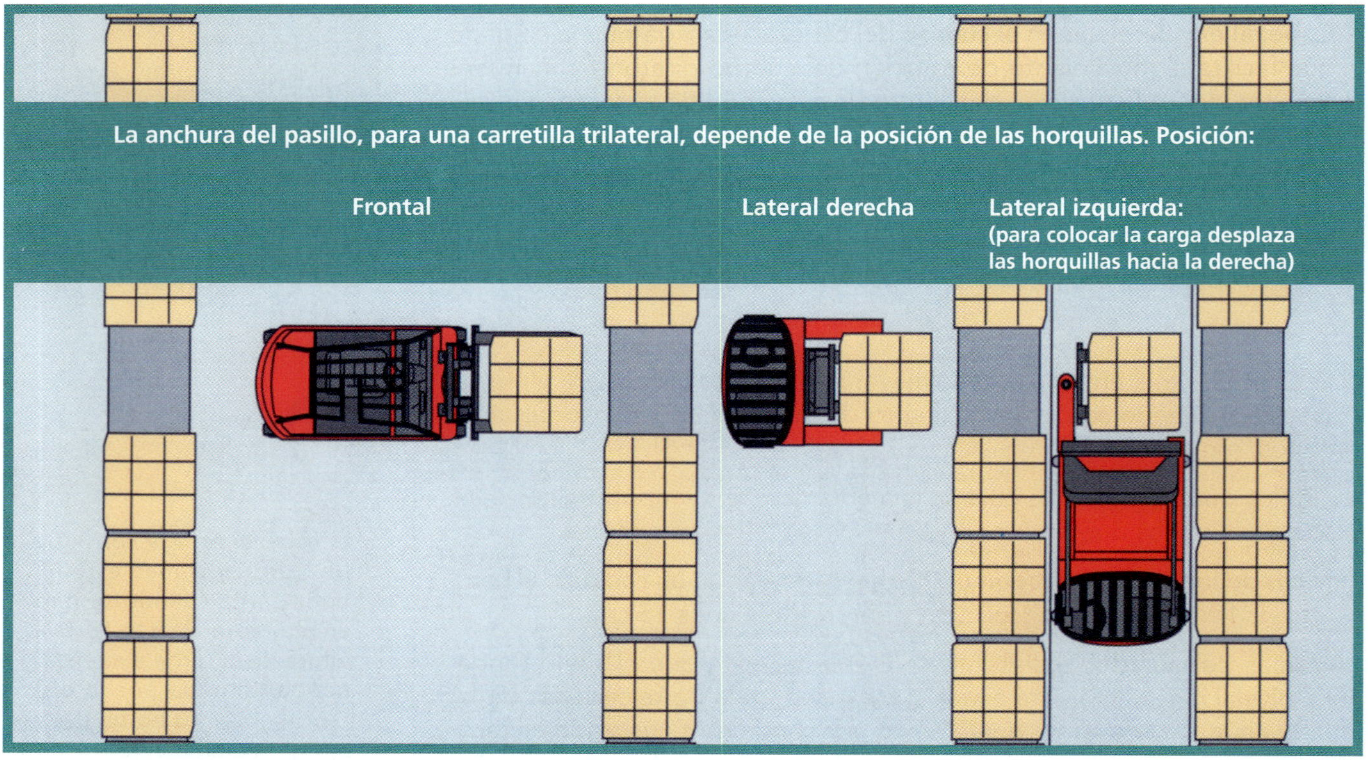

Figura 2.10. Carretillas elevadoras. Fuente: Mecalux y Toyota.

2.4.4. Transelevadores

El transelevador puede transportar y elevar cargas a gran velocidad por pasillos muy estrechos. Su aplicación se desarrolla en almacenes automatizados para la realización de tareas como: colocación y extracción de cargas o paletas completas, en estanterías de manutención, y preparación de pedidos o *picking* en estanterías especializadas. También se utiliza para el manejo de contenedores, cargas especiales y objetos largos en estanterías cantilever.

Las ventajas principales del transelevador son: su funcionamiento (para el manejo, toma y depósito de cargas) puede ser manual, semiautomático o totalmente automático; toma energía de la red eléctrica y no depende de la carga de una batería; los pasillos de trabajo pueden ser de 1,10 m de ancho para estanterías de *picking* y entre 1,30 y 1,50 m para estanterías de paletización.

Sin embargo, el transelevador también presenta inconvenientes, pues para obtener el rendimiento adecuado debe trabajar solo en un pasillo, aunque puede recoger o depositar mercancías en ambos laterales a lo largo del mismo. Para que el transelevador pueda almacenar las cargas se necesita que otros medios móviles las depositen en la cabecera del pasillo.

Los transelevadores pueden ser de dos tipos: con conductor incorporado y con microprocesador o totalmente automatizados.

Transelevadores con conductor incorporado

La configuración básica de esta máquina se compone de un mástil, dos chasis (uno superior y otro inferior), la cabina del operario y la plataforma.

- **El mástil** está formado por una viga en forma de cajón que está unida a los chasis (superior e inferior) y permanece constantemente fijo; es decir, no tiene ningún mecanismo de telescopaje. Para elevar la carga, situada en la plataforma elevadora, utiliza cadenas de elevación y cables de arrastre que guían la mesa de carga sobre el propio mástil. Según la capacidad de carga, el mástil puede ser doble o simple.
- **Los chasis.** El superior circula sobre un raíl guía fijo e instalado en el techo del almacén o colgado de una estructura que está unida a ambos lados de las estanterías. Mientras que el inferior efectúa la tracción sobre el carril de rodadura instalado a lo largo del pasillo. El tren de rodadura es el que soporta todo el peso y hace que el transelevador pueda adquirir la velocidad adecuada; que se regula mediante unos órganos de control electrónico que están incorporados en el chasis inferior.
- **La cabina del operario** es similar a la de las carretillas trilaterales y los selectores de pedidos de alto nivel. La cabina sube junto con la mesa elevadora a lo largo del mástil, que a su vez es arrastrado por las cadenas y los cables que conforman el sistema de elevación.
- **La mesa elevadora** está unida a la cabina y provista de horquillas telescópicas que, por medio de un motor eléctrico, permiten tomar y depositar la carga a ambos lados del pasillo de trabajo.

¿Sabías que...?

La denominación original del transelevador es «stackerkrane» y se traduce como **grúa apiladora.** Es uno de los medios de almacenaje que más se ha desarrollado en los últimos años y el más automatizado de los que se utilizan para el apilado de cargas.

Transelevador guiado por carril y equipado con sistema telescópico, para almacenaje de carrocerías de coches.

Recuerda

Para que el transelevador pueda identificar la carga esta debe estar etiquetada con código de barras.

Transelevador, lleva incorporado un lector de código de barras para saber dónde tiene que depositar las cargas. *Cortesía de Mecalux.*

Transelevadores con microprocesador

Los transelevadores automatizados no llevan cabina para el operario y en su lugar incorporan un microprocesador. El control se puede realizar desde una consola de control o desde el ordenador central.

- **Control por consola.** Está situada en la cabecera del pasillo y desde ella el operario puede dar instrucciones a uno o varios transelevadores a la vez. En la consola central se marcan las coordenadas que necesita el transelevador para cada operación (toma o depósito de la mercancía) y la posición (estantería, altura, hueco, etc.) que ocupa dentro del pasillo.
- **Control por ordenador central.** El transelevador se controla desde el ordenador central y recibe las instrucciones a través de una tarjeta perforada o un código de barras, que elabora el propio ordenador. El transelevador lleva incorporado un lector o un escáner y, una vez leídas las órdenes y las coordenadas, realiza el trabajo asignado.

2.5. Vehículos de guiado automático (AGV)

¿Sabías que...

Los AGV fueron en su momento la mayor innovación técnica que facilitó la automatización de los almacenes y hoy en día son los más utilizados en empresas de automoción, industria pesada y electrónica; tanto en el proceso de fabricación y montaje como en la distribución.

Los vehículos de guiado automático o AGV *(Automatic Guided Vehicles)*, conocidos también con el nombre de «carros filoguiados», deben su origen a un sistema de carros de arrastre que seguían el camino marcado por un alambre enterrado y sometido a una corriente inductiva. Constituyeron en 1970 un gran desarrollo tecnológico y actualmente siguen siendo un reto apasionante, tanto para los diseñadores de equipos de manutención como para los proyectistas de almacenes, pues su tecnología todavía está en constante evolución.

Las aplicaciones de los AGV se centran en trasladar los materiales desde el punto de fabricación hasta el de almacenaje. Estos «vehículos inteligentes» son medios de transporte interno que no necesitan conductor y son capaces de seguir un camino previamente trazado. Su principal ventaja es que pueden trabajar fuera de los pasillos y por caminos utilizados al mismo tiempo por carretillas o peatones.

Los sistemas que más se utilizan para el trazado y seguimiento del camino son:

- **Filoguiado por cable inductivo.** El vehículo sigue un camino marcado por un alambre enterrado en el suelo y sometido a una corriente inductiva.
- **Guiado por identificación de posición.** El propio vehículo lleva instalado un microcomputador con un esquema de posiciones introducido en su memoria.
- **Guiado por lectores ópticos, químicos o magnéticos.** Siguen una trayectoria a través de líneas marcadas en el suelo y el seguimiento se realiza por sensores de aproximación ópticos o magnéticos y rayos ultravioleta.

Transportador guiado por cadena subterránea. Lleva las flores a los muelles para su carga en los camiones. *Cortesía de EISENMANN.*

Entre los AGV que más se utilizan existen dos versiones: carros filoguiados y robots móviles.

Transelevador con desplazamiento sobre raíl guía.

Transelevador con rodillos guía.

Robot pórtico para la paletización de pedidos, en la zona de expedición.

Vehículo de guiado automático Weasel®.

Figura 2.11. Transelevadores y vehículos de guiado automático.

- **Los carros filoguiados.** Están diseñados para el transporte de cargas unitarias entre distintos puntos de un recorrido previamente fijado. Estos vehículos están formados por una plataforma de carga y dotados de sensores electromagnéticos que son capaces de seguir el rastro de un cable enterrado a 15 o 20 mm de profundidad. El carro filoguiado se programa por un microprocesador que lleva incorporado y que permite la preselección de las rutas y los puntos de parada. Las instrucciones las puede recibir directamente desde su propio tablero de mandos o a través del ordenador central.

- **Los robots móviles.** Su creación se debe al desarrollo conjunto de la tecnología utilizada en los carros filoguiados y los robots industriales programables. La combinación de un vehículo de guiado automático con plataforma para el transporte de paletas y un robot industrial ha dado lugar a un medio de manejo automático que se puede utilizar para la carga y descarga de piezas y en ciertas tareas de preparación de pedidos. Al igual que los carros filoguiados, lleva instalado un microcomputador con un esquema de posiciones y un detector que le permite identificar la posición y el camino a recorrer.

Transportador filoguiado, para cargas y cestones apilados.

Robot filoguiado.

Carro láserguiado.

Vehículo filoguiado para mover contenedores de 15 toneladas. *Cortesía de Mecalux.*

Los robots industriales llevan instalado un microcomputador que les permite identificar la posición y el camino a seguir. Este robot o VGA lleva incorporado un mástil telescópico y pinzas de agarre para manipulación y almacenaje de bobinas de papel y cartón.

Resumen

Elementos de la infraestructura exterior del almacén:

- Accesos (carretera y vías de servicio) y parking para camiones y vehículos autorizados.
- Zona de rodadura de camiones, muelles y zonas de carga o descarga.

Distribución del espacio interior del almacén:

- Zona de recepción, para actividades de control de calidad, clasificación de productos y su adaptación para el almacenaje.
- Zona de almacenaje, se depositan las mercancías separándolas según el grado de rotación, condiciones de conservación, etcétera.
- Zona de preparación de pedidos, se compone de un área para selección y recogida de mercancías y otra para operaciones de *picking*.
- Zona de expedición, con áreas separadas para consolidación de envíos, embalado y control de mercancías.
- Zonas auxiliares, con subdivisiones para envases y embalajes; baterías, herramientas, piezas de repuesto; locales destinados a oficinas y otras dependencias del personal.

Delimitación de zonas o secciones del almacén

El edificio carece de paredes o tabiques cada zona o área se establece:

- Colocando estanterías o ubicaciones, de esta forma se delimitan varios almacenes.
- Trazando calles, pasillos, accesos, etc., la anchura y codificación de los mismos indica a donde conducen y los medios mecánicos que pueden circular.

Medios mecánicos para las actividades de almacenaje:

- Los medios fijos instalados en el suelo (cinta transportadora de rodillos o banda), en el techo (transportadores por raíles o grúas) o en un punto fijo (ascensores y montacargas).
- Los medios móviles o vehículos que circulan por todo el almacén, aunque algunos tienen limitado el acceso a ciertas zonas.

Medios mecánicos móviles, de menor a mayor grado de automatismo:

- **Transpaleta** manual y transpaleta autopropulsada. Se utiliza para: carga y descarga de camiones; traslado de paletas y contenedores; como medio de apoyo para operaciones de *picking* y abastecimiento de carretillas y transelevadores.
- **Apilador** con tracción manual y elevación eléctrica y apilador autopropulsado. Se utiliza para la carga y descarga de estanterías y trabajos ligeros o apoyo para otros equipos de manutención.
- **Carretillas elevadoras** son vehículos autopropulsados con mástil de elevación. El mástil, según modelo, puede ser telescópico, de elevación libre total y triple. Los tipos de carretillas son:
  - Contrapesada: lleva la carga en voladizo por delante de su punto de apoyo y puede ser con ruedas de neumáticos (trabajos en el exterior del almacén) o con ruedas de bandajes macizos (trabajos de interior).
  - Retráctil: con horquillas retráctiles y/o mástil retráctil. Alcanza grandes alturas de elevación y se utiliza para el apilado de cargas en estanterías.
  - Trilateral: puede tomar y depositar carga en tres posiciones (frontal, lateral izquierda y lateral derecha) y puede trabajar en pasillos muy estrechos.
- **Transelevador** puede transportar y elevar cargas a gran velocidad por pasillos muy estrechos. Se utiliza en almacenes automáticos para colocar y extraer paletas completas en estanterías de manutención y estanterías de *picking*.
- **Vehículos de guiado automático** (AGV): son medios que no necesitan conductor y son capaces de seguir un camino previamente trazado. Los AGV que más se utilizan son:
  - Carro filoguiado: para transportar cargas unitarias, entre distintos puntos de un recorrido previamente fijado.
  - Robot móvil: para transporte de paletas, manejo de piezas (como robot industrial) y tareas de *picking*.

Actividades de comprobación

Actividad 2.1.

Indica **la** respuesta correcta de las siguientes preguntas.

1. **El diseño físico del almacén abarca:**
   a) Infraestructura y *lay-out.*
   b) El tipo de edificación.
   c) Accesos, cerramientos y zonas de almacenamiento.

2. **El pavimento del almacén debe tener la dureza y estabilidad necesarias para soportar:**
   a) El peso de cargas puntuales producidas por los pilares de las estanterías y los equipos de manutención.
   b) Las cargas estáticas producidas por las máquinas en movimiento.
   c) Las cargas dinámicas producidas por las estanterías.

3. **Cuando los camiones tienen que descargar productos de temperatura controlada se posicionan en:**
   a) Los muelles de carga/descarga integrados y asignados por el encargado del almacén.
   b) Los muelles con puertas dotadas de cierre hermético o fuelle de abrigo.
   c) Los muelles dotados con sistemas mecánicos o hidráulicos de nivel.

4. **Los medios mecánicos de desplazamiento transversal se utilizan:**
   a) Para la carga y descarga de buques y aviones.
   b) Cuando la carga de camiones se realiza con deslizaderas que empujan unas cargas contra otras.
   c) Para introducir las mercancías en el interior de los vagones del tren.

5. **Los obstáculos que podemos encontrar al diseñar el *lay-out* de un almacén son:**
   a) Pilares, columnas, escaleras, etc., que forman parte de la propia estructura del edificio.
   b) Cintas transportadoras de rodillos o banda y otros medios de transporte rodado.
   c) La orientación del local y las puertas de acceso.

6. **La zona del almacén donde se preparan las mercancías para su posterior almacenamiento se denomina:**
   a) Área de control de calidad de las mercancías recibidas.
   b) Área de clasificación de mercancías.
   c) Área de adaptación.

7. **Los medios mecánicos de tracción y elevación mecanizada son:**
   a) La transpaleta manual, el apilador manual, la carretilla contrapesada.
   b) La transpaleta con timón y conductor en plataforma, los apiladores con horquillas y largueros entre patas, las carretillas con mástil retráctil.
   c) El apilador con conductor a pie, la transpaleta manual, el apilador manual.

8. **Para que la carga/descarga de los camiones se pueda realizar directamente con carretillas u otros medios mecánicos el almacén debe disponer de:**
   a) Muelles de carga/descarga integrados.
   b) Sistemas mecánicos o hidráulicos de nivel.
   c) Puertas con cierre hermético o fuelle de abrigo.

9. **Las actividades que se realizan en la zona de expedición son:**
   a) Consolidación, embalaje, etiquetado de destino y cotejo de los pedidos preparados.
   b) Cotejar las mercancías con los pedidos preparados, control de calidad, codificarlas y adaptarlas.
   c) Embalaje, etiquetado de destino y comprobación de los productos seleccionados.

10. **Las actividades que se realizan en la zona de recepción son:**
    a) Cotejar las mercancías con los pedidos preparados, control de calidad, codificarlas y adaptarlas.
    b) Descargar las mercancías, realizar los controles de cantidad y calidad y adaptarlas para el almacenaje.
    c) Cotejar las mercancías recibidas, control de calidad, clasificarlas, codificarlas y adaptarlas.

Actividades finales

Actividad 2.2.

Indica si son verdaderas (V) o falsas (F) las siguientes afirmaciones:

1. La transpaleta manual se maneja a través de una palanca instalada en el timón.
2. La transpaleta autopropulsada funciona con una bomba hidráulica conectada al timón.
3. Las horquillas del transelevador están unidas a un mástil elevador telescópico.
4. Todas las carretillas elevadoras son autopropulsadas (tracción y elevación mecanizada).
5. Las carretillas elevadoras contrapesadas se pueden apoyar sobre ruedas de neumáticos, ruedas de bandajes y barras de acero o patas de apoyo.
6. Todas las carretillas pueden tener mástiles dobles telescópicos, dobles con elevación libre total y mástiles triples.
7. Las carretillas elevadoras que se pueden utilizar para el llenado y vaciado de contenedores son las que poseen mástiles del tipo elevación libre total.
8. Las carretillas trilaterales necesitan un sistema de guiado dentro de los pasillos para poder circular a mayor velocidad.
9. Para evitar el balanceo de la parte superior de las carretillas trilaterales el suelo debe tener una nivelación exacta.
10. Para evitar el balanceo de la parte superior de las carretillas retráctiles el suelo debe tener una nivelación exacta.

Actividad 2.3.

Responde brevemente a las siguientes preguntas:

1. ¿Qué objetivos se consiguen cuando el *lay-out* está bien planificado?
2. ¿Cuáles son los factores que más influyen en la planificación de las zonas internas del almacén?
3. ¿En cuántas secciones o áreas se puede subdividir la zona de recepción de mercancías?
4. La codificación de pasillos, zonas, áreas y dependencias del almacén se hace para poder identificar las distintas ubicaciones y facilitar el almacenamiento y extracción de mercancías. ¿Cuáles son los elementos mínimos que debemos codificar?
5. ¿Qué productos se almacenan en la zona del almacén destinada a productos especiales?

Actividad 2.4.

Dentro del almacén existen zonas de acceso o paso tanto para personas como para los medios que se utilizan en la manipulación de mercancías o cargas. Cita estas zonas y haz una descripción de las mismas.

Actividad 2.5.

Analiza y razona la respuesta de las siguientes preguntas:

1. ¿Qué ventajas presentan las zonas de carga y descarga integradas en el almacén frente a las zonas de carga y descarga independientes?
2. ¿Qué ventajas presenta la carga y descarga de camiones frente a la carga y descarga de trenes, buques o aviones?
3. ¿En cuántas secciones o áreas se puede subdividir la zona de almacenamiento?:
   a) Cuando se trata del almacén central de la empresa.
   b) Cuando es un almacén de distribución que recibe aprovisionamientos periódicos (diarios, semanales, quincenales, etc.).

Actividad 2.6.

Al distribuir el espacio interior del almacén, debemos tener en cuenta las necesidades de almacenamiento a medio y largo plazo. Para ello, ¿qué aspectos debemos considerar antes de tomar decisiones?

Actividad 2.7.

¿Cuáles son las necesidades de almacenaje que debemos conocer antes de proceder a la distribución interna de los espacios del almacén?

Actividad 2.8.

Responde brevemente a las siguientes cuestiones:

1. ¿Cuáles son los principales medios estáticos de almacenamiento que se utilizan en un almacén?
2. ¿Cómo se definen los medios mecánicos móviles que se utilizan en un almacén?
3. Cita los medios mecánicos manuales más importantes.
4. ¿Cuáles son los principales equipos que trasladan la mercancía de un lugar a otro del almacén sin que se traslade el medio?

Actividades de aplicación

2.9. El dueño de un almacén de distribución de frutas y hortalizas ha solicitado a un arquitecto el diseño del edificio con seis posiciones de camión. Según un estudio realizado por el jefe de almacén, diariamente entran cinco camiones (tres por la mañana y dos por la tarde) para efectuar operaciones de carga y descarga y cada camión permanece un tiempo aproximado de hora y media. El jefe de almacén dice que no son necesarias tantas puertas, pero el dueño considera que es mejor y quiere construir seis puertas de carga/descarga.

Se pide:

1. ¿Cuántas posiciones de camión serían necesarias?
2. Indicar qué motivos puede tener el dueño para querer construir seis posiciones de carga/descarga. ¿Qué opinas de la postura del dueño?

2.10. La Cooperativa ANECOOP almacena y distribuye los siguientes productos:

- **Patatas:** que recibe a granel, en tractores o camiones de pequeña capacidad. Las patatas se envasan en mayas de 2,5 y 10 kg, para su posterior salida. Una vez envasadas, el tiempo máximo que permanecen almacenadas es de dos meses.
- **Arroz:** que llega en sacos de 50 kg. Como la salida de este producto es constante durante todo el año, en un primer momento se almacena tal como llega hasta que se procede al envasado en bolsas de 1 y 2 kg, manteniendo constantemente un *stock* de 2.000 bolsas de cada para hacer frente a la demanda.
- **Fresas:** llegan en cajas de 10 kg. Antes de proceder a su almacenamiento se preparan en cajas de 2 kg, y se conservan en cámaras frigoríficas donde permanecen almacenadas un tiempo máximo de una semana.
- **Lechugas:** se reciben en cestones o cajones de plástico, se envasan en bandejas por unidades y cada 10 unidades se empaquetan en una caja. La salida de este producto es diaria.
- **Melocotones:** llegan en cajones de plástico que contienen aproximadamente 50 kg, se envasan en bandejas de 1 kg, y posteriormente se almacenan en cámaras frigoríficas donde pueden permanecer hasta un mes antes de salir al mercado.

Se pide:

1. Hacer el *lay-out* del almacén indicando las zonas destinadas a cada tipo de producto y/o actividad a realizar.
2. Indicar también los medios mecánicos necesarios para la carga/descarga de camiones y para la manipulación y almacenamiento de las mercancías.

2.11. La empresa ALFA quiere modificar el almacén y habilitar una zona para un máximo de 3.000 palés. El almacenaje se realizará en estanterías de 20 m de largo por 1,5 de ancho y la capacidad es de 20 palés en cada altura.

También quiere tener una zona de *picking* independiente y para el traslado y manipulación de palés se está barajando utilizar los medios mecánicos que aparecen en la tabla siguiente:

Medios mecánicos	Anchura del pasillo	N.º de alturas de elevación
Apiladores	2 m	2
Carretilla retráctil con horquillas fijas	2,5 m	5
Carretilla trilateral	1,5 m	6
Transelevadores	1 m	12

Se pide:

1. Calcular el espacio que necesitará la zona de almacenaje con cada uno de los medios.
2. Hacer un cuadro para comparar los resultados (superficie, número de estanterías, pasillos, etc.) y un comentario sobre la mejor solución para la empresa.

3

Almacenaje de mercancías y cargas

INTRODUCCIÓN

Una ubicación adecuada de las mercancías permite rentabilizar el espacio destinado para almacenaje, realizar las actividades de colocación y extracción de forma fluida y eficaz, y que los productos almacenados se conserven en perfectas condiciones.

Existen varios sistemas de almacenaje y en la práctica cada empresa utiliza el que más se adapta a sus necesidades; pues todas persiguen un objetivo común: que el almacén genere los mínimos costes, para así obtener el máximo beneficio empresarial.

Veremos en esta unidad los sistemas de almacenaje que se utilizan en la práctica real, analizando las ventajas y los inconvenientes de su aplicación para cada tipo de producto o unidad de carga; según los equipos de manipulación utilizados.

OBJETIVOS

- Conocer los distintos tipos de productos por sus características, tamaño o forma, grado de peligrosidad, etc., para colocarlos en el lugar más adecuado del almacén.
- Saber qué artículos se pueden agrupar, formando una unidad de carga, para facilitar las tareas de manipulación y almacenaje y cuántas unidades de carga se pueden apilar.
- Estudiar los sistemas de almacenaje y analizar las ventajas y los inconvenientes que presentan, en función de las mercancías y las actividades que se realizan en cada zona del almacén.

CONTENIDOS

¿Sabías que...

Gama o línea de productos es un conjunto de artículos relacionados entre sí, que se comercializan con la misma marca y para el mismo grupo de clientes. Por ejemplo, bajo la marca Danone se comercializa la línea de productos yogur (natural, sabores, etc.), cuajada, mousse de yogur, etcétera.

3.1. Clasificación de las mercancías

La clasificación de mercancías se puede establecer atendiendo a varios criterios: el estado físico; las propiedades de durabilidad o caducidad; el grado de peligrosidad; el grado de rotación y la función que desempeñan dentro del flujo logístico; la forma, el tamaño o la densidad (relación peso-volumen).

Según el estado físico

El estado físico nos permite conocer cómo podemos manipular las mercancías, dónde se van a almacenar y cómo se pueden transportar. Los productos por el estado físico pueden ser sólidos, líquidos y gaseosos:

- Los **sólidos** se subdividen en: graneles, productos compactos y animales vivos.

Almacenaje a granel en distintos compartimentos.

  - Sólidos a granel: se almacenan y comercializan en bruto, por ejemplo, minerales (carbón, piedra, etc.); productos agrícolas (trigo, arroz, maíz, azúcar, etc.); productos químicos (sales, carbonatos, etc.), tierras (grava, gravilla, arena, etc.).
  - Sólidos compactos: son productos fabricados cuya materia prima, principalmente, es sólida y después de elaborados permanecen en estado sólido, como los metales (clavos, tornos, rejas, etc.), la madera (muebles, puertas, ventanas, etc.).
  - Animales vivos: su almacenaje suele ser por poco tiempo, hasta su sacrificio y transformación en alimentos, y en casi todos los casos se realiza en condiciones especiales, como granjas para conejos, aves, ganado lanar y vacuno, o piscifactorías para mejillones, salmón, truchas, carpas, etc.

- Los **líquidos:** cuando no están envasados se consideran como productos a granel, en cuyo caso se dividen en líquidos estables y líquidos inestables.
  - Líquidos estables: son los que no cambian su estado físico o composición química, aunque estén expuestos al aire. Entre los líquidos estables unos se destinan a la alimentación (refrescos, leche, zumos, etc.); y otros a la industria, ya sea como productos energéticos (gasolina, gasóil, etc.); o para fabricados químicos y soluciones (lejía, lacas, barnices, pinturas, etc.).
  - Líquidos inestables: son los que debido a su composición química cambian de estado físico cuando están en contacto con otro producto, la humedad o el aire. Por ejemplo, la nitroglicerina o ácido nítrico al contacto con un cuerpo inerte explosiona; el alcohol y la colonia a temperaturas normales se convierten en volátiles; el salfumán reacciona al contacto con otro elemento químico y se convierte en humeante tóxico.

Cada producto requiere un tipo de envase adecuado para su correcta conservación.

- Los **gases** son productos que se utilizan generalmente en la industria y pueden estar envasados a alta presión (en neveras, extintores), a baja presión (bombonas de butano) o canalizado (gas natural o gas ciudad).

Según las propiedades y características

Las mercancías o productos según las propiedades de durabilidad o caducidad y las necesidades de conservación o mantenimiento se clasifican en: perecederos y duraderos.

Los **productos perecederos** son aquellos cuya durabilidad está limitada a la fecha que determina su caducidad y su consumo se debe producir antes de esta fecha. Además, algunos perecederos como fármacos, alimentos, bebidas, etc., pueden necesitar condiciones especiales de conservación, y según estas los podemos clasificar en:

- Productos congelados: son los que se han sometido a un proceso previo de congelación y para conservarlos se almacenan en congeladores o cámaras frigoríficas a una temperatura por debajo de los –18 °C; por ejemplo: carnes, pescados, verduras (guisantes, espinacas), postres (helados, tartas), etcétera.
- Productos refrigerados: son los que se conservan en cámaras frigoríficas a temperaturas entre 1 y 8 °C. Pueden ser alimentos naturales que no se han sometido a ningún proceso de enfriamiento o elaboración como carnes y pescados frescos; o productos elaborados como yogures, natillas, flanes, mantequillas, pasteles, etcétera.
- Productos frescos: para conservar sus propiedades naturales se almacenan en el lugar más fresco del local (sin ser en cámaras frigoríficas) y no pueden estar sometidos a cambios bruscos de temperatura producidos por focos de iluminación o calefacción. Por ejemplo: leche, zumos, quesos, embutidos, vino o cava, chocolate, bombones, frutas y verduras frescas, algunos fármacos, etc. Estos productos, una vez abierto el envase o empezado el producto, el consumidor los tiene que conservar en frigorífico.
- Productos a temperatura normal: se conservan a temperatura ambiente y pueden ser naturales como es el caso de los tubérculos (cebollas, ajos, patatas) o elaborados y envasados como las conservas, por ejemplo: atún, guisantes, tomate frito, pimientos, melocotón en almíbar, café, chocolate en polvo, galletas y, en productos farmacéuticos, la mayoría de los medicamentos.

Los **productos duraderos** son los que no tienen fecha de caducidad y se almacenan sin establecer un orden prioritario de salida; por ejemplo, artículos de droguería, ferretería, electricidad, etc. El criterio de almacenaje que predomina es establecer familias, gamas, modelos, etc., de cada artículo y no mezclar unas con otras para facilitar las tareas de almacenaje, expedición y preparación de pedidos. Por ejemplo, se puede destinar una sección, pasillo o estantería a todos los que son de droguería, otra a los de electricidad, etcétera.

Algunas veces, los productos duraderos se almacenan clasificados en función de los componentes del propio artículo. En estos casos se hacen agrupaciones tan dispares como una bicicleta, la reja de una ventana y una lavadora; o se agrupan una lámpara, un juego de vasos y un televisor. A simple vista puede que no encontremos nada en común entre ellos, pero si analizamos los componentes: la bicicleta y la lavadora tienen piezas lacadas y se puede rayar la pintura, o se pueden corroer las piezas de hierro o chapa con la humedad; la lámpara y el televisor tienen componentes de cristal que son muy frágiles, etcétera.

Sabías que...

Los productos perecederos se deben almacenar en estanterías que permitan mantener el criterio FIFO (el primero que entra es el primero que sale), cuando se prepara una expedición hay que dar salida primero a los más antiguos.

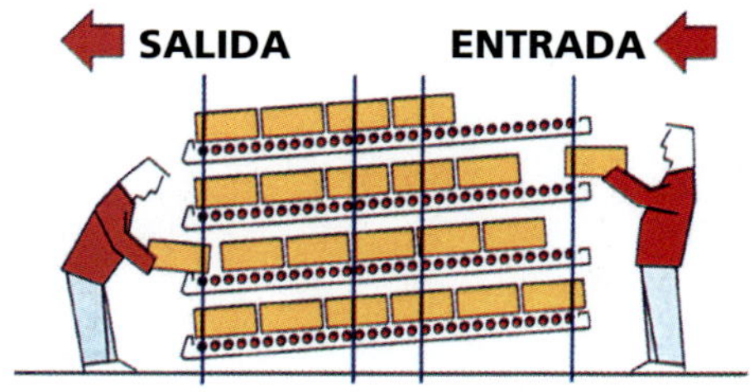

Estantería para el sistema FIFO.

Recuerda

La clasificación basada en las propiedades de las mercancías nos ayuda a la hora de transportarlas, envasarlas, almacenarlas y mantenerlas en condiciones adecuadas; es decir, no podemos manipular de la misma forma una paleta de artículos de cristal que una de ladrillos. Por ejemplo, las mercancías corrosivas se empaquetan con envases termoaislantes; en el embalaje de los artículos con componentes de cristal debe figurar «frágil» o «muy frágil» y, además, indicar si el paquete se debe colocar de forma vertical u horizontal.

> **Importante**
>
> Las industrias que se dedican a la elaboración o manipulación de mercancías y productos peligrosos deben cumplir la normativa especial que los regula, respetar las instrucciones sobre recursos operativos (personas, vehículos, infraestructuras) y someterse a las inspecciones periódicas que establece la Ley, para cada tipo de mercancía.

Clasificación de mercancías peligrosas

Los productos peligros han sido clasificados por la ONU (Organización de las Naciones Unidas) en nueve clases de riesgos y sus respectivas subclases. Estos productos necesitan cuidados especiales de manipulación, transporte y almacenaje; así como condiciones especiales de envasado, embalaje y etiquetado, con las advertencias de su peligrosidad.

La clasificación establecida para productos peligrosos es la siguiente:

- Clase 1. Materias y objetos explosivos.
- Clase 2. Gases comprimidos, licuados o disueltos a presión.
- Clase 3. Materias líquidas inflamables.
- Clase 4.1. Materias sólidas inflamables.
- Clase 4.2. Materias susceptibles de inflamación espontánea.
- Clase 4.3. Materias que al contacto con el agua desprenden gases inflamables.
- Clase 5.1. Materias comburentes.
- Clase 5.2. Peróxidos orgánicos.
- Clase 6.1. Materias tóxicas.
- Clase 6.2. Materias repugnantes o infecciosas.
- Clase 7. Materias radioactivas.
- Clase 8. Materias corrosivas.
- Clase 9. Materias y objetos peligrosos diversos.

Cada una de estas clases incluye distintos apartados y en cada uno se establecen los distintos grados de peligrosidad.

Otras clasificaciones

Existen otros muchos criterios de clasificación, como son:

- **El grado de rotación o frecuencia de entrada y salida.** Según la rotación se ubicarán en un lugar más o menos accesible del almacén. Los productos pueden ser: de **rotación alta** (tienen un ritmo elevado de entradas y salidas), **rotación baja** (apenas registran movimiento) y **rotación media** (reflejan un ritmo intermedio entre rotación baja y alta).
- **La función que desempeñan en el flujo logístico.** Este criterio de clasificación se corresponde con los tipos de materiales, mercancías, materias primas, etc., que vimos en la Unidad 1. También se pueden clasificar **por la utilización** que hacemos de ellos, en este caso se dividen en: productos de consumo y productos de uso.

> Los **productos de consumo** son los que se consumen cuando se incorporan en el proceso productivo o se venden y, por tanto, son objeto de la actividad transformadora o comercial de la empresa. Mientras que los **productos de uso** son los que se utilizan pero no se consumen, pues no se someten a ningún tipo de transformación o venta como son baterías de repuesto, material de oficina, etcétera.

Productos líquidos envasados.

La forma, el tamaño o la densidad. Los productos según su naturaleza se miden en litros, metros lineales, metros cuadrados, kilos, toneladas, etc., pero a la hora de transportarlos y almacenarlos, el criterio utilizado es la forma y la relación peso-volumen.

La forma de un producto puede ser regular o irregular. Los **artículos de forma regular** son los que adoptan formas geométricas. Los **productos de forma irregular** no tienen una forma uniforme y al agruparlos quedan espacios libres, por ejemplo, bicicletas o figuras de cerámica (sin empaquetar en cajas). Tanto en el medio de transporte como en el almacén los productos con formas geométricas regulares (rectangular o cúbica) rentabilizan mejor el espacio al no dejar huecos. Por ejemplo, si nos fijamos en un frasco redondo y un brik de forma rectangular; el diseño rectangular aprovecha mejor el espacio y cuando se agrupan varias unidades no existen espacios muertos.

Recuerda

Las tarifas máximas y mínimas de transporte se establecen en función del peso y el volumen, es decir, el espacio que ocupa la mercancía en el medio de transporte.

Según la forma geométrica los tipos más frecuentes son:

- Artículos de **forma redonda:** pueden ser de forma esférica, como los balones, o de forma circular, como los neumáticos de un coche.
- Artículos en **forma de prisma:** pueden ser de forma cúbica, como una lavadora, o de forma rectangular, como un armario.
- Artículos de **tipo placa:** los hay de muchos tamaños y grosores y generalmente son de forma cuadrada o rectangular, por ejemplo placas de acero o latón, tablones de madera, lunas de cristal, etcétera.
- Artículos en **forma de cilindro o tubo:** pueden ser macizos, como los troncos de madera, o huecos, como los tubos para el alcantarillado. También los hay de muchos tamaños y grosores, por ejemplo, barras para colgar cortinas, tuberías para fontanería, etcétera.

Los productos de forma irregular una vez envasados o paletizados se manejan como productos de forma regular.

Actividad propuesta 3.1

Clasifica los siguientes productos para establecer su ubicación dentro del almacén. Para los artículos perecederos debes seguir el criterio de conservación, para los duraderos el que utilizan los grandes establecimientos de venta (por familias o secciones) y una subdivisión en función de la fragilidad y/o la forma.

Latas de atún, paquetes de arroz, jamones de cerdo curado, destornilladores, queso curado, guisantes congelados, latas de cerveza, mantelerías y sábanas, paquetes de café, zapatos, sillas, bolsos de viaje, botes de tomate en conserva, crema de afeitar, gel de baño, lejía en botellas de 2 litros, detergente para lavadora en bolsas de 6 kg, detergente para lavavajillas en cajas de 3 kg, helados de varias clases y sabores, pasteles, espejos sin marco, maceteros de cerámica, bombones, sardinas frescas, lomo de cerdo fresco, armarios de baño, colchones, bombillas, tarrinas de margarina, botellas de aceite, bolígrafos y rotuladores, tablas de madera para bricolaje, platos y tazas de loza, paquetes de folios, yogures, sepia congelada, cajas de galletas, manzanas en bandejas de 1 kg.

3.1.1. Clasificación ABC

Las estanterías de paletización son las más indicadas para almacenaje de artículos de la Clase «A» o de alta rotación (r).

El sistema de clasificación ABC, conocido también como análisis de Pareto, se basa en el principio de la Ley 20/80: «el 20 % de los productos generan el 80 % de las ventas». Aplicando este principio a las mercancías almacenadas, el 80 % de la inversión en *stocks* está concentrada en el 20 % de los productos; así pues, debemos establecer tres categorías de productos (A, B y C) y aplicar un tratamiento diferente a cada uno.

La clasificación ABC nos permite conocer los productos que generan mayor actividad; para ello se hace un análisis del *stock* total, utilizando variables como: existencias medias, frecuencia de las salidas, número de pedidos o volumen de ventas, y se clasifican en tres categorías: clase «A», clase «B» y clase «C».

- La **clase A** está formada por el 20 % de los artículos almacenados, pero su actividad es grande y representan el 80 % de las salidas. Estos artículos se almacenan en la **zona de alta rotación,** para tener mayor acceso y realizar las entradas y salidas en menos tiempo.
- La **clase B** la forman el 30 % de los artículos en *stock,* pero generan el 15 % de la actividad que se realiza en el almacén. Este grupo de *stocks* se almacena en la **zona de media rotación,** pues el número de salidas no es tan frecuente como los artículos de clase «A».
- La **clase C** la componen el 50 % de los productos, pero la actividad que mueven es muy pequeña, el 5 % sobre el total. Estos artículos se almacenan en la **zona de baja rotación,** pues no se precisa gran accesibilidad.

Los resultados del análisis ABC se representan mediante una gráfica denominada **curva de Pareto.** Se establece una relación entre el valor de las salidas (importe de ventas) y los productos almacenados; para ello, se representa los porcentajes acumulados de artículos en el eje de las abscisas y los porcentajes acumulados de ventas en el eje de las ordenadas (véase la Figura 3.1).

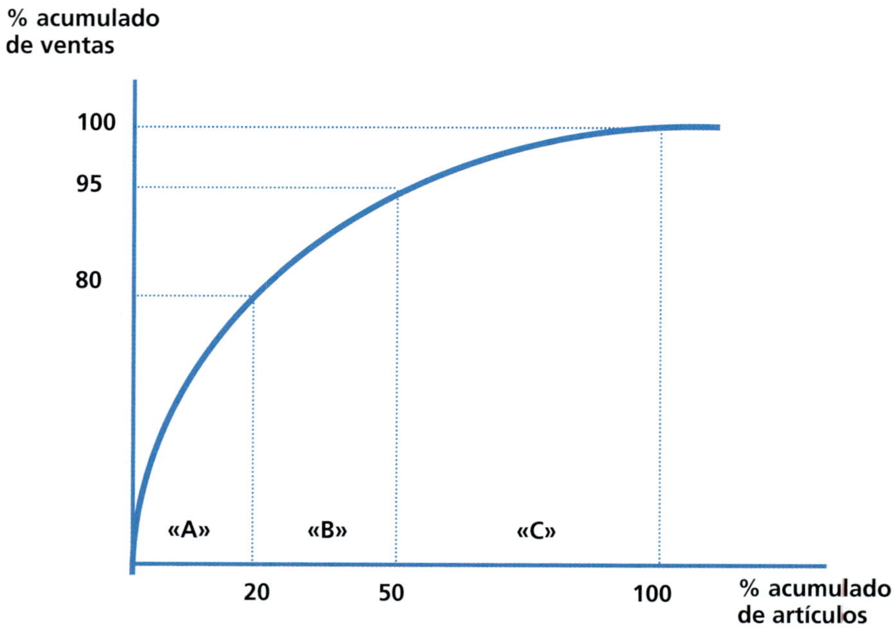

Figura 3.1. Representación de la inversión de cada artículo respecto al total del *stock*.

Como se puede ver en la Figura 3.1, el 80 % de las entradas y salidas de mercancías procede del *stock* de alta rotación que corresponde al 20 % del total de los productos. La gestión del almacén se debe centrar en estos artículos para agilizar las actividades relacionadas con almacenaje y expedición.

Aplicación del análisis de Pareto

La clasificación ABC de mercancías y su representación gráfica, mediante la curva de Pareto, se obtiene realizando las siguientes operaciones:

- **Primero:** se ordenan los artículos de mayor a menor valor, partiendo de la variable utilizada (valor del *stock* almacenado, importe de existencias medias, número de pedidos, etc.).
- **Segundo:** se obtiene el porcentaje acumulado de participación.
- **Tercero:** calculamos el porcentaje que representa cada artículo sobre el valor total del *stock.*
- **Cuarto:** obtenemos los valores absolutos acumulados del *stock.*
- **Quinto:** calculamos el porcentaje de inversión acumulada.
- **Sexto:** representamos gráficamente los valores obtenidos.

Las estanterías dinámicas facilitan la extracción de mercancías y son las más indicadas para artículos de alta rotación. *Cortesía de EISENMANN.*

Caso práctico 3.1

La empresa EXPOTRANS es un almacén de distribución. Agrupa los productos por familias y actualmente dedica a todos los artículos el mismo espacio y tratamiento, es decir, todos participan en la misma proporción.

El almacén EXPOTRANS quiere hacer una redistribución de las áreas destinadas a almacenaje y ubicar las mercancías según la clasificación ABC, tomando como variable el volumen de expediciones. El *stock* almacenado está compuesto por las familias de productos que aparecen en la tabla siguiente, cuyo volumen de salidas se expresa en miles de unidades de carga (paletas).

Artículo	Volumen de salidas	Porcentaje de participación
A001	13.800	10 %
B002	12.500	10 %
C003	16.200	10 %
D004	915.800	10 %
E005	826.500	10 %
F006	98.600	10 %
G007	139.500	10 %
H008	89.800	10 %
I009	15.900	10 %
J010	9.800	10 %

Caso práctico 3.1 (Cont.)

Con los datos que tenemos del almacén EXPOTRANS:

- Identificamos los artículos que corresponden a cada categoría A, B y C.
- Calculamos el porcentaje de salidas que cada producto representa sobre el total del *stock*.
- Representamos gráficamente la relación volumen de salidas y *stock* almacenado.
- Analizamos los productos que se deben almacenar en cada área (alta, media o baja rotación).

Para ello confeccionamos la tabla siguiente:

Artículo	Volumen de paletas	% acu. del *stock* total	% expedición de cada art.	Salidas acum. en paletas	% acumulado sobre salidas totales	
D004	915.800	10	42,83	915.800	42,83	Clase A 81,48 %
E005	826.500	20	38,65	1.742.300	81,48	
G007	139.500	30	6,52	1.881.800	88,00	Clase B 15,33 %
F006	98.600	40	4,61	1.980.400	92,61	
H008	89.800	50	4,20	2.070.200	96,81	
C003	16.200	60	0,76	2.086.400	97,57	Clase C 3,19 %
I009	15.900	70	0,74	2.102.300	98,31	
A001	13.800	80	0,65	2.116.100	98,96	
B002	12.500	90	0,58	2.128.600	99,54	
J010	9.800	100	0,46	2.138.400	100,00	
Total	2.138.400 (1)	(2)	100,00 (3)	(4)	(5)	

Explicación de los valores de cada columna de la tabla anterior:

(1) Representa los artículos ordenados de mayor a menor, por el número de paletas extraídas.

(2) Representa el porcentaje (%) acumulado de participación. Se obtiene sumando el porcentaje de participación de cada producto.

(3) Representa las salidas de cada producto sobre el total, es decir, el porcentaje (%) de cada artículo sobre el volumen total que sale del almacén. Se obtiene aplicando la siguiente fórmula:

$$\% = \frac{\text{Salidas de cada producto x 100}}{\text{Volumen total de salidas}}$$

$$42{,}83\ \% = \frac{915.800 \times 100}{2.138.400}$$

$$38{,}65\ \% = \frac{826.500 \times 100}{2.138.400}$$ y así hasta calcular el último valor.

Caso práctico 3.1 (Cont.)

(4) Representa las paletas acumuladas, se obtiene sumando a la primera cantidad la segunda, al resultado la tercera y así sucesivamente:

915.800 + 826.500 = 1.742.300

1.742.300 + 139.500 = 1.881.800

(5) Partiendo del porcentaje (%) de salidas de cada artículo se obtiene el porcentaje acumulado; es decir:

42,83 + 38,65 = 81,48

81,48 + 6,52 = 88,00

Observando los valores de la columna 5 (% acumulado sobre el total) podemos ver que los productos de la Clase «A» (20 % del *stock* total) son D004 y E005 que representan el 81,48 % de la actividad del almacén. Los productos de Clase «B» (30 % del *stock* total) son G004, F006 y H008, que producen una actividad del 15,33 %. Los productos de la Clase «C» (50 % del *stock* total) son C003, I009, A001, B002 y J010, cuya actividad supone el 3,19 % del total.

Las estanterías convencionales son las que más se utilizan para los artículos de baja rotación.

Representación gráfica de los artículos del almacén de EXPOTRANS. Observa la siguiente figura, los datos de la columna (2) se colocan en el eje de las abscisas y los valores de la columna (5) en el de las ordenadas.

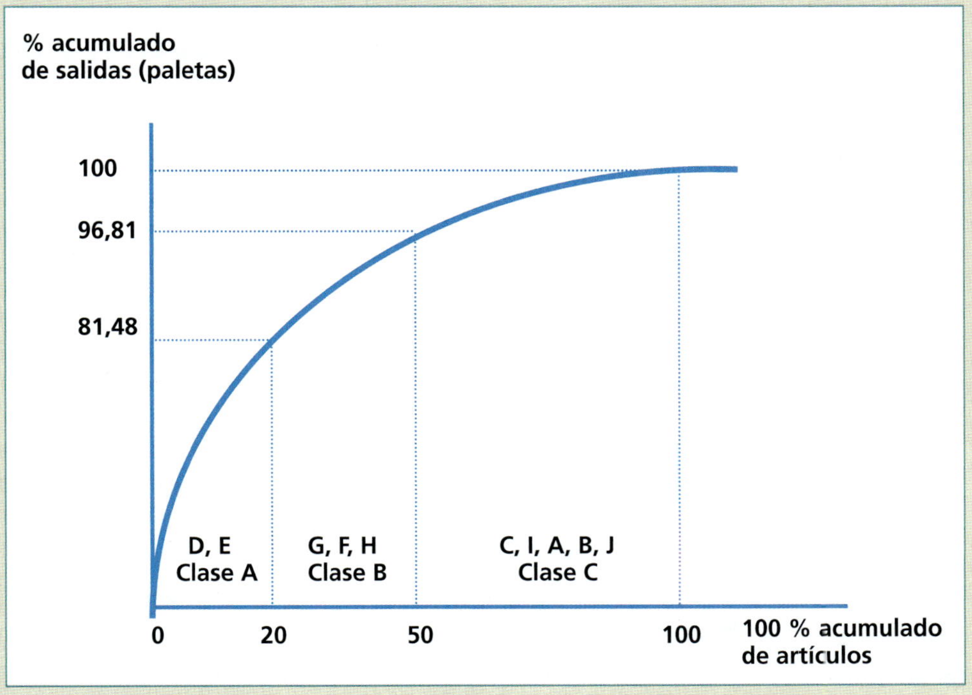

Actividad propuesta 3.2

El almacén ALDETRANS almacena los siguientes productos, cuyas salidas (n.º de pedidos) y porcentaje de participación en las actividades de manipulación son las siguientes:

Productos	Salidas/pedidos	% de participación
A (droguería)	160	10 %
B (textil hogar)	180	10 %
C (zapatería)	380	10 %
D (zumos y refrescos)	3.600	10 %
E (lácteos)	5.300	10 %
F (conservas)	510	10 %
G (charcutería)	790	10 %
H (bricolaje)	57	10 %
I (material eléctrico)	19	10 %
J (menaje y cristalería)	38	10 %

Se pide:

1. Identificar qué artículos corresponden a la clase A, B y C.
2. Calcular el porcentaje de extracciones que corresponde a cada artículo.
3. Representar gráficamente la relación entre salidas y *stock* almacenado.

¿Sabías que...

Los artículos pequeños como lapiceros, tornillos sueltos o en bolsas se agrupan en bultos o paquetes con formas regulares; los productos de forma regular también se agrupan para convertirlos en un solo bulto, siempre que sean de la misma forma y medida, por ejemplo, placas de cristal, tablones de madera, barras o tubos de acero, etcétera.

Por tu cuenta

Busca en www.logismarket.es

Vídeos sobre sistemas automáticos de embalaje, pesaje y etiquetado de cargas.

3.2. Unidad de carga: paletización y embalaje

La unidad de carga es un conjunto de productos que se agrupan en un mismo embalaje, con el fin de facilitar su manejo. El objetivo de agrupar varios productos en unidades de carga (paletas, contenedores, cajas, etc.) es reducir el número de movimientos al mínimo posible, pues el manejo de cargas grandes facilita el transporte y el almacenaje.

También es frecuente que los productos entren al almacén central agrupados en cargas grandes y salgan en cargas más pequeñas, en función de las necesidades de los almacenes regionales. Algunos productos medianos de forma irregular no se pueden agrupar, ya sea por su forma o por el volumen que resultaría al agrupar dos o más unidades. También existen productos medianos o grandes, de forma regular o irregular, que por sus características se manejan y transportan formando cada artículo un bulto o paquete, por ejemplo una lavadora o la carrocería de un coche.

Las cualidades que debe reunir la unidad de carga son resistencia y estabilidad. La resistencia es importante cuando hay que apilar unos productos sobre otros; para ello debemos conocer el peso que pueden soportar. La estabilidad se debe garantizar cuando las cargas tienen que soportar movimientos bruscos de transporte o almacenaje. Los métodos que más se utilizan para sujetar las cargas son el flejado y el retractilado.

El **flejado** consiste en sujetar las cargas hasta lograr un bloque homogéneo. Para ello, se coloca alrededor de la carga, o en lugares apropiados, bandas de goma, tiras adhesivas, tiras de nailon o de acero.

El **retractilado** consiste en envolver la carga en una película de plástico que permita un ajuste perfecto. Este método proporciona una buena protección contra roturas, seguridad contra las inclemencias del tiempo o pequeños robos, y es ideal para cargas irregulares. Cuando se necesita una protección adicional se aplican capas extra de película en los puntos que pueden estar sometidos a golpes o mayor presión.

Cuando se ha conseguido la estabilidad de la unidad de carga, su manejo (durante el almacenaje, carga y descarga) se puede hacer acogiéndola por debajo, abrazándola por los lados o suspendiéndola de una eslinga. También se pueden utilizar medios mecánicos con pinzas u horquillas especiales para manejar varias cargas a la vez o cargas múltiples.

Faletización automática. *Cortesía de EISENMANN.*

Empaquetado o «packaging»

El *packaging* es el conjunto de envoltorios que recubren el producto para su distribución, almacenaje, venta y utilización final. El empaquetado consta de tres elementos:

- **Envase o envoltorio primario:** está en contacto directo con la mercancía y sirve como contenedor de la misma. Puede ser de cristal, plástico, metal, madera, etc., y cumple la misión específica de proteger el producto y evitar su deterioro, contaminación o adulteración.
- **Embalaje o envase secundario:** otorga al producto protección y presentación para su distribución comercial y en algunos casos forma una unidad de venta. Contiene varias unidades de artículo, con sus correspondientes envases primarios, y los protege de daños físicos o agentes externos durante el almacenaje y el trasporte.
- **Unidad de carga o envase terciario de transporte:** es el envoltorio que facilita la manipulación, almacenaje y transporte de varias unidades de venta o varios envases colectivos. También se utiliza para facilitar el manejo de artículos pequeños y para que la mercancía no sufra daños durante la carga y descarga.

Proceso de embalaje retractilado automático.

3.2.1. Paletas y contenedores

El palé o paleta es una plataforma sobre la cual se agrupan las mercancías, se apoya sobre unos largueros que permiten el paso de las horquillas de transpaletas, carretillas, apiladores, etc. Las paletas se fabrican con madera, plástico o aleación ligera. Por su forma pueden ser de dos y cuatro entradas, de piso simple o doble, reversibles, con alas y tipo caja.

La **calidad de las paletas** depende básicamente del material con el cual están fabricadas. Cuando se utilizan para uso continuado y cargas pesadas, la preferencia se inclina hacia paletas resistentes de maderas duras, mientras que las paletas desechables se fabrican con cartón prensado, plástico inyectado, maderas ligeras, espuma moldeada de plástico, etc., y según el material utilizado, los largueros se fijan con tornillos, clavos retorcidos o con encolado.

Palé con ruedas para apilar y transportar cestones.

Cajas de plástico apilables y sus medidas son estándares del Europalé.

El palé está internacionalmente reconocido como soporte de la unidad de carga, pues facilita su manipulación con medios mecánicos, permite envolver el conjunto con una funda de polietileno y, además, se pueden apilar varias paletas durante su almacenaje o transporte. Normalmente, se eligen paletas cuyas dimensiones son submúltiplos de las dimensiones longitudinal y transversal del medio de transporte. Por ejemplo, las compañías de transporte marítimo han estandarizo el uso de paletas de 1.100 mm de anchura (para colocar holgadamente dos paletas en el interior de un contenedor de 8 pies = 2.440 mm) y la longitud está en función de que los contenedores sean de 20, 30, 35 o 40 pies. El ferrocarril, en cambio, se inclina por la paleta de 1.200 x 800 mm compatible con el «*pool europeo*» que utilizan las compañías ferroviarias de Europa.

Las **normas ISO** *(International Standards Organization)* y BSI *(British Standards Institution)* centran sus especificaciones en normalizar las dimensiones de las paletas, de ellas la más conocida es el palé universal de 1.200 x 1.000 mm.

Las **normas UNE** (Europeas) normalizan también la calidad de las paletas y respecto a sus dimensiones la más utilizada es la *Europaleta* de 1.200 x 800 mm. Esta paleta es la más utilizada en los circuitos europeos de distribución, y es muy práctica para cargas que no exceden las 2 Tm. y un volumen de 2,5 m^3.

«Europaleta» de 1.200 × 800 mm.

Además de la paleta o palé existen otras plataformas que también se utilizan para formar la unidad de carga, entre las que destacan:

El roll-palé: su estructura o plataforma está montada sobre ruedas que permiten arrastrarlo, de esta forma se puede utilizar como remolque cuando hay que entregar las mercancías en almacenes o establecimientos que no tienen medios mecánicos de descarga. El *roll-palé* también puede estar provisto de varios niveles y se puede manejar con carretillas elevadoras.

El palé contenedor: puede estar montado sobre la base de una paleta o de forma independiente. Se pueden apilar formando un almacenaje sin estanterías. Los que más se utilizan son:

- Cestones-paletas, para la recolección de frutas y su almacenaje en cámaras frigoríficas.
- Contenedores de chapa metálica, para el almacenaje de piezas pequeñas metálicas.
- Contenedores de rejilla, con una pared de rejilla metálica sobre la base de una paleta de madera o base metálica con pies.

Contenedores de madera apilables y con entrada para las horquillas de los medios de manipulación.

Concepto

La **manipulación** implica manejar correctamente la carga, para ello el equipo debe adaptarse a ella. Esto exige utilizar carretillas para paletas, cintas para graneles, bombas para líquidos, grúas para contenedores y cargas pesadas, etcétera.

El ***roll-container*** es un cestón o contenedor no apilable que está provisto de ruedas. Los que más se utilizan tienen laterales desmontables, para facilitar su almacenaje cuando están vacíos, y de medidas 800 x 1.200 mm, así un camión de reparto puede llevar tres a lo ancho o dos si se colocan al revés.

El contenedor: unidad de carga en el transporte

El contenedor es un cajón metálico o de armazón mixto destinado al transporte de mercancías sólidas o líquidas a granel y resulta de fácil manejo para la carga y descarga. Principalmente se utiliza como base para agrupar, durante el transporte, varias unidades de carga con sus correspondientes paletas, cestones, etc. La estructura del contenedor debe tener la suficiente resistencia para soportar el peso máximo autorizado y para que la mercancía no sufra deformaciones o alteraciones; por eso, está sujeto a normativa internacional. Existen varios modelos de contenedores: cerrados, abiertos de techo o costado, plataformas, jaulas, cisternas, de temperatura controlada, etc. La utilización de un modelo u otro depende del medio de transporte principal (marítimo o aéreo), en función de esto existen dos tipos:

- Contenedores ISO: se utilizan en el trasporte multimodal de base marítima. Están regulados por las normas ISO y son rectangulares y apilables.
- Contenedores IATA: se utilizan en el trasporte multimodal de base aérea. Sus formas se adaptan al fuselaje del avión y están normalizados por la IATA.

Paleta de plástico con cuatro entradas.

Contenedor cisterna para transportar líquidos peligrosos. Cumplen los requisitos legales y se pueden manipular con carretillas de horquillas.

Tabla 3.1. Medidas de las paletas y contenedores más utilizados para el transporte internacional

Paletas y contenedores más utilizados en el tráfico internacional		
Transporte terrestre	**Marítimo de contenedores**	**Contenedores ISO**
1.200 x 1.000 mm	1.100 x 800 mm	Long.: 10', 20', 30' y 40'
1.200 x 800 mm	1.100 x 900 mm	Anchura: 8' y 8'6''
1.200 x 600 mm	1.100 x 1.100 mm	Altura: 8' , 8'6'' , 9' y 9'6''
1.200 x 400 mm	1.100 x 1.400 mm	1' (pie) = 12'' (pulgadas) = 0,3048 m
—	1.000 x 1.200 mm	

Concepto

IATA es la Asociación Internacional del Transporte Aéreo *(International Air Transport Association).*

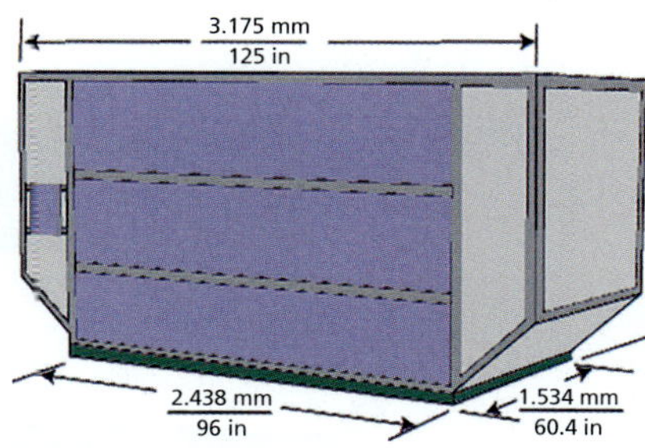

Contenedor para el transporte en avión.

Contenedor para el transporte en camión y barco.

Interior de un contenedor frigorífico.

Figura 3.2. Modelos de soporte de la unidad de carga: paletas, contenedores, etcétera.

3.3. Almacenaje de mercancías

El almacenaje consiste en colocar las mercancías dentro de la zona del almacén destinada a depósito y conservación. Su distribución y organización dependerá básicamente de dos factores: la forma de colocar los productos y la utilización del espacio disponible.

Los métodos de almacenaje que se basan en la colocación de las mercancías son:

- **Almacenaje ordenado.** Consiste en adjudicar un lugar a cada producto. En cada ubicación solo se puede colocar un tipo de mercancía. Este tipo de almacenaje presenta la ventaja de facilitar la manipulación, el control y el recuento del *stock*. Los inconvenientes de este sistema es que no ofrece flexibilidad, impide que el almacén se pueda llenar al máximo, no existe un aprovechamiento óptimo del almacén.
- **Almacenaje desordenado o caótico.** Las mercancías se van colocando en los lugares o huecos existentes según se van recibiendo. Como no se asigna un lugar específico a cada producto el almacén se puede llenar al máximo; para ello, las áreas deben permitir la máxima flexibilidad, es decir, tener las dimensiones adecuadas para utilizarlas con cualquiera de los productos que se reciban en el almacén. El inconveniente que presenta este sistema es mantener un control del *stock*, ya que dificulta el recuento o inventario de los productos almacenados.
- **Almacenaje en bloque.** Las mercancías se apilan unas junto a otras sin dejar espacios intermedios, esto permite llenar el almacén al 100 %. El almacenaje en bloque, en la práctica, se hace formando tantos bloques como productos diferentes hay que almacenar; de forma que todos los artículos de una misma referencia se almacenen juntos. Con este sistema las mercancías también quedan ordenadas y la ocupación del almacén es mayor que con el almacenaje ordenado puro.
- **Almacenaje a granel.** Se utiliza para mercancías que no están organizadas en bultos, cajas o unidades de carga. Las mercancías a granel se almacenan formando montones adosados a las paredes o en el centro del almacén. Cuando se almacena a granel y se expiden de la misma forma, el manejo de la mercancía y el sistema de almacenaje no presentan dificultad alguna.

  La característica de los graneles radica en la propia ubicación, esta puede ser: tanques, cubas, depósitos, silos, etc., instalados al aire libre o en el propio edificio; según las características del producto y su resistencia ante los efectos climatológicos.

  Cuando las mercancías se almacenan a granel y se expiden envasadas el proceso es el siguiente: con medios de elevación se introducen las mercancías por el orificio de entrada, situado en la parte superior del depósito o ubicación, y se extraen por el orificio de salida, situado en la parte más baja y que comunica con el proceso de envasado (bolsas, sacos, bidones, garrafas, etc.) o el medio de trasporte (si la venta o entrega se hace también a granel).

¿Sabías que...?

Algunos almacenes pueden almacenar productos diferentes en el mismo espacio; por ejemplo, la misma ubicación durante una época del año se destina para almacenar patatas y en otra temporada para naranjas.

Almacenaje en bloque, cargas de varios formatos apiladas sobre paletas.

Recuerda

Los medios mecánicos para la manipulación de graneles son: bombas, mangueras o conductos para líquidos y gases; elevadores sinfín y cintas transportadoras para sólidos.

Almacenaje a granel en silos y depósitos.

Almacenaje en bloque al aire libre.

Almacenamiento desordenado. En esta foto se puede ver el desorden que presenta el almacén, aunque la mercancía esté empaquetada.

Almacenaje ordenado en estanterías.

Almacenaje ordenado. Bloques de paletas apiladas sin estanterías.

Figura 3.3. Representa la diferencia entre almacenaje ordenado y desordenado.

Almacenaje a granel en silos

Los silos son un caso especial de almacenaje a granel, para ciertas empresas son el único medio de almacenaje, forman el edificio en sí, o son la ubicación principal cuando tienen que almacenar a granel y extraer las mercancías envasadas.

El silo se utiliza para almacenar productos como cereales (arroz, trigo, maíz, etc.), materiales prefabricados para la construcción (cemento, yeso, escayola, etc.), etc. Según las unidades de almacenaje, los silos se clasifican en:

- **Silos simples:** están formados por una sola unidad de almacenaje.
- **Silos múltiples:** disponen de varias ubicaciones de almacenaje, que pueden ser ocupadas por distintos productos.

Depósitos e instalaciones de «petromed» (PETRÓLEOS DEL MEDITERRÁNEO), en Castellón de la Plana.

Silo múltiple de Villares del Saz (Cuenca).

Depósito múltiple para líquidos.

Silo para cereales a granel.

Figura 3.4. Almacenaje de graneles: depósitos, tanques, silos, etc.

Almacenaje en bloque sin pasillos.

3.3.1. Almacenaje en función del espacio

Uno de los objetivos de la logística es conseguir la utilización óptima del espacio disponible para almacenaje; para ello, antes se deben analizar la superficie y el volumen. La superficie de almacenaje es aquella que se destina exclusivamente para depósito de las mercancías; se mide en metros cuadrados y se obtiene restando al total de la superficie edificada las zonas destinadas a recepción, empaquetado y expedición. Una vez obtenida la superficie y conocida la cantidad de mercancías que necesitamos almacenar se analizan los métodos de distribución que optimicen el espacio.

El almacenaje basado en la optimización superficie-espacio utiliza dos sistemas: almacenaje sin pasillos y almacenaje con pasillos.

- **El almacenaje sin pasillos** se realiza formando bloques de productos apilados con o sin paleta o plataforma de apoyo, de forma que entre ellos no exista ningún espacio perdido. Cuando se almacena en un bloque compacto sin pasillos y con mercancías totalmente regulares el índice de optimización del espacio es del 100 %, tanto si los productos se colocan sobre paletas de apoyo o directamente unos sobre otros.
- **El almacenaje con pasillos** consiste en apilar las mercancías sobre paletas y colocando unas sobre otras, pero dejando entre dos cargas unitarias un pasillo de separación o acceso cuya anchura está en función del medio que se utilice para el apilado. En este caso, el índice de optimización del espacio es poco más del 30 %, pues depende de la anchura de los pasillos necesarios para los medios de manipulación.

El almacenaje que más se utiliza en la práctica es una combinación entre el espacio físico y los medios operativos. Generalmente, en un almacén se utilizan varios medios de manipulación y se almacenan varios tipos de productos; por eso, para optimizar el espacio hay que establecer varios sistemas de almacenaje, adaptados a las mercancías que se almacenan y los medios disponibles. Por ejemplo, una empresa de materiales para la construcción almacenará vigas, rasillas o ladrillos de obra directamente sobre el suelo, formando bloques; mientras que otros materiales envasados, como cemento, yeso o escayola, se paletizan y se apilan unas paletas encima de otras o se colocan en estanterías.

Almacenaje en bloques apilados

El almacenaje en bloques apilados consiste en formar bloques de productos homogéneos que estén identificados por una misma referencia y con el apilamiento de las cargas se forman los pasillos de acceso para su manipulación. Este sistema de almacenaje se puede utilizar cuando la mercancía está formada por unidades de carga de gran volumen (balas o bidones) o está paletizada y de cada referencia se almacenan grandes cantidades.

Las **ventajas** que presenta el almacenaje en bloques apilados son:

- Se aprovecha muy bien la superficie, pues se reduce la cantidad de pasillos a los mínimos necesarios.
- El almacenaje y manutención se puede realizar con medios mecánicos sencillos y la inversión en equipos e instalaciones es pequeña.

Recuerda

El almacenaje en bloques apilados es aconsejable cuando el *stock* está formado por un número reducido de productos y el almacén tiene una altura limitada. Por ejemplo, los almacenes de bebidas (embotelladores y envasadores) utilizan mucho este sistema, pues trabajan con pocas referencias y, generalmente, la salida se realiza por partidas con la misma fecha de envasado.

Sin embargo, también presenta **inconvenientes** que hay que tener en cuenta, como son:

- No se pueden utilizar las salidas por criterio FIFO, al no conocer qué artículo ha entrado en primer lugar.
- Se puede producir inestabilidad o aplastamiento de las cargas, al estar colocadas unas encima de otras.
- Resulta muy difícil preparar expediciones compuestas por fracciones de carga o preparar lotes de una sola referencia, si para acceder a una determinada mercancía hay que retirar todas las que le rodean.

Cálculo del espacio de almacenaje

El espacio o capacidad de un almacén se mide en unidades de almacenamiento (paletas, cajas, bultos, etc.) y depende del sistema de organización que utilicemos. Es decir, podemos establecer una posición fija para cada producto o referencia, o introducir las mercancías de forma aleatoria en los huecos vacíos.

- **Almacenaje con posición fija (PF):** cada artículo tiene una ubicación predeterminada y la capacidad necesaria es igual a la cantidad que se solicita en cada pedido más el *stock* de seguridad.
- **Almacenaje con posición aleatoria (PA):** cada paleta o artículo se ubica en el primer hueco vacío (en la misma estantería podemos almacenar distintos artículos o referencias). La capacidad necesaria con este sistema es igual al lote de pedido dividido entre dos más el *stock* de seguridad.

Concepto

***Stock* de seguridad** es la cantidad que tenemos de reserva para hacer frente a posibles imprevistos.

Lote de pedido es la cantidad que solicitamos al proveedor en cada pedido.

Espacio para A en PF = lote de pedido + *stock* de seguridad.

Espacio para A en PA = lote de pedido / 2 + *stock* de seguridad.

El almacenaje de cada producto debe contemplar sus necesidades óptimas de conservación.

Caso práctico 3.2

Un almacén de distribución clasifica sus productos por grupos, según las unidades que suele pedir y el *stock* de seguridad que mantiene en inventario de cada referencia.

El almacenaje de una familia de artículos se realiza en estanterías de 20 m (largo) por 1,50 m (ancho) y cada una tiene capacidad para 150 paletas. Se necesitan pasillos de maniobra de 1,70 m de ancho y las estanterías se colocan para ahorrar el máximo de espacio posible.

Los datos de cada artículo y el número de referencia son los que aparecen en la tabla siguiente:

Caso práctico 3.2 (Cont.)

Artículos de droguería	N.º de referencias	Lote de pedido	*Stock* de seguridad
Detergente «P»	6	18	8
Detergente «L»	5	16	6
Lejía	8	20	10
Lavavajillas «M»	6	20	8
Lavavajillas «N»	4	28	10
Abrillantador	6	14	6
Amoniaco	4	10	4

Las referencias son las variantes de cada artículo, por ejemplo, el lavavajillas «N» puede estar en polvo, en líquido y en envases de 2 o 3 tamaños.

Se pide:

1. Calcular el número de estanterías y la superficie de la zona, para un **almacenaje de posición fija.**
2. Calcular el número de estanterías y la superficie de la zona, con **almacenaje de posición aleatoria.**

Solución:

Primero completamos la tabla anterior para conocer la cantidad de paletas de cada producto y la cantidad máxima que necesitamos almacenar.

Artículos de droguería	N.º de referencias	Lote de pedido	*Stock* de seguridad	Capacidad de almacenaje en PF	Capacidad de almacenaje en PA
Detergente «P»	6	18	8	156	102
Detergente «L»	5	16	6	110	70
Lejía	8	20	10	240	160
Lavavajillas «M»	6	20	8	168	108
Lavavajillas «N»	4	28	10	152	96
Abrillantador	6	14	6	120	78
Amoniaco	4	10	4	56	36
Cantidad máxima de paletas				1.002	650

Los datos se han obtenido aplicando la siguiente fórmula:

Capacidad para almacenaje en PF = (lote de pedido + *stock* de seguridad) x el n.º de referencias

Para el detergente «P» = (18 + 8) x 6 = 156, este artículo necesita espacio para 156 paletas.

Operamos lo mismo con el resto de artículos y sumando los resultados necesitamos espacio para 1.002 paletas.

Caso práctico 3.2 (Cont.)

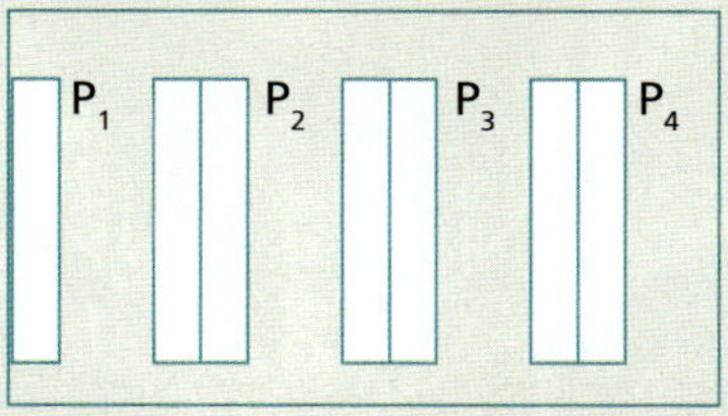

Como la capacidad de cada estantería es de 150 necesitaremos: 1.002 / 150 = 6,68.

Necesitamos 7 estanterías (se redondea por exceso).

Colocando las estanterías de dos en dos necesitamos 4 pasillos.

(7 estanterías x 1,50 m + 4 pasillos x 1,70) x 20 = 17,30 x 20 = 346 m^2.

Superficie de la zona = 346 m^2.

Capacidad para almacenaje en PA = (lote de pedido / 2 + *stock* de seguridad) x el n.º de referencias.

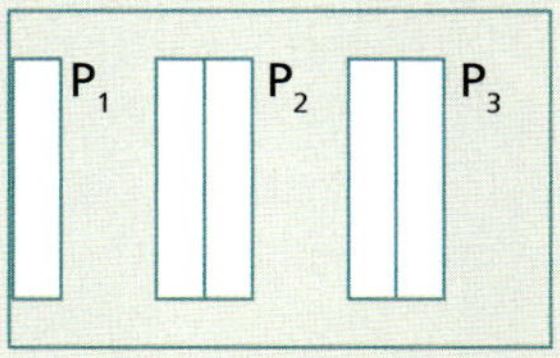

Para el detergente «P» = (18 / 2 + 8) x 6 = 102, este artículo necesita espacio para 102 paletas.

Operamos lo mismo con el resto de artículos y sumando los resultados necesitamos espacio para 650 paletas.

Como la capacidad de cada estantería es de 150 necesitaremos: 650 / 150 = 4,33.

Necesitamos 5 estanterías (se redondea por exceso).

Colocando las estanterías de dos en dos necesitamos 3 pasillos.

(5 estanterías x 1,5 m + 3 pasillos x 1,7) x 20 = 17,30 x 20 = 252 m^2.

Superficie de la zona = 252 m^2.

Recuerda: cuando el número de estanterías es impar, el número de pasillos es igual a la mitad de aquellas más uno.

Actividad propuesta 3.3

Una editorial almacena los libros en paletas y los tiene clasificados por materias. De cada materia tiene un determinado número de referencias (matemáticas de 1.º y matemáticas de 2.º) y también conccemos el lote óptimo y el *stock* de seguridad (véase la tabla siguiente).

Materias	N.º de referencias	Lote de pedido	*Stock* de seguridad
Matemáticas	2	4	2
Idiomas	5	6	3
Ciencias	10	10	5
Estadística	12	15	8
Historia	15	20	7
Sociales	17	30	10
Geografía	19	45	9

Los libros se almacenan en estanterías de 20 m de largo por 1,50 m de ancho, con capacidad para 150 paletas. Las estanterías se colocarán de dos en dos para ahorrar el máximo espacio posible y los pasillos tienen que tener 1,70 m de ancho.

Se pide:

1. Calcular la superficie que necesitamos con un sistema de posición aleatoria.
2. Calcular la superficie que necesitamos con un sistema de posición fija.

Las estanterías se fijan al suelo y al techo para almacenar en toda la altura del edificio. Cuando las estanterías están montadas con bandejas o baldas se pueden depositar en ellas mercancías sueltas y cajas que contienen varios artículos pequeños.

3.4. Sistemas de almacenaje

Los sistemas de almacenaje que estudiaremos en este apartado son aquellos en los cuales las mercancías o unidades de carga se colocan sobre estanterías. Con ellas se pretende optimizar la superficie y la altura del edificio, aunque también depende de los equipos disponibles para el sistema que queramos implantar.

Las estanterías son estructuras independientes del edificio que se fijan al suelo o al techo y sobre ellas se depositan las mercancías. Son medios estáticos cuya altura y separación, entre ellas, estará determinada por la altura del local y las características de los medios de elevación. Por ejemplo, utilizando paletas de 800 x 1.200 mm los pasillos de maniobra necesitan reunir las condiciones que aparecen en el Tabla 3.2.

Por tu cuenta

Busca en www.logismarket.es

Vídeos sobre sistemas de almacenaje.

Estanterías convencionales para mercancías paletizadas.

1. **Bastidor**
2. **Larguero**
3. **Pies y anclajes**
4. **Cerchas**
5. **Guías para máquinas**
6. **Correas de cubiertas**
7. **Correas de fachada**
8. **Cubierta**
9. **Fachada**

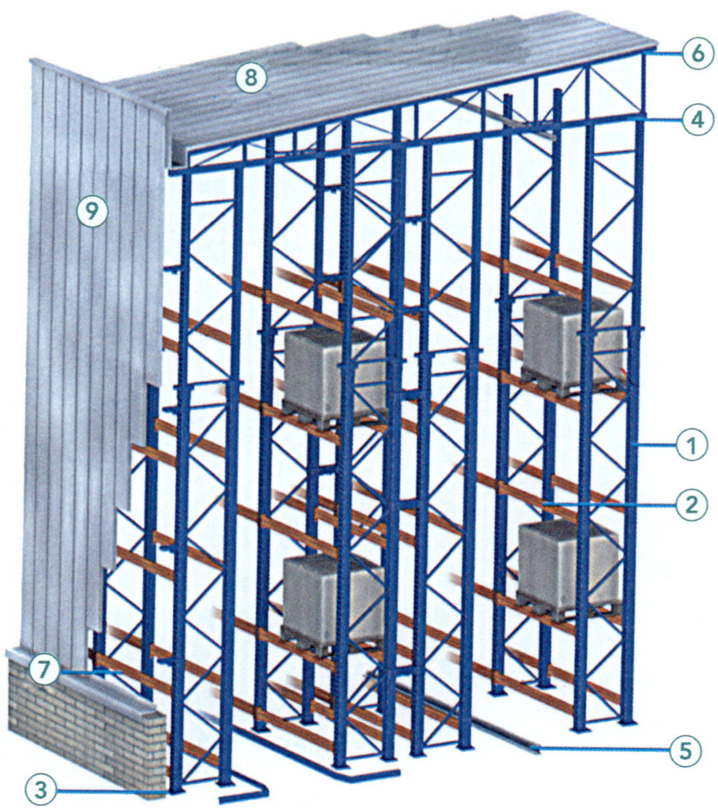

Componentes de una estantería. *Cortesía de Mecalux.*

Tabla 3.2. Medidas de los pasillos según los equipos de manipulación

Condiciones de los pasillos de maniobra según el medio de elevación		
Equipos de manipulación	**Anchura aproximada**	**Altura máxima**
Apiladores	de 2 a 2,20 m	7 m
Carretillas contrapesadas	de 3 a 3,50 m	9 m
Carretillas retráctiles	de 1,50 a 2,50 m	11 m
Carretillas trilaterales	de 1,50 a 1,70 m	12 m
Transelevadores	de 1,10 a 1,20 m	40 m
Nota: las carretillas tipo torre, bilateral o trilateral, y los transelevadores necesitan, dentro de los pasillos, un sistema de guiado.		

Otros aspectos que debemos considerar antes de elegir las estanterías son: el volumen de mercancías que pueden contener, el peso máximo que pueden soportar, la accesibilidad al producto almacenado y algunas características como la forma y tamaño del bulto o unidad de carga. Estos factores, junto con las características de la propia estantería y el grado de optimización del espacio, establecen el sistema de almacenaje más conveniente.

Los principales sistemas de almacenaje, cuando se utilizan estanterías, son:

- Almacenaje convencional.
- Almacenaje compacto en bloque.
- Almacenaje dinámico.
- Almacenaje móvil.

Almacén con estanterías para paletización convencional. Las estanterías del centro se colocan de dos en dos y una en cada extremo. De esta forma ahorramos espacio y en cada pasillo se puede entrar a colocar y extraer de ambos lados. La carretilla puede entrar y dejar una paleta en la estantería de la derecha y extraer otra de la estantería de la izquierda.

3.4.1. Almacenaje convencional

Consiste en almacenar los productos combinando mercancías paletizadas con artículos sueltos que se manipulan de forma manual. Los niveles altos se pueden destinar para depositar paletas completas y los más bajos para la preparación manual de pedidos. Este sistema es el más utilizado en los almacenes que necesitan almacenar gran variedad de referencias paletizadas de cada producto.

Las **estanterías convencionales** son estructuras formadas por varios niveles y la separación entre ellos es, generalmente, a la medida de las cargas. La característica principal de estas estanterías es que no tienen profundidad, se puede acceder directamente a la mercancía almacenada y se pueden combinar en un mismo bloque estanterías de paletización con estanterías de *picking*, ya que es muy frecuente realizar la preparación de pedidos en los mismos pasillos de acceso.

Los modelos de estas estanterías se diferencian por la base de los estantes que pueden ser:

- De bandeja: el suelo o bandeja sobre el que se depositan las mercancías es un panel metálico o estante de madera. Otras veces, la bandeja se sustituye por cajones, gavetas o ubicaciones para bultos y artículos pequeños (véase la Figura 3.5).

Recuerda

La zona de almacenaje para el sistema convencional se distribuye colocando estanterías de un acceso en los laterales y de doble acceso en el centro.

Estantería convencional de bandeja.

La base de los estantes son paneles metálicos. También dispone de gavetas para artículos pequeños.

Estantería convencional de paletización.

Las paletas se depositan sobre los largueros que forman la base de los estantes.

Estantería convencional sobre raíles.

Las estanterías se desplazan horizontalmente. Así, se pueden suprimir los pasillos y abrir solo el de trabajo en el momento necesario.

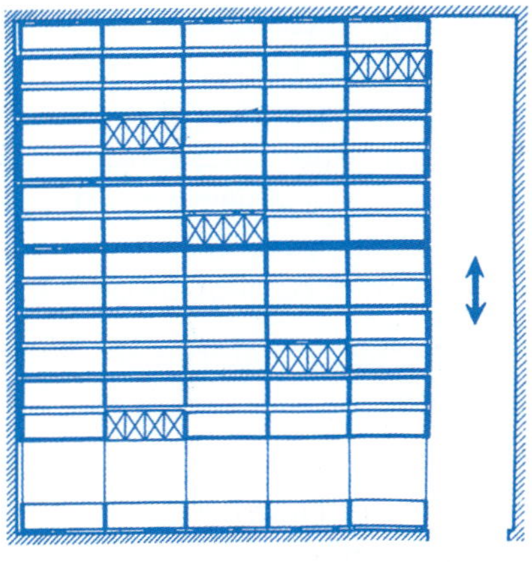

Figura 3.5. Estanterías para almacenaje convencional.

- De paletización: la base está formada por largueros o barras horizontales sobre las cuales se apoyan las paletas. Estas estanterías solo permiten almacenar mercancías paletizadas (véase la Figura 3.5).

Algunas estanterías convencionales se colocan sobre raíles que permiten su desplazamiento lateral, así se suprimen pasillos y se abre solo el de trabajo en el momento necesario. La finalidad que se persigue al instalar estas estanterías es aumentar la capacidad del almacén, sin perder el acceso directo a cada paleta (véase la Figura 3.5). También se pueden equipar con puertas frontales, formando armarios, para evitar que entre polvo o garantizar que personas ajenas accedan al material almacenado, como en el almacenaje de medicamentos.

Características del almacenaje convencional

Las principales características de este sistema de almacenaje son:

- Permite el acceso directo a cada paleta almacenada, sin necesidad de mover o desplazar las restantes. Por eso, se puede realizar el *picking* o preparación de pedidos dentro de los pasillos de almacenaje.
- Facilita un control rápido del producto. Cada hueco tiene una paleta y se puede detectar fácilmente si existen roturas de *stock*, cuando la mercancía está clasificada y organizada.
- Permite una distribución lógica del espacio; aunque se trabaje con distintos tipos de carga, tanto por peso como por volumen.

Sin embargo, también presenta algunos **inconvenientes**, como son:

- No facilita la salida física de la mercancía por el método FIFO (la primera que entra, es la primera que sale).
- El volumen de mercancía almacenada está limitado por los medios de manipulación, ya que estos determinan la amplitud de los pasillos.
- No se pueden utilizar paletas de varias medidas, pues los niveles están preparados a las medidas de las cargas.

3.4.2. Almacenaje compacto

El almacenaje compacto consiste en formar bloques de mercancías paletizadas, hasta la altura que permitan los medios mecánicos. Las estanterías que se utilizan para el almacenaje en bloques compactos pueden ser de dos tipos «drive-in» y «drive-through». Cada uno presenta unas funciones específicas y su utilización depende de las características del producto y el espacio disponible.

Las **estanterías «drive-in»** forman un conjunto de ubicaciones en profundidad apoyadas, por la parte trasera, sobre la pared y un único pasillo frontal para maniobra y circulación de los vehículos (apiladores o carretillas). La propia estantería forma calles interiores de carga con carriles de apoyo para las paletas; los vehículos entran en dichas calles interiores con la carga elevada por encima del nivel en el que la van a depositar. Las carretillas son el medio mecánico más utilizado y cuando entran para depositar o tomar la carga lo hacen en marcha frontal y para salir, vacías o con la carga, salen

Recuerda

El sistema convencional es muy fácil de implantar y se adapta fácilmente a los programas informatizados de gestión.

Importante

El almacenaje compacto se conoce como de «gran densidad», pues se consigue una ocupación excelente, tanto de la superficie como del volumen disponible en el local y es el más adecuado cuando hay que almacenar grandes cantidades de productos de baja o media rotación.

Sabías que...

El ahorro de espacio entre el almacenaje convencional y el compacto puede llegar hasta un 94 % de la superficie de almacenaje.

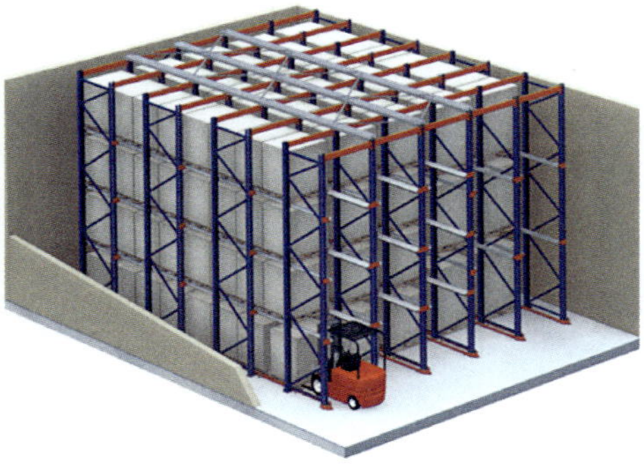

Estanterías para almacenaje compacto «drive-in».

Secuencia de entrada de carga.

Secuencia de salida de carga.

marcha atrás. El mayor inconveniente que presenta este sistema es que los productos deben seguir el criterio de salida LIFO (el último que entra, es el primero que sale).

Las **estanterías «drive-through»** se instalan en forma de isla dejando a ambos frentes pasillos de maniobra y circulación, de tal forma que los vehículos (apiladores o carretillas) pueden pasar en las calles interiores de la estantería. La principal ventaja de este modelo de estantería es que facilita la salida de mercancía respondiendo al criterio FIFO, pues se puede realizar la carga por un extremo y la descarga por el otro.

Características del almacenaje compacto

Las principales características del almacenaje compacto son:

- Aprovechamiento excelente del almacén, tanto en superficie como en volumen.
- Mayor protección de la mercancía almacenada; pues no sufre aplastamiento debido a que no se colocan unas cargas encima de otras.
- Ahorro de espacio en los pasillos, pues los destinados a la manutención son mínimos.
- Reducción de costes, tanto de mantenimiento como los generados por las carretillas elevadoras. El rendimiento si comparamos el volumen de mercancía almacenada con la superficie total del almacén es muy bueno.

Entre los **inconvenientes** que presenta el almacenaje compacto destacan:

- Permite una sola referencia por pasillo y por consiguiente existen bastantes limitaciones para establecer clasificaciones, fechas de caducidad, etcétera.
- Exige que los medios de transporte interno se adapten a las dimensiones y características de las estanterías y solo admite paletas de una dimensión.
- Las operaciones de manutención suelen ser lentas y una vez establecido el sistema es muy difícil modificarlo.
- Cuando se almacenan productos de temporada no se puede utilizar toda la superficie del almacén de forma continua.

3.4.3. Almacenaje dinámico

El sistema dinámico se utiliza para mercancías que requieren una rotación perfecta, ya que el flujo del *stock* responde perfectamente a uno de los dos criterios de salida FIFO o LIFO. Con este sistema también se consigue un almacenamiento compacto y, además, siempre hay una paleta disponible en la salida de la estantería y ello supone reducir el tiempo empleado en manutención.

Las estanterías dinámicas son estructuras metálicas compactas, con unos caminos de rodillos donde se ubican las paletas o las cajas. Los rodillos se instalan con una ligera pendiente para permitir el deslizamiento de las paletas, también están provistos de frenos para controlar la velocidad de las cargas y en los extremos se colocan topes para evitar que las mercancías se puedan salir de la estantería.

La pendiente necesaria se establece en función del peso y la forma de las cargas. Por ejemplo, para bidones se emplean pendientes reducidas; las cargas ligeras requieren una inclinación del 3 al 6 %; para cargas pesadas el 4 % y cuando las cargas superan los 50 kg se adaptan mecanismos de frenado.

Para cargas paletizadas, los rodillos se colocan de forma horizontal y son accionados por pequeños motores eléctricos, aunque en estos casos se recomienda que la estantería no supere los 10 m de altura ni los 30 m de profundidad.

Estantería «drive-through» dinámica por gravedad, responde al criterio FIFO.

Las estanterías dinámicas, según el mecanismo de funcionamiento, pueden ser accionadas por gravedad o motorizadas. El funcionamiento de cada modelo es el siguiente:

- Las **estanterías dinámicas por gravedad** se disponen con dos pasillos, uno en cada frente, para facilitar la maniobra de las carretillas (igual que las estanterías «drive-through»). Las paletas se introducen por la parte más alta de los caminos de rodillos y se desplazan, por la fuerza de la gravedad, hasta el extremo contrario, quedando dispuestas para su extracción.

  Las características de este tipo de estanterías son: perfecta rotación del producto bajo el criterio FIFO; excelente control del *stock* almacenado, pues se puede mantener un inventario permanente y controlar las existencias; ahorro de tiempo en la manipulación de paletas y se eliminan interferencias en la preparación de pedidos, al ser diferentes los pasillos de carga y descarga.

- Las **estanterías dinámicas motorizadas** se instalan apoyadas sobre una pared y solo necesitan un pasillo frontal para la maniobra y circulación de las carretillas (igual que las estanterías «drive-in»). Son estanterías de gran profundidad cuyos rodillos se accionan por pequeños motores eléctricos para facilitar el movimiento de las cargas. Responden al criterio LIFO, pues las paletas se introducen y se sacan por el mismo frente. La carga se realiza empujando a la paleta anterior con la que se quiere introducir en ese momento y para la descarga se toma la paleta que se encuentra apoyada sobre los frenos o topes.

Importante

Las estanterías dinámicas (por gravedad o motorizadas) presentan como ventaja que la relación del volumen ocupado respecto al volumen total es muy buena.

Además, las dinámicas motorizadas permiten almacenar pedidos preparados para la expedición o hacer *picking* directamente sobre la propia estantería.

Los principales inconvenientes del almacenaje dinámico son:

- Solo permite una referencia por cada camino de rodillos y paletas de las mismas dimensiones y peso. En el caso de las motorizadas, el número de paletas que se almacena de cada referencia es más reducido, al tener que introducir y sacar las paletas por el mismo lado.
- Existe el riesgo de que se aplasten unas cargas sobre otras, cuando se deslizan por la pendiente de las estanterías.
- La inversión para su implantación es muy grande y una vez instalado el sistema presenta dificultades de modificación.

Estantería dinámica motorizada. Permite un almacenaje compacto de paletización y responde al criterio LIFO, se cargan y extraen por el mismo pasillo.

Estanterías para almacenamiento compacto. Las carretillas entran en el interior de la estantería para depositar o extraer las paletas, que se colocan sobre los carriles de apoyo o una viga corrida.

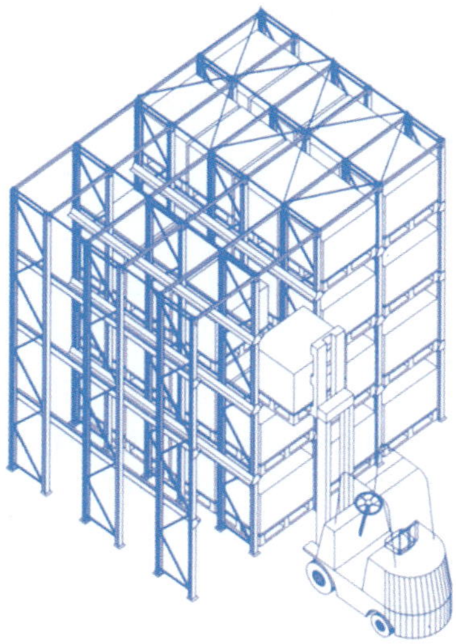

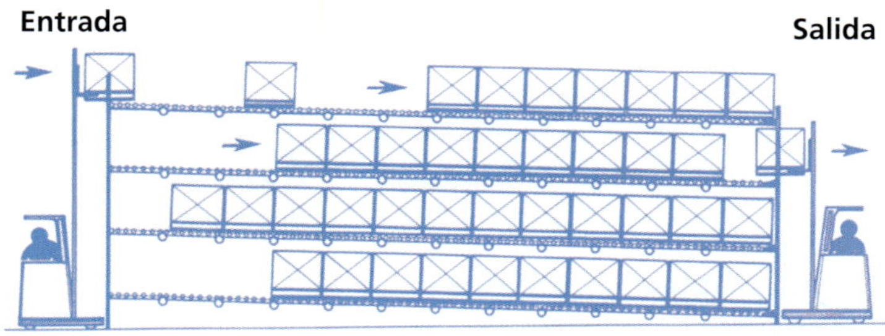

Estanterías dinámicas accionadas por gravedad.

1. Croquis de una estantería «drive-through».
2. Croquis de una estantería «drive-in».
3. Interior de la estantería formada por caminos de rodillos.

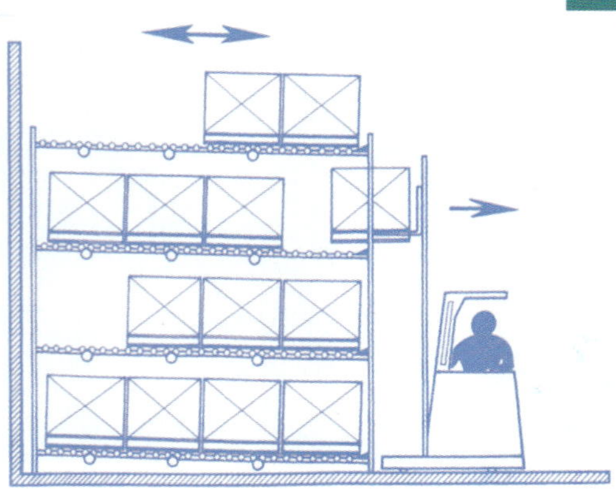

Figura 3.6. Estanterías para almacenaje compacto. Estanterías «drive-in» y «drive-through».

3.4.4. Almacenaje móvil

Para este sistema de almacenaje se instalan estanterías convencionales sobre plataformas o raíles que permitan mover las estanterías y dejar un pasillo entre ellas; de esta forma podemos acceder a la mercancía mediante la selección del pasillo necesario.

El sistema de movilidad permite deslizar las estanterías y formar unidades compactas sin pasillos intermedios o separarlas para acceder a la mercancía que necesitamos extraer. El desplazamiento puede ser en paralelo (disponiendo unas estanterías frente a otras) o lateral (ofrecen más frentes para la extracción simultánea de varios productos).

Según el sistema de movilidad se clasifican en:

- **Estanterías móviles manuales.** El movimiento se realiza por medio de un volante adosado en el lateral de cada estantería. El volante, a su vez, va unido a un sistema de tornillo sinfín colocado en los raíles que están enterrados en el suelo. Como la movilidad se realiza manualmente, la carga máxima que admiten oscila entre 6.000 y 8.000 kg.
- **Estanterías móviles automáticas.** Están provistas de motores eléctricos instalados en las propias estanterías o en los raíles. Estos motores mueven un sistema de tornillo sinfín que produce el movimiento de las estanterías.

  Las estanterías móviles automáticas permiten utilizar el máximo volumen de almacenaje y son aconsejables cuando necesitamos ampliar la capacidad del almacén sin ampliar el local o en zonas donde el coste del suelo es elevado. También se utiliza cuando hay que almacenar mercancía muy heterogénea, es decir, con diferentes dimensiones, peso y

Importante

Las **estanterías móviles,** por la forma de colocar las cargas, pueden ser de dos tipos: **de baja altura** (destinadas a pequeñas cargas de manejo manual) y **de mediana altura,** para cargas paletizadas cuyo manejo se realiza con medios mecánicos.

Estanterías colocadas sobre bases móviles guiadas.

Estanterías móviles con cierre manual.

Figura 3.7. Estanterías móviles con apertura de seguridad.

volumen. Por ejemplo, para productos de farmacia y empresas que utilizan cámaras frigoríficas o de congelación.

El almacenaje con estanterías móviles presenta las ventajas del almacenaje en estanterías convencionales y casi todas las del sistema en bloques. Es decir, se accede fácilmente a la mercancía y existe gran densidad de almacenamiento, al reducir considerablemente el número de pasillos. Mientras que los inconvenientes son su alto coste en infraestructura y que es un sistema rígido, por su difícil modificación posterior.

Caso práctico 3.3

La azulejera EXPO-GRES tiene que almacenar un total de 5.000 paletas del mismo modelo de azulejos. El medio disponible es una carretilla que puede elevar hasta 7 alturas y necesita pasillos de 2 m de ancho. Ha solicitado presupuesto para instalar uno de los siguientes sistemas de almacenaje:

- Estanterías convencionales de 30 m de largo, 1,20 m de ancho y capacidad para 30 paletas en cada altura.
- Estanterías móviles con las mismas medidas y capacidad que las anteriores.
- Estanterías «drive-in» de 30 m de largo, 9,60 m de profundidad. Cada altura tiene 30 huecos y en cada uno caben 8 paletas.
- Estanterías dinámicas («drive-through») con las mismas dimensiones y capacidad que las «drive-in».

Se pide:

1. Calcular el espacio necesario para cada uno de los sistemas de almacenaje.
2. Comparar el espacio que se ahorra entre los distintos tipos de estanterías.

Solución:

Estanterías convencionales

Capacidad de cada estantería: 30 paletas x 7 alturas = 210 paletas.

Necesitamos: 5.000 / 210 = 23,8; es decir **24 estanterías.**

Las colocamos de dos en dos; además la 1.ª y la 24.ª las adosamos a la pared o a otra zona instalada en sentido opuesto, de esta forma se necesitan **12 pasillos.**

Superficie zona de almacenaje = (24 E x 1,20 m + 12 P x 2 m) x 30 m largo = 1.584 m².

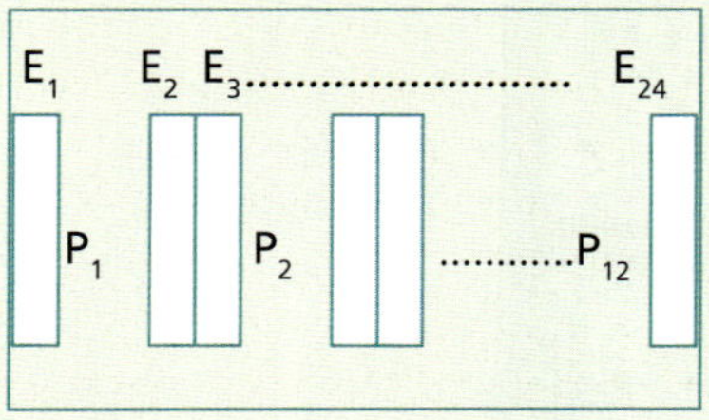

Estanterías móviles

Como tienen las mismas dimensiones y capacidad que las anteriores, el número de estanterías es 24; pero solo necesitamos **un pasillo** que se abre moviendo la estantería a la que queremos acceder.

La superficie de la zona de almacenaje será:

(24 E x 1,20 m de ancho + 1 P x 2 m de ancho) x 30 m largo = 924 m².

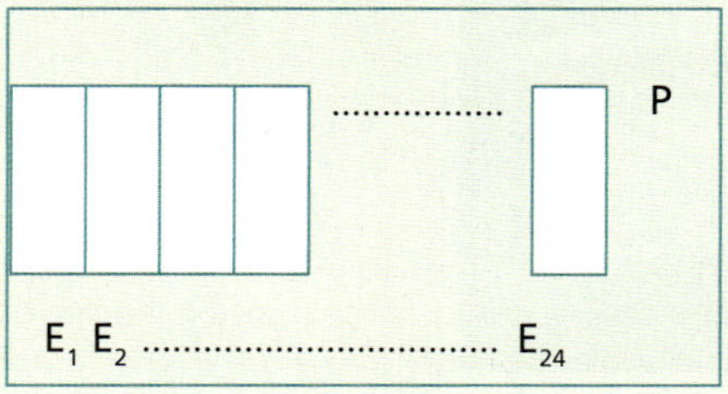

Caso práctico 3.3 (Cont.)

Estanterías «drive-in»

Capacidad de cada estantería = 30 huecos x 7 alturas x 8 paletas cada hueco = 1.680 paletas.

Necesitaremos: 5.000 / 1.680 = 2,98; es decir **3 estanterías.**

Como en estas estanterías la carga y descarga se hace por el mismo frente, se pueden colocar una adosada a la pared y las otras 2 juntando la parte trasera de ambas.

Colocándolas de esta forma necesitamos **2 pasillos;** por el primero accedemos a las estanterías E1 y E2, y por el segundo a la estantería E3.

La superficie de la zona de almacenaje será:

(3 E x 9,6 m de fondo (ancho) + 2 P x 2 m de ancho) x 30 m largo = 984 m^2.

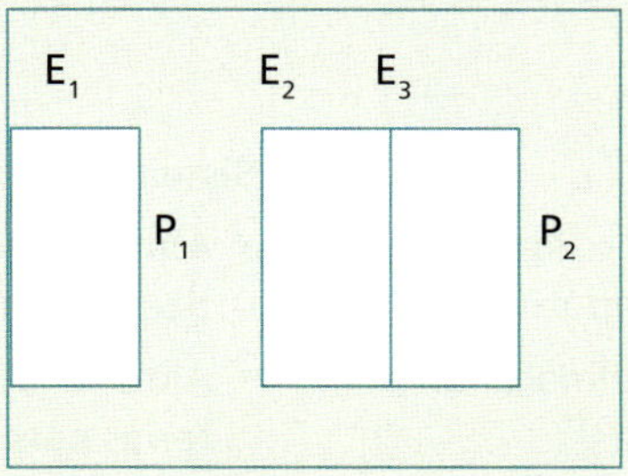

Estanterías dinámicas («drive-through»)

Como tienen las mismas dimensiones y capacidad que las anteriores necesitaremos 3 estanterías, pero estas estanterías se cargan por un frente y se descargan por el otro, por eso necesitamos 4 pasillos.

La superficie de la zona de almacenaje será:

(3 E x 9,60 m de fondo o ancho + 4 P x 2 m) x 30 m largo = 1.104 m^2.

Comentario:

La superficie ocupada con cada uno de los sistemas será:

- Convencionales = 1.584 m^2; son las que más espacio necesitan pero también son las más económicas.
- Móviles = 924 m^2 son las que menos espacio necesitan. Comparadas con las convencionales ahorramos 660 m^2, pero debemos considerar que un pasillo para tantas estanterías no es productivo. Dependiendo de la actividad de la zona se suele dejar 1 pasillo cada 10 estanterías, 8 o menos; en cuyo caso necesitamos más espacio.
- «Drive-in» = 984 m^2, de los dos sistemas de almacenaje compacto que nos han propuesto, son las que menos espacio necesitan. Comparándolas con las dinámicas («drive-through») nos ahorramos 120 m^2; pero con las «drive-in» tenemos el inconveniente de no poder almacenar productos perecederos, pues la extracción es por el criterio LIFO.
- Dinámicas («drive-through») = 1.104 m^2. Comparadas con las convencionales nos ahorramos 480 m^2, nos permiten la extracción por el criterio FIFO y no existen interferencias entre los operarios que cargan las estanterías y los que realizan preparación de pedidos (aunque ambos trabajen en la misma estantería lo hacen en distinto pasillo).

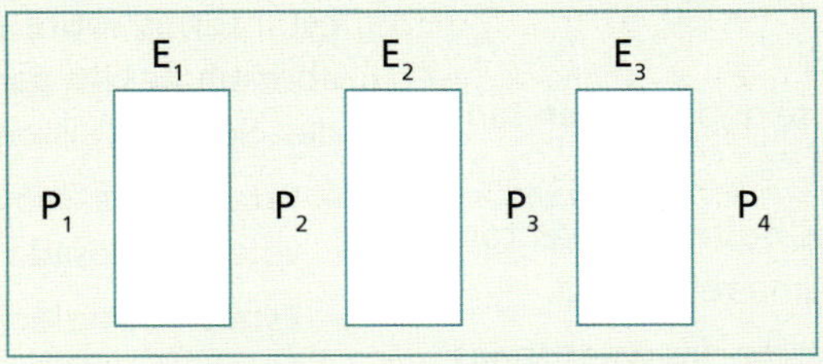

Resumen 3

Tipo de productos según su almacenaje:

- Mercancías a granel: son productos sólidos o líquidos que se almacenan formando montones o en depósitos.
- Productos envasados: son artículos que se almacenan por unidades o formando una unidad de carga.
- Productos duraderos: son los que no tienen fecha de caducidad. Se almacenan sin orden preferente de salida, pero se agrupan por familias, referencias, etcétera.
- Productos perecederos: son los que tienen una fecha límite de consumo. Su almacenaje debe responder al sistema FIFO.
- Mercancías peligrosas: necesitan cuidados especiales para su manipulación, transporte y almacenaje; condiciones especiales de envase, embalaje y etiquetado, con las advertencias de su peligrosidad.
- Productos de alta, media o baja rotación. La frecuencia de salida influye en el lugar de ubicación.

Formas de empaquetar los productos:

- Flejado: se agrupan varias cargas homogéneas (cajas, cestones, etc.) y se sujetan con bandas de goma, tiras adhesivas, tiras de nailon o acero.
- Retractilado: se colocan cargas unitarias sobre una paleta y se envuelven con una película de plástico que permita un ajuste perfecto y la estabilidad de la carga.

Sistemas de almacenaje sin estanterías:

- Almacenaje a granel. Las mercancías se depositan en tanques, cubas, depósitos, silos, etcétera.
- Almacenaje en bloque. Se apilan los bultos o cajas formando bloques de artículos de la misma referencia.
- Almacenaje con pasillos. Se apilan mercancías paletizadas dejando pasillo para los medios mecánicos.

Sistemas de almacenaje con estanterías:

- Almacenaje **convencional:** se almacenan mercancías paletizadas o artículos sueltos en estanterías convencionales.
- Almacenaje **compacto:** mercancías paletizadas. Las estanterías para almacenaje son:
  - Estanterías «drive-in»: se instalan apoyadas en la pared con un pasillo para carga/descarga con medios mecánicos.
  - Estanterías «drive-through»: se instalan en forma de isla, dejando pasillo por ambos lados.
- Almacenaje **dinámico:** se realiza en estanterías cuya estructura está formada por unos caminos de rodillos para depositar paletas o cajas. Según el mecanismo de funcionamiento, las estanterías pueden ser:
  - Dinámicas por gravedad: se instalan con un pasillo en cada frente (como las estanterías «drive-through»). Las paletas se introducen por la parte más alta de los caminos de rodillos y la extracción se realiza por el extremo contrario.
  - Dinámicas motorizadas: se instalan apoyadas sobre la pared con un solo pasillo frontal (igual que las «drive-in»). Para facilitar el movimiento de las cargas, los rodillos se accionan con motores eléctricos.
- Almacenaje **móvil:** se instala un bloque compacto de estanterías sobre una plataforma o carril que permita abrir un pasillo para acceder a las mercancías almacenadas. Según el sistema de movilidad pueden ser:
  - Estanterías móviles manuales: se mueven con un volante adosado en el lateral de cada estantería.
  - Estanterías eléctricas o automáticas: se mueven con motores eléctricos instalados en las estanterías o en los raíles.

Actividades de comprobación

Actividad 3.1

Indica **la** respuesta correcta de las siguientes preguntas:

1. **Los productos perecederos se deben almacenar en:**
   a) Cámaras frigoríficas o congeladores y a temperatura controlada.
   b) Estanterías que permitan el sistema LIFO de extracción.
   c) Estanterías o ubicaciones que permitan el sistema FIFO de extracción.

2. **Los productos duraderos (no tienen fecha de caducidad) se almacenan en:**
   a) Estanterías que permitan el sistema LIFO de extracción.
   b) Estanterías que permitan agruparlos por familias, gamas o referencias.
   c) Estanterías o ubicaciones que permitan el sistema FIFO de extracción.

3. **Los productos peligrosos de clase 3 son:**
   a) Gases comprimidos.
   b) Líquidos inflamables.
   c) Materias tóxicas.

4. **La sujeción de cargas mediante flejado, para garantizar su estabilidad, se hace:**
   a) Colocando alrededor de la carga tiras adhesivas, tiras de nailon o de acero.
   b) Envolviendo la carga en una película de plástico que permita un ajuste perfecto.
   c) Sujetando la carga con bandas de goma cuando los productos son muy pesados e irregulares.

5. **La sujeción de cargas mediante retractilado, para garantizar su estabilidad, se hace:**
   a) Colocando tiras adhesivas o de nailon o de acero alrededor de la carga.
   b) Envolviendo la carga en una película de plástico que permita un ajuste perfecto.
   c) Sujetando la carga con bandas de goma cuando los productos son muy pesados e irregulares.

6. **Los productos según la rotación, volumen de salidas, se deben almacenar:**
   a) Los de alta rotación, clase C, en una zona de fácil acceso.
   b) Los de media rotación, clase B, en una zona poco accesible.
   c) Los de alta rotación, clase A, en una zona de fácil acceso.

7. **Las actividades de expedición de los productos almacenados, según la clasificación ABC, representan:**
   a) Los de clase B, el 50 % de los pedidos.
   b) Los de clase A, el 80 % de los pedidos.
   c) Los de clase C, el 20 % de los pedidos.

8. **Las principales cualidades de la unidad de carga son:**
   a) Resistencia y estabilidad.
   b) Flejado y retractilado.
   c) Empaquetado y *packaging.*

9. **Si queremos almacenar en la misma estantería paletas completas y productos sueltos o medias cargas, instalaremos un sistema de almacenaje:**
   a) Convencional.
   b) Compacto.
   c) Dinámico.

10. **Una ventaja del sistema de almacenaje móvil es:**
   a) Que se accede fácilmente a la mercancía.
   b) Que no requiere grandes inversiones en infraestructura.
   c) Es un sistema flexible y se puede modificar fácilmente.

Actividad 3.2.

Indica si son verdaderas (V) o falsas (F) las siguientes afirmaciones:

1. Cuando preparamos una expedición de productos perecederos hay que dar salida a los más antiguos.
2. El alcohol se clasifica como mercancía líquida estable.
3. Una mercancía se puede clasificar como gas licuado a alta presión.
4. Según la clasificación ABC, los artículos de clase A siempre se almacenan por el sistema FIFO.
5. El flejado que se realiza con bandas de goma facilita la separación de las cargas.
6. El almacenamiento ordenado permite que el almacén pueda llenarse al máximo, en caso necesario.
7. El almacenamiento ordenado permite la flexibilidad para almacenar varias líneas de productos.
8. Para manejar la mercancía con una carretilla retráctil se necesitan pasillos muy anchos.
9. El sistema de almacenamiento en bloques apilados se utiliza para mercancía paletizada.
10. El sistema compacto o «drive-in» es muy apropiado para el almacenamiento de cargas heterogéneas.

Actividad 3.3.

Clasifica los siguientes productos por el estado físico, ninguno de ellos ha pasado por el proceso de envasado.

Jamones, naranjas, aceitunas, sal, alquitrán, leche, vino, gasolina, escayola en polvo, aguarrás, cangrejos en acuario.

Actividad 3.4.

Indica qué productos de los anteriores están considerados como peligrosos y se deben almacenar en condiciones especiales.

Actividad 3.5.

Responde brevemente a las siguientes preguntas:

1. Define la unidad de carga. ¿Qué características debe reunir?
2. ¿Qué condiciones debe reunir el almacén de productos refrigerados-perecederos?
3. ¿Cómo se denomina a la operación de colocar tiras de nailon o de acero alrededor de una carga o en puntos necesarios?
4. ¿Cómo debemos preparar la unidad de carga (pedido) cuando tenemos que hacer la entrega en un almacén o establecimiento que no dispone de medios mecánicos de descarga?
5. ¿Qué modelo de estantería permite almacenar paletas completas, medias cargas y productos sueltos?
6. ¿Qué estanterías debemos instalar para realizar un almacenaje compacto que permita el criterio FIFO?
7. Un laboratorio necesita almacenar ciertas mercancías con acceso controlado. ¿Qué sistema de almacenaje debe instalar?
8. ¿Cómo se denomina al cestón o contenedor no apilable que está provisto de ruedas?
9. ¿Qué condiciones debe reunir el almacén de productos congelados-perecederos?
10. ¿Qué tipo de mercancía se puede almacenar en estanterías compactas «drive-in»?

Actividad 3.6.

En un almacén, las cargas entran por unidades de compra formadas por una cantidad comprendida entre 1.000 y 2.000 unidades de venta. Las salidas se registran en unidades de carga paletizadas y cada paleta contiene de 25 a 30 unidades de venta.

Se pide:

Razonar y explicar la actividad que ejerce este almacén dentro del flujo logístico. ¿Por qué forman las unidades de carga más pequeñas?

Actividad 3.7.

Un almacén de productos perecederos, en el que tiene mucha importancia la fecha de caducidad, almacena mercancías en cajas de unos 20 kg. Se pretende reducir, todo lo que sea posible, el tiempo empleado en la manipulación del producto. Otra de las necesidades prioritarias es una ocupación máxima del volumen del almacén. Por las limitaciones del inmueble, el almacenamiento se debe implantar con una entrada para el depósito de las cajas y una salida para la extracción de las mismas.

Se pide:

Indicar qué sistema de almacenaje es el más conveniente y explicar los motivos por los cuales te has decidido por este y no otro.

Actividades de aplicación

3.8. Una empresa tiene que almacenar 5.000 paletas del mismo producto. Utiliza un sistema de almacenaje compacto en estanterías «drive-in» que tienen 20 huecos en cada altura y en cada hueco caben 6 paletas. Cada estantería mide 20 m de largo y 6,80 m de profundidad. Utilizan un apilador que puede elevar hasta 7 alturas y necesita pasillos de 1,50 m de ancho.

Se pide:

1. Calcular el número de estanterías y el número de pasillos
2. Calcular la superficie para esta zona del almacén.

3.9. Una empresa tiene que almacenar 6.000 paletas del mismo producto. Utiliza un sistema del almacenaje dinámico en estanterías «drive-through» que tienen 30 huecos en cada una de sus alturas y en cada hueco caben 9 paletas. El medio de manipulación es la carretilla trilateral de carga frontal que puede elevar hasta 12 alturas y necesita pasillos de 2 m de ancho.

Se pide:

1. Calcular el número de estanterías y el número de pasillos.
2. Calcular la superficie para esta zona del almacén, si cada estantería mide 30 m de largo y 9,6 m de profundidad.

3.10. La empresa Distribuciones LEVANTE compra directamente a los fabricantes y distribuye a pequeños comerciantes los siguientes pedidos mensuales:

Artículo A = 12.600 pedidos
Artículo B = 1.580 pedidos
Artículo C = 11.300 pedidos
Artículo D = 1.160 pedidos
Artículo E = 1.280 pedidos
Artículo F = 310 pedidos
Artículo G = 290 pedidos
Artículo H = 257 pedidos
Artículo I = 179 pedidos
Artículo J = 218 pedidos

El jefe de almacén quiere hacer una redistribución asignando un espacio o zona a cada referencia; pues actualmente los artículos se almacenan en cualquier hueco vacío mezclando unas familias con otras y los operarios tardan mucho tiempo en la preparación de pedidos..

Se pide:

1. Hacer una clasificación por el método ABC.
2. Indicar los artículos que se deben almacenar en cada zona, tomando como referencia el índice de rotación.

3.11. Distribuciones LEVANTE ha decidido instalar una zona para cada categoría de la clasificación realizada en la actividad anterior. Las condiciones que debe reunir cada zona son las siguientes:

- Los artículos de **categoría «A» en estanterías de paletización** para almacenar 30.000 paletas. Cada estantería mide 30 m de largo, 1,10 m de ancho y una capacidad de 30 paletas en cada nivel. La carga se realizará con transelevadores que pueden cargar por ambos lados de las estanterías y se instalarán en los pasillos impares con una anchura de 1,20 m. La extracción de las paletas se realizará con carretillas trilaterales que alcanzan la misma altura de elevación pero necesitan pasillos de 1,50 m y trabajarán en los pasillos pares. Ambos medios mecánicos no pueden salir del pasillo correspondiente.
- Los artículos de **categoría «B» en estanterías dinámicas «drive-through»** para almacenar 5.000 paletas. Cada estantería mide 20 m de largo, 12 m de fondo y tiene 12 alturas. Cada nivel o altura tiene 20 túneles o huecos y en cada uno caben 12 paletas. Las estanterías se cargan con carretillas retráctiles que necesitan un pasillo de 2,50 m de ancho y se descarga con carretillas contrapesadas que necesitan pasillos de 3 m de ancho.
- Los artículos de la **categoría «C» en estanterías convencionales** para almacenar 2.000 paletas. Cada estantería tiene capacidad para almacenar 225 paletas y mide 25 m de largo por 1,50 m de ancho. La carga y descarga de las estanterías se realizará por ambos lados; utilizando indistintamente apiladores que necesitan pasillos de 2,20 m de ancho y carretillas recogepedidos que necesitan 3 m de pasillo.

Se pide:

1. Calcular el número de estanterías que se necesitan en cada una de las zonas.
2. Calcular la superficie necesaria para cada zona de almacenaje.

4

Sistemas especiales de almacenaje

INTRODUCCIÓN

Los materiales que se depositan en un almacén no siempre reúnen la forma adecuada para formar con ellos una carga paletizada. Algunas veces llegan artículos muy pequeños empaquetados pero que se deben almacenar sueltos o productos de gran volumen, forma muy larga, etc. Estos factores nos obligan a disponer de medios de manipulación adecuados y estanterías especiales, para reducir los costes del proceso, rentabilizar el espacio y conseguir que el almacén esté ordenado.

Veremos el manejo y la manipulación de piezas pequeñas, cargas largas o voluminosas, contenedores de importación y exportación y cómo se pueden adaptar los medios mecánicos (carretillas, grúas, etc.) para realizar este tipo de operaciones, sin tener que invertir en equipos nuevos.

OBJETIVOS

- Conocer los medios estáticos y dinámicos que se utilizan para el almacenaje y manipulación de artículos de pequeñas dimensiones que se almacenan por unidades sueltas.
- Saber manejar y almacenar cargas voluminosas, cargas largas, cargas de forma irregular, etc. y los medios estáticos y dinámicos más apropiados para realizar dichas operaciones.
- Conocer los sistemas de almacenaje de contenedores de importación o exportación, que se depositan en las terminales marítimas o ferroviarias y en los *depots* o almacenes de contenedores, hasta su transporte multimodal al lugar de destino.

CONTENIDOS

4.1. Almacenaje de piezas pequeñas

Las piezas pequeñas son mercancías que se almacenan sueltas y su destino es formar parte de la cadena de producción y montaje o pasar a la sección de empaquetado. Por ejemplo, en la industria del juguete, hasta que se compone una muñeca, cabeza, piernas, brazos y cuerpo se almacenan por separado; lo mismo ocurre en las fábricas de automóviles con baterías, limpiaparabrisas, tubos de escape, etcétera.

Cuando tenemos que almacenar piezas de pequeñas dimensiones o poco peso los problemas que nos encontramos son:

- Tenemos un número muy elevado de artículos y con gran variedad de referencias.
- Hay que obtener un índice de rotación muy elevado.

Un almacén automático de piezas pequeñas es el mejor sistema de almacenaje para los componentes que se necesitan en la cadena de montaje; pero este almacén es de coste elevado y el coste de la instalación debe ser proporcional al coste total de las operaciones a realizar. Es decir, **«hay que conseguir un equilibrio entre el coste de la instalación y la utilidad del almacén».**

El sistema de almacenaje que implantemos debe conseguir: primero, que el almacén tenga capacidad suficiente, no solo para el momento actual, sino también para un futuro más o menos lejano; y, segundo, que nos permita agilizar las salidas y conseguir el mayor índice de rotación posible.

El almacenaje de piezas pequeñas se basa en dos principios:

- El operario se dirige al producto.
- El producto se dirige al operario.

4.1.1. Sistemas de almacenaje «operario hacia el producto»

Los productos se almacenan en estanterías y la colocación puede ser manual (pieza a pieza) o mecanizada (unidades pequeñas de carga). La extracción se realiza de forma manual, para ello **el operario se desplaza hasta el lugar donde está almacenado el artículo** que necesita.

Los sistemas de almacenaje cuando «el operario se dirige hacia el producto» se realiza en: estanterías de un solo nivel, estanterías de varios niveles, estanterías móviles y almacenes de pasillo estrecho.

- **Estanterías de un solo nivel:** son de poca capacidad de carga y se colocan dejando un pasillo de paso para el operario y el carrito de *picking*. Las estanterías no suelen ser muy altas y las ubicaciones son gavetas o compartimentos de muchos tamaños y modelos que se adaptan a cualquier tipo de actividad y producto. Cuando la estantería es muy alta, las ubicaciones bajas se destinan para mercancías pesadas. Los medios mecánicos que se utilizan suelen ser: escaleras o carros-escalera manuales,

¿Sabías que...

El almacén dentro de la cadena de producción de una industria es uno de los elementos más activos, de él dependen la cadena de montaje y la distribución; si el almacén no funciona, ambas pueden llegar a pararse por falta de abastecimiento.

Recuerda

Almacén, en este apartado, se entiende como la parte del edificio o una ubicación destinada al almacenaje de piezas pequeñas o mercancías de poco volumen.

Importante

La ventaja de los sistemas de almacenaje «operario hacia el producto» es su bajo coste de inversión; pero el inconveniente es un alto coste de manipulación (mano de obra), pues el grado de automatización es muy bajo, aunque está en función de las características propias de cada sistema.

transpaletas manuales, autopropulsadas o selectores de pedidos de bajo y medio nivel.

- **Estanterías de varios niveles o «almacenes entreplantas».** Son dos o más almacenes de un nivel, instalados unos encima de otros. Así se logra mayor capacidad de almacenaje; pero los medios mecánicos solo se pueden utilizar en la planta baja. Para subir paletas completas a las plantas superiores se utilizan ascensores, montacargas o carretillas elevadoras; de esta forma se consigue una disminución del tiempo empleado en la extracción y colocación del artículo.
- **Estanterías móviles.** Son de tamaño medio montadas sobre raíles con movimiento eléctrico o manual, según el peso de las cargas. Con estas estanterías se ahorra espacio, pues el número de pasillos se reduce a uno. Pero cuando se utilizan con mucha frecuencia o el número de estanterías es muy grande se suelen agrupar en varios bloques para dejar más de un pasillo. La colocación y extracción de mercancía se realiza de forma exclusivamente manual; pero el tiempo empleado es inferior debido a que las distancias a recorrer son más cortas que con las estanterías fijas. Las estanterías móviles pueden quedar herméticamente cerradas para que no entre polvo a los productos y tienen un sistema de seguridad para evitar posibles accidentes mientras se está operando dentro de un pasillo.
- **Almacenes de pasillo estrecho.** Son los que mejor rentabilizan la utilización del suelo, la capacidad de manipulación y el coste de mano de obra; pero el coste de la inversión es muy alto. Los pasillos de estos almacenes son muy reducidos, en función de los tipos de carga pueden llegar a ser de 1 m de ancho para cajas y para cargas completas entre 1,5 y 1,7 m. El almacenaje se realiza utilizando la altura total del local, pues los medios para colocar y extraer el producto son mecánicos: carretillas torre, trilaterales, «carretillas-combi» o recogepedidos de alto nivel y transelevadores. Como medios de apoyo se utilizan transportadores de rodillos, transpaletas, carretillas o vehículos de guiado automático (AVG), en las distintas fases de la preparación de pedidos, los cuales juegan un papel muy importante cuando lo que se pretende es utilizar la capacidad máxima del almacén.

Posición de trabajo del operario

Antes de instalar un sistema de almacenaje «operario hacia el producto» debemos tener en cuenta que **la posición de trabajo sea ergonómicamente correcta.** El operario tiene que moverse cómodamente entre las estanterías durante la extracción y depósito de mercancías, tanto vertical como horizontalmente. También se puede mejorar la eficacia del sistema instalando en las carretillas y en los transelevadores terminales de ordenador o transmisores de datos, para que el operario vaya comunicando la modificación del *stock*.

Con un buen sistema de control el operario puede manejar varias órdenes de pedido al mismo tiempo, aumentando así el índice de productividad. También se suele instalar en los pasillos selectores de altura y posición, para que el operario dirija la máquina a la posición correcta, mediante pulsación de botones o un escáner de pistola.

Por tu cuenta

Busca en www.mecalux.es el vídeo «Desguace Malvarrosa», para ver cómo se almacenan las distintas piezas que se reciclan de los vehículos viejos.

El puesto del operario debe cumplir las normas de una correcta ergonomía. Esta carretilla está provista de un asiento cómodo y el volante, la palanca y otros elementos de maniobras está dispuestos de forma ergonómica para para evitar cansancio y lesiones de espalda.

Estanterías de dos o más niveles, para *picking* manual.

Almacenes entre plantas.

Estanterías móviles con cierre manual, para almacenaje.

Estanterías móviles eléctricas y con apertura de seguridad.

Almacén de pasillo estrecho. Permite almacenar cargas completas y realizar operaciones de *picking*.

El medio mecánico es el transelevador con conductor incorporado. La cabina y la mesa elevadora suben a lo largo del mástil. Así, el operario puede extraer mercancías a ambos lados del pasillo.

Figura 4.1. Sistemas de almacenaje «operario hacia el producto». *Cortesía de Mecalux.*

Caso práctico 4.1

El laboratorio BAYER quiere instalar estanterías móviles para 2.000 referencias de medicamentos. Cada lote del mismo medicamento se coloca en una caja para su almacenaje; es decir, una caja para cada referencia.

Las estanterías están formadas por 6 módulos y cada uno tiene 10 alturas (ubicaciones). Cada módulo mide 90 cm de largo por 50 cm de fondo (ancho).

La carga y descarga se realizará de forma manual colocando 2 cajas en cada ubicación, y para que puedan trabajar dos operarios al mismo tiempo se dejará un pasillo de 80 cm de ancho por cada bloque de 10 estanterías.

Se pide:

1. Calcular el número de estanterías y el número de pasillos.
2. Calcular la superficie que ocupará esta zona del almacén.

Solución:

1. **Cantidad de estanterías y pasillos**

   Tenemos que almacenar 2.000 cajas.

   En cada módulo podemos colocar 2 cajas x 10 ubicaciones = 20 cajas.

   Como cada estantería tiene 6 módulos; podemos colocar 20 x 6 = 120 cajas en cada estantería.

   Necesitamos (2.000 referencias / 120 cajas en cada estantería) = 16,67;

   es decir **17 estanterías y 2 pasillos** (cada 10 estanterías un pasillo).

2. **Superficie de la zona**

   Largo de las estanterías y los pasillos = 6 x 0,90 = 5,40 m.

   Superficie estanterías = 5,40 x 0,50 x 17 = 45,90 m^2.

   Superficie pasillos = 5,40 x 0,80 x 2 = 8,64 m^2.

   Superficie total = 54,54 m^2.

Actividad propuesta 4.1

La empresa BATLLE es un fabricante de insecticidas, plaguicidas, abonos y otros productos de jardinería; quiere instalar un almacén de pasillos estrechos con capacidad para 10.000 referencias. Cada referencia es una unidad de carga ubicada en cestones.

Cada estantería tiene 30 m de largo, 90 cm de fondo, 12 alturas y se pueden colocar 60 cestones en cada altura.

Para el almacenaje y preparación de pedidos se utilizará la carretilla recogepedidos con cabina que necesita pasillos de 1,10 m de ancho. La carretilla lleva incorporado un terminal de ordenador y las estanterías se colocan para que el operario pueda introducir y extraer mercancía a ambos lados del pasillo.

Se pide:

1. Calcular la cantidad de estanterías y pasillos que necesitamos.
2. Calcular la superficie de esta zona del almacén.

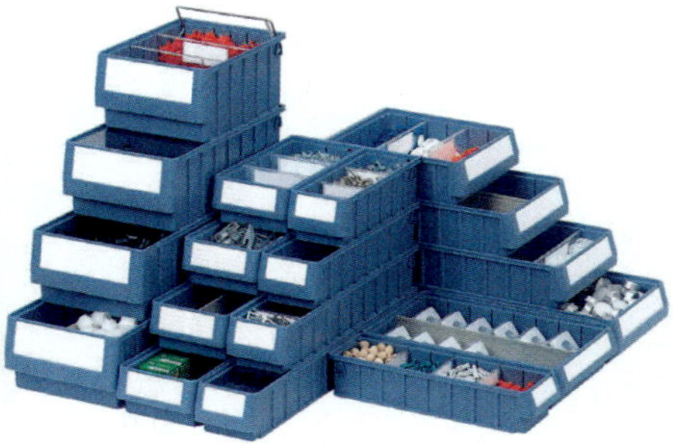

Cajas y contenedores para almacenar artículos pequeños en AAC.

Estanterías dinámicas para cajas.

4.1.2. Sistemas de almacenaje «producto hacia el operario»

Los sistemas de almacenaje que responden al principio «producto hacia el operario» parten de la idea de eliminar tiempos muertos. El producto llega hasta donde está el operario, así se elimina el tiempo que tarda en trasladarse para la colocación o recogida de mercancías. El grado de automatización es casi total; aunque tanto la colocación del producto como la extracción se realiza prácticamente de forma manual.

El almacenaje bajo el principio «producto hacia el operario» tiene lugar en: almacenes automáticos para cajas, carruseles y paternósters.

Almacén automático para cajas (AAC)

El AAC se conoce también como *Mini-Load,* es básicamente un almacén compacto alimentado por un microtranselevador que utiliza cajas o cestones pequeños adaptados al tamaño de las piezas (véase la Figura 4.2). También se pueden utilizar bandejas para colocar diferentes productos de pequeñas dimensiones, formando así una miniunidad de carga.

El funcionamiento de un AAC es el siguiente: el operario introduce en el PC el código del producto y el transelevador, mediante un escáner, lee el código del artículo y se dirige automáticamente a su lugar de ubicación, toma la caja o contenedor y la lleva al puesto del operario para que extraiga o deposite la mercancía y, a continuación, devuelve la caja a su lugar. El posicionamiento se logra por medio de sensores y los artículos se identifican por el código de barras.

Las ventajas del almacenaje automático con un microtranselevador son: necesita muy poca superficie y el rendimiento del espacio es muy elevado; proporciona la máxima comodidad y facilidad de acceso a las cajas almacenadas; evita la pérdida de mercancías en el almacén, pues en cada operación se gestiona solo una caja; permite realizar control o inventario permanente del *stock.* La carga máxima que puede manejar el microtranselevador es de unos 50 kg, pero alcanza altas velocidades; en elevación puede llegar hasta 65 m/min y en desplazamiento horizontal hasta 200 m/min.

El rendimiento del operario se puede optimizar equipando el puesto de trabajo (situado al final del pasillo) con todas las comodidades: terminal de ordenador, impresora, escáner, cajas, bolsas, etc., de esta forma se consiguen puestos de trabajo ergonómicamente correctos y de alta eficacia. También se pueden combinar varios equipos desde un único puesto de trabajo.

Importante

El control de existencias, en los AAC, se realiza con sistemas *online* conectados con el ordenador central del almacén. Los artículos se identifican por el código de barras y el recuento de productos se registra de forma automática a través de su peso.

Puesto de trabajo con un PC para varios transelevadores.

El operario introduce el código del producto. El transelevador recibe la orden y se desplaza hasta donde está la caja, la deposita en el camino de rodillos para que se deslice hasta donde está el operario.

Almacén automático para cajas (AAC) o *Mini-Load.*

Interior de un AAC. Observa el carril guía por el cual se desplaza el transelevador para traer las mercancías hasta el puesto del operario.

Figura 4.2. Almacenaje en AAC sistema «producto hacia el operario». *Cortesía de Mecalux.*

> **Por tu cuenta**
>
> Busca en www.mecalux.es almacén carrusel.
>
> Puedes ver paso a paso su estructura interior y su funcionamiento.

> **¿Sabías que...**
>
> La productividad del carrusel se puede aumentar combinando varios equipos a una estación de recogida (extracción); para ello, el control se realiza con un PC que solicita el producto mediante un código y al mismo tiempo contiene toda la información necesaria para gestionar el *stock.*
>
> El mayor grado de gestión se consigue conectando *online* varios grupos de carruseles con el ordenador central del almacén.

Carrusel

El carrusel está formado por módulos o bloques compactos unidos entre sí; en su interior se alojan cajones metálicos o de plástico apilados en bloques, donde se depositan las mercancías y cada ubicación contiene una única referencia. Los bloques están suspendidos de una estructura con un carril guía y se mueven, siguiendo una trayectoria ovalada, por el movimiento que produce la unidad de tracción situada en la parte inferior.

El funcionamiento es muy sencillo: el operario introduce en el PC el código del producto y los módulos se desplazan en horizontal hasta que el producto se posiciona en la cabecera. El operario extrae la cantidad que le indica el panel de control o el *display* de señalización y deposita el artículo en el pedido que señala la barra de clasificación.

Las **ventajas del carrusel** son:

- Proporciona un almacenaje dinámico y actúa como un almacén compacto.
- Mueve la mercancía hasta el puesto del operario para que este no tenga que desplazarse.

Además, la carga del carrusel se realiza con cestones que son manejados con carretillas o caminos de rodillos. Un transportador suministra cestones cargados y otro, situado en el extremo opuesto, retira los vacíos. Estos transportadores están dotados de elevación automática para alimentar el nivel predeterminado.

La productividad del carrusel se puede aumentar combinando varios equipos con una estación de recogida (extracción); para ello, el control se debe realizar con un programa informático que contiene toda la información necesaria para gestionar el *stock*. El mayor grado de gestión se consigue conectando *online* varios grupos de carruseles con el ordenador central del almacén (véase la Figura 4.3).

Almacenaje en tres armarios tipo carrusel.

Interior del carrusel. El operario marca el código del artículo, giran los bloques y se abre el armario que contiene dicho artículo.

Figura 4.3. Almacenes carrusel.

Paternóster

El paternóster es una especie de armario de gran altura y poca profundidad, construido con chapa de acero galvanizado y en su interior contiene bandejas estrechas o soportes movidos por cadenas laterales (véase la Figura 4.4).

El movimiento de las ubicaciones que contienen los artículos es solamente vertical pero responden al principio «producto hacia el operario»; permite un puesto de trabajo ergonómico y que el operario pueda, sin moverse del mismo, realizar otras funciones como empaquetado o marcaje de mercancías.

Las **ventajas del paternóster** son:

- Gestión informática del almacén.
- Ahorro de espacio, se aprovecha la altura total del local.
- Ahorro de tiempo, el operario no se tiene que desplazar para preparar un pedido.
- Seguridad y protección de las mercancías que están almacenadas en su interior.

El rendimiento de un paternóster empieza a ser muy alto a partir de 3,50 m de altura. Una forma de rentabilizar mejor la actividad de los operarios es utilizar varios equipos conectados al ordenador central del almacén, pues con un programa informático se pueden controlar y manejar varios grupos.

Tanto el carrusel como el paternóster actúan como almacenes compactos, cuyo objetivo es alcanzar índices de alta rotación (rapidez en la extracción de mercancías). Entre sus **ventajas** podemos destacar: gran flexibilidad de adaptación, al estar formados por módulos; gran variedad de aplicaciones, son muchos los almacenes que los pueden implantar; reducen el tiempo destinado a la preparación de pedidos y facilitan las tareas del personal. Los únicos **inconvenientes** es que su coste es muy alto, son sistemas recientes que están en pleno desarrollo y algunos modelos pueden quedar rápidamente obsoletos.

¿Sabías que...

El paternóster se diseñó para el almacenaje de piezas pequeñas, pero ya existen modelos con medidas para almacenar piezas mayores.

Un paternóster también es el mejor medio para almacenar mercancías de gran valor o que requieren cierto grado de seguridad, pues permanecen siempre herméticamente cerrados y para su apertura es necesario introducir el código correcto.

Por tu cuenta

Busca en www.mecalux.es soluciones de almacenaje (catálogos, vídeos, etc.) para almacenar piezas pequeñas.

Figura 4.4. Almacenes paternóster que se adaptan al principio «producto al hombre». *Cortesía de Mecalux.*

Aplicaciones del paternóster

Los paternóster son ideales para almacenar muchos artículos en pequeñas cantidades, con gran variedad de referencias por artículo, y los pedidos se suceden de forma puntual y en pocas cantidades de cada referencia.

Las industrias que más utilizan este sistema de almacenaje son:

- **Almacenes de productos farmacéuticos** con servicio directo al cliente (farmacias, hospitales, etc.) Estos almacenes tienen gran número de referencias y los pedidos se suceden a mucha velocidad, aunque suelen ser de pocos productos y en pequeñas cantidades.
- **Almacenes de recambios** para pequeños y medianos electrodomésticos; tienen gran número de referencias y salen en pequeñas cantidades de muchos pedidos, uno por cada aparato averiado.
- **Centros de fabricación** que tienen gran cantidad de útiles y herramientas de corte para el montaje de piezas o tornos, que es necesario tener siempre disponibles.
- **Almacenes de materiales textiles** como alfombras, tejidos, etc., que almacenan un número muy grande de modelos, con gran variedad de tejidos y colores.
- **Almacenes de metales férricos y no férricos,** como barras de latón, bronce, madera, etc., que necesitan disponer de una gran cantidad de modelos y referencias para atender pedidos pequeños.

Caso práctico 4.2

La empresa GOLOSINAS se dedica a la fabricación de caramelos y dulces. Fabrican 750 referencias distintas y en el almacén de productos terminados quieren instalar estaciones de *picking* alimentadas por paternóster. Un paternóster contiene en su interior 10 gavetas (cajones) en horizontal y 35 en vertical. La capacidad de cada gaveta es entre 50 y 100 caramelos de la misma referencia.

Se pide:

1. Calcular los paternóster que se necesitan.
2. Calcular cuántas gavetas quedarán vacías y para qué se pueden destinar.

Solución:

Gavetas que contiene cada paternóster = 10 en horizontal x 35 en vertical = 350 gavetas.

Paternóster necesarios = 750 referencias / 350 = 2,14; es decir = **3 paternóster.**

Total gavetas = 350 x 3 = 1.050; Gavetas vacías = 1.050 – 750 = 300.

Las **300 gavetas vacías** se pueden utilizar para almacenar bolsas de empaquetado o podemos destinar 2 gavetas para las referencias de mayor rotación.

Actividad propuesta 4.2

La empresa EL TORNILLO se dedica a la fabricación de clavos, tuercas, tornillos, chinchetas, etc., y quiere instalar un almacén automático para cajas (AAC) para almacenar a granel un total de 12.000 referencias.

Cada estantería tiene 24 niveles y en cada uno se pueden ubicar 50 cajas. La carga y extracción de las estanterías se realizará con microtranselevadores que recibirán las órdenes desde un único puesto de trabajo.

Se pide:

1. Calcular cuántas cajas se pueden almacenar en cada estantería.
2. Calcular cuántas estanterías y microtranselevadores necesitamos; si cada transelevador puede depositar y extraer mercancía a ambos lados del pasillo.

4.1.3. ¿Cómo elegir el mejor sistema?

Como hemos visto, para almacenar piezas pequeñas, ni siquiera los sistemas que responden al mismo principio son exactamente iguales; pues se diseñan en función de los equipos que se van a utilizar y las mercancías. Por ello, debemos realizar un estudio sobre: entrada y salida de *stock*, número de referencias, proporción de salidas de cada referencia, etc. También hay que analizar otros factores y planificar las posibles opciones, pues una vez instalado un sistema resulta difícil su modificación.

Los factores que más influyen para elegir uno u otro sistema son:

- **Coste de la inversión:** coste total de estanterías, ubicaciones, equipos de manutención (carretillas, elevadores, cadenas de rodillos, carruseles, etcétera).
- **Coste de manipulación:** coste de manejar un artículo, en términos de mano de obra, independientemente del coste de la inversión.
- **Capacidad de manipulación:** cantidad de piezas o artículos que se pueden extraer por minuto, hora, etcétera.
- **Índice de utilización del suelo:** cantidad de mercancías que se pueden almacenar en un metro cuadrado de local construido.

Observa en la Tabla 4.1 un análisis de los distintos sistemas de almacenaje de piezas pequeñas.

Almacén automático. Utiliza transportadores de rodillos y transelevadores.

Tabla 4.1. Comparación de los sistemas de almacenaje para piezas pequeñas

Análisis de los sistemas de almacenaje para piezas pequeñas				
Sistema de almacenaje	**Coste de la inversión**	**Coste de manipulación**	**Capacidad de manipulación**	**Índice de utilización del suelo**
Estanterías de un solo nivel	Muy bajo	Muy alto	Media	Regular
Estanterías de varios niveles	Bajo	Muy alto	Baja	Aceptable
Estanterías móviles	Alta	Aceptable	Buena	Alto
Almacén de pasillo estrecho	Aceptable	Bajo	Alta	Muy alto
Almacén automático para cajas *Mini-Load*	Alto	Bajísimo	Muy alto	Altísimo
Carrusel	Alto	Muy bajo	Muy alta	Altísimo
Paternóster	Muy alto	Muy bajo	Altísima	Muy alto

Actividad propuesta 4.3

Un fabricante de zapatos empezó el negocio hace 5 años con una fabricación moderada de 10 modelos. Por incremento de la demanda, actualmente fabrica 200 modelos entre zapatos, botas, zuecos, etcétera.

El almacén de productos terminados tiene una estructura de 30 x 45 m de superficie, 18 m de altura y está instalado bajo un sistema convencional.

La fábrica está ubicada en el mismo lugar y está equipada con tecnología puntera; pero el almacén se ha quedado pequeño y no existen posibilidades de ampliar el local.

Se pide:

¿Qué soluciones puedes aportar? Razona las posibles opciones.

Cargas largas flejadas y apiladas en el suelo.

Importante

La longitud de las ménsulas o brazos que sobresalen en voladizo afecta de forma inversa al peso que puede soportar la estantería, es decir, cuanto menor sea el saliente mayor será la capacidad de carga y viceversa. Por regla general, las ménsulas o voladizos de un metro soportan cargas entre 220 y 2.300 kg, mientras que las de 50 cm soportan de 750 a 4.600 kg.

4.2. Almacenaje de cargas largas

Las cargas largas están formadas por piezas de extremada longitud unidas mediante flejes para formar así una unidad de carga, además se caracterizan por ser bastante pesadas. Su almacenaje puede ser: en el suelo o en estanterías.

- El **almacenaje en el suelo** se realiza sin plataforma de apoyo. Las cargas se colocan sobre unos tacos de separación para introducir y sacar las horquillas de las carretillas elevadoras. Este almacenaje se utiliza para mercancías que por su resistencia pueden soportar el apilamiento de unas sobre otras, como tablones, chapas metálicas, tableros de madera, paneles, vigas de hormigón, etcétera.
- El **almacenaje en estanterías** se realiza cuando las cargas son muy flexibles (tubos, canalones, perfiles, etc.) o de alto valor (barras de bronce, latón, etc.), su almacenaje es en el interior del almacén y sobre una instalación rígida que impida que se doblen o deformen. Las estanterías más adecuadas para almacenar cargas largas son las denominadas estanterías cantilever o estructuras en voladizo.

Estanterías cantilever

La estantería cantilever está formada por pilares muy resistentes y perfiles laminados sujetos fuertemente al suelo. Sobre esta estructura se fijan unos brazos en forma de **U** o doble **T** y en ellos se deposita la mercancía. Los pilares están poco espaciados, para conseguir una doble función: procurar un soporte adecuado a los perfiles, evitando su flexión y deformación, y permitir el mayor número posible de ménsulas de distintas longitudes. Las estanterías cantilever pueden ser dobles o simples. Las dobles tienen niveles o brazos a ambos lados de la estructura y se pueden cargar por las dos caras, las simples solo se pueden cargar por una cara, por estar sujetas al suelo y a la pared (véanse las Figuras 4.5 y 4.6).

Almacenaje de cargas largas en estanterías cantilever.

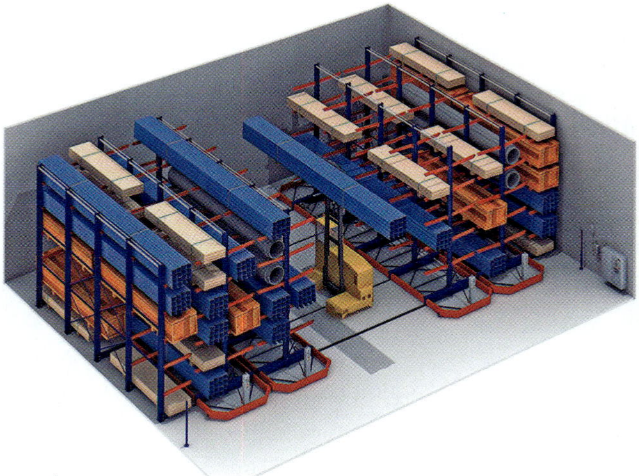

Estanterías cantilever sobre bases móviles. Las de los extremos son simples y las del centro dobles, se pueden cargar por ambos lados.

Figura 4.5. Estanterías *cantilever. Cortesía de Mecalux.*

Cantilever simple. Está sujeta a la pared y solo se puede cargar por un lado.

Cantilever doble. Admite carga por ambos lados.

Cantilever para bobinas.

Cantilever para las bobinas de plástico laminado que se utiliza en invernaderos o para el retractilado de cargas.

Figura 4.6. Modelos de estanterías cantilever. *Cortesía de Mecalux.*

Las estanterías cantilever son ideales para almacenar cargas largas y permiten una buena accesibilidad; pero también presentan limitaciones, como son: capacidad de carga y altura. La capacidad de carga está determinada por el número de pilares instalados y el número de ménsulas de apoyo que soporta cada pilar. La limitación respecto a la altura es de 8 m y no se puede sobrepasar cuando se colocan cargas ligeras o el número de niveles es inferior a 8. Para almacenar cargas largas y pesadas debemos aumentar el número de pilares y niveles; pues el riesgo con alturas superiores o cargas pesadas es que la estantería haga pandeo o se encorve.

Caso práctico 4.3

Tenemos que almacenar en estanterías cantilever las mercancías que aparecen en la tabla siguiente. Las cargas muy flexibles necesitan un punto de apoyo cada 50 cm, las flexibles uno cada metro y las rígidas uno en cada extremo. Las ménsulas de 1 m soportan cargas de hasta 2.000 kg y las de 50 cm de hasta 4.000 kg.

Mercancía	Peso de la carga	Longitud de la carga
«A» Flexible	3,2 Tm	2,75 m
«B» Rígida	1.830 kg	5,60 m
«C» Muy flexible	1,8 Tm	8,90 m
«D» Flexible	700 kg	4,70 m
«E» Muy flexible	4,500 Tm	5,25 m
«F» Flexible	4,300 Tm	9,20 m

Se pide:

Añadir y completar dos columnas, una para el tamaño de la ménsula y otra para el número de ménsulas de apoyo.

Solución:

Antes de completar la tabla pasamos los pesos a kg; después completamos las columnas que nos piden y la solución es la siguiente:

Mercancía	Peso de la carga	Longitud de la carga	Tamaño de la ménsula	N.° de ménsulas
«A» Flexible	3.200 kg	2,75 m	de 50 cm	3
«B» Rígida	1.830 kg	5,60 m	de 1 m	2
«C» Muy flexible	1.800 kg	8,90 m	de 1 m	18
«D» Flexible	700 kg	4,70 m	de 1 m	5
«E» Muy flexible	4.500 kg	5,25 m	Inferior a 50 cm (*)	11 (*)
«F» Flexible	4.300 kg	9,20 m	Inferior a 50 cm (*)	10 (*)

Comentario:

(*) Las cargas «E» y «F» superan los 4.000 kg, luego las ménsulas de 50 cm no son adecuadas para estas cargas, necesitamos otras de tamaño inferior (de 30 o 20 cm) y si no existen en el mercado tendremos que colocar más puntos de apoyo, pues de lo contrario la estantería no resistirá el peso.

4.2.1. Manipulación de cargas largas

Las cargas largas se pueden agarrar en sentido longitudinal o en sentido transversal; pero, a pesar de ello, su manejo entraña grandes dificultades. El medio mecánico que se utiliza es la carretilla elevadora de carga frontal y de carga lateral. Las características, ventajas e inconvenientes que presenta cada tipo son los siguientes:

- **Carretillas de carga frontal.** Tomando la carga en *sentido longitudinal* los pasillos de circulación necesitan una anchura igual al ancho de la carga o la carretilla; pero, acogiéndola de esta forma, el conjunto carretilla-carga tiene poca estabilidad y hay peligro de pandeo o caída de la mercancía. Tomando la carga en *sentido transversal* conseguimos estabilidad pero necesitamos pasillos de circulación tan anchos como la longitud de la carga; además, hay que añadirles el radio de giro necesario (la anchura necesaria será la suma del radio de giro más la diagonal de la carga).
- **Carretillas de carga lateral.** Cuando toman la carga en *sentido longitudinal* la colocan paralelamente a ellas, con lo cual necesitan pasillos de circulación relativamente estrechos (la anchura del pasillo será igual que el ancho de la carga más el cuerpo de la carretilla); pero la carga presenta el mismo problema de inestabilidad que en el caso anterior. Cuando toman la carga en *sentido transversal* se consigue la máxima estabilidad del conjunto carga-carretilla y el pasillo de maniobra y circulación es igual a la anchura de la carga más el ancho del cuerpo de la carretilla.

Importante

Cuando la longitud de la carga sobrepasa la longitud de la carretilla en más de un 100 % hay que aumentar el número de horquillas. En la práctica se utilizan carretillas con horquillas múltiples cuando hay que manejar cargas de varias longitudes o cargas largas y paletas normalizadas.

La forma de colocar las horquillas múltiples puede ser dos fijas en el centro y otras dos abatibles en los extremos (véase la Figura 4.7).

El manejo de cargas largas y la actividad del almacén

El manejo de cargas largas también presenta otros problemas que están relacionados con la actividad del almacén.

Ejemplo. Supongamos una fábrica de puertas y ventanas de madera o de aluminio (trabaja con tablones y perfiles muy largos) y un almacén comercial con gran variedad de productos, entre los cuales también tiene cargas largas.

- El problema principal del **almacén de producción** es la selección de materiales; poder tomar en todo momento cualquiera de las cargas almacenadas. La solución es utilizar carretillas de carga frontal, si dispone de espacio para pasillos amplios que permitan acceder a cualquiera de las cargas, y como el número de referencias es pequeño se puede hacer un almacenaje en bloque que ocupa menos espacio.
- El problema del **almacén comercial** es que tiene gran variedad de productos diferentes (cargas largas y paletas normalizadas); suele tener poco espacio disponible y el manejo de cargas largas presenta mayor problema. La solución ideal es la carretilla de carga lateral que permite tomar las cargas con plena seguridad y transportarlas por largos recorridos.

Carretilla multidireccional

La carretilla multidireccional es aquella que puede cambiar el sentido de la marcha; por ejemplo: supongamos que la máquina tiene que entrar en un pasillo a depositar una carga en la estantería de la derecha y a continuación tomar una carga en el mismo pasillo pero en la parte izquierda. La carretilla convencional necesita salir del pasillo para efectuar la maniobra de giro, mientras que una multidireccional puede girar sobre sí misma y tomar la carga que tiene que extraer sin necesidad de salir del pasillo.

Las carretillas multidireccionales están dotadas de ruedas dirigidas electro-hidráulicamente y pulsando un botón o una palanca selectora de

Carretilla de carga lateral y multidireccional para el almacenaje de cargas especiales en estanterías cantilever y pasillos muy estrechos.

Carretilla retráctil multidireccional.

posiciones se puede controlar el giro de las ruedas y cambiar el sentido de circulación, pasando de sentido longitudinal a transversal y viceversa. Este sistema permite que la carretilla pueda girar 300° sobre sí misma, sin tomar otro espacio que el propio de la máquina; de esta forma podemos resolver el problema de espacio ocasionado por la carga larga y el que nos puede ocasionar la longitud de la propia máquina.

4.3. Cargas voluminosas

Las mercancías que por volumen, peso, forma o fragilidad necesitan medios mecánicos especiales para su manipulación y almacenaje se consideran cargas voluminosas. El volumen y el peso son factores que influyen directamente; sin embargo, las agruparemos por la forma para estudiar mejor las técnicas de manipulación que se aplican en la práctica. Según este criterio, las mercancías voluminosas se dividen en:

- Mercancías de tipo laminar.
- Mercancías de tipo tubular.
- Mercancías cilíndricas.

4.3.1. Mercancías laminares

El problema principal de estas mercancías es su grado de flexibilidad, que a su vez depende de las dimensiones y del grosor. Es decir, cuanto mayores son las dimensiones de la lámina mayor es la flexión, pero a mayor grosor la flexión es menor.

Los efectos de la flexión se evitan o reducen acortando la distancia entre los apoyos de los equipos de elevación y los voladizos de la carga fuera de los mismos, para ello se pueden adoptar dos medidas:

- **Utilizar mayor número de horquillas.** Las horquillas múltiples reducen la distancia entre los apoyos y el momento flector de la carga, así podemos conseguir un manejo muy fiable y cuidadoso con el material.
- **Manejarlas sobre una plataforma.** Cuando la plataforma es del mismo tamaño que la lámina, el efecto flector queda reducido a cero. Las carretillas de carga lateral tienen una plataforma de apoyo para estas láminas; así no sufren flexión durante el traslado, pero la pueden sufrir durante las maniobras de almacenaje y extracción.

Dentro del grupo de **mercancías laminares** se incluyen: láminas de chapa, plástico, vidrio «float» y amianto.

- **Láminas pequeñas de chapa:** se almacenan de forma convencional cuando están colocadas sobre paletas; pero debemos evitar sobrecargar el suelo donde se apoyan pues estas unidades de carga son más pesadas que las cargas convencionales. Para el almacenaje en estanterías, estas tienen que ser muy resistentes y capaces de soportar un peso extraordinario.

Recuerda

Las carretillas de carga lateral son de mayores dimensiones longitudinales y se pueden construir tableros de ancho especial y dotarlos de varios juegos de horquillas para reducir el efecto flector.

¿Sabías que...

El vidrio «float» es el vidrio plano que se fabrica mediante un sistema de flujo continuo. Desde el horno donde se produce la fusión de la sílice se conduce por un transportador de rodillos, para el proceso de enfriamiento, comprobación y corte, hasta la zona de almacenaje y preparación.

- **Láminas grandes de chapa:** se almacenan, generalmente, a nivel del suelo y para el almacenaje en altura se utilizan estanterías cantilever. Teniendo en cuenta que este almacenaje no se puede realizar directamente sobre las ménsulas de apoyo, hay que dotarlas de plataformas corridas para evitar el efecto flector, que puede ser permanente cuando las láminas tienen que estar mucho tiempo almacenadas.
- **Láminas grandes de plástico:** se colocan sobre bandejas de madera o incluso directamente en el suelo, situando entre carga y carga unos apoyos a fin de dejar entre ellas el espacio suficiente para introducir las horquillas de la carretilla elevadora.
- **Placas grandes de vidrio plano:** se almacenan en estanterías especiales, construidas con dos robustos pilares y dos bases de apoyo sobre las cuales se colocan verticalmente las cargas, pues de forma plana la fragilidad del material no puede soportar el peso. También hay que dotar a estas cargas de elementos de protección como cantoneras de cartón, corcho, etc., para evitar golpes entre ellas.

El vidrio plano es de extraordinaria fragilidad y gran peso específico; por eso, al finalizar el proceso de fabricación se maneja con ventosas, para levantarlo del transportador de rodillos, y se traslada en caballetes en forma de **«A»**. Una vez colocadas las placas sobre los caballetes se forma una unidad de carga hasta alcanzar el peso adecuado (de 6 a 7 Tm).

Las láminas de vidrio «float» se manejan con carretillas de carga lateral, diseñadas con un tablero portahorquillas tan alto como las cargas y con elementos de apoyo y protección. Estas carretillas también están dotadas de un sistema de basculación para inclinar lentamente la carga y evitar cualquier movimiento brusco; pues si una placa se rompe, como las demás quedan sin soporte se rompen automáticamente.

- **Placas de amianto:** tienen un comportamiento muy similar a las placas de vidrio; pero, aunque su fragilidad es máxima, su forma de rotura es diferente y la rotura de una placa no repercute en las otras. Las unidades de carga son mucho más ligeras, pues estas placas se suelen cortar en pequeñas dimensiones durante el proceso de manufacturación y se manejan y almacenan en forma de placas de varios metros de longitud.

4.3.2. Mercancías tubulares

Las mercancías tubulares pueden ser de dos tipos: tubos rígidos (metálicos o de hormigón) y tubos semirrígidos (plástico duro).

- **Tubos metálicos:** se agrupan en función del calibre y se colocan sobre unas camas de madera. Si el calibre es de tipo medio, sobre esta cama se coloca una primera hilera y sobre ella la segunda, ajustando perfectamente una sobre otra. Una vez obtenida la unidad de carga se fleja fuertemente y manejan con carretillas de carga frontal o de carga lateral.

¿Sabías que...?

Una chapa de acero de 1 m x 1,2 m y 5 mm de grosor tiene un peso de 47,100 kg. Si formamos, sobre una paleta, una unidad de carga de 50 cm de altura, tendremos 80 chapas con un peso aproximado de 4.000 kg.

La carga máxima en estanterías de paletización es de 16 a 18 Tm, luego una estantería convencional no podrá soportar más de 4 cargas de este tipo.

Caballete en forma de «A» para transportar placas de vidrio y amianto.

Estanterías corridas sobre rieles para mercancías tipo laminar pues se almacenan en vertical.

Almacenaje de cargas-jaula de tubos de plástico duro.

Tubos de hormigón apilados.

Concepto

Vástago o espolón es una barra que se coloca en el lugar de las horquillas para enganchar mercancías tubulares; tiene un agujero o hueco interior.

Sabías que...

Los cables eléctricos y telefónicos multipolares se utilizan para la conducción de energía de alta tensión y transmisiones transoceánicas.

El almacenaje de tubos metálicos se realiza siempre en el exterior y, dada su inestabilidad, a una altura máxima de dos cargas. Cuando se trata de tubos grandes se almacenan en el suelo formando una pirámide, de modo que dos tubos sirvan de soporte a uno.

- **Tubos de hormigón:** se manejan con carretillas de diferentes capacidades de carga, en función del calibre de los tubos. La carretilla está dotada de espolones o ganchos para tubos de calibre mediano y de horquillas cuando hay que manejar tubos de grandes dimensiones o mucho peso. El almacenaje es en el exterior igual que los tubos metálicos; pero los tubos de hormigón son de mayor fragilidad y el número de alturas se limita a la resistencia de las cargas que actúan de soporte, con la particularidad de que los tubos grandes no se apilan.
- **Tubos de plástico duro:** se manejan por unidades de carga que se forman en jaulas de perfiles soldados. El peso de este material de plástico es relativamente pequeño y el factor más importante es el gran volumen de las jaulas; por eso, su manejo es sencillo y se puede realizar con carretillas de carga lateral. El almacenaje se realiza de forma que las propias jaulas actúan de soporte unas de otras y se pueden alcanzar grandes alturas de apilado.

4.3.3. Mercancías cilíndricas

Las mercancías de tipo cilíndrico son aquellas que para su manejo se enrollan en forma de bobina, bien directamente o en una estructura metálica o de madera. Las mercancías cilíndricas más importantes son: bobinas de papel y cartón, bobinas de chapa y bobinas de cable.

Bobinas de papel y cartón

Las bobinas de papel y cartón se manejan con carretillas provistas de pinzas especiales de apriete y giratorias y el tamaño de las máquinas está en función del volumen y el peso de las bobinas a manejar.

El almacenaje de estas bobinas se realiza de forma exclusiva en el interior del almacén y se apilan unas encima de otras sin ninguna limitación, ya que el papel cuando se bobina de forma compacta posee alta resistencia. Cabe destacar que estas bobinas se manufacturan en posición horizontal pero el apilado se realiza colocándolas en posición vertical, para aprovechar mejor el espacio, el almacenaje se hace a 45° de forma que una bobina se coloca encima de otra sin más precaución que dejar suficiente espacio para introducir el brazo de la pinza. El giro de una a otra posición se realiza con las pinzas, ya que estas también están dotadas para realizar esta función adicional (véase la Figura 4.7).

Bobinas de chapa

Las bobinas de chapa se pueden manejar directamente o sobre paleta. Cuando se manejan directamente se utilizan máquinas elevadoras equipadas con un vástago o espolón que se introduce por el agujero central del enrollamiento; mientras que si se colocan sobre paletas, se utilizan carretillas provistas de horquillas y con la capacidad adecuada para la carga.

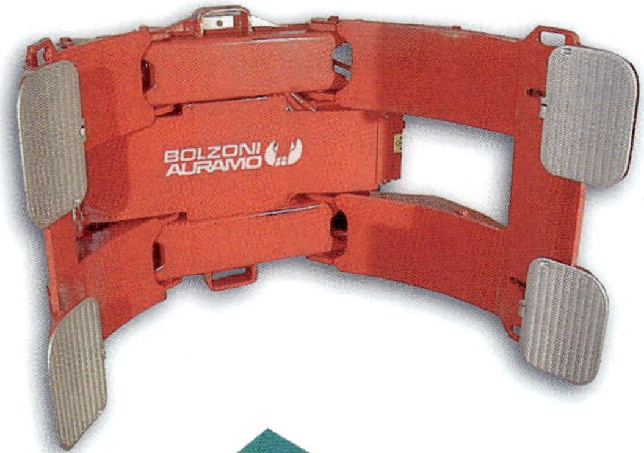

Pinzas giratorias, para colocar las bobinas de papel en posición vertical.

Carretilla con plataforma curva, para el transporte de bobinas de papel y cartón.

Carretilla con vástago o espolón para manejar bobinas de chapa.

Carretillas con horquillas múltiples, para cargas largas o doble paleta.

Brazos grúa para manipular cargas que se puedan sujetar con eslingas.

Pinzas para manipular electrodomésticos.

Pinzas para bidones (manipular y vaciar).

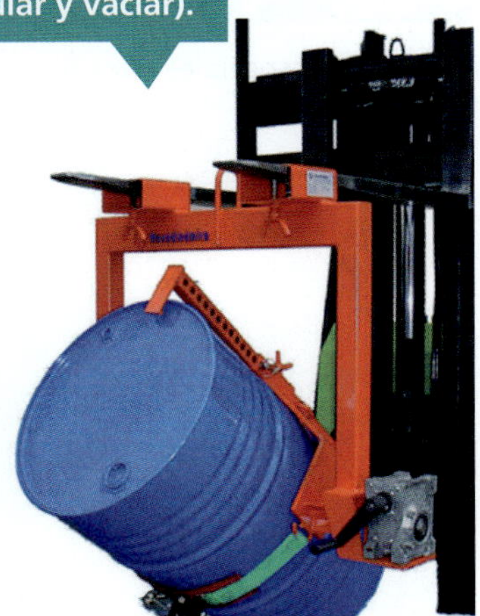

Figura 4.7. Medios mecánicos para manipular cargas o mercancías especiales.

Estanterías especiales para bobinas de cable.

El problema al manejar las bobinas de chapa reside exclusivamente en el peso, las grandes oscilan entre 20 y 30 Tm. Estas bobinas grandes y pesadas se almacenan en el exterior, directamente sobre el suelo y en forma de pirámide. Por el contrario, las bobinas más ligeras se colocan en estanterías especiales, aunque también se pueden almacenar en el exterior. Las estanterías se construyen, generalmente, en perfiles de doble **T** y de gran resistencia, formando una estructura en forma de panel y en cada celda se coloca una bobina; si el peso de las bobinas es muy ligero (entre 3 y 4 Tm) se pueden colocar dos o más por panel.

Bobinas de cable

Las bobinas de cable pueden ser de dos tipos básicos: cables de acero y cables eléctricos y telefónicos multipolares.

- **Cables de acero:** se enrollan de forma cilíndrica formando cada bobina una unidad de carga. Su manejo puede ser: con grúas (utilizando el gancho que tienen instalado en la punta) o con carretillas (instalando un espolón en el lugar de las horquillas). El almacenaje, generalmente, se realiza en el exterior sobre el suelo y sin grandes problemas, con la excepción de que es difícil colocar una carga sobre otra. Una solución que se utiliza en la práctica es construir estanterías ligeras, ya que el peso de estas bobinas no sobrepasa las 2,5 Tm. Las bobinas de cable de acero no se suelen almacenar a grandes alturas, aunque se puede realizar un almacenaje de alta densidad con las limitaciones de su propio peso y forma.
- **Cables eléctricos y telefónicos:** se enrollan en grandes bobinas de madera o metálicas, formando una unidad de carga. Las bobinas metálicas no están provistas de agujero central y hay que abrazarlas por el exterior; para agarrar estas bobinas se instalan en las carretillas grúas o elementos similares, en lugar de las horquillas. Para su traslado, se introduce una eslinga entre la estructura de la bobina o se utiliza un par de eslingas que se enganchan a un mandril central introducido por el hueco de la bobina. Con cualquiera de los dos sistemas, la carga puede quedar suspendida, facilitando su manejo.

Almacenaje de bobinas grandes de cable

El almacenaje de bobinas grandes de cable es en el exterior y sobre el suelo; para evitar que giren sobre su eje y poder sujetarlas se instalan en el suelo barandillas laterales adecuadas a su tamaño. Otra posibilidad de almacenarlas es en forma de pirámide, al igual que se hace con las bobinas de chapa.

Cuando los cables están enrollados sobre bobinas de madera, el almacenaje se puede realizar en estanterías. Las bobinas de madera tienen menor resistencia que las metálicas y tienden a deformarse, por eso no es aconsejable su almacenaje en forma de pirámide; pero tienen un gran agujero central que permite introducir un espolón y su manejo resulta mucho más sencillo, su peso es menor y se pueden elevar fácilmente.

Actividad propuesta 4.4

La empresa Dragados y Construcciones tiene que almacenar las siguientes mercancías:

- Vigas de hormigón de varios tamaños y pesos (de 5 y 10 m de longitud; todas tienen el mismo ancho y el peso oscila entre 50 y 100 kg).
- Tubos de hormigón de varios tamaños (de 1, de 2 y de 3 m de diámetro; de todos hay modelos de 10, 15 y 20 m de longitud).
- Placas de hierro fundido de varios tamaños (de 0,5 x 1 m, de 1 x 2 m y de 1,5 x 3 m; todas tienen un grosor de 0,5 cm).
- Placas onduladas de chapa de varios tamaños (de 5 m, de 10 m y de 20 m de largo, todas tienen 30 cm de alto). Estas placas son las que se colocan como quitamiedos en las carreteras.
- Bobinas de cable de acero de varios modelos (desde 1 mm de grosor x 200 m de largo, hasta de 5 mm x 1.000 mm). Estas bobinas, independientemente del grosor del cable, tienen un diámetro que oscila entre 50 y 100 cm, y respecto al peso las hay de 500 a 1.000 kg.
- Bobinas metálicas de cable eléctrico. El cable es de grosor único, pero las bobinas tienen distinto diámetro (de 30, 50, 70 y 100 cm) según los metros enrollados.
- Bobinas de madera de cable telefónico; igual que en el caso anterior, el cable es de grosor único pero las bobinas tienen distinto diámetro (de 25, 50, 75 y 100 cm).
- Bidones de alquitrán de varios tamaños y peso (200, 300 y 500 kg).

Se pide:

Describir cómo se pueden manejar y almacenar cada tipo de mercancía, proponiendo todos los medios y sistemas de almacenaje que sean viables.

4.4. Almacenes autoportantes

Un almacén autoportante es una estructura compacta formada por las estanterías junto con las cubiertas y los laterales del propio almacén. Las estanterías soportan las cargas de las mercancías, los elementos de construcción, los empujes de los medios de manipulación y los agentes externos (fuerza del viento, sobrecarga de la nieve, movimientos sísmicos, etcétera).

Los aspectos más importantes de un almacén autoportante con estanterías, desde el punto de vista de su diseño y construcción, son: cubierta y cerramiento.

La **cubierta** se realiza con planchas de acero atornilladas o soldadas a un armazón que, a su vez, está soldado a la estructura de las estanterías.

El **cerramiento** se construye a base de paneles que se sujetan a la estructura de las estanterías o a un armazón intermedio que, a su vez, está sujeto a la estructura de las estanterías. También se suele realizar el cerramiento con muros de hormigón, cuando existen construcciones anexas al almacén principal.

Almacén autoportante en construcción. *Cortesía de Mecalux.*

Los sistemas de almacenaje, en almacenes autoportantes, son estanterías convencionales y bloques compactos en estanterías dinámicas por gravedad. Además, para conseguir la máxima capacidad, la colocación de mercancía se realiza bajo el principio «*hueco vacío*». Cuando entra una paleta se le asigna el hueco vacío del pasillo donde esté trabajando el robot o equipo de elevación. El ordenador memoriza la estantería y posición para después acceder a ella según los criterios de extracción (FIFO o LIFO) establecidos en el almacén.

Las **ventajas** del almacén autoportante son:

- Mayor altura de construcción solo limitada por la normativa local o el alcance de los medios de manipulación, llegando a superar los 35 m.
- Menor coste de inversión y tiempo de ejecución, no es necesario construir previamente un edificio para instalar un almacén autoportante.
- Facilita futuras ampliaciones y se evitan pérdidas de espacio, pues el almacén se proyecta para ajustarse a los medios necesarios.
- Posibilidad de aplicar diferentes grados de automatización para obtener el máximo rendimiento.

Concepto

La **normativa local** se refiere a las normas, que sobre construcción urbanística, tenga establecidas la ciudad, municipio o complejo industrial donde se pretenda instalar el almacén.

Medios mecánicos para almacenes autoportantes

Los almacenes autoportantes están dotados de diferentes grados de automatización de acuerdo con las necesidades de cada empresa, la complejidad de las fases de manipulación y las funciones humanas que se pretendan eliminar. Como este almacén permite la máxima movilidad en el mínimo espacio, los equipos de manutención se instalan en función de la altura total, la anchura de los pasillos y la capacidad de movimiento. El pasillo de trabajo se define por el espacio de circulación que necesita, los aparatos que alimentan las estanterías y el ancho de las cargas que transportan.

Los equipos que se utilizan en un almacén autoportante pueden ser de dos tipos: de recorrido fijo y de recorrido libre. Los **aparatos de recorrido fijo** (transportadores, vehículos de guiado automático AGV y transelevadores automáticos o semiautomáticos) pueden superar la altura máxima del almacén si utilizan cabezales telescópicos. Mientras que los **aparatos de recorrido libre** (carretillas convencionales, retráctiles, torres bilaterales y trilaterales guiadas o filoguiadas) difícilmente pueden superar los 15 m de elevación si utilizan cabezales giratorios para tomar o depositar la carga en el lado izquierdo o derecho de la estantería.

Recuerda

Para un almacén autoportante, la carretilla trilateral necesita pasillos entre 1,70 y 1,90 m de ancho, mientras que un transelevador solo precisa de 1,40 a 1,50 m de ancho; con paletas europeas de 1.200 mm de profundidad.

Las diferencias entre los aparatos de recorrido fijo y los de recorrido libre son:

- Los transelevadores automáticos o semiautomáticos van guiados tanto por arriba como por abajo y las posibilidades de desviarse de su camino son prácticamente nulas. Los aparatos de recorrido libre se apoyan sobre el suelo y solo necesitan un sistema de guiado para que su funcionamiento sea más rápido; como es el caso de las carretillas trilaterales que, aunque tienen los recorridos más o menos fijos o fijados, pueden circular libremente por todo el almacén.
- Los transelevadores se pueden mover a través de pasillos cuya anchura no es mucho mayor que la de la propia paleta. Sin embargo, tenemos que asegurarnos de no entrar ninguna carga que pueda sobresalir de las estanterías; las dimensiones de la carga son la referencia para fijar el ancho del pasillo de trabajo.

Recuerda

Los transelevadores necesitan que las paletas se coloquen en las cabeceras de las estanterías, mediante transportadores o carretillas elevadoras, para conseguir mayor rendimiento de almacenaje y extracción.

- Los aparatos de recorrido libre necesitan más espacio y sobre todo la presencia humana a bordo, sin embargo, su menor grado de automatización los hace más versátiles e incluso a veces más fiables. Además, la no utilización de un recorrido fijo permite su fácil sustitución en caso de avería, y también es mucho más sencillo y práctico, cuando se necesita cambiar la distribución del almacén.

Las ventajas que proporciona un alto grado de automatización son:

- Se puede aprovechar la capacidad de la nave por encima del 90 %, no hay pérdida de espacios.
- Existe mayor rotación de mercancías y se almacena lo necesario, incluso con menor riesgo de rotura de *stocks.*
- Se reducen tiempos muertos y se agiliza al máximo la preparación de pedidos y las entregas.
- Hay total fiabilidad en el control de los productos almacenados y se evitan los errores producidos por trabajos manuales.

Almacén autoportante para carrocerías. Se pueden almacenar 426 carrocerías, una vez que han pasado el proceso de pintura.

Actividad propuesta 4.5

1. Analiza el Apartado 4.4 (Almacenes autoportantes) y extrae todas las ventajas que aportan estos almacenes para almacenar todo tipo de productos.
2. ¿Se puede utilizar un almacén autoportante para productos congelados? Por ejemplo, cajas de gambas, langostinos, bolsas de guisantes, judías, alcachofas, bandejas de alas de pollo, muslos de pavo, filetes de carne, etc. Explica cómo se puede instalar un almacén autoportante para estos productos.

Por tu cuenta

Busca en Google: Almacenes autoportantes/Vídeos.

Puedes realizar varias visitas virtuales, como la construcción detallada de un almacén autoportante y otros que llevan varios años funcionando.

Busca también en:

www.logismarket.es

www.mecalux.es

Vídeos de varios almacenes, como:

- Dulcesol (transelevadores para paletas).
- SECOM (microtranselevadores para cajas, en la fabricación de lámparas y componentes eléctricos).
- BONYSA (transelevadores para cestones de fruta).
- Desguace Malvarrosa (varios sistemas de almacenaje).

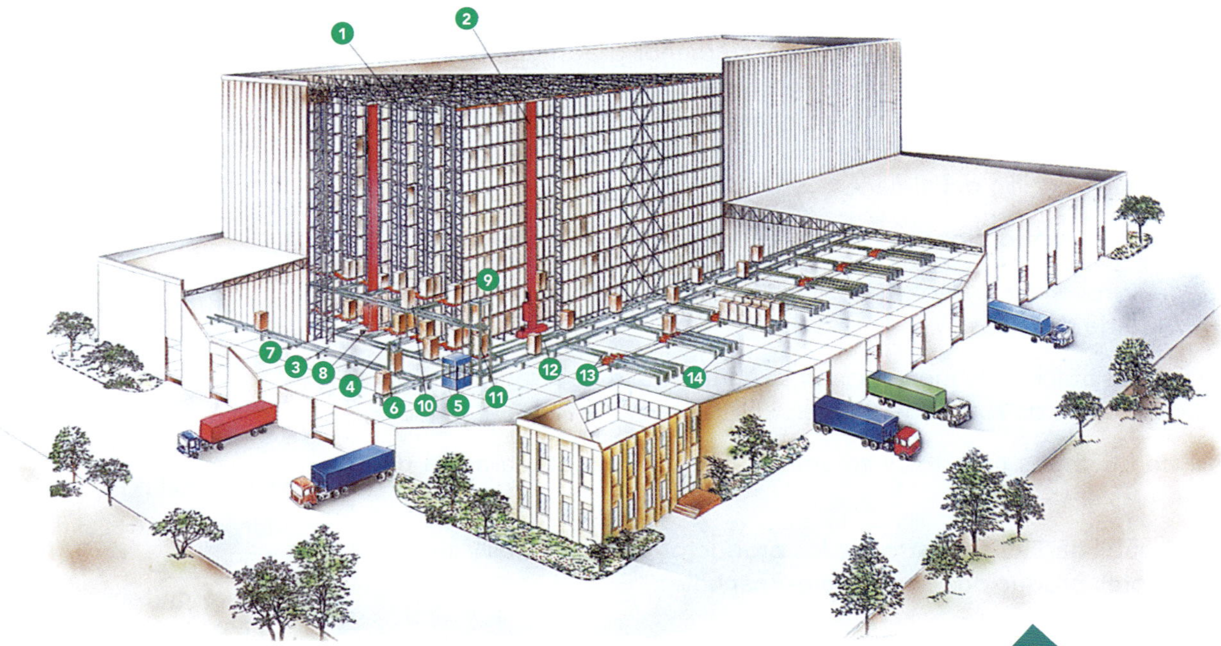

1. Estanterías
2. Robot de almacenaje
3. Transportador de recepción
4. Control de gálibo
5. Oficina de control
6. Transportador de rechazos
7. Transportador de entradas
8. Posicionadores de entradas
9. Posicionadores de salidas
10. Transportador de salidas
11. Descensor de paletas
12. Transportador zona de clasificación y preparación de pedidos
13. Carros transferidores
14. Acumuladores de pedidos

Componentes de un almacén autoportante.

El almacén autoportante es una solución ideal cuando necesitamos ampliar la zona de almacenaje.

Figura 4.8. Almacenes autoportantes. *Cortesía de Mecalux.*

4.5. Almacenaje y manipulación de contenedores

Actualmente, el contenedor es la unidad de carga que utilizan tanto las empresas que exportan sus productos, como las que dependen de la importación e, incluso, aquellas que utilizan transporte multimodal. El uso de contenedores está tan extendido que se forman almacenes bajo la estructura de los mismos; se utilizan contenedores apilados para hacer las funciones del edificio en sí. Sin embargo, el almacenaje de contenedores propiamente dicho se produce en tres puntos muy concretos, que son:

- Terminales marítimas de contenedores.
- Terminales ferroviarias de contenedores.
- *Depots* o almacenes de contenedores.

El almacenaje de contenedores en terminales marítimas o ferroviarias y *depots* presenta problemas similares a un almacén con mercancía voluminosa. Sin embargo, la forma de colocarlos o apilarlos dependerá del tipo de contendor que manejemos y de los medios disponibles para su manipulación.

Los contenedores que se utilizan en el tráfico internacional son de tres tipos:

- Contenedores ISO *(Internacional Standards Organization).*
- Contenedores SEALAND.
- Contenedores domésticos (véase en la Tabla 4.2 medidas, pesos y algunas características).

Concepto

Transporte multimodal es cuando en un solo trayecto se utiliza una combinación de varios medios de transporte: ferrocarril-barco, barco-camión, ferrocarril-camión-barco, etcétera.

Recuerda

Las terminales de contenedores en el transporte marítimo y ferroviario son realmente almacenes forzosos de estas unidades de carga. Mientras que los *depots* son verdaderos almacenes de contenedores, ya que esta es su principal actividad y están considerados como envases.

Tabla 4.2. Contenedores que más se utilizan en el tráfico marítimo

Contenedores	Longitud	Ancho	Altura	Tara	Peso máximo
20 pies	6.096 mm	2.440 mm	2.590 mm	2.200 kg	20.320 kg
40 pies	12.192 mm	2.440 mm	2.590 mm	4.200 kg	30.480 kg

Otras características:

Los contenedores de 20 pies o TEU *(Twenty feb equivalent unit)* y de 40 pies o FEU *(Forty equivalent unit).*

Los contenedores ISO están dotados con triple alojamiento para *twistlocks* (esquinas de acero con pernos giratorios de amarre) y no tienen alojamiento para las horquillas. Mientras que los contenedores SEALAND de 40′ tienen además dos juegos de pernos giratorios, uno a la medida de 35′ y otro a la de 40′.

Contenedores domésticos:

Cada compañía o país ha introducido ligeras modificaciones sobre las medidas establecidas por ISO, en función del ancho máximo autorizado para la circulación de camiones. Por ejemplo, los contenedores de Renfe tienen un ancho de 2,50 m, mientras que, en otros países, el ancho máximo autorizado para el transporte por ferrocarril es de 2,55 m. Las compañías norteamericanas tienen también contenedores de 48′ (14,63 m) y 53′ (16,154 m) de longitud. Los contenedores domésticos, tanto los más largos como los más anchos, conservan los *corners* o esquinas a las dimensiones fijadas por ISO. Además, los más largos incorporan un juego propio de estos elementos.

Recuerda

Las plataformas marítimas y ferroviarias disponen de medios fijos para la carga y descarga de contenedores. Estos medios, propiedad de la compañía, se utilizan para la carga y descarga de buques o trenes.

Camión puente.

Importante

El *spreader* mixto de las grúas apiladoras recibe el nombre de *piggy-back* y va montado sobre una gran corona giratoria hidráulica, para colocar el contenedor o caja móvil tanto en sentido transversal como longitudinal y poder reducir así los pasillos de circulación.

Grúas para la carga/descarga. Son medios que permanecen fijos en el puerto.

4.5.1. Medios mecánicos para manipular contenedores

Los medios que se utilizan para la manipulación y almacenaje de contenedores son: grúas pórtico, camiones-puente, carretillas elevadoras de carga frontal y lateral y grúas apiladoras de contenedores.

- **Grúa pórtico** o «portainer». Está formada por dos grandes pórticos autopropulsados y montados sobre ruedas neumáticas de grandes dimensiones. Los pórticos están unidos por dos vigas-larguero, sobre las cuales discurre un puente-grúa con cuatro movimientos: delante/atrás y derecha/izquierda. Su capacidad de carga oscila entre 40 y 45 Tm y el *spreader* (bastidor telescópico) permite manejar contenedores de 20 a 40 pies. Estas grúas pueden formar bloques 2 a 5 contenedores en anchura y de 3 a 4 en altura.
- **Camión-puente** o «van carrier». Está formado por un bastidor de gran altura, autopropulsado con motor diésel, 6 u 8 patas y ruedas neumáticas. El *spreader* (bastidor telescópico) está colgado de cables y también es válido para el manejo de contenedores de 20 a 40 pies. Los van carriers pueden formar largas filas de contenedores apilados a 3 o 4 alturas, con una separación mínima entre ellos.
- **Carretilla elevadora de carga frontal** o «forklift». Tienen la misma configuración que las carretillas que se utilizan para carga/descarga de mercancías dentro y fuera de los almacenes. El *spreader* (bastidor telescópico) puede ir montado sobre las horquillas de carga, sobre el tablero portahorquillas o directamente sobre los carriles del mástil. Estas carretillas pueden apilar contenedores a 3 y 4 alturas cuando están cargados y llegar hasta 5 o 6 alturas cuando están vacíos. El almacenaje lo realizan en filas dobles con plena accesibilidad a todos ellos, pero necesitan pasillos de maniobra de gran anchura (para contenedores de 20' entre 11 y 12 m y para los de 40' de 14 a 15 m).
- **Carretilla elevadora de carga lateral** o «side loader». Su configuración es prácticamente la misma que las carretillas de carga lateral que se utilizan para cargas largas en el exterior. Sin embargo, para la carga y descarga de contenedores necesitan «gatos estabilizadores hidráulicos», para conseguir la nivelación de la plataforma. El *spreader* se puede montar sobre las horquillas, sobre el tablero o sobre los perfiles del mástil, para poder tomar los contenedores de 20 a 40 pies. Estas carretillas solo apilan contenedores a 2 o 3 alturas máximo; aunque pueden formar filas dobles con plena accesibilidad y pasillos relativamente estrechos.
- **Grúa apiladora de contenedores** o «reach stacker». Su configuración es como la de una grúa móvil de pluma telescópica fija. Esta grúa apiladora tiene dos movimientos sincronizados (inclinación y telescopaje) y por ello es capaz de apilar y extraer contenedores en segunda e incluso tercera fila. El *spreader* está incorporado en el extremo de su pluma y puede ser simple (para contenedores de 20 a 40 pies) o mixto con patas extrarticuladas (para el manejo de cajas móviles y tráileres en las terminales ferroviarias). Las grúas apiladoras pueden formar bloques de 4 o 5 alturas en primera o segunda línea, 3 o 4 alturas en segunda línea y 1, 2 o 3 alturas en tercera línea, consiguiendo así una plena accesibilidad desde cualquiera de los dos frentes (delantero o posterior).

4.5.2. Procedencia y destino de los contenedores

Cuando un contenedor entra en una terminal, antes de proceder a su almacenaje es necesario conocer: el origen, el destino, el tiempo de permanencia, etc.; pues en función de ello se le asignará una ubicación u otra dentro del almacén, o un lugar para su depósito. Veamos pues cuál es el flujo de los contenedores en las terminales marítimas, en las ferroviarias y en los *depots*.

Contenedores apilados en bloques de 3 y 4 alturas.

Terminales marítimas

Los contenedores que llegan a estas terminales pueden provenir de importaciones, exportaciones, estar en tránsito o en depósito.

- **Los contenedores de importación** contienen las mercancías que se introducen en el país y permanecen poco tiempo en la zona de almacenaje. Su estancia está en función de la frecuencia del tráfico, puede oscilar entre unas horas y varios días y por ello se almacenan en una zona que facilite su accesibilidad. Las operaciones que se realizan con estos contenedores son: descarga del buque; traslado a la zona de almacenaje; instalación en el almacén, según su expedición posterior, y carga en camión o traslado a la plataforma ferroviaria.
- **Los contenedores de exportación** contienen mercancías con destino a varios países y su permanencia en el almacén suele ser corta (unas horas o varios días), dependerá de la frecuencia del tráfico entre ambos países (origen y destino). Generalmente, estos contenedores se suelen agrupar en bloques por destinos o barcos, de esta forma no necesitan grandes pasillos de acceso. Las operaciones que se realizan con los contenedores de exportación son: descarga del camión o plataforma ferroviaria, traslado e instalación en el almacén, traslado a la zona de envío y carga en el barco.

Las grúas agarran los contenedores, que llegan al puerto en camión, los descargan y los depositan en el muelle para su posterior carga en el barco.

- **Los contenedores en tránsito** son los que, por razones estratégicas, los armadores de barcos transportan entre puertos principales. Estos puertos en una primera fase actúan como base logística y desde aquí los contenedores se trasladan al puerto de destino definitivo. Como el destino se suele conocer de antemano no permanecen mucho tiempo almacenados en espera del transporte posterior; por esta razón se pueden colocar formando bloques en un lugar del almacén fácilmente accesible. Las fases de manejo de estos contenedores son dos para carga y descarga del barco y otras dos de traslado a la zona de almacenaje y envío.
- **Los contenedores en depósito** son aquellos que están vacíos en la terminal marítima en espera de carga. Su origen se debe a que se produce un superávit de contenedores vacíos por las diferencias que existen entre las importaciones y las exportaciones de muchos países. Estos contenedores acceden a la terminal marítima por dos medio diferentes: barco y camión/plataforma. Generalmente, el manejo se realiza en vacío y consiste en: descarga del barco o camión/plataforma, traslado a la zona de almacenaje o envío y almacenaje.

¿Sabías que...

Los contenedores vacíos en depósito son de compañías navieras que utilizan puertos estratégicos para su almacenaje. Estos contenedores permanecen en depósito hasta que se alquilan; entonces se trasladan a la terminal marítima desde donde iniciarán un nuevo viaje.

Contenedores para el transporte ferroviario.

Terminal ferroviaria de contenedores.

Recuerda

Cuando los contenedores depositados pertenecen a un número muy grande de compañías, se puede hacer un almacenaje accesible que permita sacar un contenedor concreto en un momento determinado.

Recuerda

Para que los contenedores queden perfectamente alineados y apilarlos, los medios que se utilizan principalmente son: camiones-puente, carretillas elevadoras frontales y laterales y grúas apiladoras.

Terminales ferroviarias

Los contenedores que llegan a la terminal ferroviaria plantean problemas diferentes a los de la terminal marítima. Y se pueden resumir en tres:

- Primero, en las terminales ferroviarias el medio principal de transporte es el tren, mientras que en las marítimas es el barco.
- Segundo, no existen diferencias de ubicación entre los contenedores de importación y los de exportación. Pero sí existen diferencias entre la ubicación de los contenedores de salida y los de entrada (similares a los de importación/exportación en terminales marítimas).
- Tercero, en las terminales ferroviarias, además de los contenedores, también se manejan, transportan e incluso almacenan otras unidades de carga como cajas móviles y tráileres.

Por ello, en las terminales ferroviarias, el almacenaje de los contenedores de entrada tiene que ser de gran accesibilidad, mientras que los contenedores de salida, los de tránsito y los de depósito se pueden almacenar agrupados o en bloques.

Depósitos de contenedores

Los depósitos o almacenes de contenedores están situados en zonas externas a las terminales marítimas y ferroviarias. Los contenedores que se almacenan en estos depósitos son los que están vacíos, que llegan sobre camión y salen igualmente sobre camión. El medio que se utiliza para su apilamiento es la carretilla de carga frontal y el almacenaje suele ser bastante sencillo, ya que la mayoría de los contenedores depositados se agrupan por compañías o destinos.

El problema general en los *depots* suele ser la falta de espacio y por ello, generalmente, tienen que recurrir a almacenar los contenedores en alturas que, en función de la situación y la fuerza del viento de la zona, puede llegar a 4 e incluso 5 alturas.

4.5.3. Sistemas de apilamiento de contenedores

Los sistemas de almacenaje de contenedores pueden ser en fila única, doble, triple y bloque compacto.

- **Almacenaje en fila única.** Consiste en colocar los contenedores alineados dejando entre ellos el pasillo necesario para las ruedas de los camiones-puente. La ventaja principal de este sistema es que se consigue un excelente aprovechamiento del espacio, ya que las calles o pasillos son muy estrechos. Sin embargo, cuando hacemos las filas demasiado largas o altas necesitamos realizar grandes trabajos de extracción para sacar un determinado contenedor, por eso, en la práctica se realizan filas cortas, entre 15 y 20 contenedores por fila y dos en altura.
- **Almacenaje en fila doble.** Los contenedores se apilan en filas dobles dejando un pasillo de maniobra a cada lado, para depositarlos y extraerlos por ambos laterales; para ello, se utilizan carretillas elevadoras frontales o laterales. La ventaja de este sistema es la gran accesibilidad

(para extraer un contenedor solo hay que desmontar los que están encima); además, los pasillos que se utilizan son grandes y se puede hacer en ellos la carga/descarga de los camiones, sin necesidad de tener que habilitar otra zona. Los principales inconvenientes son: con carretillas de carga frontal se necesitan pasillos de maniobra de 12 a 15 m (según tamaño de los contenedores); con carretillas de carga lateral la maniobra es muy lenta (tenemos que utilizar los gatos hidráulicos niveladores) y la altura de apilado difícilmente supera 2 contenedores.

Almacenaje de contenedores, en bloques de 7 a lo ancho y de 2 a 3 en alturas. Estos bloques se forman cuando todos los contenedores se cargan y descargan en el mismo buque.

- **Almacenaje en bloques de fila triple.** Consiste en formar bloques de contenedores de tres profundidades y varias alturas desde un pasillo bastante ancho, incluso superior al que necesitan las carretillas de carga frontal. Este tipo de almacenaje solo se puede conseguir con grúas apiladoras de contenedores, pues es el único equipo capaz de apilar en segunda e incluso tercera fila desde una posición única. La ventaja de este sistema es la facultad que tiene la grúa de poder llegar a tercera fila y poder apilar hasta 5 alturas, aunque solo sea en primera fila. Además, con la facultad de giro que tienen el *spreader* de estas máquinas, los pasillos de circulación se reducen.

Camión puente, para manipulación de contenedores.

- **Almacenaje en bloque compacto.** Consiste en colocar todos los contenedores agrupados y adosados unos junto a otros sin dejar espacios intermedios. El apilamiento se puede realizar con todos los equipos menos con el van carrier, con ellos solo podemos formar semibloques de filas de contendores. La principal ventaja del almacenaje en bloques compactos es el aprovechamiento del espacio; se utiliza para el almacenaje de contendores vacíos con los cuales se puede alcanzar 6 alturas. El único inconveniente es la falta de accesibilidad a un contenedor determinado, por eso solo se deberá utilizar cuando se prevea que no necesitaremos realizar tal operación.

Almacenaje de contenedores, durante el tiempo de plancha del buque.

Grúa apiladora de contenedores.

Caso práctico 4.4

La empresa SETEMAR se dedica al transporte internacional y tiene en el puerto de Algeciras una parcela con dos almacenes construidos y un recinto (como el que aparece en el siguiente esquema) para almacenaje y depósito de contenedores.

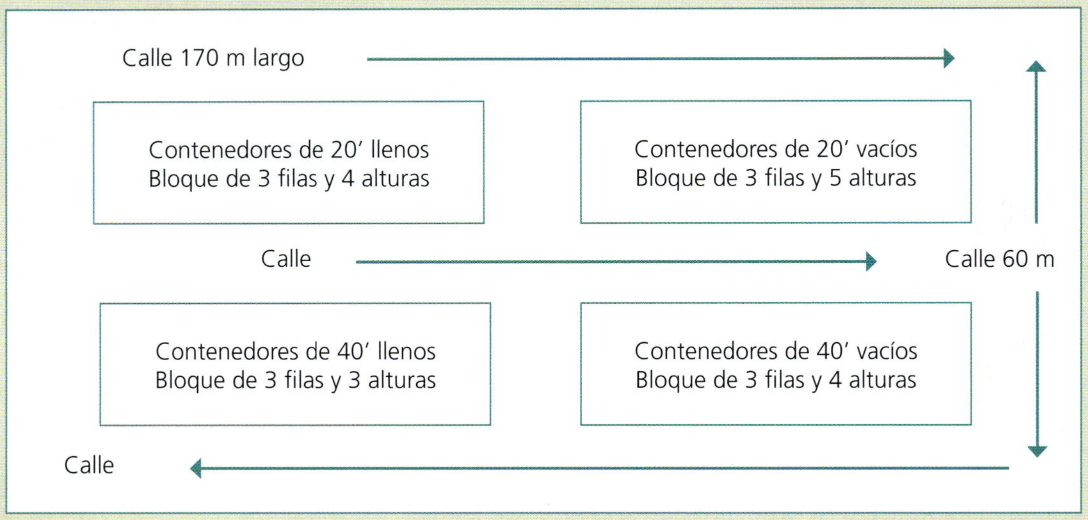

La zona destinada a los contenedores tiene 170 m de largo y 60 m de ancho. Los contenedores se apilan en 4 bloques y cada bloque tiene acceso por todos los laterales.

Los equipos que utilizan para la manipulación y apilado de dichos contenedores son la carretilla de carga frontal (necesita calles de 15 m de ancho) y la grúa apiladora (necesita calles de 6 m de ancho). Algunas veces también acceden los camiones a dicha zona para agilizar las tareas de almacenaje y extracción.

Se pide:

Calcular la cantidad de contenedores que se pueden almacenar en cada bloque y en total.

Solución:

Suponemos que la carretilla entrará por todos los pasillos y necesita 15 m de ancho. Tomando el sentido longitudinal de la zona, restamos el espacio de los pasillos transversales:

170 – 15 x 3 = 125 m para colocar los contenedores de 20 pies. Colocando los contenedores de forma longitudinal:

125 / 6,096 = 20,51; podemos colocar en cada fila 10 llenos y 10 vacíos de 20 pies.

Si los contenedores son de 40 pies: 125 / 12,192 = 10,25; podemos colocar en cada fila 5 llenos y 5 vacíos de 40 pies.

Ahora hacemos lo mismo en sentido transversal:

60 – 15 x 3 = 15 m para colocar contenedores.

Como todos tienen el mismo ancho; 15 / 2,440 = 6,15. Podemos colocar 3 llenos y 3 vacíos de 20′ en cada fila y los mismos de 40′.

Cada bloque de contenedores de 20′ tendrá:

Contenedores llenos: 10 x 3 filas x 4 alturas = 120 unidades.

Contenedores vacíos: 10 x 3 filas x 5 alturas = 150 unidades.

Cada bloque de contenedores de 40′ tendrá:

Contenedores llenos: 5 x 3 filas x 3 alturas = 45 unidades.

Contenedores vacíos: 5 x 3 filas x 4 alturas = 60 unidades.

Total contenedores almacenados = 120 + 150 + 45 + 60 = 375 unidades.

Resumen

Almacenaje de piezas pequeñas

El almacenaje de piezas pequeñas se basa en dos principios:

- El operario se desplaza al lugar donde está almacenada la mercancía, para extraerla o depositarla de forma manual.
- La mercancía se acerca hasta el lugar donde está el operario, para que este pueda extraer la cantidad necesaria.

El almacenaje **«operario hacia el producto»** se realiza en estanterías de un solo nivel; estanterías de varios niveles o «almacén entreplantas»; estanterías móviles; almacenes de pasillo estrecho.

El almacenaje **«producto hacia el operario»** se realiza en Almacén Automático para Cajas (AAC o *Mini-Load*); armarios tipo paternóster y carrusel.

Almacenaje de cargas largas:

- Almacenaje directo en el suelo y sin plataforma de apoyo.
- Almacenaje en estanterías cantilever.

Almacenaje y manipulación de mercancías voluminosas:

- **Mercancías laminares:** utilizan equipos de elevación con horquillas múltiples o se manejan sobre una plataforma de apoyo. Las mercancías de tipo laminar son: láminas grandes de chapa, láminas grandes de plástico, vidrio plano (se trasladan apoyadas en un tablero portahorquillas o caballete en forma de **«A»**) y placas de amianto.
- **Mercancías tubulares:** son tubos rígidos (metálicos o de hormigón) y semirrígidos (plástico duro) de grandes dimensiones, que no se pueden almacenar como las cargas largas.
- **Mercancías cilíndricas:** son las que se manejan enrolladas en forma de bobina, como bobinas de papel y cartón, bobinas de chapa y bobinas de cable.

Almacenaje de contenedores

Los contenedores se almacenan en terminales marítimas, terminales ferroviarias y *depots* (almacenes puros de contenedores).

Los **sistemas de almacenaje** que se utilizan son en fila única, en fila doble, en fila triple y en bloque compacto.

Equipos para el almacenaje de contenedores:

- Grúa pórtico: pueden formar bloques de 2 a 5 contenedores en anchura y 3 a 4 unidades en altura.
- Camión-puente: pueden formar largas filas de contenedores apilados a 3-4 alturas.
- Carretilla elevadora frontal: puede apilar hasta 3-4 contenedores cargados y llegar hasta 5-6 alturas cuando están vacíos. También los pueden almacenar en filas dobles.
- Carretilla elevadora lateral: solo apila contenedores a 2-3 alturas, pero pueden formar filas dobles con plena accesibilidad y pasillos relativamente estrechos.
- Grúa apiladora de contenedores: es capaz de apilar y alcanzar los contenedores en segunda e incluso tercera fila.

Actividades de comprobación

Actividad 4.1

Indica **la** respuesta correcta de las siguientes preguntas:

1. **La ventaja principal del sistema de almacenaje «operario hacia el producto» es:**
   a) Bajo coste de inversión en instalaciones.
   b) Alto coste de manipulación (mano de obra).
   c) Bajo coste de manipulación.

2. **La ventaja principal del sistema de almacenaje «producto hacia el operario» es:**
   a) Bajo coste de inversión (en instalaciones).
   b) Alto coste de manipulación (mano de obra).
   c) Bajo coste de manipulación.

3. **Necesitamos un sistema de almacenaje y que los operarios sin moverse del puesto puedan realizar otras funciones como empaquetado o marcaje de mercancías. El almacén que instalaremos será:**
   a) Con un paternóster.
   b) Con un carrusel.
   c) Con estanterías móviles.

4. **Cuando necesitamos que las mercancías estén controladas, libres de polvo y con acceso controlado. El almacén que instalaremos será:**
   a) Con un paternóster.
   b) Con un carrusel.
   c) Con estanterías móviles.

5. **Para almacenar en estanterías cantilever cargas largas, estas tienen que estar:**
   a) Paletizadas.
   b) Flejadas.
   c) Paletizadas y/o flejadas.

6. **Los almacenes autoportante almacenan la mercancía bajo el principio:**
   a) Hueco vacío.
   b) Producto hacia el hombre.
   c) Hombre hacia el producto.

7. **En los almacenes automáticos o *Mini-Load,* la mercancía se almacena bajo el principio:**
   a) Hueco vacío.
   b) Producto hacia el hombre.
   c) Hombre hacia el producto.

8. **Para almacenar láminas de chapa de grandes dimensiones en estanterías cantilever:**
   a) Se colocan directamente sobre las ménsulas de apoyo.
   b) Primero se paletizan las cargas y se sujetan con flejes.
   c) Se colocan en las estanterías unas plataformas corridas.

9. **Para transportar láminas de vidrio «float» con una carretilla de carga lateral tenemos que dotarla de:**
   a) Cuatro juegos de horquillas para aumentar los puntos de apoyo y evitar la flexión.
   b) Un tablero portahorquillas con ventosas.
   c) Un tablero portahorquillas o caballete que haga de soporte de las cargas.

10. **Las bobinas de papel y cartón se almacenan en el interior del local y se pueden apilar:**
    a) En posición horizontal y formando una pirámide.
    b) En posición vertical y formando una pirámide.
    c) Sobre una plataforma de madera y en posición horizontal.

Actividad 4.2

Indica si son verdaderas (V) o falsas (F) las siguientes afirmaciones:

1. Las piezas pequeñas son lotes de artículos formados por dos o tres unidades.
2. El sistema de almacenaje basado en el principio «operario hacia el producto» es de reciente implantación y su tecnología aún está en pleno desarrollo.
3. En los almacenes de pasillo estrecho, las estanterías se pueden juntar para eliminar los pasillos o separar para tener acceso a la mercancía almacenada.
4. Las mercancías que son muy largas no se puede formar con ellas una unidad de carga porque no se pueden flejar.
5. Para almacenar cargas largas directamente en el suelo primero hay que colocar una plataforma de apoyo.
6. Las cargas largas que se almacenan en estanterías cantilever no necesitan estar paletizadas.
7. Las cargas largas que se almacenan en estanterías cantilever no necesitan estar flejadas.
8. Las placas de amianto normalmente se cortan a las medidas necesarias para su manejo y almacenaje.
9. Los tubos grandes de hormigón se almacenan en el exterior apilados en el suelo y en forma de pirámide, mientras que para los pequeños se utilizan estanterías especiales.
10. Las bobinas grandes de chapa se almacenan en el exterior apiladas en el suelo en forma de pirámide, mientras que las pequeñas se colocan en estanterías especiales.

Actividad 4.3

Responde brevemente a las siguientes preguntas:

1. ¿Qué necesitan las carretillas para transportar láminas de vidrio «float»?
2. ¿Qué necesitan las carretillas para el transporte y manipulación de bidones (mercancías tubulares)?
3. ¿Cómo debemos preparar las cargas que se almacenan en estanterías cantilever?
4. ¿Cómo se almacenan las bobinas de papel y cartón en el interior del local?
5. ¿Qué debemos poner en las estanterías cantilever para almacenar láminas de chapa de grandes dimensiones?
6. ¿Qué sistemas se utilizan para almacenar cargas largas?
7. ¿Cómo se almacenan las mercancías en estanterías tipo carrusel?
8. ¿Qué tipo de carretilla está provista de una cabina que se eleva sobre el chasis?
9. Cita los sistemas de almacenaje que se basan en el principio «operario hacia el producto».
10. ¿Qué equipos mecánicos se utilizan en los almacenes de pasillo estrecho para colocar y extraer los productos?

Actividad 4.4

¿Cuáles son las principales características de los sistemas de almacenaje que se basan en el principio «producto hacia el operario»?

Actividad 4.5

Describe brevemente el funcionamiento y las características del almacenaje con microtranselevador.

Actividad 4.6

Si lo más importante en un almacén es tener controlado el *stock,* conociendo en todo momento el número de artículos y referencias almacenadas, ¿cuál será el mejor sistema que podemos implantar? Razona la respuesta.

Actividad 4.7

En una terminal portuaria necesitan almacenar contenedores llenos y vacíos y nos han pedido que les orientemos sobre los medios de manipulación que pueden utilizar. Indica con cada uno de ellos cómo pueden formar las filas y el número de contenedores que se pueden apilar.

Actividades de aplicación

4.8. Una empresa fabrica: pantalones (15 modelos diferentes), cazadoras (10 modelos diferentes), faldas (8 modelos diferentes), vestidos (8 modelos diferentes), chalecos (6 modelos diferentes); para ello utiliza tela vaquera de distintos colores, grosores, calidades, etc., en un total de 60 referencias distintas y otros materiales como: bobinas de hilo (tamaño industrial, un total de 85 referencias); cremalleras (un total de 20 referencias); botones (un total de 65 referencias); etiquetas con el anagrama o símbolo distintivo del fabricante (10 tamaños diferentes), etiquetas de tallaje e información (35 referencias distintas); materiales para envase y embalaje (bolsas, cajas, etcétera).

Se pide:

Analizar el sistema de almacenaje más apropiado para cada producto, artículo o material teniendo en cuenta las siguientes consideraciones:

- La rotación de materias primas es alta y constante durante todo el año.
- La tela se adquiere por rollos, de 2 m de largo y 50 cm de diámetro.
- Las bobinas de hilo entran en paquetes y cada uno contiene 3 unidades.
- Las cremalleras en rollos de 50 m.
- Los botones en bolsas de 25 unidades.
- Las etiquetas del anagrama en bolsas de 50 unidades.
- Las etiquetas de tallaje en rollos de 50 m.
- Las etiquetas de información en rollos de 50 m.
- Los materiales de envase (bolsas) y embalaje (cajas de cartón) se reciben en unidades de carga paletizadas.

La producción diaria es de un total de 50.000 prendas, es decir, es de 10.000 unidades de cada prenda (pantalones, cazadoras, faldas, vestidos y chalecos), repartidas entre las distintas tallas y modelos.

Las prendas, una vez confeccionadas y etiquetadas, se meten en su bolsa correspondiente; después se forman lotes agrupando 10 prendas iguales en una caja y se almacenan durante una media de 2 meses.

Cuando llega la campaña, las salidas tienen que ser muy rápidas y las unidades de venta o expedición se forman en cajas grandes que contienen un lote de cada modelo de artículo y sus diferentes tallas.

4.9. La empresa GESDOC se dedica a la conservación y archivo de los documentos (facturas, libros contables, etc.) que deben conservar las empresas y profesionales durante el tiempo que establece la normativa legal. Tiene 50 clientes que necesitan una estantería para cada uno y 150 que tienen más documentación y se necesitan 2 estanterías para cada uno.

GESDOC quiere renovar las estanterías actuales por bloques de estanterías móviles. Cada bloque está formado por 5 estanterías y un pasillo de 1 m, que se abre para acceder a la estantería correspondiente. Cada estantería tiene 2 m de largo, 40 cm de ancho y 8 alturas o alvéolos.

Se pide:

1. ¿Cuántas estanterías necesitan?
2. ¿Cuántos bloques tiene que comprar?
3. ¿Qué superficie ocupará este sistema de almacenaje?
4. ¿Se pueden colocar los bloques uno junto a otro y adosados a una pared? Razona la respuesta.

4.10. Un fabricante de neumáticos quiere utilizar estanterías cantilever para el almacenaje de las ruedas que están preparadas para la venta. La fabricación es de 200 referencias distintas y una media de 50 ruedas de cada referencia. Para el almacenaje se hacen unidades de carga de 2 ruedas (delanteras o traseras).

Las estanterías son dobles y cada panel tiene 10 m de largo y 6 de alto; dispone de 60 ganchos y en cada uno se puede colocar una unidad de carga.

Se pide:

1. Calcular el número de estanterías que necesita.
2. ¿Tendrá que comprar más estanterías, si aumenta la fabricación o el número de referencias?

4.11. La empresa JUEGOS fabrica juguetes (muñecas, coches, cocinas, camiones, etc.) y durante el proceso necesita almacenes intermedios para almacenar las piezas de cada artículo (cabezas, brazos, tronco, ruedas, carrocerías, etc.). El centro de producción elabora 100.000 referencias diferentes (piezas de los juguetes) y se almacenan a granel en un AAC; cuando hay que montar un juguete se extraen las piezas y los juguetes montados se almacenan en un paternóster hasta que se envasan en cajas o en bolsas. Los juguetes envasados se agrupan (uno o más juguetes iguales, dependiendo del tamaño) para formar unidades de carga que se depositan en un almacén de pasillo estrecho.

El almacén automático para cajas necesita capacidad para 100.000 referencias. Cada estantería tiene 15 alturas y en cada una se pueden colocar 200 cajas. La carga y extracción de las cajas se realizará con un microtranselevador que necesita pasillos de 1 m de ancho y puede trabajar a ambos lados del pasillo. Las estanterías se colocarán de 2 en 2 y cada una mide 10 m de largo y 90 cm de ancho.

Se pide:

1. Calcular las estanterías y los microtranselevadores que se necesitan.
2. Calcular la superficie de este almacén.

El paternóster necesita capacidad para 15.000 referencias. Cada armario tiene 20 ubicaciones en altura y 30 en horizontal, y mide 15 m de largo y 50 cm de ancho. Los armarios se instalarán juntando la parte trasera de 2 armarios, para poder cargar y extraer mercancía con un mismo microtranselevador que pueda trabajar a ambos lados de un pasillo de 90 cm de ancho.

Se pide:

3. Calcular los paternósters y los microtranselevadores que se necesitan.
4. Calcular la superficie de este almacén.

El almacén de pasillo estrecho se instalará con estanterías convencionales (bandejas para depositar las cargas) de 20 m de largo, 50 cm de ancho y 15 alturas; en cada nivel o altura se pueden almacenar 40 cajas. El sistema de almacenaje será de hueco vacío y se almacenarán 2.000 referencias, pero de cada una habrá un mínimo de 20 cargas repartidas en pasillos distintos. La carga de las estanterías será con transelevadores que necesitan pasillos de 1 m de ancho y la extracción con carretillas recogepedidos que necesita pasillos de 1,50 m de ancho. Los pasillos pares se destinan a los transelevadores y los impares a las carretillas.

Se pide:

5. Calcular las estanterías que se necesitan.
6. Calcular los transelevadores y las carretillas que se necesitan.
7. Calcular la superficie de este almacén.

5

Gestión de *stocks:* tamaño y rotación

INTRODUCCIÓN

La competencia entre empresas se desarrolla en un entorno global, tanto el consumidor como la empresa pueden comprar productos de cualquier nacionalidad. Por eso, las empresas utilizan técnicas para gestionar los stocks, rentabilizar la inversión y ser cada vez más competitivas.

Una buena gestión del stock permite prever el volumen de ventas para un período de tiempo (semana, mes, campaña, etc.); de esta forma el fabricante puede conseguir una producción racional, reduciendo los costes de almacenaje y haciendo posible un servicio más rápido y eficaz al cliente.

El almacenaje genera un coste añadido al coste total del producto, pero al mismo tiempo se utiliza como herramienta para competir y obtener más beneficios. En este sentido, las nuevas tendencias en logística permiten que el coste de almacenaje sea menor, el servicio de entrega al cliente se realice en menor tiempo y las mercancías lleguen a su destino en la cantidad, la calidad y el momento que se necesitan.

OBJETIVOS

- Conocer la función del *stock* en el almacén, el centro de producción o el punto de venta; la cantidad de productos que debemos almacenar para no llegar al desabastecimiento.
- Saber interpretar los niveles de *stock*, su evolución entre dos aprovisionamientos y conocer las variables que influyen en la gestión del *stock*.
- Calcular la rotación del *stock* (tiempo de almacenamiento, fabricación, ventas, etc.), comparar los ratios con los obtenidos en otros períodos o empresas del sector y establecer medidas de mejora para aumentar la rentabilidad.

CONTENIDOS

El *stock* físico es el conjunto de productos que la empresa tiene en su almacén.

El cliente siempre busca encontrar un surtido variado para comparar y elegir.

¿Sabías que...

Las tiendas de electrodomésticos especializadas en una marca (delegaciones del fabricante) tienen muchas unidades de cada modelo, mientras que las empresas que trabajan con muchas marcas, tienen poco *stock* y no pueden servir el mismo día a dos o más clientes que compran el mismo modelo de lavadora. En estos casos, desde que el cliente hace el pedido hasta que se hace la entrega pueden pasar 15 días o más.

5.1. *Stocks* o existencias

Los *stocks*, existencias o mercancías son el conjunto de productos que tiene la empresa almacenados hasta su utilización o venta posterior. El ***stock* de la empresa industrial** está formado por: materias primas y otros materiales para la elaboración del producto; productos en curso de fabricación y productos fabricados destinados a la venta. Mientras que el ***stock* de la empresa comercial** o de distribución se compone de mercancías o artículos que se adquieren para la reventa.

Generalmente, cuando hablamos de *stock*, tanto en la empresa industrial como en la comercial, nos referimos al conjunto global de todos los productos almacenados; pero existen diferencias entre los aspectos económico y físico. El aspecto económico se refiere a la propiedad; es el capital inmovilizado y los costes financieros que puede soportar la empresa. Mientras que el aspecto físico está relacionado con las actividades del almacén, como son: custodia, conservación y mantenimiento. Analizando estos conceptos podemos definir:

- ***Stock* económico o administrativo** es el conjunto de productos, mercancías o materiales que son propiedad de la empresa y pueden estar en puntos fijos (almacenes), en tránsito o camino desde el proveedor, en proceso de elaboración o en exposición para la venta. Su función es regular la cadena logística para que el flujo de materiales sea lo más estable y continuo posible.
- ***Stock* físico** son productos, mercancías o artículos que, además de ser propiedad de la empresa, están en el almacén y necesitan espacio físico, medios para su manipulación, etc. El *stock* físico tiene un valor económico que hay que gestionar; pues las existencias deben guardar un equilibrio con la demanda del mercado y con los fondos económicos que la empresa puede o quiere invertir en *stock*.

Diferencias entre *stock* y surtido

El **surtido** es el conjunto de productos de diferentes marcas, modelos, formatos, etc., que pone la empresa a disposición de sus clientes, mientras que el ***stock*** es la cantidad almacenada de cada uno de los productos; es decir, el número de artículos disponibles para la venta. Algunos establecimientos tienen un surtido amplio (gran variedad de marcas, modelos, etc.) y un *stock* reducido; mientras, otros tienen un surtido escaso (pocas marcas) pero con un *stock* elevado.

Actualmente existen dos sectores: uno representado por empresas que compiten por la especialización, tienen pocas líneas de productos que comercializan en profundidad; mientras que otras empresas venden muchas marcas de productos, para no depender de un grupo reducido de artículos. Los almacenes especializados tienen un alto riesgo ante variaciones de la demanda cuando un artículo entra en crisis, por cambios en la moda o en los gustos del consumidor. La estrategia de los almacenes que comercializan gran variedad de artículos es diversificar los riesgos, y cuando disminuye la demanda de un artículo puede subsistir con las ventas de otros productos.

Veamos algunos ejemplos sobre la diferencia entre el surtido y el *stock* que podemos encontrar en dos almacenes:

- **Caso primero.** El almacén «A» se dedica a la distribución de los productos que fabrica la propia empresa y almacena pocas referencias pero en grandes cantidades (el surtido es reducido y el *stock* muy elevado). Mientras que la actividad del almacén «B» es la distribución comercial de artículos de muchas marcas, tiene muchas referencias almacenadas pero con pocas unidades de cada una de ellas (el surtido es muy amplio pero el *stock* es reducido).
- **Caso segundo.** Un almacén embotella una bebida de gran aceptación, por el atractivo de la marca y el prestigio del fabricante; el producto resulta rentable porque se transporta en barriles y el porte de grandes cantidades es muy barato. Pero, si el consumo desciende y no tiene otros productos para compensar la pérdida de ventas tendrá que cerrar el almacén. Para evitar la dependencia de un único producto puede diversificar la actividad: almacenando varias líneas de productos o bien embotellando para otras marcas que tengan más aceptación en estos momentos.

El precio final del producto está en función de sus costes de fabricación.

No obstante, la especialización en pocos productos aporta las ventajas de un **«saber hacer»** en gestión de almacenaje. La ventaja de la especialización revierte en mejor preparación, disminución de costes mediante economías de escala y mayor satisfacción de los clientes; como puede ser el caso de una empresa especializada en el almacenaje y distribución de una marca extranjera de coches. El distribuidor en el país genera mayor valor añadido; pues conoce las preferencias de los concesionarios, mejores rutas de distribución y transporte con mayor seguridad y menor coste.

Actividad propuesta 5.1

Partiendo de una línea determinada de artículo, como ropa, zapatería, artículos de droguería, etc., hacer en clase una relación de las tiendas o establecimientos de la ciudad que tienen mucho surtido (venden artículos de muchas marcas) y otra con las tiendas o establecimientos que se dedican a la venta exclusiva de determinadas marcas.

5.1.1. Aprovisionamiento del *stock*

El aprovisionamiento es el conjunto de operaciones que realiza la empresa para abastecerse de los productos necesarios, para realizar las actividades de fabricación o comercialización de sus productos. Comprende la planificación y gestión de las compras, almacenaje de los productos y aplicación de técnicas para mantener las existencias mínimas de cada material.

La función principal del aprovisionamiento es contribuir a los objetivos de la empresa; para ello, se establecen líneas de coordinación entre el almacén y otros departamentos (compra, fabricación, almacén, ventas, etc.) y se definen las necesidades y los presupuestos.

La planificación del aprovisionamiento se hace teniendo en cuenta las **funciones del *stock* almacenado,** que son:

- El *stock* permite regular los ritmos de producción y ventas. Cuando el aprovisionamiento del almacén es frecuente se puede tener un *stock* reducido, pero cuando se hacen pocos pedidos se deben solicitar mayores cantidades y el *stock* almacenado genera más costes.

Recuerda

La ruptura de *stock* influye negativamente en el funcionamiento de la empresa, por ejemplo, el proceso de fabricación queda paralizado, se pierden oportunidades de venta, clientes, etcétera.

Las causas de la ruptura de *stock* pueden ser: pedidos inadecuados que no se ajustan a las necesidades reales; retraso al enviar el pedido de los artículos que se necesitan; los proveedores retrasan la entrega o no pueden servir todas las cantidades solicitadas.

- El *stock* permite obtener ventajas en los precios de compra cuando se adquieren grandes cantidades, pero cuando se compra más de lo necesario es preciso almacenar las cantidades sobrantes y estas ocasionan mayores costes de almacenaje.
- El *stock* del almacén permite cubrir las variaciones de la demanda y los posibles retrasos en la entrega del proveedor; de esta forma, la empresa puede evitar que la producción o la venta queden paralizadas por falta de existencias.

Realizar una buena gestión del *stock* es necesaria para que la empresa disponga de los productos necesarios en cada momento y al menor coste posible.

> Una buena gestión de aprovisionamiento permite que la empresa disponga de los productos necesarios, en cantidades adecuadas y en el momento oportuno, consiguiendo todo ello al menor coste posible.

Los objetivos que persigue la empresa cuando planifica el aprovisionamiento son:

- **Establecer un inventario suficiente,** para que el centro de producción no carezca de materias primas y otros suministros; para ello, previamente se deben calcular las necesidades.
- **Determinar el volumen óptimo de pedido,** considerando volumen de producción, capacidad física del almacén, coste del capital invertido, etcétera.
- **Minimizar la inversión en *stocks*,** reducir los costes de almacenaje por pérdidas y daños en el producto, como obsolescencia o bajas de artículos perecederos.
- **Establecer un sistema de información eficiente** entre las seccione implicadas (compras, producción, distribución, etc.) y proporcionar informes sobre los inventarios y el valor de las existencias.
- **Cooperar con el departamento de compras,** para conseguir adquisiciones económicas y un transporte eficiente que incluya las actividades de despacho y recibo de mercancías.

5.1.2. Clasificación del *stock* según su finalidad

Según la función que cumple el *stock* dentro del ciclo económico (producción o ventas) y los objetivos de la empresa, se diferencian los siguientes tipos: *stock* activo, *stock* de seguridad, *stock* óptimo, *stock* cero, *stock* de temporada, *stock* de especulación, *stock* en tránsito, *stock* de recuperación, *stock* muerto.

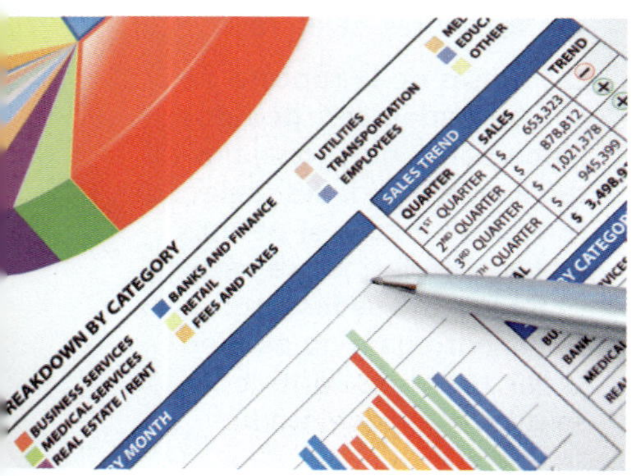

- ***Stock* activo:** está formado por los artículos que tiene la empresa para hacer frente a la demanda durante un período de tiempo determinado. Este *stock* evoluciona entre un nivel máximo y un mínimo, que se establece según la capacidad del almacén, el capital invertido en existencias y los costes de su gestión. Su ubicación puede formar parte de **un *stock* de presentación** o un *stock* de almacén. Por ejemplo, artículos de limpieza, conservas de alimentos, etc. (colocados en el lineal) o camisas y zapatos (expuestos en el escaparate) forman parte del *stock* de presentación, pero también podemos tener en el almacén de dicho establecimiento ciertas cantidades de los mismos artículos.

- ***Stock* de seguridad:** es complementario del *stock* activo y se crea para evitar la falta de existencias durante el plazo de aprovisionamiento. Su objetivo es cubrir los pedidos cuando se produce una demanda imprevista o los proveedores demoran el plazo de entrega de los pedidos. Cuando la demanda es superior a la estimada puede tener lugar una «rotura de *stock*» y las existencias del almacén no pueden hacer frente a las necesidades, ya sean del centro de fabricación o de los pedidos de clientes.
- ***Stock* óptimo:** está formado por los productos que permiten cubrir las previsiones óptimas de ventas al mismo tiempo que consigue una mejor rentabilidad almacén-capital invertido.
- ***Stock* cero:** se establece por una estrategia logística basada en la técnica del *«Just in Time»* (JIT), que consiste en aprovisionar *en el momento que se necesitan* materias primas o mercancías y solo *en la cantidad necesaria*.

  La utilización del *stock* cero está condicionada por la rapidez en el suministro y el encarecimiento del precio de adquisición. La estrategia puede ser rentable siempre que los gastos de almacenaje y financieros sean superiores a la cantidad que ahorramos cuando aprovechamos ofertas del proveedor, precios de oportunidad o *rappels* por adquirir grandes partidas.
- ***Stock* de temporada o estacional:** se crea para hacer frente a un aumento esperado de las ventas, por cambio de estación o temporada. Los artículos que componen este *stock* son los que no presentan ventas continuas durante todo el año, por ejemplo: prendas de invierno, estufas, bañadores, etc. Otras veces se crea por motivos estratégicos o acontecimientos especiales como promociones de un determinado producto, rebajas, fiestas locales, etcétera.
- ***Stock* de especulación:** se crea antes de que surjan las necesidades y sirve para hacer frente a una variación esperada de la demanda, el suministro o el precio. Este *stock* se suele abastecer en situaciones de huelga, guerra o cuando en un futuro próximo no sea posible adquirir dicho artículo. Por ejemplo, los talleres de reparación acumulan piezas de repuesto cuando el fabricante anuncia que retirará del mercado un

¿Sabías que...?

Los coches de fabricación extranjera se distribuyen a los concesionarios de la marca desde un almacén de distribución; además, disponen de un sistema informático de conexión entre los concesionarios de la red, para intercambiarse los coches y satisfacer a sus clientes con menor tiempo de espera. Otro caso muy extendido lo forman los comerciantes que se asocian como las tiendas de electrodomésticos que se suministran de las cadenas Master o Tien21. Las tiendas del grupo sirven directamente desde el «almacén de distribución», cuando en su establecimiento no tienen el artículo que solicita el cliente.

¿Sabías que...?

El almacén de distribución Mercadona trabaja con *stock* cero los productos frescos, como frutas, verduras, etc. Por la tarde-noche se registra la entrada de estos artículos, de madrugada empieza el reparto a las tiendas y sobre las diez de la mañana el almacén está vacío.

¿Sabías que...?

Las industrias de automoción son las que más utilizan el JIT y los problemas de suministro (por transporte, huelgas, fiestas locales, etc.) los resuelven mediante aprovisionamiento urgente.

Concepto

Los ***rappels*** son descuentos por volumen, se suelen hacer al comprar grandes cantidades del mismo producto o muchos artículos cuyo importe total es elevado.

La recolección del melocotón es de temporada y el consumo anual.

modelo de coche; las gasolineras suelen hacer un aprovisionamiento especial cuando conocen con antelación la subida del precio de la gasolina.

Un caso especial es el de los productos agrícolas como café, cacao, etc., estos se recolectan una vez al año, pero su consumo es regular, y durante el mismo los precios varían según la demanda. La estrategia del mayorista ante las variaciones del precio es acudir al mercado de futuros sobre mercaderías, para asegurar el precio de compra sin tener que adquirir grandes cantidades, sobre todo cuando se encuentra ante problemas financieros.

El mercado de futuros está muy desarrollado en países como EE. UU., en él se busca asegurar un precio de compraventa mediante la interrelación de la oferta y la demanda. El propio mercado se encarga de tipificar unos contratos estándar en los cuales se estipulan: cantidad, características de la mercancía, lugar de entrega y otras condiciones. Este mercado se utiliza principalmente para mantener el precio durante toda la campaña, pues muchos productos del sector agrícola, como las fresas, salen al mercado más caras al principio de temporada.

Actividad propuesta 5.2

Las empresas que se dedican a la cría de cerdos (granjas porcinas) compran a los agricultores la cebada antes de que tenga lugar la cosecha del cereal (un mes antes de la siega), para asegurarse el aprovisionamiento y mantener el precio durante toda la campaña.

Hacer en clase una exposición de las empresas o fábricas que actúan de la misma forma con los productos que se cultivan en la provincia.

- ***Stock* en tránsito:** es el que se encuentra entre diferentes fases en los procesos de aprovisionamiento, producción o distribución. También es el *stock* que está en camino, en almacenes de tránsito o locales situados entre el almacén del vendedor y el del comprador.
- ***Stock* de recuperación:** está formado por artículos usados y que son susceptibles de nueva utilización, como materiales de envase y embalaje: cajas, cestones, paletas, etc. También es muy frecuente formar *stock* de recuperación con equipos en desuso (maquinaria, ordenadores, etc.) que se retira por su bajo rendimiento, pero sus piezas se utilizan en la reparación de otros equipos o se venden para la misma finalidad a otros países cuya tecnología no es tan avanzada.

¿Sabías que...

Los fabricantes, generalmente, no responden instantáneamente a los pedidos que solicita el comerciante y este necesita disponer de existencias para satisfacer la demanda, mientras los productos de reposición están en proceso o en camino.

Los contenedores que se utilizan para el transporte multimodal funcionan como almacenes de mercancías en tránsito.

- ***Stock* muerto:** está formado por artículos viejos o nuevos que ya no sirven para cubrir las necesidades para las cuales fueron adquiridos. Generalmente, se encuentran almacenados como material obsoleto y su única salida es la venta como chatarra.

Actividad propuesta 5.3

Comparemos el frigorífico y los armarios de nuestra cocina con una empresa. Normalmente, en todas las casas se compran alimentos y bebidas que se consumen tal como los adquirimos y otros que se cocinan, fríen, asan, etc. También compramos alimentos de consumo anual y otros en ciertas épocas o días señalados.

Se pide:

Mira el frigorífico, armarios, etc., y haz una lista con los productos cuyas existencias son:

- *Stock* cero, porque no es la época de consumo o se han terminado.
- *Stock* óptimo, tenemos la cantidad suficiente hasta que hagamos la compra semanal.
- *Stock* de seguridad, tenemos en reserva por si vienen amigos, familiares, etcétera.

5.2. Gestión de existencias

La gestión de existencias tiene como objetivo resolver las siguientes preguntas:

- ¿**Cuántas** unidades de cada artículo debemos tener almacenadas?
- ¿**Qué** cantidad debemos solicitar en cada pedido?
- ¿**Cuándo** debemos emitir una orden de pedido?

Las técnicas de gestión del *stock* se aplican para conocer el volumen de salidas o las ventas de cada artículo durante un período de tiempo programado (día, semana, campaña, etc.) y solicitar al proveedor los productos necesarios para no tener tanto capital inmovilizado en el almacén. Pero, en la práctica, esto no es tan sencillo; a la hora de calcular el *stock* necesario se plantean varios problemas, como son:

- Dificultad de prever el comportamiento de la demanda y, por consiguiente, las ventas futuras.
- Necesidad de disponer de un surtido variado y cierta cantidad de cada artículo.
- Problemas de entrega y suministro, pues los proveedores no siempre pueden garantizar la entrega en los plazos acordados.
- Costes periódicos y repetitivos; cuando se realizan muchos pedidos se incrementan los costes por emisión de pedidos, recuento de las mercancías recibidas, trabajos administrativos, etcétera.
- Pérdida de compras ventajosas al desaprovechar los descuentos por volumen *(rappels)*, precios y ofertas especiales por compras anticipadas, etc.; algunas veces puede ser económicamente ventajoso comprar y almacenar.

La gestión del *stock* permite conocer el volumen de salida de cada artículo.

La gestión del *stock* se debe orientar para conseguir:

- Establecer un inventario suficiente y minimizar la inversión en *stock*.
- Conocer el volumen óptimo de pedido y el punto de pedido, para guardar un equilibrio entre un nivel de existencias mínimo y las necesidades de la empresa.

5.2.1. Variables que afectan en la gestión del *stock*

Las variables que pueden afectar sobre las medidas tomadas por la empresa son: nivel de servicio ofertado, previsión de ventas, costes de gestión y existencias almacenadas, plazo de entrega de proveedores.

El **nivel de servicio ofertado** al cliente es la relación que existe entre los productos disponibles en el almacén o en exposición y los que espera encontrar el cliente en el momento de la compra.

La **previsión de ventas** de cada período nos permite decidir el nivel óptimo de mercancías que debemos almacenar. Para ello, se realiza un estudio sobre el comportamiento de cada producto, prestando mayor atención (tiempo, control e inversión) en aquellos artículos cuya rotura de *stocks* puede ocasionar problemas a la empresa. Para que las previsiones de ventas sean realistas debemos tener en cuenta los siguientes factores:

- Evolución de las ventas de períodos anteriores; así podemos conocer la evolución que sigue cada producto y utilizar los datos como indicador de ventas futuras.
- Variaciones sobre las ventas de los últimos años; así detectamos si las ventas del producto en estudio siguen una tendencia al alza o a la baja y analizamos las posibles causas.
- Situación general del mercado; estudiando los ciclos ascendentes y descendentes de la economía, que influyen en el consumo, podemos planificar las ventas.
- Evolución de la competencia; estudiamos los acontecimientos que influyen positiva o negativamente en las ventas futuras, como: aparición de nuevos productos o puntos de venta, nuevas estrategias comerciales, pérdida de imagen de nuestro producto o establecimiento.

Los **costes de gestión y existencias,** que se originan por tener *stock* almacenado, son de cuatro tipos: adquisición, almacenaje, aprovisionamiento y rotura de *stock*.

- **Costes de adquisición:** son el valor de la compra cuando la mercancía ha llegado al almacén de destino, es decir, el importe de la factura (deducidos los descuentos) y sumados todos los gastos a cargo del comprador, tales como envases y embalajes, transportes, seguros, aranceles, etc.
- **Costes de almacenaje:** son costes de mantenimiento que se producen por mantener los artículos almacenados o en depósito. Entre ellos se encuentran: coste del capital invertido; coste del riesgo que puede sufrir el producto (mermas, obsolescencia, roturas, accidentes, deterioros, robos, etc.); costes del local, instalaciones y maquinaria; costes para conservar y mantener en buen estado los productos almacenados (calefacción, refrigeración, temperatura especial o aislamiento térmico).

¿Sabías que...

Cuando el nivel de servicio es alto los clientes encuentran la mayoría de los productos que desean adquirir. Pero si la empresa establece un nivel de servicio del 99 % se compromete a tener disponible el 99 % de los productos y cuanto más elevado sea el nivel de servicio, mayor será el *stock* de seguridad.

Concepto

Arancel es la tasa que se paga por comprar mercancías de un país extranjero. Este impuesto se cobra para potenciar y proteger el consumo de productos nacionales y recaudar impuestos a la Hacienda Pública.

Importación es la compra de productos a empresas extrajeras, que no pertenecen a la Unión Europea.

Exportación es la venta de productos a empresas extranjeras, que no son miembros de la UE.

- **Costes de aprovisionamiento:** son gastos repetitivos que se originan en la sección de compras cada vez que se realiza un pedido, como gastos de teléfono, fax, material de oficina, transporte, embalaje, seguro, etcétera.
- **Costes por rotura de *stocks:*** son los que se producen cuando no se puede satisfacer la demanda por carecer de existencias. Se relacionan con los beneficios que dejará de ganar la empresa al perder ventas, durante el tiempo que dure la rotura de *stocks,* y la reacción del cliente (retrasar la compra, adquirir otro producto, cambiar de establecimiento).

El **plazo de entrega de proveedores** es el tiempo que transcurre desde que se emite la orden de pedido hasta que llegan las mercancías y se encuentran disponibles para la venta o su incorporación en el proceso productivo. Este plazo se puede dividir en los siguientes tiempos: realización y envío del pedido, preparación de los materiales, duración del transporte, recepción de la mercancía y preparación para su disponibilidad.

La rotura de *stock* en la empresa industrial puede suponer paralizar el proceso productivo y, además, soportar los costes fijos hasta que llega el reaprovisionamiento de dichos materiales.

Cuando la empresa consigue reducir los plazos de entrega, disminuye el *stock* que necesita almacenar y con ello se mejora la rentabilidad de la inversión y la rotación del *stock*; por eso es muy importante que la empresa colabore con sus proveedores. Un ejemplo claro de colaboración es el que realizan los supermercados y otras empresas que trabajan con cadenas de distribución; utilizan el sistema EDI (intercambio electrónico de datos) para enviar el pedido desde el ordenador del comprador al del proveedor, de esta forma se reducen los tiempos de emisión y recepción del pedido.

5.3. Composición y tamaño del *stock*

Para la empresa es muy importante mantener un nivel de *stock* que guarde equilibrio con el ritmo de producción o las ventas de cada producto. Un *stock* excesivo supone un coste añadido que puede resultar caro (dinero invertido en mercancías; costes de espacio, mantenimiento y manipulación) y un *stock* insuficiente también es costoso, ya que las consecuencias son: pérdida de ventas, insatisfacción de los clientes y, en ocasiones, su pérdida. Para mantener un *stock* equilibrado se deben conseguir los siguientes objetivos:

- Cubrir la producción o las ventas durante el período que transcurre entre dos aprovisionamientos.
- Hacer frente a la producción o las ventas durante el plazo de entrega de los proveedores.
- Tener la cantidad suficiente de existencias para hacer frente a la demanda.
- Estar preparado ante las posibles oscilaciones del ritmo de producción o ventas y los retrasos en la entrega del suministro.

¿Sabías que...

La gestión del «*Just in Time*» se ha implantado también en los comercios en régimen de autoservicio (hipermercados y supermercados) que se suministran de sus propios almacenes de distribución; de esta forma suprimen las áreas de almacenaje en beneficio del área de exposición.

El ***stock* total** se interpreta como las existencias máximas que se deben tener de un artículo y, generalmente, está formado por:

- El ***stock* activo o de ciclo** es el que permite alimentar el almacén durante la recepción de dos pedidos consecutivos. Este *stock* debe cubrir las necesidades del centro de producción y la cadena de distribución y las ventas que se producen durante el plazo de entrega de proveedores.
- El ***stock* de exposición o presentación** se crea solo en las empresas con venta directa al público. Está formado por los artículos expuestos en el lineal o estanterías, a las cuales tiene acceso el cliente cuando realiza la compra.
- El ***stock* de seguridad** es un *stock* de reserva para hacer frente a la demanda no prevista o retraso del aprovisionamiento. Con él se pretende evitar la rotura de *stock* y hacer frente a las consecuencias de variaciones imprevistas.

Sin embargo, hoy en día la tendencia es gestionar los *stocks* bajo el criterio JIT; se almacenan solo las mercancías que se necesitan para hacer frente a la demanda o consumo diario. Para evitar los riesgos que ocasiona la falta de existencia, los proveedores se encargan del almacenaje de *stock* de reserva y de seguridad de sus clientes, se reducen los períodos de pedido y entrega (mediante aplicaciones informáticas); el proveedor tiene que servir los pedidos en el mismo día que los solicita el cliente, aunque ello pueda encarecer el suministro y el aprovisionamiento.

Stock de exposición.

5.3.1. Representación del *stock*

Las existencias de un almacén oscilan entre un nivel máximo y un nivel mínimo. El ciclo del *stock*, cuando **el consumo y el aprovisionamiento se mantienen constantes**, se refleja como los dientes de una sierra y los niveles máximo y mínimo siempre alcanzan el mismo valor.

Observa la Figura 5.1: en el tiempo $\mathbf{t_0}$ el *stock* está en su nivel máximo y va disminuyendo a medida que se consumen las existencias, en el momento $\mathbf{t_1}$ se produce un nuevo aprovisionamiento y el *stock* recupera su nivel máximo para atender la demanda del próximo período, y el proceso se repite sucesivamente.

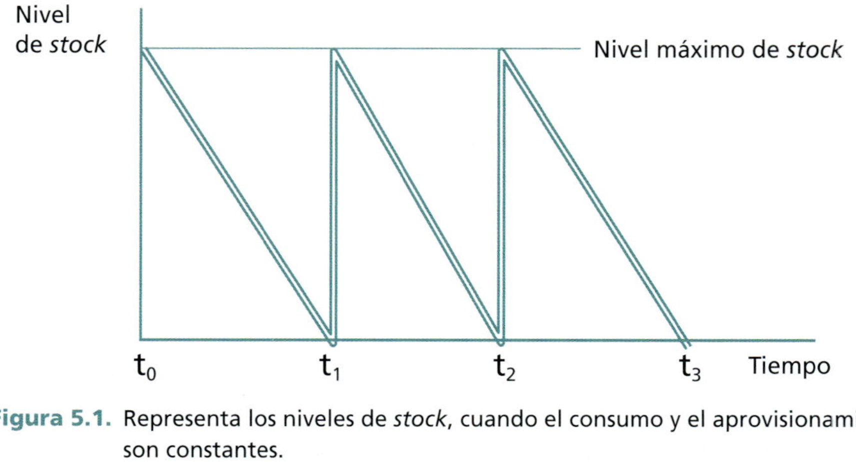

Figura 5.1. Representa los niveles de *stock*, cuando el consumo y el aprovisionamiento son constantes.

¿Qué ocurre cuando **se produce un retraso en el suministro o un incremento de la demanda**?

Supongamos que el aprovisionamiento es constante, 500 unidades cada 10 días; el consumo previsto también es constante, 50 unidades al día; pero el suministro del día 10 no llega hasta el día 12 y el día 28 la demanda es de 70 unidades.

Las consecuencias son las siguientes: se produce una rotura de *stocks* los días 11,12 y 29; es decir, se pierden las ventas del día 11 y 12 (100 unidades) y como el día 28 se ha vendido más de lo previsto el día 29 se pierden 20 unidades de venta (véase la Figura 5.2).

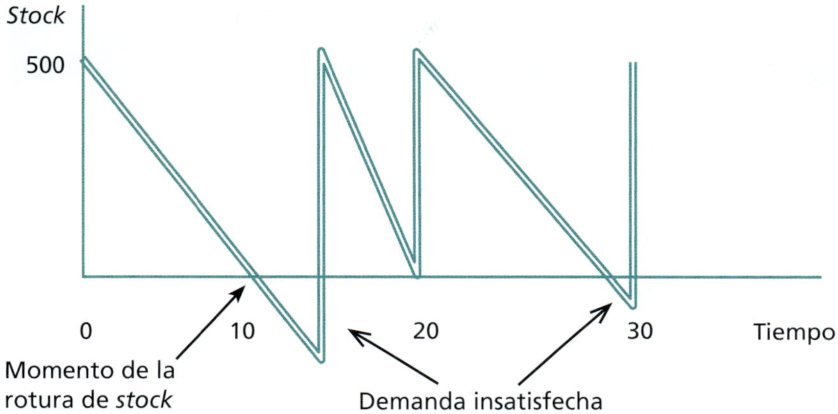

Figura 5.2. Representa rotura de *stock* sin *stock* de seguridad.

Veamos ahora la **función del *stock* de seguridad.** Supongamos que los datos de aprovisionamiento y demanda son los mismos que los del caso anterior, pero se crea un *stock* de seguridad de 200 unidades.

¿Qué ocurre cuando se retrasa el suministro?

Cuando se produce retraso en el suministro no se pierden ventas y lo mismo ocurre cuando aumenta la demanda; se pueden atender todas las ventas con el *stock* de seguridad (véase la Figura 5.3).

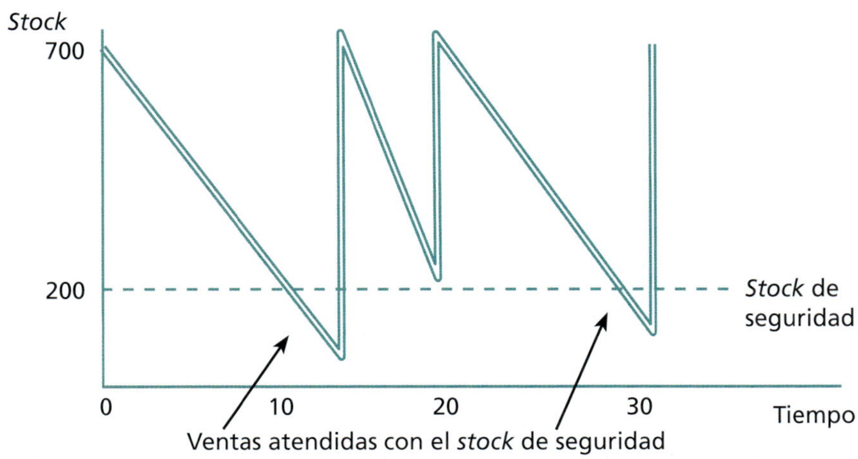

Figura 5.3. Se produce rotura de *stock* y se cubren las ventas con el *stock* de seguridad.

Cuando tenemos pocos artículos nos arriesgamos a que se produzca una rotura del *stock*.

Cuando disponemos de muchas mercancías evitamos la rotura del *stock*.

Caso práctico 5.1

La empresa Confecciones ENJOY, respecto a los pantalones modelo LLOYD'S-40, aporta los siguientes datos: las existencias al comienzo del ejercicio son de 200 unidades, en enero se fabrican 500 unidades y la demanda es de 400; en febrero la confección es de 600 unidades, y la demanda de 700; en marzo se terminan 550 pantalones y la demanda alcanza las 800 unidades.

Se pide:

1. Representar gráficamente la evolución del *stock*.
2. Comentar, brevemente, los niveles alcanzados y su repercusión en la demanda.

Solución:

1. Calculamos el nivel superior e inferior del *stock* mensual, según la tabla siguiente:

Evolución del *stock* (pantalones mod. LLOYD'S-40)				
Período	***Stock* anterior + confección**	**Nivel superior**	**Demanda**	**Nivel inferior**
Enero	200 + 500	700	400	300
Febrero	300 + 600	900	700	200
Marzo	200 + 550	750	800*	–50

2. Representamos en el gráfico siguiente la relación *stock*/tiempo:

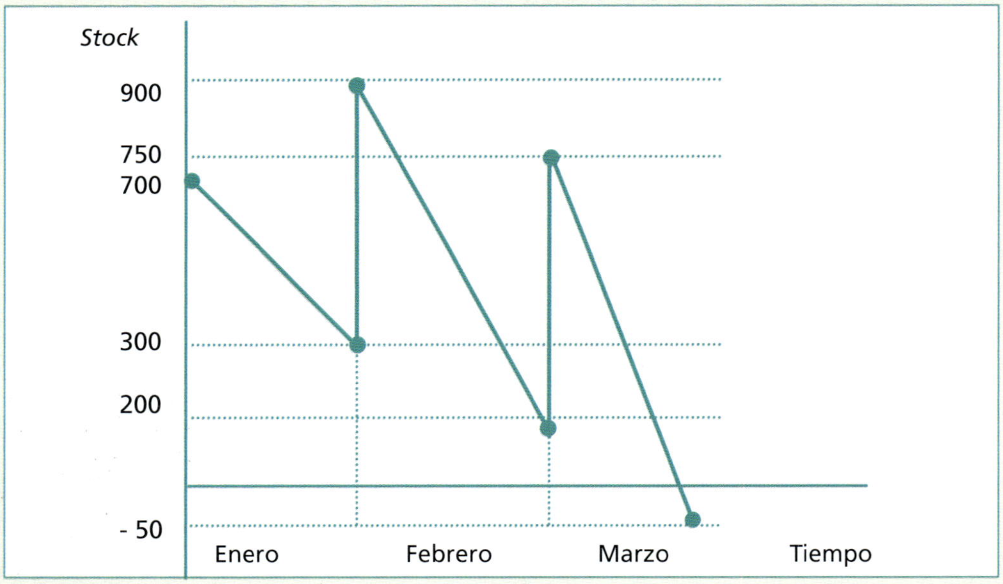

(*): La demanda del mes de marzo es superior a la fabricación de dicho período más las existencias del mes anterior y se produce una rotura de *stock* de 50 unidades.

Caso práctico 5.2

Confecciones ENJOY, para que no se repita la situación anterior, quiere conocer el *stock* mensual necesario y para su cálculo aporta los siguientes datos:

- La demanda media es de 40 unidades/día y la actividad de la empresa es de 20 días al mes.
- La confección se pasa al almacén de productos terminados al final de la semana (5 días laborables), pero cuando se estropea una máquina el retraso puede ser de 2 días.
- Quieren tener un *stock* permanente o reserva de 70 unidades y crear además un *stock* de seguridad que cubra los retrasos por reparaciones.

Se pide:

1. Calcular el *stock* mensual necesario.
2. Representar gráficamente los distintos niveles.

Solución:

1. El *stock* total necesario será:

Stock permanente o de reserva:		70
Stock activo o de ciclo (1):		1.000
Demanda del período:	40 x 20 = 800	
Demanda durante la reposición:	40 x 5 = 200	
Stock de seguridad (2):	40 x 2 =	80
***Stock* total**		**1.150 unidades**

(1) El *stock* activo está formado por la demanda mensual (20 días de actividad) más la que se produce durante el tiempo de reposición (40 x 20 + 40 x 5 = 1.000 unidades).

(2) El *stock* de seguridad se calcula basándose en los 2 días que se tarda en reparar las máquinas.

2. Representación de los niveles del *stock*:

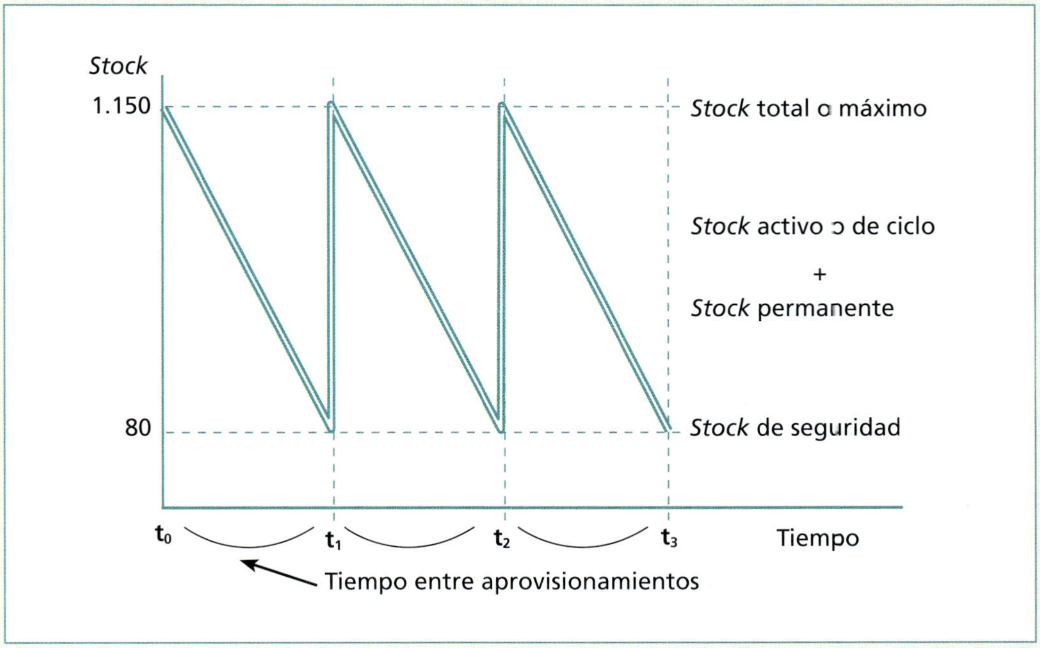

Actividad propuesta 5.4

Distribuciones LEVANTE es un almacén de productos alimenticios en régimen de autoservicio, cuyos clientes son tiendas de alimentación, bares, restaurante, etc. Respecto a una determinada marca de zumo que vende en cajas de 12 briks, presenta los siguientes datos:

- Cantidad en exposición: 450 cajas.
- Venta media diaria: 200 cajas (laborables 6 días a la semana).
- Plazo de entrega del proveedor: 5 días (pero el envío se puede retrasar hasta 2 días).

Se pide:

Calcular el *stock* total necesario.

5.4. Rotación del *stock*

La rotación del *stock* ($\mathbf{R_n}$) es el número de veces que durante un período de tiempo (año, trimestre, mes, etc.) se renuevan las existencias y recuperamos la inversión del capital invertido. Cuando la empresa compra materias primas y otros suministros hace una inversión que no se recupera hasta que vende los productos fabricados y cobra los créditos de clientes. La incógnita que nos debemos plantear es:

¿Cuánto tiempo se tarda en recuperar la inversión realizada en materias primas y otros materiales, si la actividad es industrial, o en mercancías y artículos para la venta, si la actividad es puramente comercial?

La respuesta se obtiene analizando los flujos del ciclo de explotación, estos se inician con la compra de materias primas y se suceden en cadena (véase la Figura 5.4).

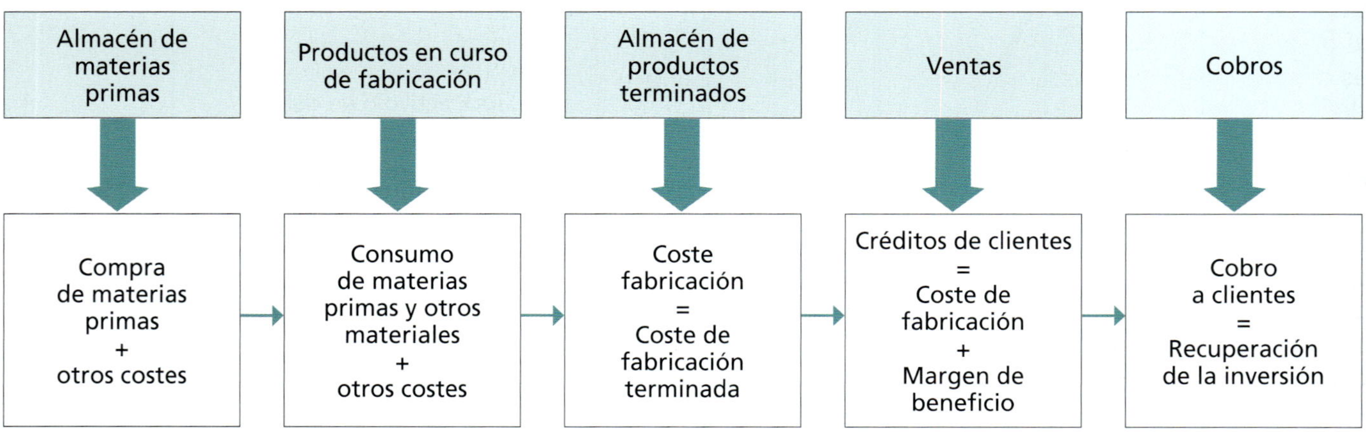

Figura 5.4. Los flujos del ciclo de explotación. PMM (período medio de maduración) de la empresa industrial.

Las materias primas pasan al almacén como una inversión a precio de coste o adquisición y salen cuando se incorporan en el proceso de fabricación. Al coste de las materias primas consumidas (incorporadas en la fabricación) se suman otros gastos (mano de obra, energía, etc.) para determinar el coste de los productos en curso y, a estos, también se van añadiendo

reducir la duración del ciclo de explotación, se reduce también la necesidad de activos, porque estos rotan más rápidamente y se incrementa la rentabilidad.

El cálculo del período medio de maduración y el análisis de sus componentes son herramientas que se utilizan para comprobar las gestiones realizadas por los directivos, administradores o gerentes de la empresa. No obstante, un ratio por sí solo no se puede utilizar como información principal si no se compara con el mismo ratio obtenido en otros períodos de tiempo.

El análisis comparativo se puede hacer sobre distintos elementos como: los índices de un material en el año actual y en años anteriores; los datos reales y los presupuestados al principio del período; los datos de la propia empresa y los de otras empresas del sector; etcétera.

Caso práctico 5.3

La empresa Confecciones ENJOY, respecto a los pantalones modelo LLOYD'S-40, aporta los siguientes datos:

- Materias primas: Ex. inicial 36.000 €, compras 4.799.100 €
  Ex. final 42.000 €
- Productos en curso: Ex. inicial 150.000, Ex. final 186.000 €
  Gastos de fabricación 1.122.900 €
- Productos terminados: *stock* inicial 136.500, *stock* final 170.000 €
- Cuentas de clientes: saldo inicial 780.000, ventas netas 11.890.000, saldo final 670.000 €

Se pide:

1. Calcular la rotación y el tiempo empleado en las distintas fases del ciclo productivo (almacenaje de materias primas, fabricación, ventas y cobro a clientes).
2. Cuál es la situación de la empresa, comparando con los resultados del ejercicio anterior, que fueron: PM_a 15,45 días; PM_f 10,46; PM_v 11,80 y PM_c 14,78 días.
3. Comparar los resultados de Confecciones ENJOY con los obtenidos en otras empresas del sector, si en estas las rotaciones medias son: $R_a = 90$; $R_f = 50$; $R_v = 40$ y $R_c = 10$.

Solución:

1.º Rotaciones y tiempos

Período de almacenaje de materias primas

$$R_a = \frac{\text{Consumo de M. P.}}{\text{Ex. medias de M. P.}} = \frac{4.793.100}{39.000} = 122,90 \qquad PM_a = \frac{365}{122,90} = 2,97 \text{ días}$$

Consumo de M. P. = 36.000 + 4.799.100 – 42.000 = 4.793.100 €

Ex. medias de M. P. = (36.000 + 42.000) / 2 = 39.000 €

Período de fabricación

$$R_f = \frac{\text{Coste de producción}}{\text{Ex. medias de P en C}} = \frac{5.880.000}{168.000} = 35,00 \qquad PM_f = \frac{365}{35,00} = 10,43 \text{ días}$$

Coste de producción = 150.000 + 4.793.100 + 1.122.900 – 186.000 = 5.880.000 €

Ex. medias de P en C = (150.000 + 186.000) / 2 = 168.000 €

Caso práctico 5.3 (Cont.)

Período de ventas

$$R_v = \frac{\text{Coste de ventas}}{\text{Ex. medias de P. T.}} = \frac{5.846.500}{153.250} = 38{,}15 \qquad PM_v = \frac{365}{38{,}15} = 9{,}57 \text{ días}$$

Coste de ventas = 136.500 + 5.880.000 – 170.000 = 5.846.500 €

Ex. medias de P. T. = (136.500 + 170.000) / 2 = 153.250 €

Período de cobro

$$R_c = \frac{\text{Ventas del período}}{\text{Saldos medios de clientes}} = \frac{11.890.000}{725.000} = 16{,}40 \qquad PM_c = \frac{365}{16{,}40} = 22{,}26 \text{ días}$$

Ventas netas = 11.890.000

Saldos medios de clientes = (780.000 + 670.000) / 2 = 725.000 €

PMM = 2,97 + 10,43 + 9,57 + 22,26 = **45,22 días**

2.° Comparación de resultados

	PM_a	+	PM_f	+	PM_v	+	PM_c	=	PMM
Ejercicio actual:	2,97	+	10,43	+	9,57	+	22,26	=	45,22 días
Ejercicio anterior:	15,45	+	10,46	+	11,80	+	14,78	=	52,49 días
Diferencias:	– 12,48		– 0,03		– 2,23		7,48		– 7,49 días

Comentario:

La empresa ha conseguido acortar el PMM en 7,49 días.

- El período de almacenaje de materias primas se ha reducido 12,48 días.
- El de confección es prácticamente el mismo que el del ejercicio anterior.
- Los productos terminados están almacenados 2,23 días menos.
- El plazo de cobro es superior en 7,48 días.

3.° Comparación con los resultados de otras empresas

Rotaciones:	R_a	R_f	R_v	R_c
Confec. ENJOY:	122,90	35	38,15	16,40
Otras empresas:	90	50	40	10
Diferencias:	32,90	– 15	– 1,82	6,40

Tiempos:	PM_a	+	PM_f	+	PM_v	+	PM_c	=	**PMM**
Confec. ENJOY:	2,97	+	10,43	+	9,57	+	22,26	=	45,22 días
Otras empresas:	4,06		7,30		9,13		36,50	=	56,98 días
Diferencias:	– 1,09		3,13		0,44		– 14,24		– 11,76 días

Comentario:

El PMM de la empresa Confecciones ENJOY es 11,76 días más corto que el PMM de las empresas del sector. Las diferencias más notables son: el PM_c (con 14,24 días) y el PM_f con 3,13 días.

La rotación de materias primas, en la empresa Confecciones ENJOY, es 32,90 veces mayor que en otras empresas y lo mismo ocurre con la rotación de los saldos pendientes de cobro.

Actividad propuesta 5.5

La empresa HELIOS se dedica a la fabricación de conservas y, respecto a la mermelada Ref. MC-250, presenta los siguientes datos en miles de unidades monetarias:

- Materias Primas: Ex. inicial 6.000 y Ex. final 3.600 €
- Datos de fabricación: consumo de materias primas 36.000, otros gastos de fabricación 12.000, existencias medias de productos en curso 2.000 €
- Productos terminados: Ex. inicial 10.000, productos fabricados 36.000, productos vendidos, 42.000 €
- Cuentas con clientes: saldo inicial 1.000, ventas 72.000, cobros realizados 56.000 €

Se pide:

1. Calcular el período medio de maduración.
2. Interpretar los datos obtenidos en este ejercicio y compararlos con los del ejercicio anterior sabiendo que fueron:

   PM_a = 1,7 meses; PM_f = 1,2 meses; PM_v = 1,1 meses y PM_c = 1,3 meses.

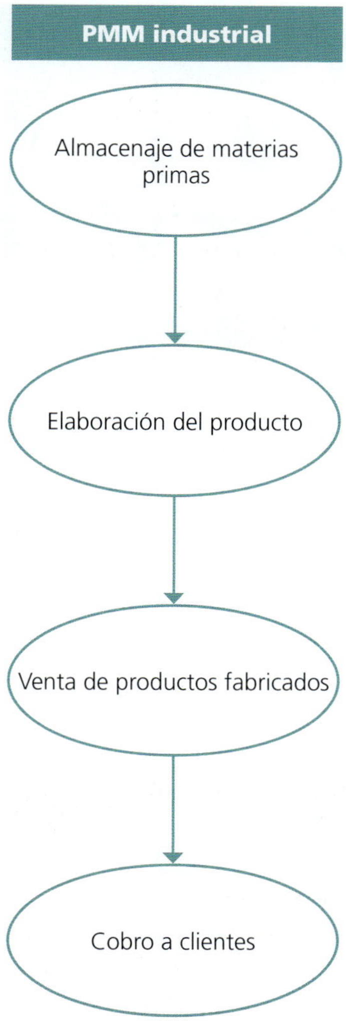

El período de venta es el tiempo que tarda la empresa en vender los productos fabricados por ella.

PMM de la empresa comercial

El PMM de la empresa comercial consta de dos subperíodos:

1. Período de ventas ($PM_{v'}$).
2. Período de cobro ($PM_{c'}$).

$$PMM = PM_{v'} + PM_{c'}$$

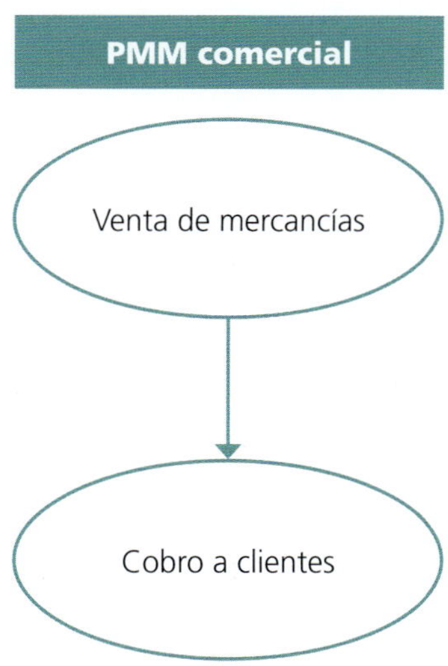

El **período de ventas ($PM_{v'}$)** es el tiempo que las mercancías están almacenadas. Estos artículos se venden con las mismas características que se compraron, sin realizar en ellos transformación alguna. El número de veces que se renuevan los *stocks* es $R_{v'}$ y se calcula dividiendo el importe de las ventas a precio de coste (coste de ventas) entre las existencias medias de *stocks* almacenados (valorados a precio de coste).

Período de ventas en la empresa co-mercial es el tiempo que las mercancías están almacenadas.

$$PM_{v'} = \frac{365}{R_{v'}}\ ; \quad \text{de donde:} \quad R_{v'} = \frac{\text{Coste de ventas}}{\text{Existencias medias de mercancías}}$$

Coste de ventas = Ex. inicial de mercancías + compras del período – Ex. final de mercancías

Existencias medias de mercaderías = (Ex. inicial + Ex. final) / 2

El **período de cobro ($PM_{c'}$)** es el tiempo que se tarda en cobrar a los clientes. El número de veces que se renuevan las deudas es $R_{c'}$ y se calcula dividiendo el volumen de ventas (valoradas a precio de venta) entre los saldos medios de clientes.

$$PM_{c'} = \frac{365}{R_{c'}}\ ; \quad \text{de donde:} \quad R_{c'} = \frac{\text{Ventas netas del período}}{\text{Saldos medios de clientes}}$$

Ventas netas = ventas – devoluciones de ventas (ambas a precio de venta)

Saldos medios de clientes = (Ex. inicial + Ex. final) / 2

Período de cobro: tiempo que se tarda en cobrar a los clientes.

El análisis del PMM de la empresa comercial también nos permite conocer cuánto tiempo permanecen almacenados los productos y el tiempo que tarda la empresa en cobrar las ventas realizadas. Cuanto mayor sea la rotación de las existencias, menos tiempo está inmovilizado el capital invertido en las mismas y la rentabilidad del almacén será mayor.

Cuanto mayor es la rotación de existencias, mayor es la rentabilidad del almacén.

Caso práctico 5.4

Un mayorista de materiales para la construcción, respecto a la venta del terrazo Ref.: GRA-200, aporta los siguientes datos:

- Mercancías: Ex. inicial 36.000, compras 5.980.000, Ex. final 142.000 €
- Clientes: saldo inicial 780.000, ventas a precio de venta 11.890.000, cobros 12.000.000 €

Se pide:

1. Calcular el PMM.
2. Comparar los resultados actuales con los del ejercicio anterior, si estos fueron: PMM = 3,58 meses (PM_v 1,80 meses y PM_c 1,78).

Solución:

1.° Cálculo del PMM

Período de ventas

$$R_v = \frac{\text{Coste de ventas*}}{\text{Ex. m. mercaderías}} = \frac{5.874.000}{89.000} = 66,00 \qquad PM_v = \frac{12^{**}}{66,00} = 0,18 \text{ meses}$$

* Coste de ventas = 36.000 + 5.980.000 – 142.000 = 5.874.000 €

** Hemos tomado el año en meses para poder comparar los datos del año actual con el anterior.

Período de cobro

$$R_c = \frac{\text{Ventas anuales}}{\text{Saldos m. de clientes}} = \frac{11.890.000}{725.000} = 16,40 \qquad PM_c = \frac{12}{16,40} = 0,73 \text{ meses}$$

**Saldo final de clientes = 780.000 + 11.890.000 – 12.000.000 = 670.000 €

PMM = 0,18 + 0,73 = 0,91 meses; es decir **27,41 días.**

2.° Comparación de resultados

	PM_v	+	PM_c	=	PMM
Ejercicio actual:	0,18	+	0,73	=	0,91 meses
Ejercicio anterior:	1,80	+	1,78	=	3,58 meses
Diferencias:	– 1,62		1,05		– 2,67 meses

Comentario:

La empresa ha conseguido acortar el PMM en 2,67 meses (2 meses y 20 días). El período de ventas se ha reducido 1 mes y 24 días y el plazo de cobro ha disminuido más de 1 mes.

Actividad propuesta 5.6

La empresa INTER MOTOS se dedica a la compraventa de motos de gran cilindrada y en su contabilidad aparecen los datos siguientes, referidos a un mes y en miles de unidades monetarias.

- Almacén de mercaderías: Ex. inicial 2.000, compras del período 7.000, Ex. final 1.000 €
- Cuentas con clientes: saldo inicial 3.000, ventas del período a precio de venta 10.400, saldo final 8.000 €

Se pide:

Calcular el PMM mensual (período de 30 días) y comentar los resultados.

Resumen 5

Glosario de términos:

- *Stock* económico son productos adquiridos, incluidos los que están en camino desde el almacén del proveedor.
- *Stock* físico son los productos adquiridos por la empresa y que están bajo su gestión y custodia.
- Surtido es el conjunto de artículos y referencias que oferta la empresa a sus clientes.
- *Stock* almacenado es el número de unidades de cada artículo que hay en el almacén.
- *Stock* activo es la cantidad de cada artículo que permite cubrir las necesidades durante un período de tiempo.
- *Stock* de seguridad es la cantidad de cada producto que se reserva para cubrir posibles imprevistos.
- *Stock* óptimo es la cantidad de cada producto que permite obtener la mejor rentabilidad almacén-capital invertido.
- *Stock* cero es la cantidad mínima que se tiene de un producto.
- *Stock* estacional son los artículos que se venden durante una campaña o período estacional.
- *Stock* de especulación es el que se compra sin necesitad, pues la oferta es ventajosa.
- *Stock* en tránsito son productos que no están almacenados, se han incorporado al proceso de producción o se encuentran de camino.
- Ruptura de *stock* o desabastecimiento es cuando no hay existencias de un producto.

Funciones del *stock* almacenado:

- Regular los ritmos de producción y ventas.
- Hacer frente a los incrementos de la demanda.
- Satisfacer la demanda de los clientes.
- Obtener ventajas al comprar grandes cantidades.

Los **objetivos de *stock* almacenado** consisten en conocer:

- Cuántas unidades de cada artículo debemos tener almacenadas.
- Qué cantidad debemos solicitar en cada pedido.
- Cuándo debemos emitir la orden de pedido.

La **gestión de existencias** es planificar los *stocks* para:

- Tener existencias suficientes.
- Realizar la inversión mínima, para reducir costes.
- Solicitar cantidades óptimas.
- Conocer con antelación la fecha de pedido.

Las **variables que influyen en la gestión del *stock*** son:

- El nivel de servicio que se oferta al cliente.
- La previsión de ventas para cada período concreto.
- Los costes de gestión y existencias almacenadas.
- Los plazos de entrega de proveedores.

El ***stock* total** de una empresa o almacén está formado por:

- *Stock* normal o de ciclo entre dos aprovisionamientos.
- *Stock* de seguridad.
- *Stock* de exposición en escaparates, lineales o estanterías.

La rotación de *stocks* es el número de veces que se renuevan cada uno de los productos. El período medio de maduración **(PMM)** es el tiempo desde que se invierte en materias primas hasta que se venden y cobran los productos fabricados.

$$PMM = PM_a + PM_f + PM_v + PM_c$$

- PM_a: tiempo de almacenaje de los materiales que se incorporan al proceso productivo.
- PM_f: tiempo desde que se inicia la fabricación de un lote de productos hasta que pasan al almacén de productos terminados.
- PM_v: tiempo que permanece el producto en el almacén del fabricante, hasta que pasa al del cliente.
- PM_c: tiempo que transcurre desde que el cliente compra el producto hasta que paga su importe.

Actividades de comprobación

Actividad 5.1.
Indica **la** respuesta correcta de las siguientes preguntas:

1. **El surtido de una empresa es:**
   a) El conjunto de productos que una empresa pone a la venta.
   b) La cantidad almacenada de cada producto.
   c) El conjunto de referencias que una empresa tiene almacenadas.

2. **El *stock* de ciclo es el que permite:**
   a) Cubrir un aumento esperado de ventas por cambio de temporada.
   b) Cubrir la demanda entre dos aprovisionamientos.
   c) Cubrir demandas imprevistas y/o demora en el suministro.

3. **El *stock* físico es el conjunto de productos y materiales que:**
   a) Tiene la empresa repartidos en todos los almacenes de su propiedad.
   b) Adquiridos por la empresa y los gestiona y administra.
   c) Que tiene la empresa en puntos fijos (almacenes), en tránsito o en camino.

4. **El *stock* de seguridad se crea para:**
   a) Cubrir un aumento esperado de las ventas por cambio de temporada.
   b) Cubrir la demanda entre dos aprovisionamientos.
   c) Cubrir demanda imprevista y/o demora en el suministro.

5. **Una de las variables que influyen en la gestión de *stocks* es:**
   a) La estructura y el tamaño del *stock.*
   b) La rotación de *stocks.*
   c) Los plazos de entrega de proveedores.

6. **El nivel de servicio al cliente representa:**
   a) El conjunto de servicios que presta la empresa a su clientela.
   b) La capacidad para ofrecer al cliente los productos que demanda en el momento de la compra.
   c) Ninguna de las respuestas anteriores es correcta.

7. **El *stock* de presentación representa:**
   a) La cantidad de artículos expuestos en el lineal.
   b) El *stock* que permite realimentar el almacén entre la recepción de dos pedidos.
   c) El *stock* máximo que se debe tener de un artículo.

8. **Una rotación alta significa:**
   a) Que los productos se renuevan con lentitud.
   b) Que los productos se renuevan con rapidez.
   c) Ninguna de las respuestas anteriores es correcta.

9. **El período medio de maduración representa:**
   a) El tiempo que tardan en madurar los productos de venta naturales.
   b) El número de veces que se recupera la inversión en mercaderías.
   c) El tiempo que por término medio se renueva la inversión en *stocks.*

10. **El nivel de *stock* es:**
    a) El número de unidades de un artículo que hay almacenadas en un momento dado.
    b) El número de referencias que hay de cada uno de los artículos.
    c) La cantidad de artículos que se pueden almacenar según la capacidad del local.

Actividad 5.2

Indica si son verdaderas (V) o falsas (F) las siguientes afirmaciones:

1. Cuanto mayor sea el nivel de servicio mayor será el *stock* de seguridad.
2. El *stock* debe cubrir, como mínimo, la demanda o consumo durante 3 meses.
3. El plazo de entrega es el tiempo que transcurre desde que se hace el pedido hasta que lo recibe el comprador.
4. El *stock* de seguridad es el que permite atender la demanda o consumo entre la recepción de dos pedidos.
5. Cuanto más largo sea el período de aprovisionamiento de un producto mayor rotación tendrá dicho producto.
6. Tener un *stock* excesivo resulta caro para la empresa.
7. La rotación de un artículo indica el número de veces que se renueva el *stock* de dicho artículo en el período considerado.
8. El surtido es la cantidad acumulada de productos que una empresa pone a disposición de sus clientes.
9. El *stock* económico es el conjunto de productos propiedad de la empresa y almacenados en la misma.
10. El *stock* físico es el conjunto de productos propiedad de la empresa y repartidos en uno o varios puntos (almacenes, centros, tiendas, etc.).

Actividad 5.3

Responde, razonando la respuesta, a las siguientes preguntas:

1. ¿Cómo decide la empresa el *stock* activo o de ciclo que debe tener?
2. ¿Qué tipos de *stock* forman el *stock* total en un supermercado?
3. ¿Cuál es la finalidad del estudio sobre previsión de ventas?
4. ¿Cuáles son las consecuencias que se producen en una empresa industrial si existe rotura de *stock* de materias primas?

Actividad 5.4

Completa los siguientes conceptos:

1. El *stock* es…
2. El surtido de una empresa es…
3. El *stock* administrativo es…
4. El *stock* de seguridad se crea para…
5. El *stock* cero se crea cuando la empresa…
6. El nivel de servicio al cliente representa…
7. El *stock* normal o de ciclo es…
8. El PMM en una empresa industrial es…
9. Los subperíodos del PMM de una empresa comercial son…

Actividades de aplicación

5.5. Un almacén de distribución de puertas y ventanas, respecto a las puertas de roble mod. R-10, presenta los siguientes datos:

- Cantidad en exposición: 15 unidades.
- Venta media diaria: 8 unidades (permanece abierto 26 días al mes).
- Periodicidad del pedido: mensual.
- Plazo de entrega del proveedor: 4 días (se puede retrasar hasta 3 días).

Se pide:

1. Calcular el *stock* total necesario.
2. Representar gráficamente la evolución del *stock* durante el primer trimestre del año, teniendo en cuenta que el aprovisionamiento ha tenido lugar el día 15 de cada mes y el consumo se ha mantenido constante.

5.6. Supongamos que en el almacén de la actividad anterior deciden reducir la periodicidad de pedido a dos pedidos al mes y el plazo de entrega a 2 días, manteniendo el resto de variables constantes.

Se pide:

1. ¿Cuál sería el *stock* total necesario?
2. ¿Cómo podemos también reducir el *stock* total? Razona la respuesta.

5.7. La empresa TRESILLOS MUÑOZ fabrica sofás de varios modelos y estilos, respecto a la materia prima de referencia TL-342 presenta los siguientes datos:

- Cantidad en el taller: 800.
- Consumo medio: 150 unidades al día.
- Plazo de entrega del proveedor: 10 días (se puede retrasar hasta 4).
- Periodicidad del pedido: mensual.

Se pide:

1. Calcular el *stock* necesario para un mes de 26 días laborables.
2. Si reducen la periodicidad del pedido a 15 días y el plazo de entrega a 2, manteniendo el resto de variables constantes, ¿cuál sería el *stock* necesario?
3. ¿Cómo podemos también reducir el *stock* total? Razona la respuesta.

5.8. Un comerciante de artículos deportivos, respecto a un determinado producto, aporta los siguientes datos:

- Cantidad en almacén: 4.500 unidades.
- Salidas diarias de almacén: 1.000 unidades.
- Periodicidad del pedido: semanal (6 días laborables).
- Plazo de entrega del proveedor: 5 días (se puede retrasar 2 días).

Se pide:

1. Calcular el *stock* total necesario.
2. Representar gráficamente los niveles de *stock* del mes de julio. El primer lunes, las existencias eran 17.500 unidades (después del aprovisionamiento), el recuento de las ventas se hace los sábados (la primera semana se vendieron 10.000 unidades, la segunda 8.000, la tercera 10.000 y la cuarta 6.000). El aprovisionamiento se ha mantenido constante (6.000 unidades todos los lunes).
3. Comenta razonadamente si la empresa ha podido atender la demanda.

Actividades finales

5.9. El supermercado ALFA aporta los siguientes datos del artículo PH-24. El *stock* a principios de marzo es de 200 unidades, el proveedor envía 500 y la demanda es de 400; en abril recibe 600 y la demanda es de 700; en mayo recibe 600 y la demanda es de 800 unidades.

Se pide:

1. Representar gráficamente la evolución del *stock*.
2. Comentar los niveles alcanzados y su repercusión en la demanda.

5.10. El supermercado ALFA quiere conocer el *stock* mensual necesario y para ello aporta los siguientes datos:

- El *stock* de exposición es de 10 unidades.
- La demanda media es 30 uds./día y la actividad es de 20 días al mes.
- El proveedor tarda 5 días en suministrar el pedido, pero se puede retrasar 2 días.

Se pide:

Calcular el *stock* total que necesita la empresa.

5.11. Una fábrica de maletas presenta los siguientes datos, referidos a un mes y en miles de unidades monetarias:

- Materias primas: Ex. inicial 500, compras 1.100, Ex. final 600.
- Productos en curso: Ex. inicial 4.000, Ex. final 2.000.
- Coste de fabricación del período: consumo de materiales 1.000, otros gastos 2.000.
- Productos terminados: Ex. inicial 1.000, Ex. final 2.000, productos fabricados 5.000.
- Ventas del período 7.500, coste de la producción vendida 4.000.
- Clientes: saldo inicial 5.000, cobros 9.500, créditos pendientes 3.000.

Se pide:

1. Calcular el PMM mensual.
2. Comentar la situación de la empresa e indicar las medidas de mejora que se pueden tomar.

5.12. Un mayorista de materiales de construcción, respecto a la venta de azulejos de Ref. G-123, ha obtenido los siguientes resultados anuales en unidades monetarias.

- Mercaderías: Ex. inicial 10.000, compras 40.000, Ex. final 8.000.
- Ventas netas 50.000 a precio de ventas, coste de ventas 42.000.
- Clientes: saldo inicial 12.000, saldo final 8.000.

Se pide:

1. Calcular el período medio de maduración.
2. Sabiendo que en el ejercicio anterior los datos fueron: $PM_{v'}$ = 2,1 y $PM_{c'}$ = 2,2 meses, analizar los datos obtenidos en este ejercicio con respecto al anterior.

5.13. Un distribuidor de electrodomésticos ha vendido frigoríficos por valor de 5.700 € (precio de coste). El *stock* inicial era de 1.800 € y el de final 1.140. La rotación media en las tiendas del sector, respecto al mismo artículo, es de 5.

Se pide:

Razonar y comentar si esta empresa gestiona bien el *stock* de este artículo.

6

Costes de almacenamiento y volumen óptimo de pedido

INTRODUCCIÓN

Uno de los principales problemas de la gestión de existencias es conseguir un equilibrio entre la cantidad que debemos almacenar de cada producto y los costes que puede soportar la empresa. El nivel máximo depende de la capacidad del almacén y el mínimo de las necesidades de la empresa.

Sin embargo, los gestores del aprovisionamiento no deben establecer sus objetivos en estos límites. Primero, porque las existencias almacenadas son una inversión improductiva (interés del capital, gastos de mantenimiento, etc.), y segundo, porque una situación apoyada sobre cantidades mínimas puede ocasionar parar el proceso productivo por falta de materias primas, piezas de repuesto, etcétera.

OBJETIVOS

- Identificar los elementos que forman el coste total del producto y su clasificación en costes fijos y variables, costes directos e indirectos. Saber calcular el coste unitario de adquisición y de fabricación.
- Saber calcular el volumen óptimo de pedido y el punto de pedido para que los costes de gestión y aprovisionamiento sean mínimos.
- Organizar el reaprovisionamiento del *stock* utilizando el sistema de reposición más aconsejable, para que no se produzca el desabastecimiento del almacén.

CONTENIDOS

6.1. Costes de aprovisionamiento del producto
6.2. Costes logísticos: directos-indirectos, fijos-variables
6.3. Volumen óptimo de pedido (VOP)
6.4. Punto de pedido y reaprovisionamiento

6.1. Costes de aprovisionamiento del producto

El coste del producto se obtiene sumando los gastos que se generan en las distintas fases de la actividad empresarial. Para analizar dicho coste nos centraremos en las empresas industriales, cuya actividad principal es la fabricación, y las que realizan operaciones de almacenaje y venta al por mayor (mayoristas).

El coste total del producto fabricado está formado por:

- **Costes de adquisición:** incluyen el coste de materias primas y otros materiales que se incorporan al producto y los gastos derivados del aprovisionamiento, como envases, transportes, seguros, etc. También hay que añadir los gastos relacionados con la gestión del pedido (administración, teléfono, fax, etc.) y el seguimiento del pedido hasta que se reciben los materiales.
- **Costes de almacenaj**e o de posesión: son los gastos que se originan por mantener y conservar las existencias almacenadas. Para su cálculo se suman los costes de todos los almacenes que se utilizan (almacén de materias primas, de productos en curso, de productos terminados).
- **Costes de fabricación:** son los gastos que se producen para transformar las materias primas en productos terminados y preparados para la venta; por ejemplo, mano de obra, energía, desgaste y mantenimiento de las máquinas, etcétera.

Recuerda

El IVA es un tributo de naturaleza indirecta que recae sobre los bienes de consumo.

La empresa puede deducir el IVA que paga por compras y servicios prestados por otras empresas. Por eso, **el IVA no incrementa el coste del producto.**

Los empresarios realizan trimestral o mensualmente la declaración-liquidación del IVA, para compensar las cuotas soportadas en las compras y las repercutidas en las ventas a clientes.

Precio de compra, precio de adquisición y coste de fabricación

Precio de compra es el que aplica el proveedor en la factura; es decir, **precio neto** que es igual al importe de los artículos **menos** descuentos y sin incluir el IVA.

Precio de adquisición es el precio de compra consignado en factura **más** todos los gastos hasta que la mercancía llega al almacén del comprador. Estos gastos son: envases y embalajes no retornables, transportes, gastos de carga y descarga, seguros, derechos de aduana o importación, impuestos no deducibles, etcétera.

Coste de fabricación son los gastos que se ocasionan para transformar los materiales en productos terminados y aptos para la venta. Los costes de fabricación pueden ser directos e indirectos.

- Los ***costes directos*** son aquellos que forman parte del proceso productivo y a mayor volumen de producción, el coste es mayor. Entre ellos destacan los siguientes:
  - Coste de materias primas y materias auxiliares o elementos que adquiere la empresa para su incorporación al producto que está fabricando.
  - Coste de envases y embalajes cuando el producto no se puede vender sin envasar, como briks, latas, bolsas, frascos, etc. No se incluyen como costes el importe de botellas o envases retornables, que devuelve el cliente.
  - Coste de mano de obra directa. Son salarios y cargas sociales del personal que trabaja en las fases de fabricación, empaquetado o almacenaje, y que por su función tienen contacto directo con el producto o las máquinas que se utilizan.

- Coste de los servicios exteriores. Son gastos que paga el fabricante cuando una fase intermedia se realiza fuera del centro de producción por otras empresas o especialistas. Por ejemplo, una empresa se dedica a fabricar puertas, pero encarga a otra que realice la fase de lacado y embalaje final.
- Gasto de combustible o energía para que las máquinas estén en funcionamiento; así como gastos de herramientas, mantenimiento y reparación de las máquinas utilizadas en la elaboración del producto o su manipulación.
- Coste de almacenaje, manipulación y conservación de materias primas, productos en curso y terminados (hasta que pasan a la sección de ventas). Dentro de estos costes se incluyen: amortización o importe del alquiler de los locales; amortización y gastos de mantenimiento de instalaciones y equipos de manipulación; gastos de energía y conservación de los productos (calefacción o refrigeración); primas de seguros por locales, instalaciones, etc., y los productos almacenados; así como los gastos de recepción, inspección, almacenaje y manejo físico de los materiales.

- Los ***costes indirectos*** son todos aquellos que no se pueden imputar a un producto, sección o departamento determinado. El reparto de estos gastos es bastante complejo, pues depende del grado de actividad y los criterios que adopte la empresa para su aplicación a los distintos departamentos: fabricación, almacén, distribución comercial, administración, etc. Entre los gastos indirectos podemos citar: gastos del local destinado a oficinas y servicios generales, suministros en general (luz, agua, gas, teléfono), material de oficina (impresos, documentos), salarios del personal de administración y limpieza, etcétera.

6.1.1. Cálculo del coste de adquisición

El precio de adquisición es igual al importe bruto de cada artículo (mercancías, materias primas y otros materiales) **menos** los **descuentos** aplicados por el proveedor **más** todos los **gastos** a cargo del comprador.

El **importe bruto** es el resultado de multiplicar las cantidades adquiridas de cada artículo por su precio unitario correspondiente.

Importe bruto = unidades x precio

Descuentos

Son bonificaciones o rebajas que se aplican sobre el importe de la mercancía. El cálculo de los descuentos se realiza de la siguiente forma:

- **Descuento comercial:** es un porcentaje que se aplica sobre el importe bruto de cada artículo o sobre la suma de los importes si todos tienen el mismo tanto por ciento. El fabricante también suele aplicar un **descuento funcional** al mayorista que realiza funciones de almacenaje y distribución. Por ejemplo, supongamos que un fabricante refleja en su lista de precios descuentos del 5 y 8 %, aplica al detallista el 5 % y al mayorista los dos. Pero estos porcentajes no se suman, cada descuento se calcula sobre la cantidad resultante después de aplicar el precedente.

Concepto

Derechos de aduana son tasas o impuestos que se aplican a las mercancías extranjeras al entrar en el territorio aduanero de un país; las cuotas se publican en el Arancel de Aduanas y sirven para proteger los productos nacionales y evitar los intercambios excesivos.

Importante

Cuando una empresa no considera los gastos generales que se producen en departamentos o secciones cuyas actividades no son de fabricación, no recupera la inversión y a medio o largo plazo dará en quiebra.

Supongamos que en una empresa el coste directo de fabricación es de 10 millones de euros y se fija el precio de venta con un 50 % de beneficio sobre el coste directo; la producción se vende por 15 millones.

A simple vista parece que la empresa ha ganado 5 millones, pero si los costes indirectos o gastos generales han ascendido a 8 millones la realidad es que se han obtenido pérdidas; es decir, el coste total ha sido 10 + 8 = 18 millones y la venta se ha realizado por 15 millones, el resultado real ha sido 3 millones de pérdida.

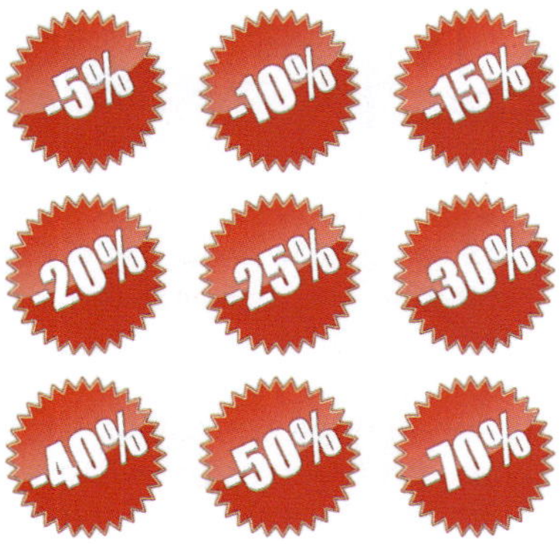

- **Descuento por volumen o «*rappel*»:** puede ser una cantidad global o un tanto por ciento, que se aplica una vez deducido el descuento comercial. Los descuentos por volumen pueden ser acumulativos y no acumulativos.
  - El *rappel acumulativo* se calcula sobre el importe total de las compras o basándonos en el número de unidades adquiridas durante un período. Por ejemplo: el 6 % si las compras anuales son superiores a 900.000,00 €, o si durante un trimestre las compras de un artículo ascienden a 3.000 unidades (en ambos casos se liquidan al final del período).
  - Los *rappels no acumulativos* se aplican a la cantidad que adquiere el comprador en un solo pedido. Por ejemplo: el 2 % para pedidos de 1.000 a 2.000 unidades y el 3 % si la compra es de 2.001 a 3.000 unidades del mismo artículo.
- **Descuento por pronto pago:** se concede cuando el cliente paga al contado o antes del plazo establecido por el proveedor. Por ejemplo, cuando el proveedor permite que sus clientes paguen a 90 días, suele aplicar un descuento del 2 % a los que pagan al contado o a 30 días. El descuento por pronto pago se calcula sobre el importe líquido de la mercancía, y una vez deducidos otros descuentos (comercial y por volumen).
- **Unidades bonificadas:** son un número de unidades gratis por cada «X» de compra, como ofertas 3 x 2. Estas unidades siempre se deben tener en cuenta al preparar el transporte o su ubicación en el almacén. El importe de las unidades de regalo se puede reflejar a precio «cero» o considerando todas al mismo precio y calculando sobre ellas el 100 % de descuento (véase el Caso práctico 6.1).

¿Sabías que...

Cuando los recursos del comprador son limitados, puede pedir un préstamo, siempre que las ventajas obtenidas con el descuento sean superiores a los intereses cobrados por el banco. De esta forma, obtiene ganancias con descuentos por pronto pago y su reputación ante el proveedor es de solvencia y cumplidor con sus deudas.

6.1.2. Gastos de adquisición y cláusulas Incoterms 2020

Los gastos a cargo del comprador incrementan el importe de la compra y plantean un problema al calcular el coste unitario. Cuando en la misma partida se adquieren o transportan artículos de varios tipos, ya sea por conseguir mayores descuentos o por aprovechar mejor el medio de transporte, el problema es: ¿cómo se calculan los gastos que corresponden a cada artículo?

El reparto de gastos o su imputación a cada producto se puede hacer según las unidades, el peso, el volumen, el precio, la dificultad de manipulación, etc. Veamos la aplicación práctica general que se utiliza para cada tipo de gasto:

- **Envases y embalajes.** El importe de estos gastos se reparte según las unidades; se aplica un envase para cada producto y un embalaje para cada «X» unidades o lote.
- **Transportes.** Los gastos de transporte se reparten en función del peso o del volumen, según las características de la mercancía y las condiciones de la compañía que realiza el servicio. El importe total del gasto se divide entre los kg, Tm, etc., transportados, para aplicar la cantidad que corresponden a cada artículo en función de su peso.
- **Carga y descarga.** Estos gastos se suelen repartir según el peso o el grado de dificultad para manejarlos. Teniendo en cuenta que la carga y descarga se pueda hacer de forma manual o se necesiten medios mecánicos, pues no presenta la misma dificultad la carga/descarga de zapatos, frigoríficos o vigas de cemento de 18 m de longitud.

- **Seguro y arancel.** Se aplican según el precio neto o valor de la mercancía. También se tienen en cuenta otras características del producto, pues no se paga la misma prima de seguro para cubrir los riesgos de artículos como: carne fresca, lunas de cristal, joyas o perlas. Con los aranceles pasa algo similar, los impuestos de importación de maíz, naranjas, tabaco o bebidas alcohólicas son distintos.

Los gastos de seguro, carga y descarga, derechos de aduana, peaje, etc., suelen estar ligados al transporte y para establecer si es el comprador o el vendedor quien debe soportar dichos gastos y las condiciones se aplican las denominadas «cláusulas Incoterms» (véase el Caso práctico 6.2).

Recuerda

Cuando los envases o embalajes sean retornables no se incluyen en el coste, pues el cliente los devuelve al proveedor y este le abona el importe correspondiente.

Caso práctico 6.1

El mayorista RODENAS ha comprado:

- Producto «A» 220 unidades a 30,00 €/ud.
- Producto «B» 150 unidades a 23,00 €/ud.

Las condiciones del proveedor son:

- Descuento comercial del artículo «A» es el 5 % y del artículo «B» el 10 %.
- Descuento por volumen: el 2 % en compras superiores a 200 unidades de cada artículo.
- Descuento por pronto pago el 2 % en ambos artículos.
- El artículo «B» está en promoción y regalan 10 unidades por cada 100 de compra.

Se pide:

1. Calcular el coste total.
2. Calcular el coste unitario de cada artículo.

Solución:

1. Coste total de la compra:

Artículos y conceptos	Cantidad	Precio	Importe
Artículo «A» (importe bruto)	220	30,00	6.600,00
Descuento comercial 5 % S/6.600			– 330,00
Rappels 2 % S/(6.600,00 – 330,00)			– 125,40
Descuento pronto pago 2 % S/(6.600,00 – 330,00 – 125,40)			– 122,89
Importe neto del Artículo «A»			**6.021,71**
Artículo «B» (importe bruto)	150	23,00	3.450,00
Descuento comercial 10 % S/3.450			– 345,00
Descuento pronto pago 2 % S/(3.450,00 – 345,00)			– 62,10
Unidades bonificadas (10 x 100)	10	0,00	0,00
Importe neto del Artículo «B»			**3.042,90 €**
Coste total			**9.064,61 €**

2. Coste unitario de cada artículo:

   Artículo «A» = 6.021,71 / 220 = 27,37 €/ud.

   Artículo «B» = 3.042,90 / 160 = 19,02 €/ud.

Caso práctico 6.2

El mayorista Comercial Conquense compra los siguientes productos:

Artículo «X»: 2.000 paletas a 1.000,00 €/p, con un dto. del 10 %.

Artículo «Y»: 3.000 paletas a 6.000,00 €/p, con un dto. del 20 %.

Los gastos a cargo del comprador son los siguientes:

- Embalajes del Artículo «X» 12.000,00 €, que se reparten según las unidades.
- Portes comunes 20.000,00 € en total y se reparten en función de los pesos; el artículo «X» pesa 1 kg, el artículo «Y» pesa 2 kg.
- Seguro 45.000,00 € y se reparten en función del precio neto (después de restar el descuento).

Se pide:

Calcular el coste unitario de cada artículo.

Solución:

Conceptos	Artículo «X»	Artículo «Y»
Precio de compra	1.000,00	6.000,00
Dto. 10 % (X) y 20 % (Y)	– 100,00	– 1.200,00
Precio neto de compra	**900,00**	**4.800,00**
Embalajes (1)	6,00	
Portes (2)	2,50	5,00
Seguro (3)	2,50	13,33
Coste unitario	**911,00**	**4.818,33**

(1) Embalajes: Artículo «X»: 12.000,00 / 2.000 = 6,00 €/ud.

(2) Portes: Peso en kg = 2.000 x 1 + 3.000 x 2 = 8.000 kg.
20.000,00 / 8.000 = 2,5 € por kg transportado

(3) Seguro: Importe asegurado = 2.000 x 900,00 + 3.000 x 4.800,00 = 16.200.000,00 €
Coeficiente = 45.000,00 / 16.200.000,00 = 0,0027777 de prima por €
El seguro de cada paleta es:
Artículo «X»: 900,00 x 0,0027777 = 2,50 €
Artículo «Y»: 4.800,00 x 0,0027777 = 13,33 €

Actividad propuesta 6.1

La empresa DISBER compra una partida de géneros a Bodegas VEGAMAR. La mercancía se empaqueta en cajas con doce botellas y los lotes son:

- Vino blanco 1.000 cajas a 300,00 €/ud.
- Vino rosado 2.000 cajas a 400,00 €/ud.
- Vino tinto 4.000 cajas a 500,00 €/ud.

Las condiciones de compra son las siguientes:

- El 10 % de descuento sobre la mercancía.
- Gastos a cargo del comprador: envases y embalajes no retornables 8.750,00; portes 6.300,00; seguro 1.395,00.
- Los gastos de envases y portes se reparten por unidades y el seguro en función del precio neto (después de restar el descuento).

Se pide:

Calcular el coste unitario de cada lote de los vinos.

Cláusulas Incoterms 2020

Los Incoterms son reglas, reconocidas internacionalmente, que definen derechos y obligaciones entre el comprador y el vendedor. Además establecen cómo se asignarán los costes y riesgos entre las distintas partes de una transacción. La Cámara de Comercio Internacional (CCI) es la encargada de elaborar estas reglas y supervisar las actualizaciones (cada 10 años) en función de los cambios que se producen en el comercio internacional.

Los Incoterms 2020 se clasifican en **dos grupos,** los que se utilizan para cualquier tipo de transporte *(«Any mode of transport»)* o multimodal y para el transporte de mercancías por mar o vías navegables de interior *(«Sea and Inland Waterway Transport Only»)*. La CCI recomienda que se utilicen en el siguiente orden:

- **Incoterms multimodales:** EXW, FCA, CPT, CIP, DAP, DPU y DDP.
- **Incoterms marítimos o vías navegables:** FAS, FOB, CIF y CFR.

Veamos hasta dónde llega o dónde comienza la responsabilidad del vendedor y del comprador. Cuándo tiene lugar la entrega de mercancías, la transmisión de riesgos, la distribución de gastos y los trámites de documentos aduaneros, según el Incoterm seleccionado.

- **EXW** (*Ex-Works*) – **En fábrica.** El vendedor entrega la mercancía en su fábrica o almacén y no corre ningún riesgo. El comprador se hace cargo de todos los gastos y los riesgos hasta el lugar de destino.
- **FCA** *(Free Carrier)* – **Franco porteador.** El vendedor entrega la mercancía al transportista en un lugar acordado. Los gastos y los riesgos son a cargo del comprador una vez que la mercancía ha sido entregada al transportista.
- **CPT** *(Carriage Paid To)* – **Transporte pagado hasta** (lugar de destino convenido). El vendedor paga el transporte hasta la ciudad de destino indicada; pero el seguro y el resto de gastos son a cargo del comprador.
- **CIP** *(Carriage and Insurance Paid To)* – **Transporte y seguro pagado hasta** (destino acordado). El vendedor paga los gastos de transporte y el seguro hasta el lugar de entrega. El vendedor debe fijar una cobertura de seguro de carga que cumpla con las **Cláusulas (A)** que cubren «todos los riesgos», aunque ambos pueden acordar un nivel inferior de cobertura.
- **DAP** *(Delivered At Place)* – **Entregada en el lugar.** El vendedor entrega la mercancía en algún punto del país de destino, acordado por ambas partes y especificado documentalmente. El comprador se hace cargo de los gastos y los riesgos desde el lugar convenido.
- **DPU** (*Delivered at Place Unloaded*) – **Mercancía entregada y descargada en lugar acordado.** El lugar de destino se identifica como «*a named place of destination*». Significa cualquier lugar y no solamente una «terminal», pero incluye la recomendación de que el lugar permita descargar correctamente la carga.
- **DDP** *(Delivered Duty Paid)* – **Entrega en destino con derechos pagados.** El vendedor paga los aranceles y los gastos en la aduana del país de importación, independientemente del lugar de entrega de la mercancía.

Importante

La cláusula **FCA** permite que los *Bills of Lading* **(conocimientos de embarque)** se puedan emitir después de la carga. Cuando las mercancías se transportan por vía marítima, el vendedor o el comprador pueden solicitar un conocimiento de embarque con la mención **«a bordo»**.

Las cláusulas Incoterms se deben fijar antes de entregar la mercancía para su transporte.

Importante

Los Incoterms 2020 indican que con las reglas **FCA, DAP y DPU** el comprador y el vendedor pueden realizar el transporte con sus propios medios en lugar de contratar los servicios de un porteador.

Importante

El Incoterm **DDP** puede generar algunos problemas. Por ello, se permite su desdoble en dos: **DTP** *(Delivered at Terminal Paid)* la mercancía se entrega en una terminal en el país del comprador y **DPP** *(Delivered at Place Paid)* la mercancía se entrega en cualquier lugar (por ejemplo, en el domicilio del comprador).

- **FAS** *(Free Alongside Ship)* – **Entrega a costado del buque.** El vendedor deja la mercancía en el puerto de embarque convenido al costado del buque y sin cargar. A partir de ahí, todos los gastos y los riesgos son a cargo del comprador.
- **FOB** *(Free On Board)* – **Entrega a bordo** (designado por el comprador). El vendedor debe entregar la mercancía «a bordo del buque» y pagar los gastos de estiba en el puerto de embarque convenido, desde ese momento todos los gastos y los riesgos son a cargo del comprador.
- **CIF** *(Cost, Insurance and Freight)* – **Coste, seguro y flete** (lugar de entrega acordado). El vendedor paga los gastos hasta el puerto de destino convenido, incluido el seguro de cobertura mínima, **Cláusulas de Carga del Instituto (C),** quedando a negociación entre comprador y vendedor acordar una cobertura superior.
- **CFR** *(Cost and Freight)* – **Coste y flete.** El vendedor entrega la mercancía en el puerto de embarque, contrata la bodega del barco y paga el flete hasta destino. El comprador paga el seguro (durante el transporte en barco) y corre con todos los gastos y los riesgos hasta el almacén de destino.

	INCOTERMS 2020									
	Carga a camión	Transporte interior en origen	Despacho de exportación	Carga y estiba	Flete internacional	Seguro	Descarga	Despacho de importación	Transporte interior en destino	Descarga
EXW	C	C	C	C	C	C	C	C	C	C
FCA	V	V	V	C	C	C	C	C	C	C
CPT	V	V	V	V	V	C	C	C	C	C
CIP	V	V	V	V	V	V Cláusula A	C	C	C	C
DAP	V	V	V	V	V	C	C	C	V	C
DPU Lugar	V	V	V	V	V	V	V	C	C	C
DPU Terminal	V	V	V	V	V	V	V	C	V	V
DDP	V	V	V	V	V	V	V	V	V	C
FAS	V	V	V	C	C	C	C	C	C	C
FOB	V	V	V	V	C	C	C	C	C	C
CIF	V	V	V	V	C	V Cláusula C	C	C	C	C
CFR	V	V	V	V	V	C	C	C	C	C

V: Responsabilidad del vendedor / C: Responsabilidad de comprador

6.2. Costes logísticos: directos-indirectos, fijos-variables

Para clasificar los costes debemos conocer el comportamiento de los mismos. El coste de materias primas es proporcional a las unidades fabricadas; los salarios se pueden considerar, en principio, proporcionales, pero también cabe estimar una parte fija (sueldo base) y otra parte proporcional (comisiones); la energía se puede desglosar en una parte fija (mínimo) y otra proporcional (consumo). Además, cuando se fabrican y/o almacenan varias gamas de productos, aunque sea dentro del mismo proceso, generalmente siempre hay unos que ocasionan mayor gasto.

Los costes que estudiaremos se dividen en dos grupos: según su imputación al producto y según el nivel de actividad.

Costes según su aplicación al producto

Los costes según su imputación al producto se clasifican en: directos, indirectos y semidirectos.

- **Costes directos:** son los que se pueden identificar con el producto que los ha motivado. Como el coste de las materias primas incorporadas a cada producto, la mano de obra utilizada en su elaboración, etcétera.
- **Costes indirectos:** son aquellos gastos comunes que no se pueden atribuir a ningún artículo ni departamento en particular; por ejemplo, salarios del personal (administrativos, ordenanzas, porteros, directivos, etc.), alquiler o amortización del local, seguro del mismo, etcétera.
- **Costes semidirectos:** son los que no se pueden aplicar directamente a un producto, pedido u orden de fabricación pero se pueden localizar en un taller, sección o departamento de la empresa; por ejemplo, el sueldo del encargado del taller.

Costes según el nivel de actividad

Los costes según el nivel de actividad se clasifican en fijos y variables.

- **Costes fijos:** son aquellos que se producen por estar la empresa en funcionamiento y permanecen constantes durante un período de tiempo. El importe de los costes fijos es independiente de las unidades fabricadas y/o almacenadas; por ejemplo, gastos del local, inversión en maquinaria, mano de obra indirecta (salarios del personal de administración y limpieza) y gastos generales.
- **Costes variables:** son los que varían en función del nivel de actividad. El importe depende del número de unidades fabricadas; por ejemplo: consumo de materias primas; mano de obra directa (salarios del personal de fabricación y los locales que se utilizan para elaborar o almacenar el producto); otras veces estos gastos son proporcionales a la cifra de ventas, como gastos comerciales (transporte de ventas), comisiones, etcétera.

Costes de fabricación = costes fijos + costes variables
(proporcionales a las unidades fabricadas)

¿Sabías que...

Los costes indirectos y los semidirectos se imputan a cada producto utilizando coeficientes de reparto.

Algunos costes indirectos se pueden convertir en semidirectos instalando un contador para localizar la energía consumida en cada sección o máquina.

Recuerda

Los costes fijos se consideran **cargas de estructura,** pues permiten que la empresa posea su capacidad de servicio (almacenaje, fabricación y venta).

Coste de fabricación =

Costes directos

Consumo de materias primas:
Existencias iniciales
+ Compras
– Devoluciones de compras
– *Rappels* sobre compras
– Existencias finales

Mano de obra directa: Sueldo del personal en contacto directo con el producto.

Otros gastos de fabricación: energía y gasto de las máquinas que están en contacto directo con el producto.

\+

Costes indirectos

Gastos originados en las distintas fases de actividad, que se reparten entre las secciones y productos implicados.

Coste de productos terminados =

Ex. inicial de productos en curso
+ Coste de fabricación
– Ex. final de productos en curso

Coste de ventas =

Ex. inicial de productos terminados
+ Coste de la producción terminada
– Ex. final de productos terminados

$$\text{Coste unitario} = \frac{\text{Coste de fabricación}}{\text{Número de unidades fabricadas}}$$

Figura 6.2. Esquema de costes. Cálculo del coste del producto fabricado.

Resultado del período

Los costes que se ocasionan en el proceso de fabricación deben generar unos ingresos que permitan obtener el beneficio suficiente, para remunerar el capital invertido y atender el proceso normal de autofinanciación. Veamos mediante un esquema (véase la Figura 6.3) cómo se calculan los resultados de un ejercicio económico o período de explotación.

Ventas netas
–
Coste de productos vendidos
=
Margen industrial

→

Margen industrial
–
Gastos de venta
=
Margen comercial

→

Margen comercial
–
Gastos de administración
=
Resultado de período

Figura 6.3. Cálculo de los resultados obtenidos en un ejercicio económico.

Cuando el resultado del margen industrial o comercial es positivo se traduce por beneficios, en caso contrario, se han obtenido pérdidas en la sección de la empresa en la cual se ha calculado; del mismo modo, el resultado del período o de todo el ejercicio económico puede ser **positivo (beneficios) o negativo (pérdidas).**

Caso práctico 6.3

Los costes de la empresa ZIBER durante el primer trimestre del año han sido los siguientes:

- Coste de materias primas: 48.000,00 €.
- Mano de obra directa: 23.800,00 €.
- Costes fijos: 45.000,00 €.
- Fabricación terminada: 1.000 unidades.

Las ventas han sido 800 unidades al precio de venta de 230,50 €/ud.

Se pide:

1. Calcular el coste total y el coste unitario.
2. Calcular el resultado del período (margen industrial y margen comercial, si los gastos comerciales han sido de 13.360 €).
3. Calcular el beneficio que ha obtenido la empresa por cada unidad vendida.

Solución:

Coste total de fabricación = 48.000,00 + 23.800,00 + 45.000,00 = **116.800,00 €.**

Coste unitario = 116.800,00 / 1.000 = **116,80 €/ud.**

Ingresos por ventas = 800 x 230,50 = 184.400,00 €.

Coste de los productos vendidos = 800 x 116,80 = 93.440,00 €.

Margen industrial = 184.400,00 – 93.440,00 = **90.960,00 €.**

Margen comercial = 90.960,00 – 13.360,00 = **77.600,00.**

El **resultado** del período ha sido un **beneficio de 77.600,00 €.**

El **beneficio de cada unidad vendida** es = 77.600,00 / 800 = **97,00 €/ud.**

6.2.1. Umbral de rentabilidad

Algunas empresas planifican los beneficios de cada período en función de dos variables: costes y volumen de producción. Suponen que si disminuyen los costes y aumentan las unidades fabricadas conseguirán mayores beneficios.

Sin embargo, este planteamiento no es del todo cierto, pues los ingresos por ventas no se pueden incrementar a voluntad. Las ventas dependen de la capacidad de compra del mercado de consumo, por eso los costes se deben establecer según las posibilidades de venta; es decir, nos debemos plantear la siguiente pregunta:

¿Cuántas unidades hay que fabricar para obtener beneficios?

La producción debe estar por encima del punto muerto o punto de equilibrio, este se consigue cuando el margen comercial cubre los costes fijos de la empresa, pues a partir de aquí cada unidad vendida genera beneficios.

El **umbral de rentabilidad** es el punto de equilibrio o punto muerto que para un volumen de producción o ventas el ingreso total es igual al coste total.

> **Recuerda**
>
> Muchas empresas tienen capacidad para fabricar más cantidad de artículos, pero fijan sus objetivos en un volumen y desconocen que con los mismos recursos (maquinaria y personal) pueden aumentar la producción por encima del objetivo establecido.

El nivel de producción se calcula a través del umbral de rentabilidad.

Como en el punto de equilibrio los ingresos únicamente cubren los gastos, el análisis del umbral de rentabilidad se hace partiendo de las siguientes condiciones:

- Los ingresos son crecientes, aumentan cuando aumentan las unidades vendidas o el precio.
- Los costes variables son crecientes, a mayor producción los costes son mayores.
- Los costes fijos son constantes, no dependen del volumen de producción.
- Los costes totales también son crecientes, pues dependen de los costes variables.

Veamos en la Figura 6.4 la representación gráfica del umbral de rentabilidad. En el eje «**Y**» se refleja el importe de las ventas y los costes correspondientes a diferentes volúmenes de actividad y en el eje «**X**» las unidades de producción o venta. Los costes fijos están representados por la horizontal $\mathbf{C_F}$; los ingresos totales por la recta **I**; los costes variables por la recta $\mathbf{C_V}$ y los totales por la recta $\mathbf{C_T}$.

El umbral de rentabilidad es el punto **U** donde se cortan la recta de los ingresos y la de los costes totales.

Para los distintos niveles de producción y venta representados en la figura, el umbral de rentabilidad es el punto (30,100) y se obtiene para una producción de 30 unidades a un precio (Po) que multiplicado por las unidades

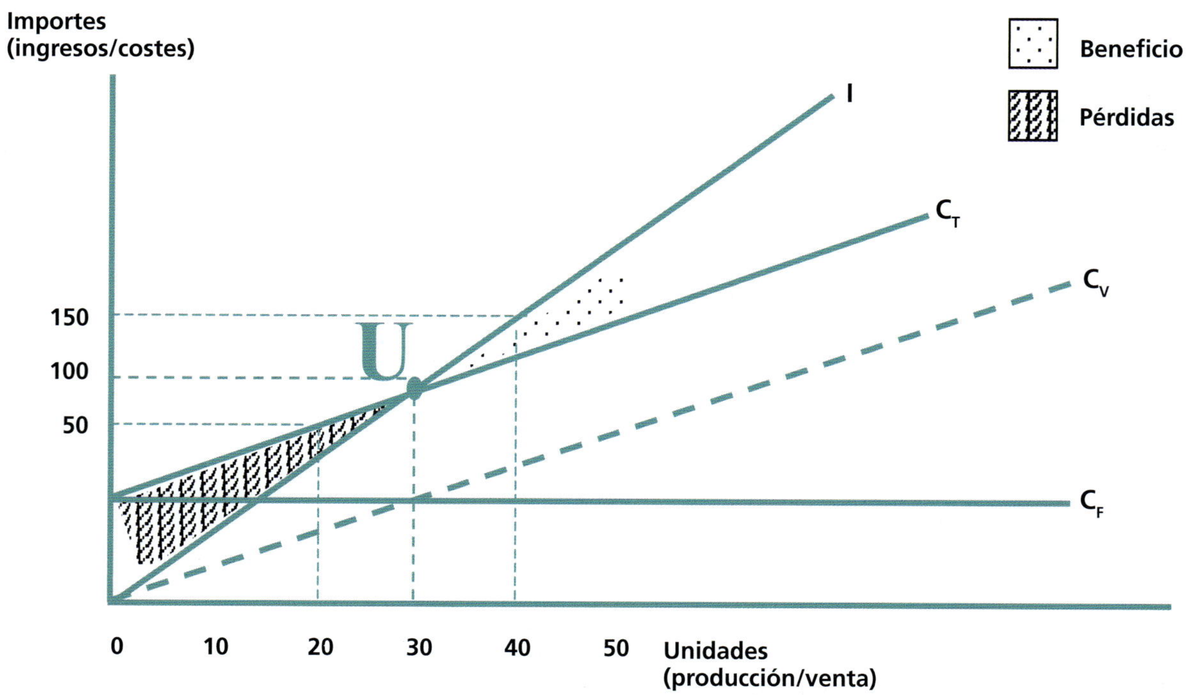

Figura 6.4. Representación del umbral de rentabilidad o punto muerto.

vendidas los ingresos son igual a 100, pero con estos ingresos el beneficio es nulo, pues los $C_T = I$.

Suponiendo que el precio es el adecuado y permanecerá constante, cuando el volumen de producción disminuye a 20 unidades existen pérdidas, pues los costes son superiores a los ingresos; por el contrario, si aumenta a 40 unidades la empresa obtiene beneficios, pues los ingresos son superiores a los costes.

Caso práctico 6.4

La empresa EL PUPITRE fabrica mesas escolares y aporta los siguientes datos:

- Consumos: materia prima «A» 58.000,00 € y materia prima «B» 18.000,00 €.
- Gastos de administración y limpieza: 12.000,00 €.
- Mano de obra directa: 25.000,00 €.
- Gastos de almacenaje: 13.000,00 €.
- Suministros: 8.000,00 €.
- Gastos por mantenimiento de maquinaria: 18.000,00 €.
- Productos fabricados 2.500 mesas.

Se pide:

1. Desglosar los costes (variables/fijos) y calcular el coste total.
2. Calcular el umbral de rentabilidad para un precio de venta de 125,50 €/ud.
3. Calcular el margen industrial por la venta de las mesas.
4. Representar gráficamente los resultados.

Solución:

1.° Costes variables, costes fijos y coste total

Costes variables		Costes fijos	
Materia prima «A»	58.000	Administración y limpieza	12.000
Materia prima «B»	18.000	Suministros	8.000
Mano de obra directa	25.000	Mantenimiento maquinaria	18.000
Almacenaje	13.000		
Totales	**114.000**		**38.000**
Coste total = costes variables + costes fijos = 114.000 + 38.000 = 152.000 €			

2.° Umbral de rentabilidad

El punto de equilibrio es: Ingreso total = Coste total; y el beneficio = cero.

Aplicando la fórmula: $P_v \times Q = C_f + C_{vu} \times Q$

P_v = precio de venta unitario = 125,50 €.

Q = número de unidades fabricadas.

C_f = costes fijos = 38.000 € (no dependen del número de unidades).

C_{vu} = coste variable unitario = 114.000 / 2.500 = 45,60 €.

Caso práctico 6.4 (Cont.)

Sustituimos en la ecuación los valores correspondientes:

125,5 x Q = 38.000 + 45,60 x Q; y despejamos:

Q = 38.000 / (125,5 – 45,60) = 475,594; **Q = 476 unidades** (redondeamos por exceso)

El umbral de rentabilidad se consigue con una producción de 476 mesas, a partir de esta cantidad la empresa obtiene beneficios.

3.° Margen industrial obtenido por la venta de las mesas

Margen industrial = Ingresos totales – Costes totales

Ingresos totales = 2.500 x 125,50 = 313.750,00 €

Margen industrial = 313.750 – 152.000 = 161.750,00 € de beneficio

4.° Representación gráfica de los resultados

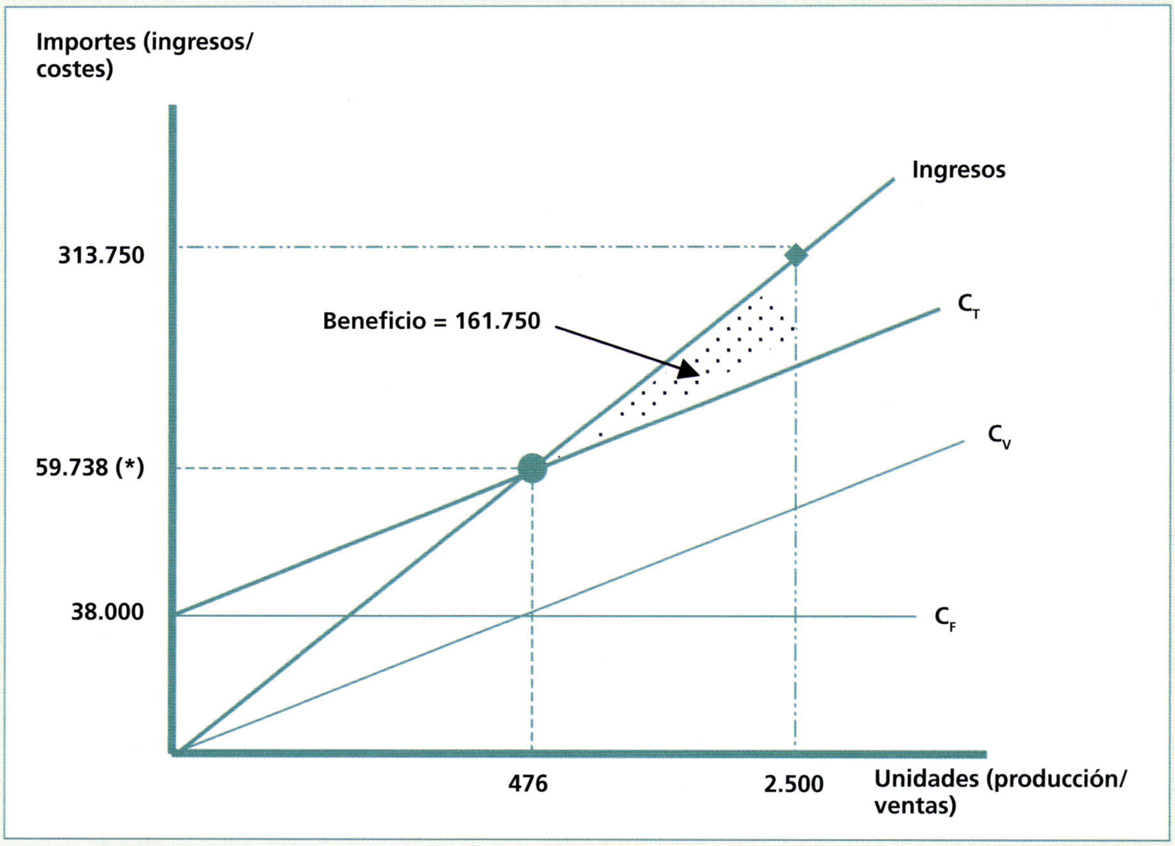

(*) Ingresos en el punto de equilibrio = 476 x 125,50 = 59.738,00 €.

¿Sabías que...

Cuando tenemos que hacer muchos pedidos al año aumentan los gastos de administración, transporte, embalaje, etcétera.

Cuando la cantidad almacenada es grande aumentan los gastos de almacenaje (personal, maquinaria, mantenimiento de existencias, mermas, deterioros, etcétera).

Actividad propuesta 6.2

La empresa Neumáticos Michelín ha fabricado 5.000 ruedas y los gastos han sido:

- Consumo materia prima «A»: 15.600,00 €.
- Consumo materia prima «B»: 11.800,00 €.
- Mano de obra directa: 28.600,00 €.
- Gastos de almacenaje: 9.500,00 €.
- Alquiler del local: 3.900,00 €.
- Gastos generales: 5.700,00 €.
- Gastos de administración: 2.800,00 €.
- Gastos de limpieza: 2.600,00 €.

Se pide:

1. Desglosar los costes variables y fijos.
2. Calcular el umbral de rentabilidad.
3. Calcular el margen industrial para un precio venta de 18,90 €/ud.
4. Representar los resultados obtenidos.

6.3. Volumen óptimo de pedido (VOP)

Como hemos visto, los costes que afectan directamente en la gestión de *stocks* son de adquisición (costes de gestión de pedidos) y de almacenaje (costes de posesión). Si analizamos el comportamiento de estos costes observamos:

- Los costes de gestión de pedidos disminuyen cuanto mayor sea la cantidad solicitada en cada pedido.
- Los costes de posesión aumentan cuanto mayor es la cantidad del pedido.

Si la cantidad que solicitamos en cada pedido es pequeña, los costes de posesión son pequeños, pero necesitamos hacer muchos pedidos al año y aumentan los costes de gestión, y a la inversa. Por eso la pregunta que nos planteamos es:

¿Qué cantidad hay que solicitar para que los costes totales sean mínimos?

La cantidad que debemos solicitar se conoce como volumen óptimo de pedido (VOP) o «lote económico» y es aquella que genera el mínimo coste de aprovisionamiento. **El volumen óptimo de pedido es aquel que iguala los costes de gestión de pedidos y los costes de posesión.**

Para calcular el VOP seguiremos el modelo de Wilson, que parte de las siguientes hipótesis:

1. La demanda **(D)** es constante por unidad de tiempo; por ejemplo, si al año se necesitan 2.400 unidades, al semestre 1.200, al trimestre 600 y al mes 200.
2. El coste de gestión del pedido **(Cg)** es constante e independiente de la cantidad solicitada.

3. El coste de posesión **(Cp)** es constante por unidad de producto y tiempo.
4. No se admite la rotura de *stocks*, ya que se crea un *stock* de seguridad.

Cálculo del volumen óptimo de pedido

Partiendo de la demanda anual **(D)** y la cantidad a solicitar en cada pedido **Q.** El número de pedidos que tendremos que solicitar será:

$$\text{N.º pedidos} = \frac{D}{Q}$$

Los **costes de gestión** anuales serán igual al coste de gestionar un pedido **Cg** por el número de pedidos.

$$\text{Costes de gestión} = Cg\ \frac{D}{Q}$$

Los **costes de posesión Cp** es lo que cuesta almacenar una unidad de producto por el *stock* medio; siendo ***stock* medio = (Q/2).**

$$\text{Costes de posesión} = Cp\ \frac{Q}{2}$$

Igualamos las fórmulas de los costes de gestión y los de posesión:

$$Cg\ \frac{D}{Q} = Cp\ \frac{Q}{2}$$

Efectuamos operaciones:

$$Cg \times D \times 2 = Q^2 \times Cp \quad ; \quad \text{despejamos:} \quad Q^2 = \frac{Cg \times D \times 2}{Cp}$$

Extraemos la raíz cuadrada de **Q** y obtenemos la fórmula del VOP:

$$VOP = Q = \sqrt{\frac{Cg \times D \times 2}{Cp}}$$

¿Sabías que...

Un camión, que transporta mercancías de Madrid a Tarragona, ocasiona los mismos gastos (gasolina, salario del conductor, etc.) si la caja del camión está llena, como si viaja a media carga.

Caso práctico 6.5

Supongamos que la demanda anual de un artículo es de 44.000 unidades. Cada vez que se emite un pedido los gastos ascienden a 2,50 € y el coste de almacenamiento es de 3,80 €.

Se pide:

¿Cuál es la cantidad óptima a solicitar en cada pedido?

Solución:

Sustituyendo en la fórmula los valores conocidos obtenemos:

$$Q = \sqrt{\frac{2{,}50 \times 44.000 \times 2}{3{,}80}} = 240{,}61 \text{ unidades}$$

El VOP es de 241 unidades, no se puede pedir media unidad de un producto.

6.3.1. VOP y las variaciones del precio de compra

Como hemos visto, el modelo de Wilson no tiene en cuenta el coste de adquisición, que es igual al precio de compra **(P)** por la cantidad anual adquirida **(Q)**.

Coste total = coste de adquisición + coste de gestión de pedido + coste de posesión

Cuando el precio unitario de compra varía en función del número de unidades solicitadas, el coste de adquisición incrementa el coste total, aunque la demanda anual sea constante. En estos casos, las propuestas del proveedor nos obligan a plantearnos qué cantidad nos conviene solicitar en cada pedido.

Ejemplo. Supongamos que la empresa ASTRA compra anualmente 64.000 unidades del producto «X». Cada vez que solicita un pedido los gastos de transporte y gestión son de 160,00 € y el coste anual por almacenar una unidad de producto es de 50,00 €.

El proveedor, según cantidad solicitada, oferta los siguientes precios:

- Hasta 1.000 unidades a 30,00 €/ud.
- De 1.001 a 3.000 unidades a 25,00 €/ud.
- De 3.001 a 5.000 unidades a 20,00 €/ud.

¿Qué cantidad conviene solicitar en cada pedido para que el coste total sea mínimo?

¿Cuántos pedidos tendremos que realizar?

¿Cuál será el coste total?

Importante

Cuando el precio de compra depende del número de unidades por pedido, para calcular el volumen óptimo se analizan las ofertas del proveedor y se comparan los costes totales.

Primero calculamos el VOP, aplicando la fórmula de Wilson:

$$Q = \sqrt{\frac{Cg \times D \times 2}{Cp}} = \sqrt{\frac{160,00 \times 64.000 \times 2}{50,00}} = 640 \text{ unidades}$$

N.° de pedidos = D / Q = 64.000 / 640 = 100 pedidos al año.

Para un pedido de 640 unidades, el precio es a 30,00 €/ud. Y los costes de los 100 pedidos serán:

Coste de adquisición = 64.000 x 30,00 = ... 1.920.000,00

Coste de gestión = 100 x 160,00 = ... 16.000,00

Coste de almacenaje = (640 / 2) x 50,00 = ... 16.000,00

Coste total = ... **1.952.000,00 €**

Supongamos ahora que hacemos 50 pedidos al año. ¿Cuál será el coste total?

La cantidad a solicitar en cada pedido será:

64.000 / 50 = 1.280 unidades, al precio de 25,00 €/ud.

Coste de adquisición = 64.000 x 25,00 = ... 1.600.000,00

Coste de gestión = 50 x 160,00 = ... 8.000,00

Coste de almacenaje = (1.280 / 2) x 50,00 = ... 32.000,00

Coste total = ... **1.640.000,00 €**

Coste de adquisición
+
Coste de gestión
+
Coste de posesión

= Coste total

Y ahora supongamos que reducimos el número de pedidos a 20. ¿Cuál será el coste total?

En cada pedido solicitaremos: 64.000 / 20 = 3.200 unidades, al precio de 20,00 €/ud.

Coste de adquisición = 64.000 x 20,00 = ... 1.280.000

Coste de gestión = 20 x 160,00 = ... 3.200

Coste de almacenaje = (3.200 / 2) x 50,00 = ... 80.000

Coste total = ... **1.363.200 €**

Con el análisis anterior, podemos observar que:

- El coste total es menor a medida que reducimos el número de pedidos.
- Los costes de gestión y almacenaje solo son iguales cuando la cantidad solicitada es igual al VOP.
- Los costes de gestión disminuyen cuando se reduce el número de pedidos, mientras que con los costes de almacenaje ocurre lo contrario.

Sin embargo, en la práctica, cuando se utiliza este **método de tanteo** también se tienen en cuenta otros factores como la capacidad del almacén, el volumen a transportar en cada viaje, las condiciones de pago del proveedor, etcétera.

Actividad propuesta 6.3

La empresa Cerámicas HISPANIA es cliente de PORCELANOSA y respecto a las baldosas de referencia L-20 aporta la siguiente información:

- Demanda anual: 45.000 cajas.
- Coste de gestión del pedido: 175,00 €.
- Coste de almacenaje: 150,00 €.

Se pide:

1. Calcular el volumen óptimo de pedido.
2. Para pedidos de poco volumen el precio es de 70,00 €/caja. Pero PORCELANOSA propone ofertas especiales por volumen de compra:
   - Pedido de 500 unidades al precio de 60,00 €/ud.
   - Pedido de 1.000 unidades al precio de 55,00 €/ud.
   - Pedido de 2.000 unidades al precio de 50,00 €/ud.

   ¿Qué cantidad conviene solicitar en cada pedido para que el coste total sea mínimo?

   ¿Cuántos pedidos tendremos que hacer al año?

6.4. Punto de pedido y reaprovisionamiento

El reaprovisionamiento o reposición de *stocks* tiene lugar antes de que se produzca el desabastecimiento, de esta forma evitamos rotura de *stocks* y problemas de suministro a nuestros clientes.

Cuando hemos llegado a un nivel de existencias que nos permite cubrir la demanda durante el plazo de entrega del proveedor, debemos emitir un pedido; este nivel de *stocks* que nos obliga a solicitar un pedido se denomina **punto de pedido.**

Punto de pedido (P_p) es el nivel de existencias que indica cuándo se debe emitir un pedido de reposición.

El nivel de existencias puede estar fijado por un *stock* mínimo más la cantidad que necesitamos desde la emisión del pedido hasta que el proveedor realiza la entrega. De esta forma, en el momento de la recepción del producto, el nivel de existencias es igual que el *stock* de seguridad establecido, cuando las previsiones coinciden con las ventas reales.

El **punto de pedido (P_p)** se calcula multiplicando la demanda media **(D_m)** por el plazo de entrega **(P_e)** o número de días que tarda el proveedor en servir el pedido solicitado. Siendo **(D_m)** igual al cociente entre el consumo **(D)** anual y el número de días de actividad.

$$P_p = D_m \times P_e$$

Demanda media

x

Plazo de entrega

= Punto de pedido

Hacer un pedido siempre ocasiona costes de gestión.

Cuando la empresa establece un *stock* de seguridad **(S_s)** el punto de pedido se calcula:

$$P_p = S_s + (D_m \times P_e)$$

El ***stock* de seguridad** es igual a la demanda media por los días que se puede retrasar el proveedor al realizar la entrega, siendo **P_r** los días que se retrasa el suministro.

$$S_s = D_m \times P_r$$

Demanda media
x
Días retraso entrega

= *Stock* de seguridad

Cuando los artículos son de fabricación propia, el plazo de entrega es el tiempo que dura el proceso de fabricación y se puede conocer, aunque se produzcan pequeñas variaciones. Pero, cuando las mercancías se compran a un proveedor exterior, el plazo de entrega dependerá de las siguientes circunstancias:

- Que pactemos con el proveedor un contrato de suministro y en el mismo pactemos el plazo de entrega, por ejemplo a los 5 días de solicitar el pedido.
- Que hagamos pedidos periódicos y con regularidad, por ejemplo, pactando que la entrega se realice semanalmente, cada 15 días, etcétera.
- Que los pedidos sean esporádicos y verbales; en este caso tendremos que hacer un seguimiento del tiempo que tarda en llegar el suministro del proveedor.

Caso práctico 6.6

La empresa ASTRA mantiene su actividad durante 280 días al año y necesita anualmente 98.000 unidades del artículo «A». El plazo de entrega del proveedor es a los 10 días de emitido el pedido, pero se puede retrasar hasta 4 días.

¿Qué *stock* de seguridad se necesita?

¿A qué nivel de existencias se debe emitir el pedido de reposición?

Solución:

La demanda media es:

D_m = 98.000 / 280 = 350 unidades cada día.

El ***stock* de seguridad** será:

S_s = 350 x 4 = **1.400 unidades.**

Y el **nivel de existencias** en el punto de pedido:

P_p = $S_s + (D_m \times P_e)$ = 1.400 + 350 x 10 = **4.900 unidades.**

El pedido de reposición se emite cuando las existencias sean de 4.900 unidades.

Actividad propuesta 6.4

Un mayorista de artículos de viaje aporta la siguiente información del artículo M-20:

- Coste de gestión del pedido: 755 €.
- Demanda anual: 240.000 unidades.
- Coste de almacenaje: 350 €.
- Plazo de suministro: 14 días.
- Retraso del suministro: 6 días.
- Actividad comercial: 300 días al año.

Se pide:

Calcular el VOP, el *stock* de seguridad y el punto de pedido.

6.4.1. Métodos de reposición de existencias

Los métodos o sistemas que más se utilizan para calcular la reposición del *stock* son: revisión continua y revisión periódica.

Sistema de revisión continua

El sistema de revisión continua, denominado también «a nivel», consiste en revisar el nivel de existencias de un artículo cada vez que se produce una recepción o una venta; de esta forma se tiene permanentemente conocimiento del *stock* almacenado.

¿Cuándo hay que emitir un pedido?

El pedido se emite cuando las existencias han llegado al nivel del «punto de pedido». Con este sistema no existe una periodicidad predeterminada para realizar los pedidos, ya que la frecuencia de los mismos se establece automáticamente en función del ritmo de ventas y el nivel de existencias en el punto de pedido. Cuando la demanda es alta, los pedidos se emiten con mucha frecuencia, mientras que si la demanda es baja, las solicitudes son menos frecuentes.

¿Qué cantidad hay que pedir?

La cantidad a solicitar es constante, será siempre la misma y vendrá determinada por el VOP.

Caso práctico 6.7

La empresa IMPORCAL es un distribuidor de calderas de calefacción y desea conocer el punto de pedido y el VOP del artículo de referencia C10-X. Para ello, disponemos de la siguiente información:

- Coste de gestión del pedido (C_g) es de 350,00 €.
- Demanda anual (Q) son 12.000 unidades.
- Coste de almacenamiento (C_p) es de 0,75 €.
- Plazo suministro (P_e) es de 20 días.
- *Stock* de seguridad (S_s) es de 400 unidades.

Se pide:

1. Calcular el punto de pedido y el VOP, sabiendo que la actividad laboral de la empresa es de 300 días al año.
2. Representar gráficamente el movimiento del *stock* de dicho artículo.

Caso práctico 6.7 (Cont.)

Solución:

Demanda media diaria = 12.000 / 300 = 40 unidades.

Punto de pedido $P_p = S_s + (D_m \times P_e) = 400 + (40 \times 20) =$ **1.200 unidades.**

El pedido de reposición se emite cuando el *stock* llegue al nivel de 1.200 unidades.

VOP aplicando la fórmula de Wilson será:

$$\text{VOP} = \sqrt{\frac{C_g \times D \times 2}{C_p}} = \sqrt{\frac{350{,}00 \times 12.000 \times 2}{0{,}75}} = 3.347 \text{ unidades}$$

Representación gráfica:

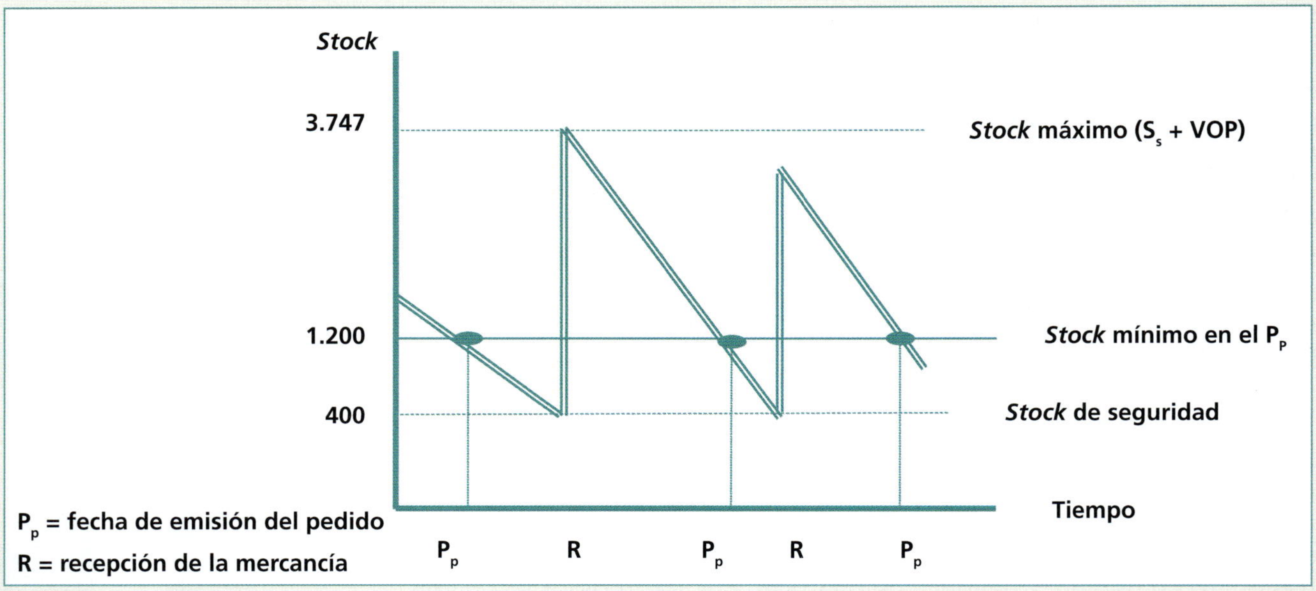

Sistema de revisión periódica

El sistema revisión periódica o «por cobertura» consiste en realizar el pedido en **fechas prefijadas y constantes.**

La cantidad que se solicita en cada pedido es variable, de manera que al recibir la mercancía siempre llegamos al *stock* máximo necesario para cubrir la demanda del próximo período.

El ***stock* máximo** se determina por la demanda durante el plazo de entrega, más la demanda entre dos revisiones consecutivas, más el *stock* de seguridad.

$$\textit{Stock}\text{ máximo} = D_m \times P_e + D_m \text{ del período} + S_s$$

El inventario o revisión del *stock* se hace en una fecha fija, que se corresponde con el punto de pedido. Al revisar las existencias se observa la cantidad que se necesita de cada producto para llegar al nivel de *stock* máximo.

Caso práctico 6.8

La empresa TAPIZADOS VICA mantiene su actividad durante 310 días al año. El consumo anual del tejido L-12 es de 2.480 piezas. Las existencias se revisan mensualmente y se envía el pedido al proveedor, este tarda unos 10 días en suministrar la mercancía solicitada.

Se pide:

1. Calcular el *stock* máximo si el *stock* de seguridad está establecido en 50 piezas.
2. Calcular la cantidad a solicitar el 1 de marzo si las existencias son 150 piezas y el taller permanecerá abierto 23 días durante este mes.

Solución:

Consumo medio anual: 2.480 / 310 = 8 piezas al día.

Consumo entre dos revisiones*: 8 x 23 = 184 piezas; (*) consumo del mes de marzo.

***Stock* máximo** = (8 x 10) + 184 + 50 = **314 piezas.**

Cantidad a solicitar = 314 – 150 = **164 piezas.**

Representación gráfica:

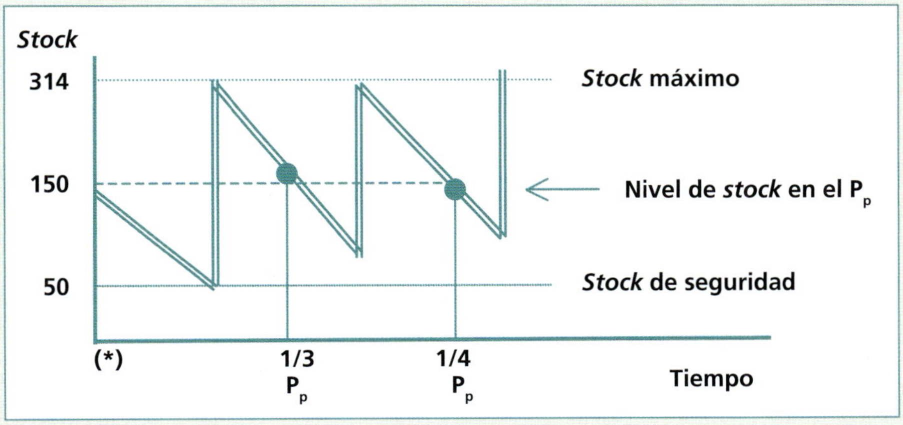

(*) del 1/3 al 1/4 corresponde al consumo de marzo.

Resumen 6

Elementos que forman el coste del producto:

- La adquisición de materiales y envases que se incorporan al producto.
- Los gastos por almacenaje de materias primas, productos intermedios y terminados.
- Los gastos del proceso de transformación o fabricación.

Cálculo del coste de adquisición:

- Importe de compra de los artículos adquiridos.
- **Menos:** descuentos (comercial, *rappel,* pronto pago y otros).
- **Más:** gastos de compra (envases, embalajes, transporte, seguro, etcétera).

Componente del coste de fabricación:

- Coste de adquisición de todos los materiales que se incorporan al producto.
- Coste de envases/embalajes y empaquetado del producto fabricado.
- Coste de salarios y cargas del personal de fabricación.
- Coste de servicios de empresas o especialistas durante la fabricación.
- Gasto de combustible y otras energías utilizadas en el proceso de fabricación.
- Gastos por amortización o alquiler de locales y almacenes.
- Gastos por amortización o desgaste y mantenimiento de instalaciones y máquinas.

Cálculo del coste de los productos fabricados:

- Consumo de materias primas y otros materiales.
- **Más:** costes directos de mano de obra.
- **Más:** costes directos de fabricación.
- **Más:** parte proporcional de los costes indirectos y semidirectos.

Comportamiento de los costes:

- Los costes variables dependen del volumen de fabricación; cuando aumenta el número de unidades fabricadas, los costes se incrementan.
- Los costes fijos se mantienen constantes; cuando aumenta el volumen de fabricación, los costes no aumentan.
- El coste total también depende del volumen de fabricación y cuando aumenta la producción, aumentan los costes totales.

Relación entre volumen de fabricación y beneficios

El beneficio es **igual** a los ingresos por ventas **menos** el coste de los productos vendidos.

Si aumenta la producción, aumentan las ventas y aumentan los beneficios; pero al aumentar la producción también aumentan los costes.

La empresa obtiene beneficios cuando fabrica por encima del umbral de rentabilidad; es decir, cuando los ingresos por ventas son mayores que los costes de fabricación.

Volumen óptimo de pedido

Cantidad que debemos solicitar en cada pedido, para generar los mínimos costes de aprovisionamiento y almacenaje.

Punto de pedido

Fecha en la cual debemos emitir un pedido para que el suministro llegue antes de agotar el *stock.*

Reaprovisionamiento o reposición de existencias:

- Reposición por revisión continua del *stock:* se controlan las existencias cada vez que se produce una entrada/salida para saber cuándo se debe emitir un pedido.
- Reposición por revisión periódica del *stock:* se solicita en cada pedido la cantidad que permite cubrir las necesidades hasta la reposición siguiente.

La reposición es por el sistema de revisión periódica. El *stock* disponible el 1 de enero es de 250 unidades, el 1 de febrero 280, el 1 de marzo 220 y el 1 de abril 230.

Se pide:

1. Determinar el *stock* máximo de dicho artículo.
2. Calcular la cantidad a pedir en los próximos 4 meses.
3. Representar gráficamente el movimiento de *stocks.*

6.12. La empresa Puertas BORDÓN fabrica tres modelos de puertas de madera. La fabricación del último ejercicio fue de 6.000 puertas y según el administrativo que realiza la contabilidad, se obtuvo un beneficio de un millón de euros.

El jefe de producción dice que los datos no son correctos y asegura que la empresa tiene capacidad para fabricar más puertas de cada modelo o ampliar la producción con otros artículos (ventanas, cajoneras, etcétera).

Se pide:

Calcular el umbral de rentabilidad para cada artículo, partiendo de los datos siguientes:

Costes variables		Costes fijos	
Consumo de maderas	580.000	Gastos administración y varios	120.000
Materias auxiliares	180.000	Suministros y otros	180.000
Salarios de los operarios	250.000	Mantenimiento maquinaria	80.000
Gastos de almacenaje	130.000		
Total		**Total**	

El reparto de costes es: mod. PR-1 el 40 %, mod. PC-2 el 35 % y mod. PL-3 el 25 %.

La fabricación y el precio de venta de cada modelo aparecen en la tabla siguiente.

Modelo	Costes variables	Costes fijos	Producción	Cvu	Precio de venta
PR-1			2.300 uds.		240,00 €/ud.
PC-2			1.800 uds.		230,00 €/ud.
PL-3			1.900 uds.		220,00 €/ud.
Total					

7

Recepción y registro de mercancías

INTRODUCCIÓN

Las actividades de almacenaje son un continuo flujo de materiales que ocasiona una actividad administrativa, para que el personal de almacén pueda informar a los responsables de otras secciones de la empresa del circuito logístico de los materiales adquiridos o los productos fabricados.

La trazabilidad nos permite conocer la ubicación y la trayectoria de un producto a lo largo de la cadena de suministro. Para ello, cada producto o unidad de carga debe llevar una etiqueta con información legible y registrada mediante un código para su lectura automática con escáner u otros medios.

Siempre que se transforma un material o se cambia de lugar debe existir un documento que refleje y justifique dicho cambio. Por eso las actividades y los acontecimientos que tienen lugar dentro del almacén se reflejan en documentos, justificantes, órdenes o partes de trabajo, que transmiten la información entre las distintas secciones o departamentos de la empresa o entre el que da las órdenes y las personas que las ejecutan.

OBJETIVOS

- Conocer los principales documentos y justificantes que reflejan la entrada de materiales o productos, procedentes de proveedores o de otros almacenes o secciones de la propia empresa.
- Saber confeccionar pedidos, albaranes, registros, hojas de recepción de mercancías, etc., y analizar el papel que desempeñan los documentos en la trazabilidad logística del producto.
- Conocer los tipos de etiquetas y codificación de las mercancías y unidades de carga para su almacenaje y transporte.

CONTENIDOS

Recuerda

El flujo de información y documentos existe, incluso, en una empresa o almacén con una organización elemental; pues los documentos también sirven para demostrar que se han realizado las operaciones, cuando su justificación es necesaria a petición de algún órgano interno o externo a la empresa.

Los documentos reflejan las actividades realizadas y las personas que dan las órdenes y las que las ejecutan. Por ejemplo, cuando el departamento de ventas recibe un pedido de clientes, se elabora un documento dirigido a los operarios del almacén ordenando la preparación del envío.

Importante

Las operaciones de compraventa o prestación de servicios entre empresas generan gran cantidad de documentos, pero nos limitaremos al estudio de aquellos que están relacionados directamente con los *stocks,* es decir, los que emiten o deben conservar las personas responsables del almacén.

7.1. Documentos relacionados con el *stock*

Los productos que entran en un almacén pueden venir de fuentes externas (proveedores) o de la propia empresa (centro de producción o almacén central). Del mismo modo, cuando se produce una salida, su destino es otras empresas (clientes), otros almacenes o tiendas de la propia empresa, la sección de fabricación o la de empaquetado.

La información de los documentos puede ser de ámbito externo o interno dependiendo del origen y destino de las mercancías:

- Los **documentos de carácter externo** sirven para que el cliente y el proveedor puedan justificar la operación de compraventa o servicio, como un pedido, un albarán o nota de entrega, una factura o carta de portes, una nota de gastos por envases y embalajes, carga y descarga, seguro, etcétera.
- Los **documentos de carácter interno** contienen información de utilidad para la empresa que los emite, como el registro de pedidos emitidos; las hojas de solicitud, recepción o expedición; las órdenes de envío, expedición, fabricación o partes de actividad, las fichas de control de existencias; los inventarios y registros; etcétera.

Como es obvio, entre los departamentos de compras, almacén, ventas, administración y contabilidad debe existir intercambio de documentos para que el flujo de información llegue a todos los estamentos de la empresa.

Transmisión electrónica de documentos

El EDI o Intercambio Electrónico de Datos *(Electronic Data Interchange)* es un sistema estándar y universal para la transmisión electrónica de información y documentos (pedidos, albaranes, facturas, etc.). El sistema EDI permite que empresas y particulares puedan enviar y recibir documentos en formato estándar y directamente de ordenador a ordenador; de esta forma se agiliza y abarata la comunicación en operaciones de compraventa, aprovisionamiento, control de almacenes, logística y transporte, seguimiento de envíos, etcétera.

El sistema EDI aporta una serie de ventajas, entre las que destacan:

- Permite que el cliente reciba información más rápida y completa.
- Se evitan errores y pérdidas en el envío de documentos.
- Reduce costes administrativos (papel, sellos, personal) y retraso en envíos, cobros o pagos.
- Proporciona un tratamiento acelerado de los pedidos.
- Mejora la gestión de *stocks* (aumenta la rotación y disminuye el nivel de existencias).
- Mejora el tratamiento de la información; se utiliza un lenguaje estandarizado.

No obstante, para llevar a cabo este intercambio de información entre ordenadores, es necesario que las partes implicadas, emisor y receptor, utilicen un lenguaje común. El lenguaje estándar internacional adoptado por AECOC (Asociación Española de Codificación Comercial) incluye un listado de los conceptos más utilizados en documentos comerciales con formato electrónico. Por ejemplo, el estándar denominado EANCOM utiliza nombres como: ORDERS (pedido), DESADV (aviso de expedición), INVOIC (factura), COACSU REN (relación de entrega), COACSU RFA (relación de facturas), REMADV (comunicación de pago), PRICAT (catálogo de productos y precios), etcétera.

El intercambio de documentos se puede realizar por Internet, vía web o vía correo electrónico, o bien mediante redes de comunicación privadas de acceso restringido. Cuando se utiliza una red de acceso público como Internet, se necesitan programas que aseguren autenticidad, integridad y confidencialidad de la información enviada/recibida. Mientras que con las redes de acceso restringido, el propio sistema asegura la validación y confidencialidad de los documentos. Además, cuando incorporan firma digital tienen la misma validez legal que los documentos emitidos en papel.

Electronic Commerce.

7.2. Solicitud de mercancías. El pedido

Cuando la empresa necesita mercancías, normalmente, envía una solicitud o documento (pedido) al proveedor o suministrador de las mismas. Otras veces el representante de la empresa suministradora visita a sus clientes y estos realizan los pedidos a través de él. Para solicitar una entrega urgente la forma más fácil y cómoda es llamar por teléfono; pero siempre que se utiliza este medio después hay que confirmar y dejar constancia de la solicitud mediante carta o impreso.

El **pedido** es un documento que expide el comprador cuando solicita en firme materiales o artículos a su proveedor.

El pedido se puede enviar por correo ordinario, fax, correo electrónico, etc., y se debe conservar una copia para contrastar la mercancía recibida con la solicitada. También es normal enviar dos copias para que el proveedor devuelva una firmada en señal de aceptación, sobre todo si en el pedido se han incluido algunas condiciones que no figuran en el contrato.

Según el compromiso que adquieren el comprador y el vendedor ante la solicitud nos podemos encontrar ante un **«pedido en firme»** o un **«pedido condicional»**. El pedido en firme se emite cuando el comprador conoce las condiciones del vendedor y las acepta sin ningún tipo de reserva. El pedido condicional está pendiente de una confirmación por parte del comprador o del vendedor.

Recuerda

Cuando el cliente realiza un pedido en firme adquiere un compromiso de compra y está obligado a pagar el importe, si los artículos recibidos se corresponden con los solicitados.

Por tu cuenta

Consulta en la página web de AECOC www.aecoc.es Comercio electrónico.

- El EDI (Intercambio Electrónico de Datos).
- Busca también información sobre el EDI-EANCOM.

Recuerda

La forma más sencilla de numeración es utilizar números correlativos cuyas dos últimas cifras correspondan con el año. Por ejemplo: Pedido n.° 132/2019 (significa que es el n.° 132 del año 2019). De esta forma, el número no es muy grande al empezar todos los años numeración nueva y se facilitan las tareas de archivo, búsqueda y conservación de los documentos.

Concepto

Se utiliza nombre y apellidos cuando es una persona física y razón social en el caso de una empresa (persona jurídica).

Concepto

La **propuesta de pedido** o impreso del vendedor se utiliza cuando se hace el pedido a través del agente comercial o representante del proveedor.

Contenido y requisitos del pedido

El pedido de artículos o servicios se puede hacer mediante carta o formalizando un impreso; pero en ambos casos se deben poner todos los datos necesarios para facilitar las relaciones comerciales y que estas no den lugar a posteriores equivocaciones. Respecto al documento, aunque algunas empresas utilizan un modelo para cada tipo de pedido, estudiaremos un formato estándar que se puede adaptar a cualquier solicitud de mercancías (véase el modelo que aparece en el Caso práctico 7.1).

La información que debe figurar en el documento o impreso es la siguiente:

- **Datos del comprador:** nombre o razón social de la empresa, NIF, domicilio y dirección completa (código postal, ciudad, provincia, teléfono, fax, correo electrónico). Cuando el comprador y el vendedor sean de distinta nacionalidad, además de la ciudad, se indicará el país.
- **Número de orden:** puede ser correlativo para todos los proveedores o utilizar una numeración distinta para cada uno. Además, el número del pedido debe figurar en toda la correspondencia, documentos y facturas relacionadas con el mismo.
- **Fecha de expedición y referencias:** la fecha será la de emisión del documento de pedido. Respecto a las referencias, se pondrá el número del contrato o el nombre del representante o vendedor que tomó nota del mismo, si se hizo por teléfono y no quedó constancia escrita.
- **Datos del vendedor:** nombre o razón social, NIF, domicilio fiscal o dirección completa (código postal, ciudad y país, si procede). Cuando la dirección del almacén o lugar donde se deben entregar las mercancías sea distinta del domicilio fiscal del comprador debe figurar la **dirección de entrega.** También se debe indicar la **fecha de entrega** o el plazo máximo de envío.
- **Relación de los artículos solicitados:** nombre del producto o descripción en unidades de venta (según el embalaje), referencia o código de cada artículo, cantidad que se solicita de cada artículo, precios unitarios y en algunos casos importes parciales y totales.
- **Condiciones comerciales:** en este apartado se incluyen los descuentos que aplicará el vendedor, quién pagará los gastos de embalaje, transporte, seguro, la forma de pago y cualquier otro acuerdo que se haya pactado de forma oral o que figure en el contrato. También es preciso que figure la **firma del comprador** en señal de aceptación o compromiso; pues, de no ser así, se puede considerar como una simple **«propuesta de pedido»**.

Caso práctico 7.1

Conservas Ferro, SL, con NIF B09/223344 y domicilio en C/ La Ribera s/n, (09007 Burgos), *solicita telefónicamente* a Coop. La Huerta Murciana, NIF C30/112233, con domicilio en C/ Esmeralda 7 (30008 Murcia) mercancías para fabricar sus productos.

El jefe de compras, después de la conversación, emite un pedido cuyo contenido es el siguiente:

- 100 cestones de melocotones Cód. ME-004-CE a 128,00 €/ud.
- 200 cestones de peras Cód. PE-014-CE a 135,00 €/ud.
- 500 cajones de manzanas Cód. MA-008-CA a 110,00 €/ud.
- 300 cajones de ciruelas Cód. CI-017-CA a 144,00 €/ud.

Las condiciones comerciales del comprador son: entrega antes de 10 días, aplicar un descuento del 5 % y pago a los 60 días de la entrega, mediante letra de cambio domiciliada. Las condiciones del vendedor, Coop. La Huerta Murciana, son cargar al comprador los gastos de embalajes y portes.

Caso práctico 7.1 (Cont.)

Solución: véase el pedido n.º 021/20xx que envía Conservas Ferro a Coop. La Huerta Murciana.

Pedido n.º 021/20xx enviado por Conservas Ferro a Coop. La Huerta Murciana.

Datos del comprador

CONSERVAS FERRO, SL
C/ La Ribera s/n
09007 BURGOS

NIF: B09/223344

Pedido n.º: 021/20xx
Fecha: 17 de julio de 20xx

Referencias:
Según conversación telefónica

Plazo de envío:
Antes de 10 días

Dirección de entrega:
La misma

Proveedor: Cód. o NIF: C30/112233
Nombre: Coop. LA HUERTA MURCIANA
Dirección: C/ Esmeralda 7
Población: Murcia
C. P.: 30008 **Provincia:** MURCIA

Ref./Cód.	Descripción	Cantidad	Precio	Importe
ME-004-CE	Cestones de melocotones	100	128,00	12.800,00
PE-014-CE	Cestones de peras	200	135,00	27.000,00
MA-008-CA	Cajones de manzanas	500	110,00	55.000,00
CI-017-CA	Cajones de ciruelas	300	144,00	43.200,00
			IMPORTE	138.000 €

Forma de pago:

L/c con Vto. a 60 días/fecha factura.

Domiciliación bancaria:

Condiciones:
- Aplicar en factura el 5 % de descuento.
- Gastos de embalaje y portes a cargo del comprador.

Aceptado por:

Jefe de compras
(firma y cargo)

Actividad propuesta 7.1

El Mayorista ISAVAL, SL, con NIF B46/778899 y domicilio en Avda. La Constitución, 179, (46019 Valencia), solicita pintura para la decoración de unas viviendas, al fabricante AYUSTE VALERO, SA, con NIF A43/223344 y domicilio en C/ Bellavista, s/n (43206 REUS – Tarragona).

El jefe de compras, después de la conversación mantenida, emite un pedido con el siguiente contenido:

- Artículos solicitados:

  200 botes de pintura blanca mate (Ref. PBM-123) al precio de 34,50 €/ud.

  150 botes de pintura blanca satinada (Ref. PBS-456) a 35,40 €/ud.

- Condiciones comerciales: entrega antes de 5 días; descuento del 3,5 %; embalajes y portes a cargo del comprador; pago a 90 días/fecha factura a través del Bco. Santander Central Hispano.

Se pide:

Formalizar el pedido n.° 31/20xx que envía ISAVAL a AYUSTE VALERO, con fecha 25 de marzo (año actual).

7.2.1. Registro de pedidos

Una vez enviado el pedido hay que hacer un seguimiento del mismo hasta que se reciben las mercancías en el almacén o el lugar de entrega indicado. El control de los pedidos enviados a los proveedores se refleja en el libro *Registro de pedidos emitidos*, cuyo contenido es el siguiente:

- **N.° de pedido:** es el número asignado al pedido, el que figura en el documento enviado al proveedor.
- **Fecha de emisión:** día y mes que se envió el pedido.
- **Importe del pedido:** importe de las mercancías solicitadas.
- **Proveedor:** nombre o razón social del proveedor.
- **Cód. o NIF:** código asignado al proveedor o el código de identificación fiscal.
- **Fecha de entrega:** fecha o plazo acordado en el pedido.
- **Almacén:** lugar de entrega o almacén para el que se solicitaron las mercancías.
- **Fecha de recepción:** fecha en la cual se reciben las mercancías en el almacén.
- **N.° de albarán:** número de documento (albarán o nota de entrega) que se firma aceptando el envío.
- **Observaciones:** se anotan las incidencias cuando existe diferencia entre la fecha de entrega y la de recepción, o cuando no se han recibido todas las cantidades solicitadas.

Veamos un modelo del libro Registro de pedidos emitidos. En la Figura 7.1 aparecen reflejados los datos que debe contener un documento de formato estándar.

Recuerda

Las anotaciones del apartado observaciones se deben tener en cuenta para futuros pedidos. También se presentará reclamación al proveedor cuando se retrase la entrega, se envíen menos unidades de las solicitadas, etcétera.

Empresa Conservas Ferro, SL C/ La Ribera s/n 09007 Burgos					**Registro de pedidos emitidos** Hoja n.º 1 de ...... 1......				
N.º de pedido	Fecha de emisión	Total pedido	Proveedor	Cód. o NIF	Fecha de entrega	Almacén	Fecha de recepción	N.º de albarán	Observaciones
015	02/05	813.452,20	INVERALMERIA, SL	400036	09/05	1-A-03	09/05	105/20xx	
016	15/05	1.523.589,70	CARNICAVAL, Coop.	400018	20/05	2-C-05	25/05	108/20xx	5 días de retraso
017	19/05	89.861,45	ENVASES AGUADO, SL	400023	23/05	3-C-11	23/05	104/20xx	
018	25/06	258.365,10	AGROPONS, SA	400056	04/06	1-B-04	04/06	135/20xx	Pedido incompleto
019	01/07	541.214,56	Coop. LA HUERTA MUR	400015	08/07	1-A-08	12/07	156/20xx	4 días de retraso
020	08/07	138.258,20	MIR & MIRALLES, SA	400011	15/07	3-F-12	15/07	122/20xx	
021	17/07	1.380.000,00	Coop. LA HUERTA MUR	400015	27/07	1-A-08			

Figura 7.1. Libro Registro de pedidos emitidos por Conservas Ferro.

Las mercancías que solicitan nuestros clientes (pedidos recibidos) se sacan de las estanterías y se depositan en la zona de preparación de pedidos o en la de expedición. En cada carga o paquete tenemos que poner la etiqueta de destino y/o vehículo de transporte.

Hoja de solicitud

La hoja de solicitud es un documento interno que se utiliza cuando hay que pedir materiales desde una sección a otra de la empresa; desde el almacén central al centro de fabricación; desde el punto de venta al almacén central o regional, etc. Generalmente, estos impresos de carácter interno se envían de ordenador a ordenador cuando la empresa dispone de un sistema de pedido automático, es decir, cuando las existencias llegan al punto de pedido el terminal emite el correspondiente pedido. Otras veces al final de la jornada, en previsión de las ventas del día siguiente, se envía la hoja de solicitud por fax, correo electrónico, etc. (véase el Caso práctico 7.2).

Gestión de almacenes por radiofrecuencia.

¿Sabías que...

Las farmacias fueron las primeras en implantar el sistema de pedido automático por ordenador; por iniciativa de los laboratorios que costearon la inversión.

Caso práctico 7.2

La empresa Conservas Ferro tiene un almacén ubicado en el Polígono Industrial de Coslada, nave 9 (28820 Coslada-Madrid). Los productos elaborados en la fábrica de Burgos se depositan en este almacén de distribución para suministrar a los clientes nacionales e internacionales.

El día 4 de marzo de 20xx envían, desde el almacén de Coslada a la fábrica de Burgos, la Hoja de solicitud n.º 265, solicitando los siguientes artículos:

- Guisantes congelados, Cód. GC-012, cantidad 80 paletas, entregar en congelados.
- Judías verdes congeladas, Cód. JC-015, cantidad 70 paletas, entregar en congelados.
- Espinacas congeladas, Cód. EC-018, cantidad 50 paletas, entregar en congelados.
- Zumo de piña, Cód. ZP-037, cantidad 360 paletas, entregar en bebidas.
- Zumo de naranja, Cód. ZN-036, cantidad 240 paletas, entregar en bebidas.
- Zumo de melocotón, Cód. ZM-031, cantidad 360 paletas, entregar en bebidas.
- Melocotón en almíbar, Cód. MA-021, cantidad 180 paletas, entregar en conservas.
- Piña en almíbar, Cód. PA-025, cantidad 260 paletas, entregar en conservas.

Firma la solicitud el jefe de almacén y ruega que las mercancías estén antes del día 6, para incluir en la expedición con destino a Nueva York.

Solución: véase la Hoja de solicitud n.º 265.

Caso práctico 7.2 (Cont.)

Hoja de solicitud n.º 265 enviada desde el almacén central a la fábrica de Conservas Ferro.

Empresa **Almacén Conservas Ferro, SL** Pol. Ind. de Coslada, nave 9 28820 Coslada (Madrid)		**HOJA DE SOLICITUD** **Núm.** 265	
Fecha 4-03-20xx	**Centro solicitante** Almacén central de distribución	**Centro proveedor** Fábrica de Burgos	
Cód./Ref.	**Mercancía**	**Cantidad**	**Destino**
GC-012	Guisantes congelados	80 paletas	Congelados
JC-015	Judías verdes congeladas	70 paletas	Congelados
EC-018	Espinacas congeladas	50 paletas	Congelados
ZP-037	Zumo de piña	360 paletas	Bebidas
ZN-036	Zumo de naranja	240 paletas	Bebidas
ZM-031	Zumo de melocotón	360 paletas	Bebidas
MA-021	Melocotón en almíbar	180 paletas	Conservas
PA-025	Piña en almíbar	260 paletas	Conservas
Observaciones: Entregar antes del día 6, para exportación a Nueva York		**Solicitado por:** Jefe de almacén (firma)	

Solicitud o pedido entre almacenes de una misma red comercial.

7.3. Albarán y nota de entrega

El albarán es un documento que confecciona el vendedor y lo envía al comprador junto con la mercancía. Su función principal es servir como justificante para acreditar que la mercancía ha sido entregada al cliente y también de guía para emitir la factura. Al confeccionar el albarán, se hacen varias copias y cada una de ellas se envía a un departamento o sección para informar de la operación realizada.

El **original y la primera copia** se remiten al cliente y este, una vez comprobada la mercancía, devuelve la copia firmada. La copia de albarán con la aceptación del cliente se remite al departamento de contabilidad, para confeccionar posteriormente la factura.

La **segunda copia** se queda en el almacén, para justificar la salida de la mercancía.

La **tercera copia** se remite al departamento de ventas.

Respecto al documento que se entrega junto con la mercancía, cabe mencionar dos excepciones:

- Cuando se sustituye el albarán por una **nota de entrega al transportista.** El contenido de la nota de entrega hace mención al tipo de mercancía o nombre del producto, el número de bultos y las unidades que contiene cada bulto, pero en ella no se reflejan precios, referencias o importe de las mercancías entregadas.
- Cuando se exporta la mercancía se confecciona el **packing list** o relación de contenido. Este documento se utiliza, en los envíos al extranjero, para completar la información de la factura y facilitar el despacho aduanero.

El **packing list** o «lista de carga» debe contener datos referentes a la factura de compraventa (fecha de emisión, nombre y razón social del exportador y del importador); nombre del consignatario o destinatario; número de bultos, con peso bruto y volumen; tipo de embalaje con identificación de marcas y numeración; denominación exacta y descripción de la mercancía.

Formato y contenido del albarán

El contenido de un modelo estándar de albarán es el siguiente:

- **Datos del vendedor:** nombre o razón social, NIF y dirección completa.
- **Número de orden** del albarán y **fecha de emisión.**
- **Datos del cliente:** nombre o razón social, NIF o código asignado y dirección completa, siendo esta el lugar de entrega de la mercancía.
- **Referencias:** número del pedido al que corresponde y la fecha del mismo; también se suele mencionar el nombre del representante o agente comercial a través del cual se formuló el pedido.
- **Forma de envío:** agencia de transportes o transportista que realiza la entrega; indicando si la mercancía viaja a «portes debidos» o «portes pagados»; y el número de paquetes o bultos que componen la expedición.

¿Sabías que...

La empresas de transporte internacional están obligadas a presentar el **«manifiesto de carga»** ante las autoridades aduaneras para que estas autoricen la descarga en puertos, aeropuertos o terminales de carga.

Concepto

Despacho aduanero es el trámite que se formaliza ante las autoridades aduaneras para el pago de aranceles o impuestos de importación/exportación.

- **Descripción de la mercancía:** código del producto, descripción del artículo, unidades entregadas de cada artículo y precio. Generalmente, no se incluye el importe, salvo que se trate de un albarán valorado.

El **albarán valorado** se expide cuando el comprador no exige factura y el importe se paga al contado, al retirar la mercancía. El impreso se formaliza incluyendo todos los requisitos legales exigidos para las facturas: descripción de la mercancía, precio unitario, descuentos, importes parciales, impuestos (IVA y RE, en su caso), importe total, etc. Cuando los precios llevan incluido el impuesto el total de la compra se expresa «Total (IVA incluido)».

- **Observaciones:** en este apartado el cliente hará constar las posibles incidencias observadas en la mercancía recibida.
- **Recibí:** nombre y firma del cliente o persona autorizada en la empresa receptora. La aceptación o conformidad sirve para que el vendedor pueda facturar a cargo del comprador.

Cuando se recibe un envío, puede ocurrir que los géneros recibidos no coincidan con los solicitados, en cuyo caso se procede a su devolución y no se firma la aceptación o conformidad. También se puede rectificar el albarán o hacer las observaciones oportunas, para que el proveedor envíe la mercancía que falta o lo tenga en cuenta antes de emitir la factura.

Veamos en el Caso práctico 7.3 un modelo de albarán y otro de nota de entrega al transportista.

Importante

Cuando recibas un paquete contra reembolso, por correos o por agencia (transporte de mensajería), no firmes el recibí hasta conocer el contenido. Si firmas el recibí estás obligado a pagar aunque el contenido no corresponda con lo que esperabas recibir.

Algunas compras realizadas por catálogo o por Internet ofertan la posibilidad de devolver el artículo, pero el cliente siempre tiene que pagar los gastos de recibo y devolución.

Caso práctico 7.3

El día 22 de julio Coop. La Huerta Murciana envía a su cliente Conservas Ferro las mercancías solicitadas el 17 de julio (véase el Caso práctico 7.1, pedido 21/20xx).

Realiza la entrega el señor Martínez de la agencia CECOTRANSMUR y ha sido transportada a portes debidos. La expedición está formada por 30 paletas de cestones (cada uno contiene 10 unidades) y 40 paletas de cajones (cada uno contiene 20 unidades).

Al cotejar la mercancía se observa que han enviado 400 cajones de manzanas y 400 de ciruelas, en lugar de las cantidades solicitas. Sin embargo, la mercancía anotada en el albarán corresponde con la recibida.

Conservas Ferro decide quedarse con el exceso de ciruelas y lo hace constar en el albarán; en el mismo también reclama las manzanas que faltan.

Cuando el día 25 Conservas Ferro recibe la copia del albarán n.° 102/20xx se pone en contacto telefónico con su cliente para pedirle disculpas por el error cometido y comunicarle el envío de las manzanas que faltan, con la misma agencia de transportes y a «portes pagados».

Solución:

1. Albarán n.° 102/20xx, que envía Coop. La Huerta Murciana a Conservas Ferro.
2. Nota de entrega al transportista n.° 115/20xx, enviada por Coop. La Huerta Murciana a Conservas Ferro.

Caso práctico 7.3 (Cont.)

Albarán n.° 102/20xx, enviado por Coop. La Huerta Murciana a Conservas Ferro.

Datos del vendedor

Coop. La Huerta Murciana
C/ Esmeralda 7
30008 MURCIA

NIF: C30/112233

ALBARÁN n.°: 102/20xx

Fecha: 22 de julio de 20xx

Datos de cliente

Conservas Ferro, SL
C/ La Ribera s/n
09007 BURGOS

NIF o Cód.: B09223344

Enviado por: CECOTRANSMUR
Transportista: Sr. Martínez
Portes: portes debidos
Bultos: 70 paletas

Referencias:

N.° de pedido: 021/20xx
Fecha pedido: 17 de julio de 20xx

Ref./Cód.	Descripción	Cantidad	Precio	Importe
ME-004-CE	Cestones de melocotones	100	128,00	12.800,00
PE-014-CE	Cestones de peras	200	135,00	27.000,00
MA-008-CA	Cajones de manzanas	400	110,00	44.000,00
CI-017-CA	Cajones de ciruelas	400	144,00	57.600,00
			TOTAL	141.400,00 €

OBSERVACIONES:

- Faltan 100 cajones de manzanas, para completar nuestro pedido.
- Han enviado 100 cajones de ciruelas que no hemos solicitado, pero nos quedamos con ellas.

RECIBÍ:

Jefe de almacén
(firma, nombre y cargo)

Caso práctico 7.3 (Cont.)

Nota de entrega n.° 115/20xx, mercancía enviada por transportes CECOTRANSMUR

Remitente **Coop. La Huerta Murciana** C/ Esmeralda 7 30008 MURCIA	**NOTA DE ENTREGA** n.° 115/20xx **Fecha de entrega** 25 de julio de 20xx
Transportista **CECOTRANSMUR** Ctra. Madrid-Cartagena, Km. 428 30319 Miranda (MURCIA)	**Destinatario** **Conservas Ferro, SL** C/ La Ribera s/n 09007 BURGOS

Mercancía	N.° de bultos	Unidades de cada bulto	Peso kg
Manzanas	5 paletas	20 cajones	

Portes pagados en: Origen X Destino	**Salida de** ...... Murcia **Fecha:** ...... 25/07/20xx ...... hora ...... **Transportista:** Sr. Martínez **(firma)**	**Llegada a** ...... Burgos **Fecha:** ...... 25/07/20xx ...... **hora** ...... Recibí conforme (firma)

Actividad propuesta 7.2

El día 2 de abril (año actual) la empresa AYUSTE VALERO envía a su cliente ISAVAL las mercancías solicitadas el 25 de marzo (véase la Actividad propuesta 7.1, pedido 31/20xx).

La entrega la realiza el señor Garrido de la agencia Transportes Reus y ha sido transportada a portes debidos. La expedición está formada por 14 paletas (cada uno contiene 25 botes).

Al cotejar la mercancía se observa que han enviado 25 botes de pintura color salmón en lugar de la blanca satinada. Se hace constar en el albarán la devolución de las mercancías no solicitadas, reclamando al mismo tiempo los botes que faltan.

Se pide:

Confeccionar el albarán n.° 22/20xx que envía AYUSTE VALERO a ISAVAL.

7.4. Recepción y trazabilidad del producto

Los productos que llegan a un almacén pueden proceder del centro de fabricación, otros almacenes de la propia empresa o los solicitados a proveedores. Cualquiera que sea el origen, las actividades y comprobaciones que se deben realizar son las mismas.

Cuando llega un envío, antes de proceder a la descarga del vehículo, debemos comprobar que los datos del documento (albarán del proveedor o nota de entrega) coinciden con los productos recibidos. Durante la descarga y antes de depositar las mercancías en su lugar de almacenaje se comprueba que no existen errores, como equivocaciones en los artículos enviados, daños o roturas en el embalaje o en la propia mercancía, etc. Para ello, se hace una inspección cuantitativa y cualitativa del envío; que consiste en:

Cuando recibimos un pedido, debemos contar los bultos y si existen daños externos.

- Contar los bultos y examinar si existen daños externos.
- Hacer un recuento físico de los artículos recibidos, que consiste en cotejar cantidades, modelos, tamaños, colores o referencias.

El resultado del examen puede ser «conforme» o «no conforme», por mercancías en mal estado, falta de artículos, errores en tallas o colores. Una vez realizado el control se registra la mercancía recibida y se envía una copia a los departamentos de compras y contabilidad, para que reclamen el material que falta y gestionen la devolución de los artículos equivocados o defectuosos. Los artículos que están en perfecto estado se acondicionan y codifican para colocarlos en su lugar de almacenaje.

Acondicionamiento de mercancías

El acondicionamiento es necesario cuando las mercancías vienen en unidades logísticas que no son compatibles con las ubicaciones que tienen asignadas en nuestro almacén. Los casos más frecuentes en los que debemos acondicionar los artículos que entran son:

La mercancía una vez cotejada se traslada a su lugar de almacenaje.

- Las mercancías se reciben a granel o en contenedores y, antes de su almacenaje, hay que colocar cada artículo en un embalaje unitario con el código de barras y el precio de venta.
- Las mercancías se reciben en paletas de dimensiones diferentes a las ubicaciones de las estanterías. Por ejemplo, la paleta más universal es de 1.200 x 1.000 mm, pero los camiones generalmente utilizan la europaleta de 800 x 1.200 mm.
- Cuando en la misma paleta o contenedor vienen varios productos en un embalaje colectivo que agrupa bultos, cajas, bolsas, etc., con artículos diferentes, hay que separar los artículos y almacenar cada uno en su ubicación correspondiente.

Estatuto de cuarentena

Algunas mercancías están sometidas a cierta normativa y deben permanecer en la denominada **«zona de cuarentena»** por tener que superar control administrativo, control de calidad o de condiciones ambientales. El estatuto de cuarentena establece los productos que se deben someter a dicho estado, tiempo que permanecerán en dicha situación, controles que deben superar, acceso autorizado y procedimientos de exención. Durante la cuarentena las mercancías, aunque estén físicamente en el almacén, no están disponibles hasta pasar los controles que permiten decidir si son utilizables y en qué condiciones se deben almacenar.

Las situaciones más frecuentes de cuarentena, para ciertos productos, son:

- Industrias farmacéuticas, agroalimentarias, etc., y empresas que exigen control de calidad cuando las materias primas son de importación.
- Productos tóxicos, peligrosos o estupefacientes que se almacenan separados de otros artículos o bajo un sistema de seguridad, para cuyo acceso es necesario presentar una credencial.
- Mercancías que pasan por aduana, ya sea en tránsito o en espera de formalizar el pago de los derechos correspondientes, como alcoholes, productos farmacéuticos o ciertos productos petrolíferos.

Los almacenes con este tipo de problemas están obligados a poner los medios necesarios para que no se pueda acceder a los productos afectados mientras que dura la cuarentena. Para ello, aplican dos métodos: cuarentena «física» y cuarentena «informática».

La **cuarentena física** exige que los artículos estén almacenados en una zona delimitada hasta que se autorice su salida. La **cuarentena informática** permite su almacenaje en cualquier lugar del almacén, pero el sistema informático prohíbe su expedición hasta recibir una autorización o la orden de salida.

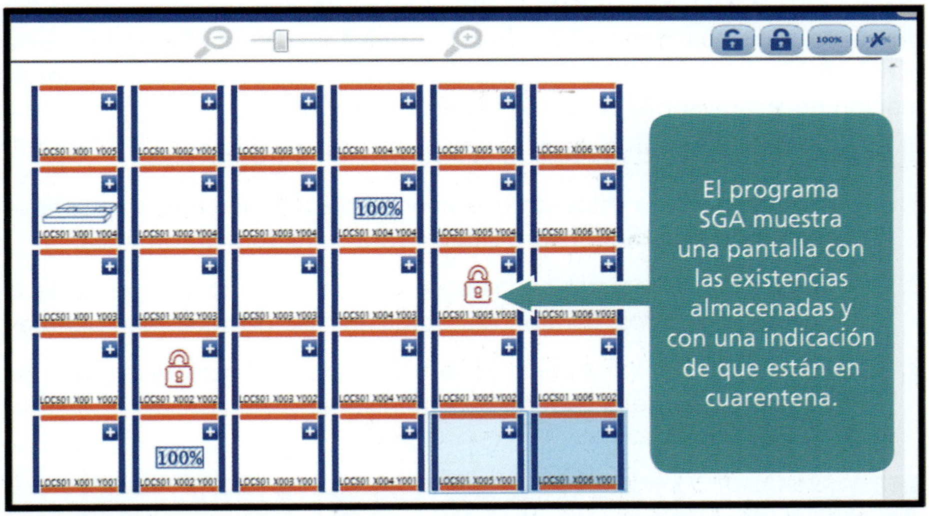

Los programas SGA (sistema de gestión del almacén) no permiten la expedición de mercancías que están bajo estatuto de cuarentena.

Recepción de devoluciones

Cuando en el almacén se reciben mercancías procedentes de un cliente hay que averiguar la causa de la devolución y aplicar el procedimiento correcto en cada caso concreto. Una devolución de mercancías por parte del cliente ocurre cuando:

- El producto no llegó a su destino en las condiciones solicitadas o no se puede vender por defectos de calidad o errores de fabricación, por golpes o deterioros sufridos durante el transporte, etc. Estos artículos no

Algunos productos no se pueden almacenar hasta que han pasado el control de calidad.

Recuerda

Existen situaciones en las cuales el almacén tiene existencias de un artículo, pero si consultamos en el ordenador las unidades almacenadas el resultado es cero o menos unidades de las reales por estar alguna partida en situación de cuarentena.

Los productos que no reúnen las condiciones del pedido se dejan separados para su devolución al proveedor.

se almacenan, pasan directamente al centro de fabricación para su reparación o destrucción.

- El cliente recibe artículos que no ha solicitado; se enviaron tallas, modelos, colores, referencias, etc., que no se corresponden con las del pedido. Los productos que entran al almacén, en estos casos, se acondicionan y almacenan en el lugar que les corresponde según el tipo de mercancía.
- El cliente solicitó más cantidad de la que ha podido vender y devuelve los excedentes. Cuando el almacén se tiene que hacer cargo de los artículos devueltos, el proceso es el mismo que en el caso anterior, se acondicionan y almacenan en el lugar de ubicación.

Trazabilidad en la cadena de suministros

La trazabilidad nos permite conocer la ubicación y la trayectoria de un producto o lote de productos a lo largo de la cadena de suministro, desde su origen hasta su destino final. Por ejemplo, en la industria alimentaria consiste en asociar el origen de las materias primas **(trazabilidad ascendente)** y el destino de los productos fabricados **(trazabilidad descendente).** Para lograr la trazabilidad en los dos sentidos es necesario, por una parte, recibir la información de los proveedores y transmitirla a los clientes y, por otra, controlar los lotes durante el proceso de fabricación, almacenaje y expedición.

Como el ámbito de la trazabilidad es global, se necesita la intervención y colaboración de todos los agentes de la cadena logística. Todos deben utilizar un sistema estándar y entendible que facilite la automatización de los procesos, registro y transmisión de la información; de esta forma se asocia el flujo físico de mercancías y el flujo de información, para obtener la información necesaria sobre un lote o grupo de productos.

El sistema de trazabilidad registra la información a tres niveles:

1. La información de la etiqueta que acompaña a la mercancía; se simboliza con un código de barras o similar para su lectura automática.
2. La información se registra en las bases de datos de cada agente de la cadena de suministros, para ser rescatada en caso de necesidad puntual.
3. La información de la trazabilidad se transmite vía electrónica entre los distintos agentes de la cadena de suministros.

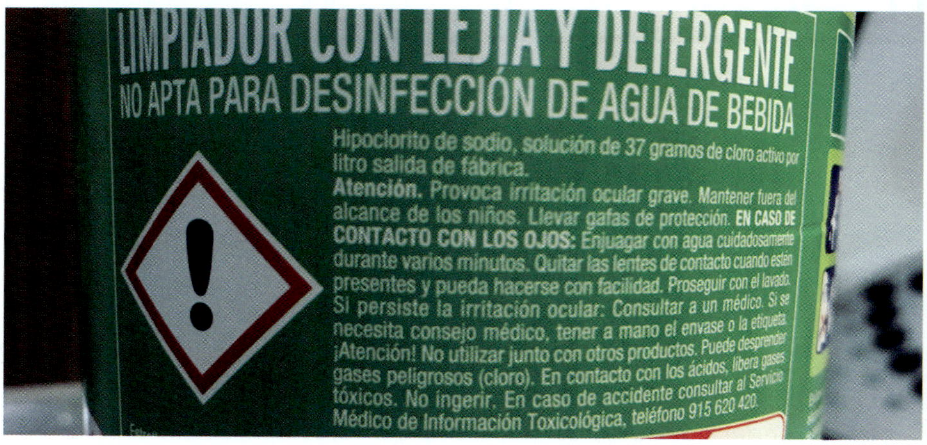

El etiquetado debe advertir de todos los riesgos para la salud de una forma clara.

> **Importante**
>
> El Reglamento Comunitario 178/2002, actualizado por el Reglamento (CE) 183/2005, de enero de 2005, establece: «En todas las etapas de la producción, la transformación y la distribución deberá asegurarse la trazabilidad de los alimentos, los piensos, los animales destinados a la producción de alimentos y de cualquier otra sustancia destinada a ser incorporada en un alimento o un pienso, o con probabilidad de serlo».

> **Por tu cuenta**
>
> **Consulta** la legislación comunitaria (Boletín Oficial de la Unión Europea, DOUE) relativa a la seguridad de alimentos para consumo humano y piensos para los animales (DOUE-L-2002-80201, DOUE-L-2005-80251).
>
> Las normas de la UE sobre seguridad de los productos en la directiva general de seguridad de los productos. Conforme a la directiva, un producto es seguro si cumple con todos los requisitos legales de seguridad según la legislación europea o nacional.
>
> **Consulta** el Reglamento 1925/2006 del Parlamento Europeo y del Consejo, de 20 de diciembre de 2006, sobre la adición de vitaminas, minerales y otras sustancias utilizadas en los alimentos.

7.4.1. Registro de mercancías. Hoja de recepción

La hoja de recepción o registro de entrada es un documento de carácter interno. Se confecciona para demostrar que se han recibido los materiales solicitados y para controlar el cumplimiento de los plazos de entrega, roturas, etc., que pueda presentar la mercancía.

El contenido del documento debe reflejar: la orden de compra o n.º de pedido; albarán o nota de entrega; resultado del control de cantidad y calidad; almacén o sección de destino; descripción y código de la mercancía; cantidades recibidas, solicitadas y pendientes de servir, etcétera.

Veamos la Hoja de recepción número 24 que confecciona el señor Ayuso, encargado de almacén en Conservas Ferro, cuando recibe la mercancía y el albarán del Caso práctico 7.3. La inspección realizada corresponde al control n.º 24B y la mercancía se ha ubicado en el almacén de frutas 1A. Observa la siguiente figura.

Empresa: **Conservas Ferro, SL** C/ La Ribera s/n 09007 (BURGOS)	**HOJA DE RECEPCIÓN** **Núm.** 24

Fecha 22 de julio de 20xx	**N.º de albarán** 102/20xx	**N.º de bultos** 70 paletas

Proveedor: **Coop. La Huerta Murciana** C/ Esmeralda 7 30008 MURCIA	**N.º de pedido:** 021/20xx **Fecha:** 17-07-20xx **N.º de control:** n.º 24 **Almacén:** frutas 1-A **Operario:** M. Ayuso

Descripción de la mercancía	Código	Cantidad recibida	Cantidad solicitada	Pendiente de servir
Cestones de melocotones	ME-004-CE	100	100	
Cestones de peras	PE-014-CE	200	200	
Cajones de manzanas	MA-008-CA	400	500	100
Cajones de ciruelas	CI-O17-CA	400	300	

Observaciones: Se han reclamado las 100 unidades que faltan del artículo MA-008-CA.	**Transporte:** Transportes CECOTRANSMUR **Transportista:** Sr. Martínez

Figura 7.2. Hoja de recepción n.º 24. Registro de mercancías recibidas.

Importante

Las etiquetas de consumo son obligatorias para todos los productos destinados al consumo humano o animal y las materias primas que se utilizan en su elaboración.

Etiqueta de producto de consumo. La información hace referencia a contenidos o ingredientes (materias primas utilizadas en su elaboración, conservación, fabricante, fecha de consumo o caducidad, código de barras del producto, etcétera.

Etiquetas para productos peligrosos, con información de uso y peligrosidad.

7.5. Etiquetado y codificación de mercancías

Cuando llega un producto o unidad de carga, antes de proceder a su almacenaje, hay que ponerle una etiqueta con un código de identificación interna que permita obtener datos sobre el tipo de artículo, las unidades que componen el lote, su lugar de ubicación, etc.; así podremos localizar y gestionar eficazmente el *stock*.

Las etiquetas se colocan en el lugar más visible, para permitir su lectura óptica o automática con medios mecánicos o por el personal encargado de su manipulación. Respecto al soporte de la etiqueta, los más utilizados son:

- **Soportes ópticos:** son etiquetas de papel o similar con un código alfanumérico (legible por la persona) o un código de barras (legible por máquinas).
- **Soportes magnéticos:** son bandas magnéticas que contienen la información del producto o unidad de carga.
- **Soportes inductivos:** están formados por un chip que almacena la información de la etiqueta.

Las etiquetas, según la información que proporcionan, pueden ser de tres tipos: de contenido, de manipulación o uso y de procedencia o envío.

- **Etiquetas de contenido:** permiten identificar el paquete sin necesidad de abrirlo. La información suele ser: símbolo del código de barras del producto, descripción de la mercancía y sus características, número de unidades que componen el lote o unidad logística, número de artículos que componen la unidad de venta.
- **Etiquetas de manipulación o uso:** pueden ser obligatorias u opcionales. La información y los símbolos hacen referencia a la peligrosidad del producto, a su consumo o uso y la forma de almacenar, transportar o manipular. Las más importantes son:
  - Etiquetas de peligrosidad: son obligatorias para todos los bultos o cargas que contengan productos peligrosos. Su tamaño, color y contenido está regulado según normativa establecida por la ONU y se representan por símbolos gráficos para que se puedan entender en cualquier idioma.
  - Etiquetas de consumo o uso: contienen información sobre fechas de fabricación, envasado, caducidad o consumo preferente y también indican los ingredientes o componentes del producto.
  - Etiquetas informativas: son instrucciones para manipular, transportar o utilizar el producto. Generalmente, se utilizan símbolos o dibujos normalizados que indican la forma de manejar correctamente la mercancía, como mantener en posición vertical, manténgase en frío, muy frágil, etcétera.
- **Etiquetas de procedencia y destino:** cumplen la función de facilitar información al medio de transporte. El contenido suele ser: origen (datos del fabricante o almacén de procedencia), número de envío, número de bultos que componen el envío, compañía que realiza el transporte, datos del cliente o almacén de destino, etcétera.

Actividad propuesta 7.3

La empresa ISAVAL recibe el día 2 de abril las mercancías y el albarán que envía AYUSTE VALERO (véase la Actividad propuesta 7.2, albarán 22/20xx). El señor Barrachina, encargado de almacén, realiza la correspondiente inspección (control n.º 4) de los artículos, confecciona la hoja de recepción y pide a los operarios de almacén que depositen la mercancía en el almacén Pinturas-PA.

Se pide:

Confeccionar la hoja de recepción n.º 34.

Formas de codificación

La codificación es un conjunto de números o números y letras que se asigna a cada producto, bulto o unidad de carga para su identificación. Según la información, independiente del soporte de la etiqueta, pueden ser:

- **Codificación no significativa:** se asigna de forma correlativa o al azar y el código, aunque es personal e irrepetible para cada artículo, no ofrece información sobre la mercancía. Se utiliza para lotes o paquetes que no tienen código de barras y se pueden codificar diez mil artículos utilizando cuatro dígitos (de 0000 a 9999).
- **Codificación significativa:** proporciona información como contenido del bulto o unidad de carga, procedencia y destino, ubicación dentro del almacén, etc. Las ventajas de esta codificación son: menos errores de transcripción, permite identificar rápidamente el producto y el código.
- **Codificación automática:** se corresponde con el código de barras normalizado AECOC-GS1 que controla y garantiza un código único para cada producto, unidad de venta, bulto o unidad de carga.

¿Sabías que...

Con la codificación no significativa existen problemas cuando hay que relacionar el artículo con su código, no se puede obtener información, y también es difícil descubrir un error de codificación, por ejemplo, si se cambia el número 35 por el 53.

Figura 7.3. Modelos de etiqueta de almacenaje.

Actividad propuesta 7.4

El almacén de distribución LIREZU comercializa los siguientes artículos:

- Licores: manzana, melocotón, mora, banana (en botellas de cristal de 1 litro).
- Refrescos: naranja, limón, cola, tónica (en botellas de plástico de 1,5 litro).
- Zumos naturales: naranja, limón, melocotón, piña (en briks de 1 litro).

Los productos se reciben en bandejas paletizadas y el envase unitario está etiquetado por el fabricante. El almacén LIREZU realiza el empaquetado en unidades de venta, con la siguiente composición:

- Licores en cajas de cartón flejadas (6 botellas en cada caja).
- Refrescos con plástico retractilado (6 botellas por paquete).
- Zumos en semicajas de cartón con plástico retractilado (12 briks por paquete).

Una vez que la mercancía está embalada se procede a su codificación significativa utilizando: las 2 primeras letras de la familia / las 2 primeras letras del artículo - 2 números para indicar la cantidad de envases de la unidad de venta / 2 números para indicar el contenido del envase unitario.

Se pide:

Codificar todos los productos que comercializa el almacén LIREZU, según se muestra en los ejemplos siguientes. Para el código de barras (codificación del fabricante) utiliza uno real de un producto cuya marca exista en el mercado.

Licor de manzana de naranja	Refrescos de naranja	Zumos
LI/MA-06 / 01	RE/NA-06 /1,5	ZU/NA-12 / 01
50-10024 04052-2	84-10024 04052-6	84-15724 04052-8

Proceso de etiquetado y marcaje de productos. *Cortesía de Logismarket.*

7.5.1. Código de barras: sistema estándar GS1

El código de barras es un sistema estándar de identificación de productos, unidades comerciales y logísticas. Facilita la comunicación del lenguaje EDI (*Electronic Data Interchange*, Intercambio Electrónico de Datos), permite reducir costes y optimizar la cadena de suministro.

El sistema estándar GS1 de identificación y transmisión de datos mediante códigos de barras es una herramienta básica para operar logística y comercialmente con los interlocutores comerciales (proveedores y clientes). Los **estándares internacionales del Sistema de Identificación GS1** permiten la identificación de productos, comunicación, información, servicios y localizaciones. El GS1 se aplica en las siguientes áreas:

- GS1 BarCodes (código de barras): son datos y aplicaciones globales representados mediante el código de barras. Se utiliza para la identificación automática de productos y unidades logísticas.
- GS1 eCom (comercio electrónico): para transacciones electrónicas que permiten el intercambio de información, en formato electrónico, de forma rápida entre comerciantes.
- GS1 GDSN (Red Global de Sincronización de Datos): son estándares para el intercambio de datos y que los comerciantes dispongan de información fiable sobre ficheros maestros de artículos.
- EPC Global (Código Electrónico de Productos): es un estándar que combina la identificación del código electrónico del producto por radiofrecuencia y su seguimiento en la cadena de suministro.

Estándares GS1 del código

La normativa GS1 de codificación establece que cada variante de artículo debe tener un código único que lo identifique siempre que la variación sea evidente y significativa para cualquier interlocutor de la cadena de suministro, principalmente el consumidor final. El código que identifica los diferentes formatos y agrupaciones de unidades se conoce como **código GTIN** (*Global Trade Item Number*) o Número Global de Identificación de Artículo.

El código de barras consta de dos partes diferenciadas: codificación y simbología.

- El **código** es una serie de caracteres numéricos o alfanuméricos asignados a una unidad.
- El **símbolo** son barras paralelas, claras y oscuras, de diferente amplitud y separación.

Los códigos planos o de una sola dimensión se identifican por líneas impresas y espacios en blanco de diferente grosor. Los más utilizados son:

- **GTIN-13** antes EAN-13, para identificar unidades de consumo.
- **GTIN-8** antes EAN-8, para unidades de consumo muy pequeñas.
- **GS1** DataBar, para identificar en el punto de venta productos de peso variable.
- **GTIN-12** antes UPC-A, para identificar unidades de consumo del mercado americano y canadiense.
- **GTIN-14** antes EAN-14, para unidades de distribución o agrupación de unidades del mismo producto.
- **GS1-128** antes EAN-128, identifica unidades logísticas (agrupaciones de varios productos) y controla la trazabilidad e información adicional de unidades de transporte.

Código de barras GTIN-13

El código GTIN-13 se utiliza para unidades de consumo cuyo destino es el punto de venta. Está formado por 13 caracteres numéricos con la siguiente composición:

- **Prefijo del país:** ocupa los dos o tres caracteres iniciales y son asignados por el organismo internacional GS1 a las asociaciones de cada país (véase

Recuerda

La empresa debe asignar el código a todos los productos, teniendo en cuenta todas sus variantes en cuanto a presentación, formato, envase o embalaje, etc., de tal forma que cualquier modificación del producto percibida por el consumidor final tenga un código distinto.

Importante

Hay productos como revistas, libros, diarios, folletos que no utilizan el GTIN-13, sino el ISBN que está gestionado obligatoriamente por el Ministerio de Cultura de España, que otorga y mantiene la base de datos.

Importante

La asociación EAN *(European Article Number)* y UCC *(Uniform Code Council)* se fusionaron para formar una única **organización mundial** denominada **GS1,** con sede en Bruselas-Bélgica. Además, existe representación de GS1 en varios países a nivel mundial. Las organizaciones internacionales del sistema estándar GS1 son:

- **GS12 o UPC-A,** para productos de origen americano y canadiense.
- **GS1 Global,** para productos de más de 150 países (todos los europeos más Japón, Australia y un largo etcétera).

A nivel nacional, AECOC (Asociación Española de Codificación Comercial) es el organismo encargado de establecer las normas para la identificación y la codificación de unidades envasadas. Las funciones de **AECOC-GS1 España** son conceder y gestionar el código de barras de las empresas nacionales, así como controlar y garantizar que fabricantes y comerciantes cumplan las normas de codificación de sus productos.

Impresión de gráficos, textos, código de barras, etc. Las etiquetas deben tener un soporte magnético para los lectores ópticos.

Artículo fabricado en España.

la Figura 7.4), para que estas asignen los códigos de sus empresas. El GS1 asigna a **España el prefijo 84.**

- **Código de empresa:** son los 5 dígitos siguientes (12345), asignados por **AECOC-GS1 España** para identificar al fabricante, cuando los productos se codifican en origen.
- **Código de producto:** está formado por los 5 dígitos siguientes (67890) al código de empresa; para que el fabricante identifique sus productos y cada artículo tenga su propio código.
- **Dígito de control o de verificación:** sirve para eliminar cualquier error de lectura y se obtiene a partir de un proceso de cálculo.

El código GTIN-13 identifica unidades de consumo con el formato que el artículo llega al último consumidor; por eso, en algunos casos, el código de empresa no identifica al fabricante del producto, sino que representa al propietario de la marca o al distribuidor. Por ejemplo, el creador de un producto de marca blanca es el propio distribuidor y este decide marca o nombre comercial, apariencia o presentación del artículo, etc. Este código se asigna según la cantidad de referencias o formatos y cada variante de un artículo con diferente tamaño, color, talla, aroma, etc., debe tener su código de barras.

Figura 7.4. Estructura del código de barras GTIN-13.

Figura 7.5. Cada formato o variante del producto, percibido por el consumidor final, tiene un código diferente. *Fuente: AECOC.*

Tabla 7.1. Prefijos internacionales asignados por GS1 a cada país

Prefijos nacionales del código de barras (GTIN-13)					
Prefijo	**País**	**Prefijo**	**País**	**Prefijo**	**País**
00 a 13	EE. UU. y Canadá	57	Dinamarca	773	Uruguay
30 a 37	Francia	590	Polonia	775	Perú
380	Bulgaria	594	Rumanía	777	Bolivia
383	Eslovenia	599	Hungría	779	Argentina
385	Croacia	611	Marruecos	780	Chile
400 a 440	Alemania	613	Argelia	784	Paraguay
45 y 49	Japón	619	Túnez	786	Ecuador
460 a 469	Rusia	64	Finlandia	789	Brasil
471	Taiwán	690 y 691	China	80 a 83	Italia
489	Hong Kong	70	Noruega	84	España
50	Gran Bretaña	729	Israel	850	Cuba
520	Grecia	73	Suecia	87	Holanda
539	Irlanda	750	México	890	India
54	Bélgica y Luxemburgo	759	Venezuela	90 y 91	Austria
560	Portugal	76	Suiza	93	Australia
569	Islandia	770	Colombia		
Nota: puedes completar esta tabla y buscar el prefijo de otros países en www.eacoc.es.					

Fuente AECOC.

Cálculo del dígito de control

El dígito de control es muy importante, pues elimina errores en el tratamiento automático del código GTIN; es decir, el dígito de control ofrece seguridad TOTAL de lectura.

El proceso para calcular el dígito de control es el siguiente:

a) Se numera el código de derecha a izquierda.

b) Se multiplican por 1 los dígitos que ocupan posición par, y por 3 los que ocupan posición impar.

c) Se suman los valores de los productos obtenidos.

d) Se busca la decena superior al resultado de la suma anterior y se restan estos dos valores.

El resultado obtenido es el dígito de control.

a) Numeración (derecha a izquierda)	12	11	10	9	8	7	6	5	4	3	2	1
Código GTIN-13 sin dígito de control	**8**	**4**	**1**	**2**	**3**	**4**	**5**	**6**	**7**	**8**	**9**	**1**
b) Dígitos par x 1 y los impar x 3	1	3	1	3	1	3	1	3	1	3	1	3
Resultados de la multiplicación	8	12	1	6	3	12	5	18	7	24	9	3
c) Suma de los resultados	8 + 12 + 1 + 6 + 3 + 12 + 5 + 18 + 7 + 24 + 9 + 3 = 108											
d) Valor de la decena superior	110											
Valor del resultado obtenido	108											
Dígito de control	2											
Código GTIN-13 completo = **84 1234567891 2**												

Actividad propuesta 7.5

Calcula el dígito de control de los siguientes códigos de barras:

84 10055 05002

84 20166 51010

84 10128 00040

84 80022 22381

Código GTIN-8

El código GTIN-8 se utiliza para identificar unidades de consumo muy pequeñas, como artículos de perfumería, o en casos especiales cuando falta espacio para poner el código GTIN-13. La forma del símbolo es barras claras y oscuras; pero su gran diferencia es que solo tiene 8 dígitos.

9031 1017

Estructura del código GTIN-8. Los dígitos 90 representan el país, 31 la empresa, los dígitos 101 el artículo y el 7 es el dígito de control.

Código DataBar

La simbología DataBar es un código de 14 dígitos para la identificación de productos en el punto de venta. Este código contiene información adicional asociada al GTIN, como número de serie, lote, fecha de caducidad, consumo preferente, etc., lo cual permite detallar información de trazabilidad del producto hasta que sale del punto de venta y facilita la gestión por fechas de caducidad y lotes.

Código GTIN-12

El código GTIN-12 se utiliza para identificar productos de EE. UU. y Canadá. La forma y función son las mismas que el GTIN-13 pero solo tiene 12 dígitos. El primer número (normalmente es un 1 o un 7) indica que tiene un tamaño y un peso no variable. Los 5 dígitos siguientes representan el número del fabricante y junto al primer número marcan de forma inequívoca y única a la empresa y son asignados por un organismo del GS1. Los dígitos del séptimo al onceavo son para que el fabricante asigne a cada artículo una numeración. El último dígito es de control y que se calcula con los 11 anteriores y siguiendo el mismo procedimiento que hemos visto.

7 25272 73070 6

Estructura del código GTIN-12, para productos fabricados en EE. UU. y Canadá.

Tipos de símbolos GS1 DataBar:

GS1 DataBar Omnidireccional Apilado
Solo GTIN

GS1 DataBar Omnidireccional
Solo GTIN

GS1 DataBar Expandido
GTIN + información adicional

GS1 DataBar Expandido Apilado
GTIN + información adicional

GS1 DataBar Expandido Apilado
Utilizado principalmente para marcar artículos comerciales de peso variable, por ejemplo: carne o queso.

GS1 DataBar Omnidireccional Apilado
Utilizado principalmente para marcar piezas individuales de productos sueltos.

Figura 7.6. Estructura del código DataBar. La etiqueta del producto contiene: GTIN + precio + peso + fecha de caducidad + país de origen + número de lote + número seriado. *Fuente: AECOC.*

Los Identificadores de Aplicación (IA) son unos prefijos numéricos creados para dar significado inequívoco a los elementos de datos estandarizados. Cada prefijo identifica el significado y el formato de los datos que le siguen a continuación (véase la Tabla 7.2).

Tabla 7.2. Indicadores de aplicación más utilizados a nivel internacional

Identificadores de aplicación más comunes		
Prefijo	**Contenido**	**Estructura**
00	Código Seriado de la Unidad de Envío (SSCC)	n2 + n18
01	Código de agrupación	n2 + n14
02	Código del artículo/agrupación contenido	n2 + n14
37	Cantidades (acompañando al IA 02)	n2 + n..8
10	Número de lote	n2 + an..20
11	Fecha de fabricación	n2 + n6
13	Fecha de envasado	n2 + n6
15	Fecha de consumo preferente	n2 + n6
17	Fecha de caducidad	n2 + n6
310X	Peso neto en kilos	n4 + n6
330X	Peso bruto en kilos	n4 + n6

Fuente AECOC.

Los datos que están a continuación del IA pueden ser caracteres numéricos o alfanuméricos y tener una longitud fija o variable, pudiendo alcanzar una longitud de hasta 30 caracteres en función del IA utilizado. Una de las principales características de estos identificadores es la posibilidad de unir varias informaciones en un solo código de barras (véase la Figura 7.7).

Ubicación de la etiqueta GS1-128. Cuando tenemos que etiquetar agrupaciones en cajas con símbolos GS1-128 se recomienda identificar la agrupación en dos caras adyacentes para facilitar su lectura a lo largo de

(01)08456789567807(15)080423(10)89B23

IA	Datos	IA	Datos	IA	Datos
(01)	08456789567807	(15)	080423	(10)	89B23
	Agrupación		Fecha consumo preferente		N.º de lote

Figura 7.7. Estructura del código de barras del GS1-128. *Fuente AECOC.*

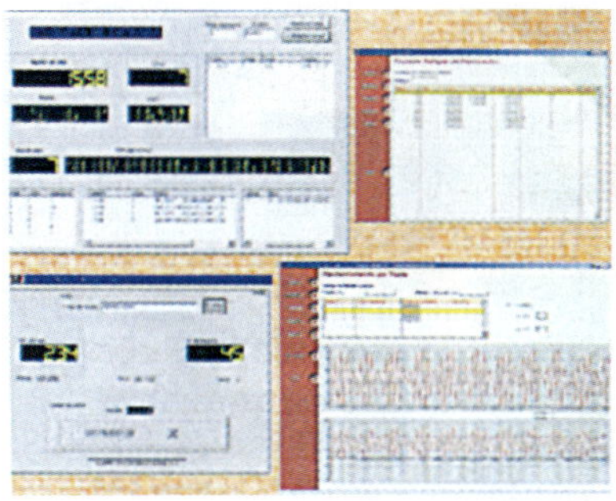

El programa informático nos proporciona la trazabilidad del producto. Nos informa del recorrido hasta que llega a su destino.

Importante

El requisito indispensable de la etiqueta GS1-128 es que toda información representada en el código de barras debe figurar como información humanamente legible, con el fin de facilitar la introducción manual de los datos en caso de fallo del sistema de lectura, de forma que el operario no tenga que conocer obligatoriamente cuál es el significado de cada identificador de aplicación.

Etiqueta de expedición. Se debe colocar en todas las caras de la carga. El código debe ser legible con lectores ópticos para el seguimiento logístico de origen a destino y conocer en todo momento el lugar en que se encuentra.

toda la cadena de suministro. También se debe mantener cierta distancia entre el símbolo y la base de la caja o la arista vertical, como se puede ver en la Figura 7.8.

Las etiquetas en paletas inferiores a 400 mm de altura se deben colocar lo más alto posible y en las superiores a 400 mm de altura, los símbolos se deben ubicar a una altura entre 400 y 800 mm de la base de la paleta. El símbolo debe estar ubicado a menos de 50 mm de la arista vertical, sin que la ubicación afecte negativamente a su lectura.

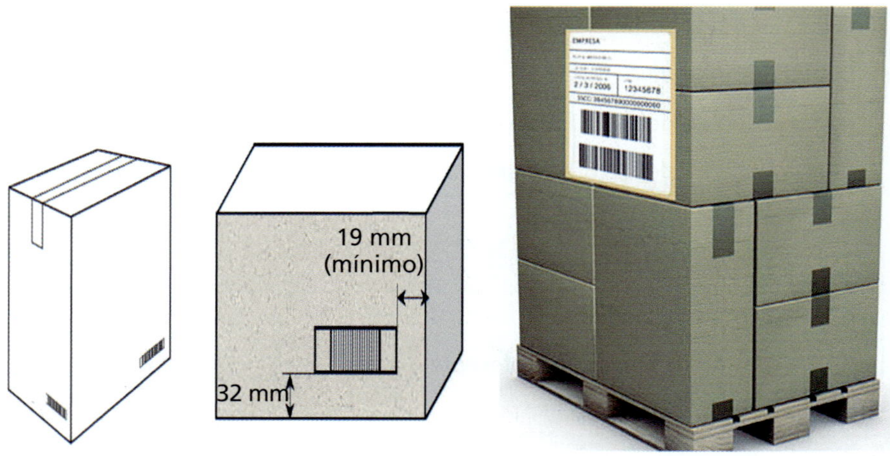

Figura 7.8. Colocación de la etiqueta en agrupaciones (GS1-128 y GTIN-14) en cajas y palés.

Código Seriado de la Unidad de Envío (SSCC)

El SSCC *(Serial Shipment Container Code)* es el IA (00) que identifica unidades logísticas individuales desde origen a destino. Una unidad logística puede ser cualquier agrupación colocada en una caja o palé (transporte de cargas fraccionadas) y camión o contenedor de embarque (transporte de carga completa).

El Código Seriado es un campo obligatorio en la etiqueta estándar GS1-128 de transporte y permite la trazabilidad individual de cada unidad de expedición, así como el rastreo automático de pedidos y entregas. La utilización del SSCC es imprescindible para el Aviso de Expedición en el lenguaje AECOM vía EDI.

(00) 384567891234567899

- **(00)** = IA que identifica el SSCC.
- **3** = Carácter fijo para el GTIN.
- **84 12345** = Código GTIN de la empresa.
- **123456789** = Dígitos asignados por la empresa, para identificar cada unidad de envío de forma única.
- **9** = Dígito de control, de los 17 precedentes.

Estructura del Código Seriado de la Unidad de Envío.

La estructura del Código Seriado de Contenedor de Envío (SSCC) es:

- Identificador de Aplicación GS1, que permite codificar datos múltiples.
- Dígito de extensión, asignado por el usuario para incrementar la capacidad.
- Prefijo de Compañía GS1.
- Referencia Seriada, asignada por el creador de la unidad logística.
- Dígito de control, que se calcula con los otros dígitos.

7.5.2. Simbología DataMatrix, QR-Code y PDF-417

Los códigos de última generación o del siglo XXI se representan con una simbología 2D o bidimensional. Los más utilizados son: GS1 DataMatrix, QR-Code y PDF-417.

GS1 DataMatrix

El código **GS1 DataMatrix** es un estándar de identificación internacional. El símbolo (cuadrado o rectangular) es una matriz de puntos individuales o cuadrados, cuya representación es un cuadriculado ordenado de puntos oscuros y claros, bordeado por un buscador de patrón.

El DataMatrix permite almacenar gran volumen de datos en poco espacio, sus características principales son:

- Simbología de reducidas dimensiones y alta capacidad de información (más de 3.000 caracteres).
- Permite información adicional (número de lote, fecha de vencimiento y serial), incluyendo el GTIN del producto o el GS1-128.
- Se puede imprimir en superficies de papel, plástico, vidrio, metal, y en el propio artículo (batería del móvil, componentes electrónicos, herramientas, material quirúrgico, prótesis, etcétera).
- Lectura multidireccional 360°, pero se necesitan lectores bidimensionales o cámaras de imagen.

El tamaño del símbolo es específico para cada aplicación (de 2 a 3 mm^2) y su ubicación depende del espacio disponible en el envase, tipo de producto o material sobre el que se imprime.

Las aplicaciones del código DataMatrix son múltiples:

- Productos del sector salud, para identificar medicamentos unidosis, instrumental médico, etcétera.
- Servicio postal para automatizar y ordenar el correo, pues permite codificar una dirección postal en un símbolo bidimensional y su impresión en sobres, cartas, etcétera.
- Transacciones *m-commerce*, ya que la simbología DataMatrix permite codificar direcciones web que se pueden capturar con una cámara de móvil.
- Instituciones financieras y otras, para evitar el fraude en boletos de lotería, cheques, tarjetas, etcétera.

El inconveniente de las simbologías 2D, como el código DataMatrix, es el tipo de lectura que puede ser a larga distancia, en un almacén automatizado, o lectura a corta distancia en el punto de venta, y estos últimos tienen que adaptar el escáner.

Código QR

El QR-Code representa las mismas ventajas e inconvenientes que las simbologías 2D; pero su lectura es más rápida y tiene mayor capacidad de almacenaje de datos (más de 4.200 caracteres alfanuméricos o más de 7.000 numéricos y hasta 1.817 caracteres *Kanji/Kana*).

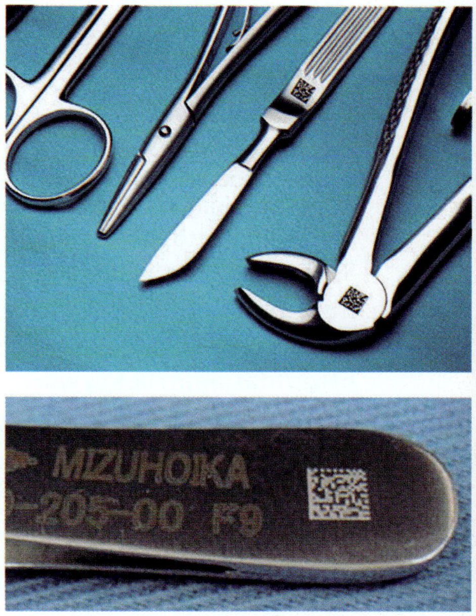

Material quirúrgico identificado con el GS1 DataMatrix.

Código DataMatrix con formato rectangular.

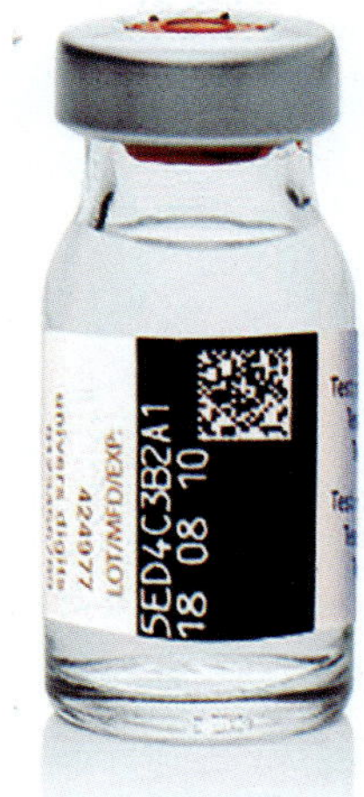

Medicamento monodosis con el GS1 DataMatrix.

Simbología QR-Code.

¿Sabías que...

Hay varios programas para crear los códigos DataMatrix y QR. Los puedes encontrar en los siguientes enlaces de Internet:

http://www.i-nigma.com/createbarcodes.html

http://datamatrix.kaywa.com/

http://www.codigo-qr.es/

Además, los actuales smartphones tienen programas gratuitos que leen estos códigos.

123156789012

Estructura del código PDF-417.

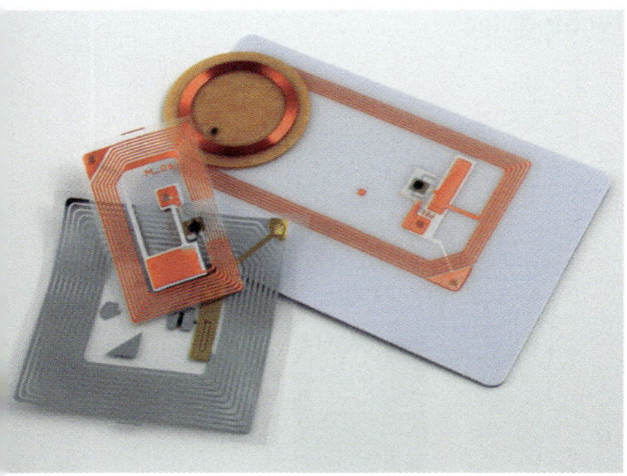

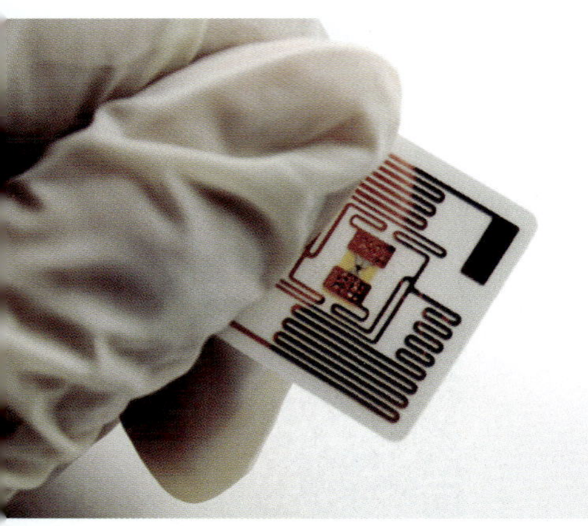

Modelos de etiquetas electrónicas.

Este código está muy extendido en Japón y Corea. Se está empezando a utilizar en Europa en los sectores de logística y distribución, pero donde más ha avanzado es en marketing e Internet. Por ejemplo, promociones a través de teléfonos móviles y soporte gráfico de campañas publicitarias (carteles o anuncios en prensa).

Código PDF-417

El PDF-417 es un código de alta densidad que puede almacenar unos 1.800 caracteres y con mayor seguridad de lectura. Se utiliza principalmente para documentos de la Administración Pública, como los impresos para la declaración de la renta, y en algunos países en las licencias o carné de conducir.

Etiquetas electrónicas. Códigos EPC/RFID

Las etiquetas electrónicas están formadas por circuitos y microprocesadores, memorias, emisores y receptores de radiofrecuencia, RFID (*Radio Frequency IDentification*). La etiqueta con identificador EPC (Código Electrónico de Producto) utiliza la radiofrecuencia y sus posibilidades son muchas y muy diversificadas; como logística, distribución, alimentación, medicina, automóviles, administración, servicios, etc. Los códigos EPC/RFID almacenan gran cantidad de información en diminutos chips, identificando el producto de forma unitaria y facilitando su ubicación en todo momento.

Un sistema de radiofrecuencia consta de los siguientes elementos:

- **Etiqueta o *tag*.** Dispositivo formado por un chip y una antena que permite almacenar un código o identificador único de producto (EPC) y otros datos. Esta etiqueta se adhiere en los productos o envases.
- **Lector de radiofrecuencia.** Detecta la información de las etiquetas y la procesa hacia sistemas de información para su tratamiento; para ello, el lector se coloca en puntos estratégicos del almacén.
- ***Middleware o logical.*** Es una aplicación de intercambio de información del software que capta la información de la etiqueta y la pasa al SGA (Sistema de Gestión del Almacén) para su registro.
- **Red EPC global.** Combina dos tecnologías: RFID e Internet. Permite identificar automáticamente cualquier producto con código electrónico EPC y compartir información de cualquier sector y en cualquier parte del mundo.

El código EPC es un sistema de identificación y seguimiento de mercancías «en tiempo real». Con la utilización del Código Electrónico de Producto se facilita el seguimiento a lo largo de la cadena de abastecimiento o el canal de distribución. Entre las ventajas de la etiqueta con código electrónico cabe destacar:

- Permite lectura a distancia sin contacto visual.
- Control automático de productos y cargas sin ninguna intervención manual.
- El chip de la etiqueta actúa como código antifalsificación.
- Permite identificación del proceso logístico de cajas, paletas, envases retornables, ubicaciones, etcétera.

Resumen 7

Documentos que justifican la recepción de mercancías:

- Pedido, emitido por el comprador y enviado al proveedor.
- Registro de pedidos emitidos.
- Hoja de solicitud de mercancías, entre almacenes o secciones de la empresa.
- Albarán o nota de entrega, que se recibe junto con la mercancía.
- Hoja de recepción, registro de los pedidos recibidos.

Actividades de recepción de mercancías:

- Cotejar las mercancías recibidas con el albarán y con el pedido.
- Contar los bultos y examinar si existen daños externos.
- Acondicionar y etiquetar las unidades de almacenaje.
- Comprobar el estatuto de cuarentena de los productos recibidos.
- Almacenar, según la ubicación asignada a cada producto.
- Recepcionar los artículos devueltos por clientes.

Tipo de etiquetas, según información:

- Etiquetas de **contenido:** describen la mercancía que contiene el bulto o paquete.
- Etiquetas de **manipulación o uso:** indican la forma de almacenar, transportar o manipular el contenido del bulto o paquete y la peligrosidad del producto, cuando es necesario.
- Etiquetas de **procedencia y destino:** informan al medio de transporte del lugar o almacén de carga (origen) y el lugar o almacén de descarga (destino).

Formas de codificación:

- Codificación **no significativa:** se asigna a cada artículo un código correlativo o al azar.
- Codificación **significativa:** se asigna un código que proporciona información del producto, bulto o unidad de carga.
- Codificación **automática:** se corresponde con el código de barras normalizado.

El sistema estándar GS1, mediante códigos de barras, se aplica para:

- GS1 BarCodes (código de barras): identificación automática de productos y unidades logísticas.
- GS1 eCom (comercio electrónico): transacciones electrónicas y de información entre comerciantes.
- GS1 GDSN (Red Global de Sincronización de Datos): intercambio de datos con información fiable sobre ficheros maestros de artículos.
- EPC Global (Código Electrónico de Productos): para identificar por radiofrecuencia del código electrónico del producto y su seguimiento en la cadena de suministro.

Códigos de barras estándares:

- GTIN-13: para unidades de consumo.
- GTIN-8: para unidades de consumo muy pequeñas.
- GS1 DataBar: para identificar productos de peso variable.
- GTIN-12: para identificar productos fabricados en América y Canadá.
- GTIN-14: identifica unidades de distribución o agrupación del mismo producto.
- GS1-128: identifica unidades logísticas y controla su trazabilidad durante el transporte.

Otros símbolos para codificación de productos:

- GS1 DataMatrix: es un símbolo (cuadrado o rectangular) con una matriz de puntos oscuros y claros.
- QR-Code: es un símbolo 2D cuadrado con puntos oscuros y claros.
- PDF-417: es un símbolo formado por barras y puntos. Se utiliza para documentos de la Administración Pública.
- Códigos electrónicos: EPC y RFID representados por diminutos chips.

Actividades de comprobación

Actividad 7.1

Indica **la** respuesta correcta de las siguientes preguntas:

1. **Cuando recibimos menos cantidades de las solicitadas, el procedimiento a seguir es:**
   a) Firmar el apartado recibí del albarán indicando «no conforme» en las observaciones.
   b) Indicar «no conforme» y no firmar el recibí.
   c) Indicar en observaciones las anomalías detectadas y firmar el apartado recibí.

2. **Una vez confeccionada la hoja de recepción se debe pasar una copia:**
   a) A los departamentos de compras y contabilidad.
   b) Al departamento de compras y la sección de fabricación.
   c) Al almacén y al departamento de compras.

3. **Es obligado que la copia de albarán que pasa a facturación:**
   a) Esté visada por el contable.
   b) Esté firmada por el comprador.
   c) Tenga el visto bueno del jefe de almacén.

4. **El orden a seguir en el libro Registro de pedidos emitidos es:**
   a) Fecha de emisión.
   b) Fecha de entrega.
   c) Fecha de recepción.

5. **El contenido de la nota de entrega debe mencionar:**
   a) El tipo de mercancía, el número de bultos y unidades, el cód. y el precio del producto.
   b) El nombre del producto, el número de unidades, el cód. y el precio.
   c) El tipo de mercancía, el número de bultos y las unidades de cada bulto.

6. **La información que proporcionan las etiquetas de manipulación hace referencia sobre:**
   a) La identificación del paquete o bulto sin necesidad de abrirlo.
   b) El origen y destino del producto, número de envío, número de bultos, compañía de transporte, cliente o almacén de destino.
   c) Instrucciones, como: mantener en posición vertical, manténgase en frío, muy frágil.

7. **Un fabricante de material quirúrgico (bisturí, tijeras, pinzas, etc.) puede identificar los productos con el código:**
   a) QR-Code.
   b) PDF-417.
   c) DataMatrix.

8. **Para la identificación automática de productos, unidades comerciales y logísticas tenemos que utilizar los estándares:**
   a) GS1 BarCodes.
   b) GS1 e-Com.
   c) GS1 GDSN.

9. **Para identificar unidades de consumo cuyo destino es el punto de venta se utiliza el código:**
   a) GTIN-8.
   b) GTIN-13.
   c) GTIN-14.

10. **Para incluir en el código de barras información, como: unidad de envío, unidades de venta del producto, medidas y cantidades, fecha de consumo preferente, fecha de fabricación y caducidad, número de lote y unidades que lo componen, etc., debemos utilizar el código:**
    a) GTIN-14.
    b) GTIN-13.
    c) GS1-128.

Actividad 7.2

Indica si son verdaderas (V) o falsas (F) las siguientes afirmaciones:

1. Los productos que están en cuarentena administrativa se almacenan en la zona que les corresponda.
2. El albarán o nota de entrega se debe cotejar con el pedido.
3. El contenido del albarán debe mencionar el valor de los géneros servidos.
4. Los artículos que devuelven los clientes por excedentes de pedido se almacenan en la zona que les corresponda.
5. Una vez confeccionada la hoja de recepción se debe pasar una copia al departamento de compras.
6. El código GTIN-14 está formado por: VL + GS1 de empresa + n.º del artículo + dígito de control.
7. La información que proporcionan las etiquetas de manipulación hace referencia a la identificación del paquete o bulto sin necesidad de abrirlo.
8. El código QR-Code se utiliza para identificar productos de pequeñas dimensiones, material quirúrgico, medicamentos unidosis, etcétera.
9. Los productos en cuarentena informática se pueden almacenar en el lugar del almacén que les corresponda según sus características.
10. El código de barras GTIN-14 se utiliza para cargas destinadas a la exportación.

Actividad 7.3

Responde brevemente a las siguientes preguntas:

1. ¿Con qué documento se coteja la mercancía recibida?
2. ¿Qué productos deben estar almacenados en situación de cuarentena?
3. ¿Qué soportes se utilizan para el etiquetado de productos, bultos o cargas?
4. Indica cuáles son los códigos planos o de una sola dimensión. ¿Cómo están formados?
5. Indica las ventajas de la etiqueta con código electrónico.
6. ¿Cuál es la finalidad del libro Registro de pedidos emitidos?
7. ¿Cuál es la finalidad del albarán?
8. ¿Qué documento puede sustituir al albarán para que el vendedor pueda demostrar que ha entregado las mercancías al comprador?
9. ¿Qué diferencia existe entre el pedido y la hoja de solicitud?
10. ¿Cuáles son los componentes del código de barras normalizado, para productos unitarios?

Actividades de aplicación

7.4. El 5 de mayo (año actual) Comercial Hogar, SA NIF A28/740540 C/ Moreno Nieto, 8 (28005 Madrid) solicita a Textil Alcoy, SA, NIF A03/720410 Av. Sta. Rosa, 18 (03800 Alcoy) Alicante, que le envíe lo antes posible los siguientes artículos:

- 300 juegos de cama de 150 cm, mod. JC150, a 18,90 €/ud.
- 120 edredones de 90 cm, mod. E090, a 27,60 €/ud.
- 150 mantelerías de 12 servicios, mod. M012, a 10,80 €/ud.
- 40 piezas de tela estampada, mod. TE020, de 20 m/pieza a 68,40 €/pieza.

Las condiciones son las siguientes:

- Entrega de la mercancía con portes a cargo del comprador en: Almacenes Comercial Hogar, Pol. Ind. Leganés, C/ Julio Palacios 14, C. P. 28914 Leganés (Madrid).

- Descuentos: el 10 % en confección, el 5 % en tejidos y el 15 % en compras superiores a 1.000 unidades del mismo artículo.
- Pago aplazado a 30 días.

Se pide:

Formalizar el **pedido n.° 84/20xx** expedido por el comprador.

7.5. El 9 de mayo, TEXTIL ALCOY envía a COMERCIAL HOGAR los géneros solicitados en el pedido 84/20xx. La mercancía va acompañada del albarán número 105/20xx y ha sido transportada, a portes debidos, por el señor Guijarro de la empresa «Transportes Castilla». El número de bultos que componen la expedición es el siguiente: los juegos de cama van empaquetados en 10 cajas, los edredones en 24, las mantelerías en 10 y las piezas de tela en 10 fardos.

Al cotejar la mercancía se observa que han enviado 200 mantelerías en lugar de las 150 solicitadas. Las mantelerías sobrantes se devuelven y se hace constar en el albarán para que no las incluyan en la factura.

Cuando ha llegado la mercancía a Comercial Hogar ha sido examinada y registrada en el almacén ROP-12 por el operario L. Torres.

Se pide:

1. Confeccionar el **albarán n.° 105/20xx** enviado por Textil Alcoy a Comercial Hogar.
2. Registrar la mercancía en la **Hoja de recepción n.° 6.**

7.6. El día 12 de mayo (año actual) Comercial Hogar, SA solicita a su proveedor ADIDAS, SA, con NIF A08/223344 y domicilio en la C/ Jaume I de 08303 Mataró (Barcelona), los siguientes artículos:

- 40 pares de zapatillas mod. «streetball» a 43,42 €/par.
- 20 pares de zapatillas mod. «tenis» a 12,80 €/par.

Como observación piden que mantengan las mismas condiciones y precios que en operaciones anteriores.

El **día 20** de mayo el representante de ADIDAS entrega a Comercial Hogar los géneros solicitados. Al cotejar la mercancía se detecta que faltan 5 pares del mod. «streetball», los cuales están incluidos en el albarán de entrega.

Se pide:

Confeccionar el **pedido n.° 85/20xx,** enviado por Comercial Hogar, y el **albarán n.° 21/20xx,** emitido por ADIDAS.

7.7. El día 3 de junio (año actual) Comercial Hogar solicita, por teléfono, a Diseño, SL, con NIF B46/102030 y domicilio en Av. General Avilés, 78, (46015 Valencia), los siguientes artículos:

- 18 faldas de señora modelo 203-L, al precio de 25,00 €/ud.
- 25 camisas juveniles modelo 102-K, al precio de 15,00 €/ud.
- 16 chaquetones modelo 606-M, al precio de 55,89 €/ud.
- 15 pantalones chica modelo 805-R, al precio de 18,58 €/ud.

Según la conversación telefónica, la entrega se realizará en un plazo máximo de 10 días siendo los gastos por cuenta y a cargo del comprador. La forma de pago será a la entrega de la factura.

El **día 5** de junio la secretaria de Comercial Hogar formaliza y envía el pedido para dejar constancia de lo hablado.

El **día 12** de junio DISEÑO envía los géneros junto con el albarán. La agencia que realiza el servicio es Transportes Masorrivas que tiene como norma cobrar en origen (antes de cargar).

Se pide:

Confeccionar el **pedido n.° 86/20xx** y el **albarán n.° 13/20xx.**

7.8. Formalizar el libro **Registro de Pedidos** de la empresa Comercial Hogar (almacén de Leganés-Madrid), actualizando desde el 1 de mayo al 30 de junio (pedidos n.° 84, 85 y 86). Las mercancías recibidas se han destinado a las ubicaciones: textil, calzado y confección.

7.9. Hogar Toledo es una tienda de Comercial Hogar, que está ubicada en Toledo, C/ Alfares 3, C. P. 45003. El día 18 de mayo de 20xx solicitan al almacén central de Leganés los siguientes artículos:

- 20 mantelerías, Cód. M/012.
- 30 colchas, Cód. C/111.
- 7 cortinas, Cód. C/888.

Se pide:

Confeccionar la **Hoja de solicitud n.º 123.**

7.10. El día 10 de noviembre (año actual), la empresa Star Confort, SA recibe en su domicilio C/ La Perdiz n.º 8, (06008 Badajoz) las mercancías enviadas (a portes debidos) por su proveedor Colchonería DE & MA (Avda. del Embarcadero, s/n, 11205 Cádiz). La solicitud se envió el 28-10-20xx en el pedido n.º 105/20xx.

El envío consta de 70 bultos cuyo contenido es: 40 colchones de 150 x 200 cm (Cód. 150-CC) y 30 colchones de 90 x 200 (Cód. 90-CE), y viene acompañado de nota de entrega al transportista n.º 123/20xx. Realiza la entrega el señor Cruz de la agencia Transportes Peñacoba (C/ Tembleque, s/n, 29018 Málaga). Al inspeccionar los bultos se observa que uno de los embalajes está roto y se acepta la mercancía «salvo posterior examen».

La mercancía se deposita en el almacén Hogar-10-B y cuando el operario, señor Sanz, coteja la mercancía (control n.º 16) detecta que en el pedido figuran 50 unidades del artículo 150-CC y 25 del artículo 090-CE. También verifica que los colchones del embalaje deteriorado no han sufrido daño.

Se pide:

Formalizar la **Nota de entrega al transportista n.º 17,** y la **Hoja de recepción n.º 4.**

7.11. El día 14 de enero (año actual) una tienda del Supermercado Día, ubicada en Gran Vía, emite al Almacén Central de Leganés la hoja de solicitud n.º 155, para que le envíen los siguientes artículos:

- 8 cajas de salmón fresco Cód. 200131, entregar en pescadería.
- 25 cajas de langostinos cocidos Cód. 300112, entregar en congelados.
- 10 cestones de lechugas Cód. 500422, entregar en frutas y verduras.
- 5 cajas de ambientador Cód. 400133, entregar en droguería.

La solicitud la firma el jefe de tienda y solicita que las mercancías estén antes de las 7 horas del día 16.

Se pide:

Formalizar la **Hoja de solicitud n.º 155.**

7.12. La empresa CONSTRUCCIONES MAX, SA, NIF A33/344556, con domicilio en C/ Costa Verde 24, 33011 Oviedo (Asturias), solicita el día 10 de febrero (año actual) a Saneamientos TORREGROSA, NIF B29/112233, C/ Seminario 86 (29012 Málaga), los siguientes artículos:

- 120 lavabos Roca-Venecia a 280,00 €/ud.
- 60 muebles de lavabo mod. Venecia a 630,00 €/ud.
- 20 espejos de baño de 90 x 130 cm a 450,00 €/ud.

Condiciones:

- Descuentos: el 5 % para las compras superiores a 50 unidades y 10 % en las superiores a 100 unidades (del mismo artículo).
- Forma de pago: el 25 % al recibir la mercancía y el resto a los 60 días de la entrega.
- Portes y entrega: los portes son a cargo del vendedor; y CONSTRUCCIONES MAX solicita que la mercancía sea entregada a pie de obra, en la urbanización LA ROCA s/n, C. P. 33400 Avilés (Asturias).

El día 15 de febrero tiene lugar la entrega y al descargar se observa que un espejo está roto y se devuelve al proveedor, con la indicación de reponerlo antes de enviar la correspondiente factura.

Se pide:

1. Formalizar el **pedido n.º 44/20xx,** que el comprador envía al vendedor.
2. Confeccionar el **albarán n.º 36/20xx,** en nombre del vendedor. Hacer en nombre del comprador las observaciones y anotaciones oportunas, antes de firmarlo en su nombre.

8

Gestión de existencias e inventario

INTRODUCCIÓN

La función de los gestores del almacén consiste en controlar el *stock* físico almacenado. Dicha tarea se realiza mediante inventario permanente, anotando las entradas y las salidas en el momento que se originan. No obstante, desde el punto de vista contable el objetivo de la empresa es conocer a cuánto asciende el valor de las existencias.

Una buena gestión del almacén debe proporcionar información al personal de compras, contabilidad y ventas. Para ello, cuando se produce una entrada o salida de artículos se hace una doble anotación, registro en unidades físicas y su equivalente en unidades monetarias. Estos registros se deben contabilizar con criterios de valoración legalmente reconocidos y que mejor reflejen la realidad, para evitar que la contabilidad refleje resultados falsificados.

OBJETIVOS

- Registrar correctamente entradas, salidas y devoluciones, de productos y unidades de almacenaje, y utilizando métodos de valoración legalmente reconocidos.
- Saber confeccionar las fichas control de existencias y utilizar los métodos de valoración PMP y FIFO para conocer el valor monetario de las existencias físicas.
- Conocer los tipos de inventarios, las normas sobre el informe o inventario anual de los bienes almacenados y los pasos que se deben seguir para realizar inventario físico de los artículos del almacén.

CONTENIDOS

8.1. Control de existencias

El control de existencias se realiza mediante inventario permanente; es decir, se registran todos los movimientos (entradas y salidas) de todos los artículos, productos, lotes, palés, etc., que la empresa tiene almacenados. Se confecciona una ficha para cada artículo o referencia y se registran las unidades que entran al cotejar la mercancía recibida con el albarán del proveedor y las salidas con la nota de expedición o entrega.

Generalmente, las anotaciones se hacen con medios informáticos (terminales del ordenador, escáner o lector óptico del código de barras), de esta forma podemos saber en todo momento el *stock* existente de cada artículo, modelo o referencia.

El contenido de la ficha refleja: datos del artículo (nombre, composición del lote y código), lugar de ubicación (almacén, sección, pasillo, estantería, etc.), movimientos y existencias después de cada registro (véase en la Figura 8.1 la ficha confeccionada por Comercial LA ZONA).

Ficha control del *stock*

Artículo: *Leche entera* **Lotes:** *paletas de 74 cajas* **Cód.:** *0023/LE*

Ubicación:	**Sección:**	**Pasillo:**	**Estantería:**
Almacén Regional	Alimentación	C	8

Fecha	Concepto	Entradas	Salidas	Existencias
01/03	Ex. inicial			10
05/03	Ventas a TB/BAR		6	4
08/03	Reposición albarán n.º 46	20		24
10/03	Envío a tienda 7		13	11
14/03	Entrega a RL/VAL		8	3
15/03	Reposición albarán n.º 76	20		23
19/03	Envío a tienda 7		17	6
22/03	Reposición albarán n.º 123	20		26
26/03	Ventas a TL/VAL		12	14
27/03	Entrega a LP/TER		9	5
29/03	Reposición albarán n.º 143	20		25
31/03	Inventario (operario n.º 12)			25
31/03	Mercancía deteriorada		2	23

Observaciones:

Recuento realizado el: *31/03/20xx* Existencias cotejadas: *25 paletas*

Anomalías detectadas: *baja de 2 paletas que contienen varias cajas aplastadas*

Figura 8.1. Ficha de modelo estándar, para controlar el *stock* en unidades físicas.

Importante

Actualmente, los almacenes disponen de carretillas o medios mecánicos que llevan incorporado un programa informático. El operario pasa un escáner-pistola por el código de barras y se refleja la entrada, salida, ubicación, etc., así tenemos en tiempo real un informe o de los movimientos de cada artículo almacenado.

Con esta información, el departamento de compras hace el pedido antes de llegar al desabastecimiento. Los comerciales de ventas también pueden saber si pueden cumplir con los pedidos solicitados por los clientes.

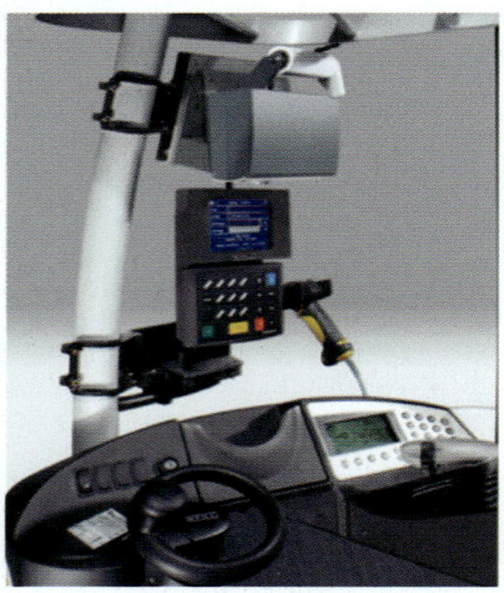

Lector óptico (pistola) de códigos de barras y terminal de ordenador para comunicar la cantidad de artículos depositados o extraídos de la estantería.

8.1.1. Normas contables de valoración

El control de existencias a nivel contable se realiza en unas fichas que reflejan información sobre las entradas, las salidas y las existencias, pero en unidades, precios e importes; pues el patrimonio empresarial se mide en unidades monetarias y bajo normativa legal. El Plan General de Contabilidad, respecto a las normas de valoración, dice lo siguiente:

- Los bienes y servicios comprendidos en **las existencias** se valorarán por su coste, ya sea el **precio de adquisición** o el **coste de producción.** Los impuestos indirectos que gravan las compras de materiales o productos solo se incluirán en el precio de adquisición cuando dicho importe no sea recuperable directamente de la Hacienda Pública.
- El **precio de adquisición** incluye el importe facturado por el vendedor, deducidos descuentos, rebajas del precio, etc., y se añadirán todos los gastos que se originan hasta que los bienes están ubicados en el almacén, tales como transportes, aranceles de aduanas, seguros y otros directamente atribuibles a la adquisición de las mercancías.
- El **coste de producción** se determinará añadiendo al precio de adquisición de materias primas y otras materias consumibles, los costes directamente imputables al producto. También se debe añadir la parte que corresponda de los costes indirectos imputables a los productos, cuando dichos costes correspondan al período de fabricación.

Cálculo del precio de adquisición

Como hemos visto, la compra de mercaderías o materias primas conlleva una serie de gastos derivados, como envases, embalajes, portes, carga y descarga, seguros, aranceles, etc. El reparto de gastos o su imputación a cada artículo se puede hacer según unidades, peso, volumen, precio, dificultad de manipulación, etc. El criterio más generalizado es repartir los gastos según unidades y precios, aunque el transporte se suele hacer en función del peso o volumen. Repasemos las normas que se utilizan en la práctica para repartir cada tipo de gasto:

- **Gastos de envases y embalajes:** se reparten según las unidades; se aplica un envase para cada producto y un embalaje para cada «X» unidades o lote.
- **Gastos de transporte:** se reparte en función del peso. Se dividen los gastos totales entre los kg, o las Tm, transportados en el mismo viaje, y se aplican los gastos que corresponden a cada artículo en función de su peso.
- **Gastos de carga y descarga:** se suelen aplicar según el peso o según del grado de dificultad para manejarlos. Por ejemplo, no presenta la misma dificultad y se necesitan distintos medios para descargar zapatos, frigoríficos o vigas de cemento de 18 m de longitud.
- **Gastos de seguro y arancel:** se aplican según el precio neto o valor de la mercancía y, además, se tienen en cuenta otras características del producto. Pues no se paga la misma prima de seguro para cubrir los riesgos de carne fresca, lunas de cristal, joyas o perlas. Con los derechos de aduana pasa algo similar, es distinta la tasa que se paga por importar maíz, naranjas, tabaco o bebidas alcohólicas.

Concepto

Patrimonio empresarial es el conjunto de bienes, derechos de cobro y obligaciones de pago de una empresa.

Por tu cuenta

Consulta el Real Decreto 1515/2007, de 16 de noviembre, por el que se aprueba el Plan General de Contabilidad de Pequeñas y Medianas Empresas (pymes).

Consulta las novedades del Plan Contable pyme recogidas en el Real Decreto 602/2016 y el Reglamento (UE) 519/2018 de la Comisión, por el que se adoptan determinadas **Normas Internacionales de Contabilidad,** reguladas por Decisiones y Reglamentos aprobados en el Parlamento Europeo y el Consejo, para los países de la UE.

Consulta las modificaciones posteriores que puedan afectar sobre la materia que estudiamos en esta Unidad.

Recuerda

Arancel o derechos de importación es la tasa o impuesto que se paga por comprar mercancías en un país extranjero. Este impuesto se cobra para potenciar y proteger el consumo de productos nacionales y recaudar impuestos a la Hacienda Pública.

Recuerda también que los gastos de seguro, carga y descarga, trámites de aduana, etc., se aplican según las cláusulas Incoterms.

Caso práctico 8.1

Hemos adquirido los siguientes artículos:

- Producto «X»: 800 unidades a 60,00 €/ud., con un dto. del 10 %.
- Producto «Y»: 950 unidades a 78,00 €/ud., con un dto. del 5 %.
- Producto «Z»: 750 unidades a 96,00 €/ud., con un dto. del 8 %.

Los gastos comunes a los tres productos han sido:

- Transporte: 820,00 €, que se reparten según las unidades.
- Envases: 650,00 €, que se reparten según las unidades.
- Seguro: 980,00 €, que se reparten según el precio neto.

Además, el producto «X» tiene unos gastos extra de 400,00 € de embalajes.

Se pide:

Calcular el coste unitario de cada artículo.

Solución:

	Artículo «X»	Artículo «Y»	Artículo «Z»
Precio de compra	60,00	78,00	96,00
Dto.: 10 % «X», 5 % «Y» y 8 % «Z»	–6,00	–3,90	–7,68
Precio neto de compra	54,00	74,10	88,32
Transporte = 820,00/2.500 = 0,33	0,33	0,33	0,33
Envases = 650/2.500 = 0,26	0,26	0,26	0,26
Embalajes «X» = 400,00/800 = 0,50	0,50		
Seguro = coeficiente x precio neto	0,29	0,40	0,48
Coste unitario	55,38 €	75,09 €	89,39 €

Transporte: las unidades transportadas son 800 + 950 + 750 = 2.500.

Seguro: hemos pagado 980,00 € por el importe neto de la mercancía.

El importe asegurado = (800 x 54,00) + (950 x 74,10) + (750 x 88,32) = 179.835,00.

Coeficiente = 980,00 / 179.835,00 = 0,00544944.

Para calcular lo que ha costado asegurar cada unidad de artículo multiplicamos el coeficiente (tomando todos los decimales) por el precio neto de cada producto.

Actividad propuesta 8.1

Comercial LA ZONA ha comprado los siguientes artículos:

- Producto «A»: 200 unidades a 100,00 €, con un dto. del 10 %.
- Producto «B»: 300 unidades a 60,00 €, con un dto. del 20 %.

Los gastos han sido los siguientes:

- Envases del producto «A» 120,00 €, que se reparten según las unidades.
- Portes comunes 200,00 € en total y se reparten en función del peso. El artículo «A» pesa 1 kg y el «B» 2 kg.
- Seguro del 2 % sobre el importe neto.

Se pide:

Calcular el coste unitario.

8.2. Ficha de control de existencias

La ficha de control de existencias o **ficha de almacén** es un documento interno donde se registran las entradas y salidas de unidades físicas y su valor monetario.

El Plan General de Contabilidad establece los criterios que deben utilizar las empresas para valorar las entradas, las salidas y las existencias.

En el almacén, se deben registrar el flujo de unidades que se producen a diario.

Valoración de las entradas

El PGC dice que la entrada del producto en el almacén se reflejará a **precio de adquisición** (empresas comerciales) o **coste de fabricación** (empresas industriales) (véase la Figura 8.2).

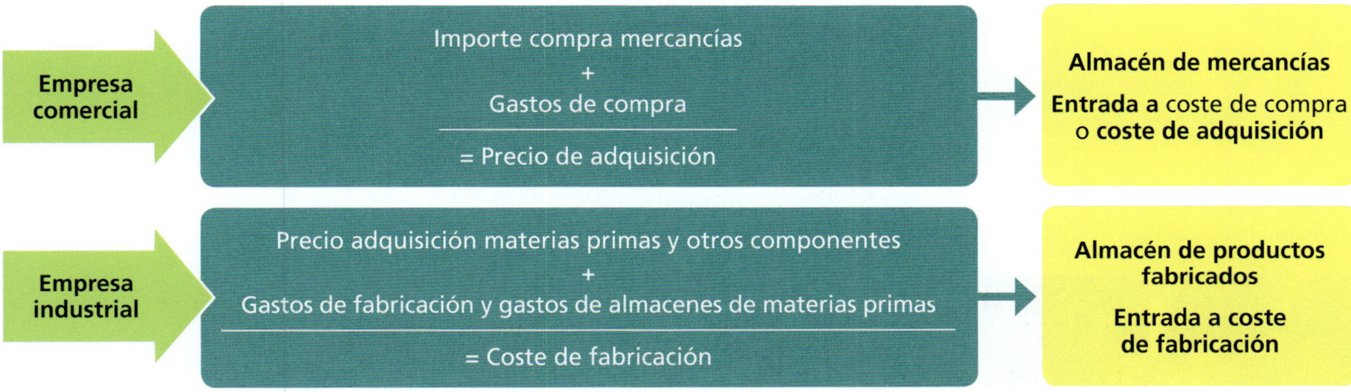

Figura 8.2. Diferencias entre precio de adquisición y coste de fabricación.

No obstante, si recibimos el mismo día dos partidas del mismo artículo procedente de diferentes proveedores y a distinto precio se reflejará su entrada a «coste medio».

Ejemplo. Comercial LA ZONA compra el artículo de Ref. ML-02 a dos distribuidores y el 4 de abril recibe 1.000 unidades a 30,00 €/ud. (del proveedor «A») y 1.500 a 25,00 € (del proveedor «B»). La entrada se reflejará como una sola partida calculando el coste medio de ambos envíos; es decir:

$$\text{Coste medio} = \frac{1.000 \times 30,00 + 1.500 \times 25,00}{1.000 + 1.500} = 27,00\ €$$

La entrada de este artículo se registra en la ficha como una única entrada de 2.500 unidades a 27,00 €/ud.

Valoración de las salidas y las existencias

Cuando todas las entradas de un artículo o referencia se han registrado al mismo valor de coste, las salidas se registran a ese precio y no presenta ninguna dificultad. Pero, en la práctica, es muy difícil que se cumpla esta condición, pues el mismo producto se puede adquirir a distintos precios o proveedores; es decir, surgen gastos adicionales que repercuten en el coste o precio de adquisición.

Importante

Cuando no se puede identificar el coste de entrada de un artículo tenemos que buscar soluciones operativas y prácticas para valorar las salidas. El PGC respecto a la valoración de las salidas y el saldo de existencias, dice: «cuando se trate de bienes cuyo precio de adquisición o coste de producción no sea identificable de modo individualizado, se adoptará con carácter general el método del coste medio o precio medio ponderado (PMP). El métodos FIFO es aceptable y puede adoptarse, si la empresa lo considera más conveniente para su gestión».

La ficha control de existencias debe reflejar las entradas, salidas y existencias.

8.3. Métodos de valoración de existencias

La aplicación práctica de cada uno de los métodos de valoración que menciona el Plan General de Contabilidad, es la siguiente:

El método PMP (precio medio ponderado) consiste en hacer una valoración homogénea de todos los artículos; para ello se suman los importes de todas las entradas (cantidad x precio) y se divide entre la suma de las unidades. La fórmula que se aplica es la siguiente:

$$PMP = \frac{E_i \times P_i + Q_1 \times P_1 + Q_2 \times P_2 + Q_3 \times P_3 + \dots Q_n \times P_n}{E_i + Q_1 + Q_2 + Q_3 + \dots Q_n}$$

E_i = existencias iniciales Q_n = unidades compradas en cada partida
P_i = precio de las Ex. in. P_n = precio de adquisición

Ejemplo. Supongamos que tenemos 12 unidades a 3,50 €/ud. del producto «X» y compramos 5 unidades a 3,80 €/ud. El precio medio ponderado será:

$$PMP = \frac{12 \times 3{,}50 + 5 \times 3{,}80}{12 + 5} = 3{,}59\ €/ud.$$

El control de existencias se realiza de forma mecaniza utilizando escáner y otros medios para ofrecer una mayor garantía.

Una vez registrada la entrada el valor de las existencias = 17 x 3,59 = 61,03 €. La primera salida, si no existe antes una entrada, se registrará a 3,59 €/ud.

El método FIFO *(First In, First Out)* o **PEPS** (primera entrada, primera salida), consiste en valorar las salidas al coste de las mercancías más antiguas; es decir, se considera que las vendemos en el mismo orden en que fueron adquiridas.

Aplicando el método FIFO, en el ejemplo anterior, las existencias corresponden a cantidades adquiridas a diferentes precios de compra, y las primeras unidades en salir serán las registradas al precio de 3,50 €/ud.

Veamos, en los siguientes apartados, cómo se controla el valor de los artículos almacenados, aplicando los métodos de valoración.

8.3.1. Valoración por el método PMP

El método de valoración PMP se suele utilizar para mercancías que por sus características no requieren una preferencia de salida o venta, artículos como zapatos, bolsos, ropa, etc., pero que es necesario mantener un control del *stock* por inventario permanente (véase el Caso práctico 8.2).

Las entradas, procedentes de compras o fabricación de la propia empresa, se anotan a precio de coste y las salidas se registran al PMP que figura en la columna de existencias el día que se produce la expedición o venta.

Caso práctico 8.2

La empresa EL SABATER es un fabricante de calzado que suministra a mayoristas y tiendas especializadas en este tipo de artículos. Utiliza el método PMP para registrar los flujos y conocer el valor del *stock*.

Durante el mes de abril, los zapatos de Ref. ZS-37 han tenido los siguientes movimientos:

01-4 Ex. iniciales 1.100 pares a 14,80 €/p.

07-4 Fabricación terminada 1.300 pares a 15,20 €/p.

09-4 Venta a Zapatería LA MADRILEÑA 2.000 pares.

14-4 Fabricación terminada 1.000 pares a 16,30 €/p.

16-4 Venta a Zapatería MAYORDOMO 1.000 pares.

21-4 Fabricación terminada 1.800 pares a 17,50 €/p.

26-4 Venta a Distribuciones Sánchez 2.000 pares.

29-4 Fabricación terminada 1.000 pares 16,40 €/p.

Se pide:

1. Formalizar la ficha de almacén por el método del PMP.
2. Calcular el coste de ventas y el beneficio del período, si todas las ventas se han realizado al precio de venta de 30,80 €/p.

Solución:

1. Para rellenar la ficha (véase la Ficha n.º 1) se procede de la siguiente forma:

01-04 Se registran las existencias iniciales, en la columna de existencias, y a su precio (en este caso es el precio medio de la Ex. final del mes anterior).

07-04 Se anotan las unidades que pasan del taller al almacén de productos terminados y al precio de coste indicado. Como el precio de coste es distinto, para actualizar las existencias tenemos que calcular el nuevo PMP aplicando la fórmula:

$$\text{PMP} = \frac{1.100 \times 14{,}80 + 1.300 \times 15{,}20}{1.100 + 1.300} = 15{,}02\ €$$

Después de registrar la entrada, se multiplican las existencias por el precio medio obtenido (2.400 x 15,02 = 36.048,00 €) para calcular el valor del *stock* en ese momento.

09-04 Se produce una venta y esta no modifica el precio medio. Las ventas o salidas se reflejan al precio medio del momento, en este caso a 15,02 €; también modificamos la columna de existencias, quedan 400 unidades a 15,02 €.

14-04 Se produce una entrada y debemos calcular de nuevo el precio medio:

$$\text{PMP} = \frac{400 \times 15{,}02 + 1.000 \times 16{,}30}{400 + 1.000} = 15{,}93\ €$$

Y actualizamos el valor de las existencias: 1.400 x 15,93 = 22.302,00 €.

16-04 Todas las ventas se reflejan a precio de coste (en este caso a 15,93), independientemente del precio de venta aplicado al cliente.

21-04 Al reflejar la entrada calculamos el nuevo PMP; este se modifica siempre que el precio de entrada sea distinto al de las existencias.

Caso práctico 8.2 (Cont.)

$$PMP = \frac{400 \times 15,93 + 1.800 \times 17,50}{400 + 1.800} = 17,21\ €$$

26-04 La salida de las unidades vendidas se refleja a precio de coste (17,21 €/ud.), y nos quedan 200 unidades a ese mismo precio.

29-04 Registramos la entrada y calculamos el precio medio:

$$PMP = \frac{200 \times 17,21 + 1.000 \times 16,40}{200 + 1.000} = 16,54\ €$$

El valor de la Ex. final es igual a 1.200 x 16,54 = 19.848,00 €.

2. El coste de ventas = unidades vendidas a precio de coste (se calcula sumando los importes de la columna ventas/salidas = 80.390,00).

El beneficio = ventas a precio de venta – coste de ventas.

Beneficio = 5.000 x 30,80 – 80.390,00 = 154.000,00 – 80.390,00 = 73.610,00 €.

FICHA CONTROL DE EXISTENCIAS — **Ficha n.º 1**

Empresa: EL SABATER
Proveedor: fabricación propia
Método de valoración: PMP

Artículo: Zapatos
Ref.: ZS-37

Existencia máxima:
***Stock* de seguridad:**
Plazo de entrega:

Fecha	Proveedor/Cliente	Compras/entradas			Ventas/salidas			Existencias		
Día/mes	**N.º de documento**	**Ud.**	**Precio**	**Importe**	**Ud.**	**Precio**	**Importe**	**Ud.**	**Precio**	**Importe**
01-04	Ex. Iniciales							1.100	14,80	16.280,00
07-04	Fabricación	1.300	15,20	19.760,00				2.400	15,02	36.040,00
09-04	Venta Zapatería La Madrileña				2.000	15,02	30.040,00	400	15,02	6.008,00
14-04	Fabricación	1.000	16,30	16.300,00				1.400	15,93	22.308,00
16-04	Venta Zapatería Mayordomo				1.000	15,93	15.930,00	400	15,93	6.372,00
21-04	Fabricación	1.800	17,50	31.500,00				2.200	17,21	37.872,00
26-04	Venta Distribuciones Sánchez				2.000	17,21	34.420,00	200	17,21	3.442,00
29-04	Fabricación	1.000	16,40	16.400,00				1.200	16,54	19.848,00

Observaciones:

Actividad propuesta 8.2

Puertas BORDÓN, fabricante de puertas de madera, vende a empresas de construcción, carpinterías y particulares. El control de existencias lo lleva por el método del PMP.

Las puertas Ref. P-83 durante el mes de mayo tuvieron el siguiente movimiento:

01-05 Existencias en almacén 300 unidades valoradas a un PMP de 120,00 €/ud.

04-05 Fabricación terminada 700 unidades a 130,00 €/ud.

12-05 Venta a Construcciones JÚCAR, 200 unidades a 200,00 €/ud. (albarán n.° 310).

15-05 Venta a Adosados TUÉJAR, 500 unidades a 190,00 €/ud. (albarán n.° 360).

20-05 Fabricación terminada 2.200 unidades a 125,00 €/ud.

25-05 Fabricación terminada 1.000 unidades a 123,00 €/ud.

29-05 Venta a Carpintería Martínez 500 unidades a 200,00 €/ud. (albarán n.° 420).

29-05 Venta a Puertas MARCOS 1.500 unidades a 195,00 €/ud. (albarán n.° 490).

30-05 Fabricación terminada 1.000 unidades a 130,00 €/ud.

Se pide:

1. Realizar la ficha de almacén por el PMP, redondeando las cantidades a dos decimales.
2. Calcular el coste de ventas y el margen comercial.

8.3.2. Valoración por el método FIFO

El método FIFO (primera entrada, primera salida) establece una hipótesis razonable sobre el flujo de las existencias; supone que las ventas se realizan siguiendo el orden de entrada; es decir, las primeras salidas corresponden a las existencias más antiguas.

Este criterio es muy lógico y responde al movimiento físico real de un almacén de productos perecederos, cuya fecha de caducidad se refleja en el envase y en el embalaje, por ejemplo: leche, huevos, yogures, productos frescos, etc. Veamos en el siguiente caso práctico la aplicación del método FIFO (PEPS).

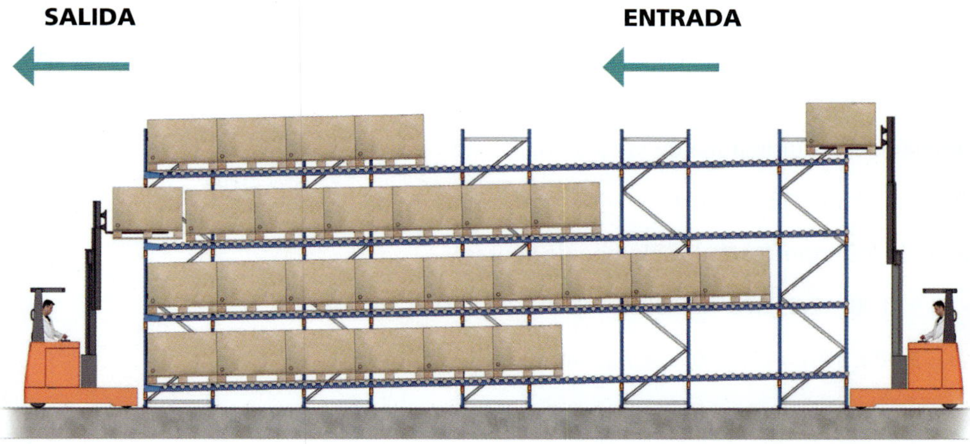

Estantería dinámica por gravedad. Las paletas se cargan por un pasillo y se extraen por el opuesto, así podemos hacer un almacenamiento compacto que responde al método FIFO.

Estantería dinámica por gravedad, responde al criterio FIFO. La primera caja que entra se desliza por el camino de rodillos y se coloca en la boca de salida.

Caso práctico 8.3

Quesería SAIZ, SL, es un fabricante de quesos y vende directamente a hipermercados, supermercados, tiendas de comestibles, restaurantes, etc. El control de existencias lo lleva por el método FIFO y queso curado de Ref. QC-3 ha tenido el siguiente movimiento durante el mes de febrero:

04-02 Fabricación 3.000 unidades a 19,00 €/ud. (lote-170).

10-02 Venta a Embutidos GARGALLO 2.400 unidades (envío n.° 14).

16-02 Fabricación 2.500 unidades a 19,30 €/ud. (lote-180).

18-02 Venta a Carrefour de 1.300 unidades (envío n.° 19).

20-02 Venta a Casa TOMILLO de 150 unidades (envío n.° 25).

23-02 Fabricación 3.000 unidades a 18,50 €/ud. (lote-190).

26-02 Venta a Mesón ELADIO de 1.500 unidades (envío n.° 30).

Se pide:

1. Confeccionar la ficha de almacén por el método FIFO.
2. Calcular las existencias finales y sus precios; el coste de ventas y el margen comercial, si el precio de venta es a 9,00 € el kg y cada queso pesa 3 kg.

Solución:

1. Véase la Ficha n.° 2, cuyo proceso es el siguiente:

04-02 Registramos la entrada del lote-170, que son 3.000 unidades a 19,00 €/ud.

10-02 Se registra la venta a precio de coste y como las existencias son del mismo precio o lote no plantea ningún problema.

16-02 Al registrar la entrada diferenciamos las existencias antiguas de las nuevas, aunque el importe se corresponde a la suma de los dos lotes. La ubicación en el almacén es con preferencia de salida para los artículos que tienen más próxima la fecha de caducidad.

18-02 Al preparar el envío (1.300 unidades) tomamos primero los quesos del lote más antiguo, las 600 unidades a 19,00 €/ud. y completamos el pedido con 700 unidades a 19,30 €/ud. (del lote-180).

20-02 La venta de este día se prepara con los artículos del lote-180 que son los más antiguos; además coincide que solo tenemos existencias de un lote.

23-02 Registramos la entrada separando las existencias antiguas de las nuevas.

26-02 Preparamos el envío con los artículos que entraron el día 16; pues en este caso podemos preparar el pedido con artículos que corresponden al mismo lote.

2. El valor de la Ex. final aparece reflejado en la última fila de la columna de existencias.

   Existencia final = 150 x 19,30 + 3.000 x 18,50 = 58.395,00 €.

3. El coste de ventas se obtiene sumando los importes de la columna de ventas.

   El coste de ventas = 45.600,00 + 24.910,00 + 2.895,00 + 28.950,00 = 102.355,00 €.

   El precio de venta de cada queso = 9,00 x 3 kg = 27,00 €, y se han vendido 5.350 quesos.

   El beneficio = importe de las ventas – coste de ventas.

   Beneficio = 5.350 x 27,00 – 102.355,00 = 144.450,00 – 102.355,00 = 42.095,00 €.

Caso práctico 8.3 (Cont.)

FICHA CONTROL DE EXISTENCIAS											Ficha n.º 2
Empresa: Quesería SAIZ, SL **Proveedor:** fabricación propia						**Método de valoración:** FIFO					
Artículo: Queso curado **Ref.:** QC-3						**Existencia máxima:** ***Stock* de seguridad:** **Plazo de entrega:**					
Fecha	**Proveedor/Cliente**	**Compras/entradas**			**Ventas/salidas**			**Existencias**			
Día/mes	**N.º de documento**	**Ud.**	**Precio**	**Importe**	**Ud.**	**Precio**	**Importe**	**Ud.**	**Precio**	**Importe**	
04-02	Fabricación (lote-170)	3.000	19,00	57.000,00				3.000	19,00	57.000,00	
10-02	Venta a GARGALLO (envío n.º 14)				2.400	19,00	45.600,00	600	19,00	11.400,00	
16-02	Fabricación (lote-180)	2.500	19,30	48.250,00				600 2.500	19,00 19,30	59.650,00	
18-02	Venta a Carrefour (envío n.º 19)				1.300	600 x 19,00 700 x 19,30	24.910,00	1.800	19,30	34.740,00	
20-02	Venta a TOMILLO (envío n.º 25)				150	19,30	2.895,00	1.650	19,30	31.845,00	
23-02	Fabricación (lote-190)	3.000	18,50	55.500,00				1.650 3.000	19,30 18,50	87.345,00	
26-02	Venta a Mesón ELADIO (envío n.º 30)				1.500	19,30	28.950,00	150 3.000	19,30 18,50	58.395,00	
Observaciones:											

Actividad propuesta 8.3

El almacén de MERCADONA, ubicado en Ribarroja (Valencia), suministra a los supermercados de la zona de Levante los productos que adquiere directamente de fabricantes y mayoristas.

La empresa DULCESOL, fabrica las magdalenas Valencianas-Hacendado para MERCADONA, el suministro es semanal y la unidad de venta (MERCADONA-DULCESOL) es la caja de 10 bolsas de magdalenas.

El almacén de MERCADONA utiliza el método FIFO para el citado artículo y el movimiento durante el mes de mayo ha sido el siguiente:

01-03 Recibe de Dulcesol 1.000 unidades a 6,00 €/ud.

07-03 Recibe de Dulcesol 1.500 unidades a 7,00 €/ud.

10-03 Envía a tiendas 1.500 unidades.

14-03 Recibe de Dulcesol 1.800 unidades a 6,90 €/ud.

17-03 Envía a tiendas 1.780 unidades.

21-03 Recibe de Dulcesol 1.500 unidades a 7,50 €/ud.

26-03 Envía a tiendas 800 unidades.

29-03 Recibe de Dulcesol 2.000 unidades a 7,00 €/ud.

Se pide:

1. Confeccionar la ficha de almacén por el método FIFO.
2. Indicar el desglose de las existencias finales y su valor monetario.

> **Importante**
>
> Cuando la columna de existencias refleja un PMP de 12,50 € y registramos la devolución de una venta cuya salida fue a 11,90 €, esta nueva entrada modifica el precio medio existente y tenemos que calcular de nuevo el PMP para actualizar el valor de las existencias.

8.3.3. Registro de devoluciones y mermas

Las devoluciones son operaciones derivadas de una compra o venta anterior y cuando las registramos tenemos que anotarlas al mismo precio de adquisición o coste que se reflejaron en su origen.

- **Devoluciones de compra:** se registran como **salidas** y se anotan al precio de coste o precio de adquisición que se registró su entrada **(precio de coste a cuya partida pertenecen).**
- **Devoluciones de venta:** son una **entrada** y se registran al **precio de coste que se reflejó su salida** en el momento de la venta. Las devoluciones de venta pueden modificar el PMP existente en el momento de su registro.
- **Bajas:** por rotura, deterioro, extravío, etc., corresponden a artículos que no se pueden vender; en la ficha se registran como una **salida al precio de coste de la partida correspondiente.** Pero algunas veces es difícil conocer a qué partida o compra pertenece, y cuando esto ocurre los productos que se dan de baja se registran al **precio PMP o FIFO que les corresponda en el momento de la anotación.**

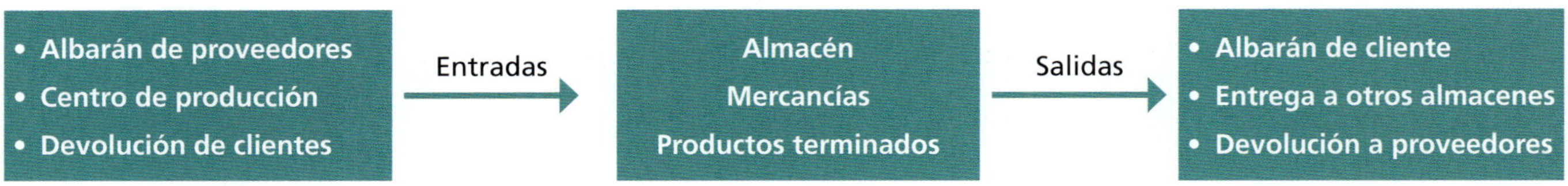

Figura 8.3. Relación entre los documentos administrativos y el almacén.

Caso práctico 8.4

MACHA OLIVA, SL es un mayorista de aceite de oliva que almacena y expide por unidades de carga sobre paletas. Para el aceite de Ref. EXVI-001 tiene unas existencias máximas de 1.500 paletas y un *stock* de seguridad 350 paletas.

El movimiento durante el mes de marzo ha sido el siguiente:

01-03 Existencias iniciales 300 unidades a 25,00 €/ud. y 800 a 25,50 €/ud.

07-03 Venta a MERCADONA 700 unidades (albarán n.º 150).

17-03 Recibe del fabricante 1.800 unidades a 26,40 €/ud. (entrega n.º 70).

20-03 MERCADONA devuelve 25 paletas (envío del 07-03).

28-03 Devolvemos al fabricante 200 paletas (recibidas el 17-03).

30-03 Hacemos inventario y en el recuento encontramos 2 paletas aplastadas, se desconoce a la partida que corresponden.

Se pide:

Realizar las fichas de almacén por: PMP y FIFO.

Solución y notas aclaratorias:

Véanse las fichas de almacén números 3 y 4. Las notas aclaratorias que aparecen en el apartado de observaciones. También se han completado: *stock* máximo, *stock* de seguridad y plazo de entrega.

Caso práctico 8.4 (Cont.)

FICHA CONTROL DE EXISTENCIAS — **Ficha n.º 3**

Empresa: MANCHA OLIVA, SL
Proveedor: fabricante

Método de valoración: PMP

Artículo: Aceite de oliva
Ref.: EX-VI-001

Existencia máxima: 2.500 paletas
***Stock* de seguridad:** 350 paletas
Plazo de entrega: 15 días

Fecha	Proveedor/cliente	Compras/entradas			Ventas/salidas			Existencias		
Día/mes	N.º de documento	Ud.	Precio	Importe	Ud.	Precio	Importe	Ud.	Precio	Importe
01-03	Existencias iniciales (1)							1.100	25,36	27.900,00
07-03	Venta a MERCADONA				700	25,36	17.752,00	400	25,36	10.144,00
17-03	Recibe del fabricante	1.800	26,40	47.520,00				2.200	26,21	57.662,00
20-03	Dev. de MERCADONA (2)	25	25,36	634,00				2.225	26,20	58.295,00
28-03	Dev. al fabricante (17/03) (3)				200	26,40	5.280,00	2.025	26,18	53.014,50
30-03	Bajas por deterioro (4)				2	26,18	52,36	2.023	26,18	52.962,14

Observaciones:
(1) PMP de la existencia inicial = (300 x 25,00 + 800 x 25,50) / (300 + 800) = 25,36 €/ud.
(2) Las devoluciones de venta se registran a 25,36 (precio de coste al que se registró su salida).
(3) Las devoluciones de compra se reflejan al precio que se registró su entrada 26,40. Esta devolución modifica el PMP de las existencias.
(4) Se debe indicar el motivo de la baja, si este no es conocido se pone «bajas desconocidas».

FICHA CONTROL DE EXISTENCIAS — **Ficha n.º 4**

Empresa: MANCHA OLIVA, SL
Proveedor: fabricante

Método de valoración: FIFO

Artículo: Aceite de oliva
Ref.: EX-VI-001

Existencia máxima: 2.500 paletas
***Stock* de seguridad:** 350 paletas
Plazo de entrega: 15 días

Fecha	Proveedor/cliente	Compras/entradas			Ventas/salidas			Existencias		
Día/mes	N.º de documento	Ud.	Precio	Importe	Ud.	Precio	Importe	Ud.	Precio	Importe
01-03	Existencias iniciales (1)							300 800	25,00 25,50	27.900,00
07-03	Venta a MERCADONA				700	300 x 25,00 400 x 25,50	17.700,00	400	25,50	10.200,00
17-03	Recibe del fabricante	1.800	26,40	47.520,00				400 1.800	25,50 26,40	57.720,00
20-03	Dev. de MERCADONA (2)	25	25,50	637,50				425 1.800	25,50 26,40	58.357,50
28-03	Dev. al fabricante (3)				200	26,40	5.280,00	425 1.600	25,50 26,40	53.077,50
30-03	Bajas por deterioro (4)				2	25,50	51,00	423 1.600	25,50 26,40	53.026,50

Observaciones:
(1) Las Ex. iniciales están formadas por dos lotes o partidas; 300 unidades a 25,00 €/ud. y 800 unidades a 25,50 €/ud.
(2) Las devoluciones de venta se reflejan a 25,50, pues suponen una menor venta. Observa que al preparar el envío las últimas que se pusieron fueron las 400 a 25,50; al reflejar la devolución, las ventas netas de esta partida o lote han sido de 375 unidades.
(3) Las devoluciones de compra se reflejan al precio que nos costaron, 26,40. Esta devolución hace que disminuyan las últimas paletas que entraron.
(4) Como no sabemos a qué partida corresponden las bajas, se registran al precio de las más antiguas.

8.4. Inventario: concepto y normativa

La empresa, desde el punto de vista contable, tiene que hacer inventario al menos una vez al año y, en todo caso, coincidiendo con la fecha de cierre del ejercicio; pues el inventario sirve de base para confeccionar el balance final y la cuenta de pérdidas y ganancias, y para calcular el resultado del período.

> El inventario es un informe o relación detallada de los materiales, productos, mercancías, etc., que tiene la empresa almacenados y clasificados según categorías.

El objetivo del inventario es conocer la situación exacta de los materiales, comprobar si coinciden las unidades físicas y las contables, localizar materiales obsoletos o deteriorados, concretar las necesidades de espacio e instalaciones, etcétera.

> El **balance final** es la expresión estática del patrimonio de la empresa; los bienes que posee en un momento dado (cierre del ejercicio económico).
>
> La cuenta de **pérdidas y ganancias** es el detalle de los gastos (pérdidas) e ingresos (ganancias) obtenidos por las actividades realizadas en las distintas secciones de la empresa durante un ejercicio económico.

Normativa legal del inventario

La confección del inventario es para la empresa una obligación legal, cuyo cumplimiento puede inspeccionar el organismo oficial competente. El Código de Comercio, respecto al inventario, establece lo siguiente:

- «El Libro de Inventarios y Balances se abrirá con el balance inicial detallado de la empresa. Al menos trimestralmente, se transcribirán, con sumas y saldos, los balances de comprobación. Este libro recogerá anualmente el inventario, así como el balance del ejercicio y la cuenta de resultados, que serán redactados con criterios contables generalmente admitidos» (art. 37).
- Respecto a la valoración del inventario, dice: «sin perjuicio de lo establecido por leyes especiales, las partidas del balance se valorarán con arreglo a criterios objetivos que garanticen los intereses de terceros y siguiendo los principios que exige una ordenada y prudente gestión económica de la empresa. Habrá de mantenerse una continuidad en los criterios de valoración y no podrán ser variados sin causa razonada, que deberá expresarse en el propio libro de inventarios y balances» (art. 39).

Los criterios de valoración que menciona el Código de Comercio son los que establece el Plan General de Contabilidad: el **precio de adquisición** o **coste de producción,** o el **precio de mercado si este fuera menor,** en cuyo caso se

Concepto

Sobrevaloración consiste en valorar por encima del valor real o de mercado.

Infravaloración es la valoración que se realiza por debajo del valor real.

¿Sabías que...

Dividendos es la parte de los beneficios obtenidos en el ejercicio económico que se reparten entre los socios o accionistas.

Los **impuestos sobre beneficios** son tributos que pagan las empresas a la Hacienda Pública en función de los beneficios obtenidos. Como es un porcentaje sobre los beneficios anuales, cuanto mayores son estos más impuestos tienen que pagar; por eso a Hacienda no le interesa que las empresas valoren por debajo del valor real.

efectuarían las correspondientes correcciones valorativas. Respecto a las correcciones de valor el PGC dice: «Cuando el valor neto realizable de las existencias sea inferior a su precio de adquisición o a su coste de producción, se efectuarán las oportunas correcciones valorativas reconociéndolas como un gasto en la cuenta de pérdidas y ganancias».

El inventario debe cumplir la normativa legal y ajustarse a la contabilidad de la empresa.

Las normas de valoración del PGC se ajustan a las reglas del Código de Comercio y al Texto Refundido de la Ley de Sociedades Anónimas, y están inspiradas en el principio de la «prudencia valorativa»; es decir, una sobrevaloración del inventario conduce a estimar en más los resultados de la empresa y, como consecuencia, a repartir dividendos inexistentes. Por el contrario, una infravaloración de las existencias lleva a estimar a la baja los resultados y esto legalmente repercute en el impuesto sobre beneficios.

Tipos de inventario

El personal encargado de la gestión del almacén, generalmente, utiliza dos tipos.

- **Inventario permanente** o «inventario contable», es el que se hace para llevar un control constante de las entradas y las salidas de cada uno de los artículos (modelo, talla, color, etc.). Los registros contables se anotan en las fichas control de existencias, que hemos visto en los apartados anteriores.
- **Inventario periódico** o «inventario extracontable», consiste en hacer un recuento físico de las existencias, para conocer las cantidades de *stock* al final de un período y valorar dichas existencias a precios de coste o de mercado. Los inventarios extracontables, según cuando se realicen, pueden ser: **inventario final** (consiste en hacer el recuento de las existencias al final del ejercicio económico) o **inventario rotativo** (consiste en realizar el recuento de manera continua, así los artículos de algunas secciones se recuentan varias veces durante el año).

Con el inventario periódico se pueden conocer las depreciaciones (artículos obsoletos o que han caducado), las mermas (en los productos que se almacenan a granel), los artículos que se han roto o están deteriorados y tenemos que dar de baja, si los artículos están ubicados fuera del lugar que les corresponde, etcétera.

Ejercicio económico es un ciclo contable de periodicidad anual, que coincide o no con el año natural. Por ejemplo, para la mayoría de las empresas comprende desde el 1 de enero al 31 de diciembre; mientras que para un colegio sería el comprendido en un curso escolar.

8.4.1. Proceso del inventario físico

El inventario físico se hace *in situ*, mediante inspección ocular y recuento de los artículos almacenados, anotando el número de unidades, lotes, referencias, etc., que existen en el momento del recuento.

El proceso consiste en planificar las siguientes operaciones:

Recuerda

El inventario es un trabajo de equipo que debe estar organizado por un responsable que sepa las tareas que hay que realizar, que prepare con tiempo suficiente el procedimiento a seguir, el material para las anotaciones (fichas, formularios, documentos o soportes) y designe los empleados que realizarán los recuentos.

¿Sabías que...

Cuando la empresa dispone de programas y medios informáticos, el propio programa lleva incorporado el impreso, y el recuento se hace utilizando un escáner de pistola, pero tenemos que asegurarnos de no marcar dos veces el mismo artículo.

- **Establecer la época del inventario** para que el recuento coincida con el período de menor actividad.
- **Informar al personal** sobre la finalidad del inventario y las normas que deben seguir.
- **Preparar el almacén** para que el recuento se realice en el menor tiempo posible. La preparación consiste en ordenar los artículos, reuniendo los que están dispersos en distintas secciones o estantes.
- **Programar las fechas de trabajo** para reducir al mínimo las posibilidades de error o duplicidad.
- **Preparar los impresos o formularios necesarios** para anotar las cantidades inspeccionadas. El formato de estos documentos o soportes debe permitir:
  - Detallar los productos, artículos o lotes inventariados por grupos o categorías, con la descripción de sus características físicas y de venta.
  - Indicar la referencia o código del artículo, la expresión cuantitativa de cada mercancía, su descripción y la unidad de medida que se utiliza (kilos, litros, cajas, paletas, etcétera).
  - Reflejar el precio o valor de los materiales inventariados.

Para confeccionar el inventario no existe una norma que imponga un formato determinado; cada empresa puede elaborar el modelo de impreso que mejor se adapte a sus necesidades y las características de los productos almacenados. Los procedimientos técnicos que más se utilizan son: el control por sectores, el control por cupones y el control en rayados sinópticos.

Control por sectores

El recuento por sectores es apropiado cuando la mercancía mantiene un orden fijo de ubicación en un pasillo, estantería o nivel del almacén o tienda. El impreso que se utiliza tiene el formato que aparece en el Caso práctico 8.5, como se puede observar consta de dos apartados:

- La **parte izquierda** para que el operario que realiza el inventario anote las cantidades que hay en el momento del recuento.
- La **parte derecha** se reserva para anotar las variaciones (entradas o salidas) después de realizar la revisión física y antes de valorar los artículos.

El documento del inventario por sectores es de doble copia y se utiliza un impreso para cada estantería, ubicación, contenedor, cajón, etc. Una vez registrada la mercancía inspeccionada, se envía el original al departamento de administración y la copia se pega sobre el estante para evitar duplicaciones.

Antes de proceder a valorar el inventario, se actualizan las variaciones (anotadas en la parte derecha de la copia) y se coteja con la ficha del artículo, para comprobar si coincide la existencia final de la ficha con el número de artículos inventariados.

Por tu cuenta

Pasea por un supermercado y observa a los empleados que están haciendo recuento o inventario del lineal, estantería o sección asignada a su puesto de trabajo.

Caso práctico 8.5

Observa el impreso siguiente que corresponde al inventario realizado en un almacén de colchones y auxiliares. El recuento se realizó el día 15 de diciembre y posteriormente se registraron variaciones de existencias o precio. Las anotaciones después de esa fecha del recuento fueron las siguientes:

- Salieron 2 unidades del artículo CVL-90 a 195,00 (menor precio que las existencias).
- Salieron 5 unidades del artículo BT-90 a 95,00 (menor precio que las existencias).
- Salieron 3 unidades del artículo BT-150 al mismo precio que las existencias.
- Salieron 1 unidades del artículo SM-90 a 79,00 (menor precio que las existencias).
- Salieron 4 unidades del artículo SM-150 al mismo precio que las existencias.
- Salieron 3 unidades del artículo CC-135 a 139,00 (menor precio que las existencias).

Solución:

INVENTARIO				INVENTARIO		
Sección: *Colchones*				Sección: *Colchones*		
Inspección realizada Ubicación: *Pasillo-17* Fecha: *15-12-20xx* Empleado: *n.º 5 G. Lozano*				**Variaciones** Fecha última modificación: *31 diciembre de 20xx*		
Cód.	**Artículo**	**Cant.**	**Precio**	**Cód.**	**Cantidad (+/–)**	**Precio**
CVL-90	Colchón visco-látex/90	27	350,00	CVL-90	(–) 2	195,00
CVL-135	Colchón visco-látex/135	22	400,00	CVL-135		
CVL-150	Colchón visco-látex/150	18	475,00	CVL-150		
BT-90	Base tapizada/90	35	120,00	BT-90	(–) 5	95,00
BT-135	Base tapizada/135	14	140,00	BT-135		
BT-150	Base tapizada/150	28	170,00	BT-150	(–) 3	
SM-90	Somier de madera/90	24	90,00	SM-90	(–) 1	79,00
SM-135	Somier de madera/135	20	120,00	SM-135	(–) 4	
SM-150	Somier de madera/150	18	140,00	SM-150		
CC-90	Canapé abatible/90	30	130,00	CC-90		
CC-135	Canapé abatible/135	25	150,00	CC-135	(–) 3	139,00
CC-150	Canapé abatible/150	20	175,00	CC-150		
El operario encargado de hacer el recuento físico anota, en esta parte del documento, los artículos inventariados.				Esta parte se destina para anotar las variaciones ocurridas después del recuento y se tienen en cuenta antes de valorar el inventario.		

Figura 8.4. Modelo de impreso para inventario por sectores.

Con el control por cupones, se rellena un cupón por cada artículo y se controla la composición del *stock*.

Control por cupones

El control por cupones se utiliza cuando se desea también controlar la composición del *stock*, en función de las características de los artículos que componen la familia. Por ejemplo, supongamos un mayorista que comercializa ropa de hombre, mujer y niño; la clasifica por pantalones, faldas, abrigos, trajes, etc.; y añade una subclasificación por talla, color, tejido o modelo.

El impreso que se utiliza es un talonario con triple copia y compuesto de cupones; se rellena un cupón por cada artículo revisado. El cupón de la primera copia lleva la indicación INVENTARIO y se coloca sobre el artículo inventariado; el cupón de la segunda copia se arranca en el momento de la valoración; la tercera copia es una hoja resumen sin cupones que se queda unida al talonario. Una vez terminado el recuento de los artículos inventariados, se reagrupan los cupones según el criterio de clasificación establecido y se procede a la valoración del inventario (véase la Figura 8.5).

Talonario de cupones	**INVENTARIO** **Artículo:** *CB-52 Camisa blanca* **Cantidad:** *7* **Precio:** *66,00* **Empleado:** *n.º 36 (P. Calles)*

Hoja resumen del inventario

Sección *Ropa de caballero* — **Fecha** *30 de junio de 20xx*

Ref./Cód.	Artículo	Unidad o lote	Cantidad	Precio
CB-52	Camisa blanca	Caja de 6	7	66,00
CA-50	Camisa azul	Caja de 6	5	66,00
PN-54	Pantalón negro	Caja de 4	8	180,00
PN-52	Pantalón marrón	Caja de 4	6	180,00
CHA-54	Chaqueta azul	Caja de 2	6	360,00
CHM-50	Chaqueta marrón	Caja de 2	4	360,00

Figura 8.5. Modelo de impreso (talonario y hoja resumen) para el inventario por cupones.

Control en rayados sinópticos

Este tipo de inventario se utiliza para artículos que presentan múltiples variantes (tallas, modelos, colores, etc.), pero están valorados al mismo precio. La finalidad del recuento es comprobar la cantidad de los artículos almacenados, pero también sirve para confirmar excesos o carencias de ciertas referencias (tallas, colores, modelos, etc.) y ajustar el *stock* a las necesidades.

Observa la Figura 8.6; en ella aparece un modelo de impreso utilizado en la sección de deportes, para ropa de varios modelos, tallas, colores, etc., que se pone a la venta con el mismo precio.

El control en rayados sinópticos se utiliza para artículos con multitud de variantes.

INVENTARIO

Sección/almacén: *Deportes-ropa* **Fecha:** *30 / diciembre / 20xx*

Código	Artículo	Tallas/números									
		12	14	38	40	42	P	M	G	XL	XXL
S-22	Sudadera azul-rojo	6	7	12	15	4	5	7	3	12	5
S-11	Sudadera verde-blanco	3	5	8	9	5	4	8	7	7	6
CH-44	Chándal azul-rojo	14	10	6	8	6	7	11	9	11	7
CH-55	Chándal verde-blanco	8	6	14	12	14	9	7	5	9	4
C-88	Camiseta verde	5	7	9	5	18	10	6	3	6	8
C-33	Camiseta roja	6	4	10	7	3	6	4	5	8	6
P-55	Pantalón azul	10	8	11	9	8	7	6	12	9	4
P-53	Pantalón rojo	4	10	8	4	6	4	8	6	4	8
P-54	Pantalón verde	6	4	6	8	5	6	4	8	6	10

Observaciones:

Figura 8.6. Modelo de inventario en impreso de rayado sinóptico.

8.4.2. Valoración del inventario

Una vez terminado el recuento físico se procede a valorar el *stock* almacenado; primero se transcriben en el **Libro de Inventarios** o en un «impreso resumen» todas las anotaciones que figuren en los documentos y formularios utilizados durante el control e inspección ocular. Los artículos, al confeccionar el Libro de Inventarios, se agrupan por categorías, secciones, etcétera.

Después de transcribir los datos al balance final debemos conservar todos los ficheros o documentos y formularios utilizados en las inspecciones o controles y los recopilados para confeccionar el inventario. Estos documentos deben estar disponibles durante el ejercicio, pues constituyen una fuente de información necesaria para consultar o comparar con los resultados de otros ejercicios económicos.

¿Sabías que...

Los artículos que en el inventario aparecen a precio inferior al de mercado son los que se suelen vender como oferta o liquidación.

Los productos que figuran en el Libro de Inventarios se valoran con el mismo criterio utilizado para los movimientos reflejados durante el ejercicio en las fichas control de existencias. Es decir, las cantidades del inventario físico son las existencias finales de los *stocks* que figurarán en el balance final del ejercicio y su valor será a precio de coste o adquisición, aplicando el método PMP o FIFO. Sin embargo, si en la fecha de cierre el precio de mercado es inferior al de adquisición o precio histórico, se tomará el precio más bajo por prevalecer el principio de prudencia valorativa (véase la Figura 8.6).

Observa el inventario-resumen de la Figura 8.7, con los artículos inventariados en varias secciones de un almacén. Los artículos cuyo precio de coste es inferior al de mercado se han valorado aplicando las normas del PGC, para aproximarnos más al valor real del *stock.*

Después del recuento físico, se lleva a cabo la valoración del inventario en el departamento de contabilidad.

Inventario *Ejercicio 20xx*

Almacén: *General* **Fecha:** *31 / diciembre / 20xx*

Ref. Cód.	Artículo/Ud. de medida	Cant. Ud./lote	Precio coste	Precio mercado	Precio aplicado	Importe
Sección: *Colchones y complementos*						
CVL-90	Colchón visco-látex/90	25	350,00	(*) 195,00	195,00	4.875,00
CVL-135	Colchón visco-látex/135	22	400,00		400,00	8.800,00
CVL-150	Colchón visco-látex/150	18	475,00		475,00	8.550,00
BT-90	Base tapizada/90	30	120,00	(*) 95,00	95,00	2.850,00
BT-135	Base tapizada/135	14	140,00		140,00	1.960,00
BT-150	Base tapizada/150	25	170,00		170,00	4.250,00
SM-90	Somier de madera/90	23	90,00	(*) 79,00	79,00	1.817,00
SM-135	Somier de madera/135	16	120,00		120,00	1.920,00
SM-150	Somier de madera/150	18	140,00		140,00	2.520,00
CC-90	Canapé abatible/90	30	130,00	(*) 139,00	139,00	4.170,00
CC-135	Canapé abatible/135	22	150,00		150,00	3.300,00
CC-150	Canapé abatible/150	20	175,00		175,00	3.500,00
					Subtotal	**48.512,00 €**
Sección: *Ropa de caballero*						
Ref. Cód.	**Artículo/Ud. de medida**	**Cant. Ud./lote**	**Precio coste**	**Precio mercado**	**Precio aplicado**	**Importe**
CB-52	Camisa blanca/caja 6 uds.	7	66,00	(*) 45,00	45,00	315,00
CA-50	Camisa azul 7/caja 6 uds.	5	66,00		66,00	330,00
PN-54	Pantalón negro/caja 4 uds.	8	180,00		180,00	1.440,00
PM-52	Pantalón marrón/caja 4 uds.	6	180,00	(*) 159,00	159,00	954,00
CHA-54	Chaqueta azul/caja 2 uds.	6	360,00		360,00	2.160,00
CHM-50	Chaqueta marrón/caja 2 uds.	4	360,00		360,00	1.440,00
					Subtotal	**6.639,00 €**
Sección: *Deportes-ropa*						
Ref. Cód.	**Artículo/Ud. de medida**	**Cant. Ud./lote**	**Precio coste**	**Precio mercado**	**Precio aplicado**	**Importe**
S-22	Sudadera/caja 10 uds.	8	40,00		40,00	320,00
CH-55	Chándal/caja 6 uds.	12	150,00		150,00	1.800,00
C-88	Camiseta/caja 20 uds.	10	80,00		80,00	800,00
P-54	Pantalón/caja 10 uds.	7	35,00	(*) 25,00	25,00	175,00
					Subtotal	**3.095,00 €**
	TOTAL INVENTARIO					**58.246,00 €**

Figura 8.7. Inventario-resumen valorado. (*) El precio de mercado es inferior al de coste o adquisición.

Resumen 8

Control de existencias

Las entradas y salidas de cada producto, artículo, lote, paleta, etc., se registran en fichas que permitan conocer las existencias en un momento determinado.

Normas contables de registro y valoración de las existencias:

- Las **entradas** a **precio de adquisición** o **coste de fabricación** (productos fabricados en la propia empresa).
- Las **salidas** a **precio de coste, utilizando los métodos PMP o FIFO,** cuando no se pueda identificar el coste de entrada.
- Las **devoluciones de compra** como una salida y al precio de coste que se registró su entrada o compra.
- Las **devoluciones de venta** como una entrada y al precio de coste (PMP o FIFO) que se registró su salida.
- Las **bajas** por deterioro o extravío de mercancías, se registran como una salida al precio de coste de la partida correspondiente, cuando no sea identificable se aplica el PMP o FIFO.

Cálculo del precio unitario de adquisición:

- **Precio de adquisición** = precio de compra **menos** descuentos (aplicados al producto) más los gastos de compra que se imputan a cada artículo.
- **Reparto de los gastos comunes** y su imputación a cada artículo: envases y embalajes según las unidades; transporte en función del peso de cada artículo; carga y descarga según el peso o la dificultad para manejar cada producto; seguro, arancel, aduana, etc., según el precio neto o valor de cada producto.

Aplicación de los métodos de valoración de existencias:

- PMP: se calcula el precio medio de todas las partidas del mismo artículo, las salidas y existencias se valoran al precio medio obtenido.
- FIFO: se establece un orden de salida, «los primeros artículos que entran son los primeros que salen», las salidas y existencias se valoran al precio de los artículos más antiguos.

Inventario para controlar los artículos almacenados:

- **Contable o permanente:** se registran todas las entradas y las salidas de cada artículo, utilizando escáner y medios informáticos.
- **Periódico o por recuento e inspección de los artículos:** este inventario es obligatorio al final del ejercicio, se puede hacer en una fecha cualquiera cuando necesitemos conocer las existencias de uno o varios artículos.

Planificación del inventario o recuento de existencias:

- Decidir el período del recuento, para no interferir en otras actividades.
- Establecer las normas y comunicar la información al personal.
- Ordenar el almacén, para que los productos estén en las ubicaciones correspondientes.
- Programar los días que se realizará el recuento.
- Preparar el material y los medios necesarios.

Métodos para realizar el inventario físico:

- Control por sectores. El recuento se hace por secciones o áreas del almacén.
- Control por cupones. El recuento se hace por familias, gamas, referencias, etcétera.
- Control en rayados sinópticos. El recuento se hace por artículos para conocer excesos o carencias de cada referencia o modelo.

Actividades de comprobación

Actividad 8.1.

Indica **la** respuesta correcta de las siguientes preguntas:

1. **La entrada de los productos comprados la debemos reflejar a:**
   a) Precio de compra.
   b) Precio de fabricación.
   c) Precio de adquisición.

2. **La salida o venta de productos se refleja en las fichas control de existencias:**
   a) A precio de coste.
   b) A precio de venta.
   c) A precio medio.

3. **Los métodos de valoración de *stocks* PMP y FIFO se utilizan:**
   a) Para calcular el margen comercial de las ventas.
   b) Para valorar las salidas de los productos almacenados.
   c) Para valorar los registros periódicos de almacén.

4. **Los productos que se dan de baja por robo, deterioro o merma se deben valorar:**
   a) Al mismo precio que se compraron.
   b) Al precio que se corresponda según el método que estemos utilizando.
   c) Al precio de la última salida o venta.

5. **El procedimiento de inventario por sectores se utiliza:**
   a) Cuando la mercancía mantiene un orden de colocación fijo.
   b) Cuando los productos están valorados a un mismo precio.
   c) Cuando los productos están ordenados por tallas, colores, modelos, etcétera.

6. **Uno de los avances tecnológicos que más facilita la gestión y control del *stock* almacenado es:**
   a) El inventario en rayados sinópticos.
   b) El escáner de pistola.
   c) El inventario por sectores.

7. **Para que el operario que hace el inventario pueda utilizar medios informáticos es necesario que:**
   a) Los productos estén ordenados por familias.
   b) La etiqueta de la unidad de almacenaje corresponda con el contenido.
   c) La unidad de almacenaje esté provista del código de barras.

8. **Las devoluciones procedentes de clientes se deben reflejar en las fichas control de existencias:**
   a) En la columna de entradas y al mismo precio que se reflejó su salida.
   b) En la columna de entradas y al mismo precio que se aplicó al cliente.
   c) En la columna de salidas y al precio que corresponda según el método utilizado.

9. **Las mercancías devueltas a proveedores se deben reflejar en las fichas control de existencias:**
   a) En la columna de entradas y al mismo precio que nos cobró el proveedor.
   b) En la columna de entradas y al precio de coste que se reflejó su salida.
   c) En la columna de salidas y al precio de coste que se reflejó su entrada.

10. **El precio de adquisición es igual a:**
    a) Precio de compra – descuentos + gastos de compra + + IVA.
    b) Precio de compra + gastos de compra – descuentos.
    c) Precio de compra – descuentos + gastos de compra.

Actividad 8.2

Indica si son verdaderas (V) o falsas (F) las siguientes cuestiones:

1. El precio de adquisición es igual: precio de compra, menos descuentos, menos el IVA, más gastos de compra.
2. Generalmente, los embalajes «retornables» se imputan al precio de coste según las unidades.
3. En las fichas de almacén, las entradas se reflejan a precio de adquisición o coste de fabricación y las salidas a precio de venta.
4. Los flujos (entradas/salidas) de las existencias se registran en la ficha de cada artículo a precio de coste, adoptando para las salidas los métodos de valoración establecidos en el PGC.
5. Para conocer las existencias reales y el estado de los artículos hay que hacer inventario por inspección ocular.
6. Los empresarios están obligados a presentar trimestralmente inventario de los bienes almacenados.
7. Si valoramos las existencias por encima de su valor de coste tendremos que pagar menos impuestos.
8. El escáner y otros lectores de códigos de barras facilitan las tareas para llevar control de existencias por inventario permanente.
9. Las existencias inventariadas se deben valorar según las indicaciones de los inspectores de Hacienda.
10. El criterio de valoración FIFO consiste en dar preferencia de salida al producto más antiguo.

Actividad 8.3

Responde brevemente a las siguientes preguntas:

1. ¿Cuándo debemos utilizar el método PMP de valoración de existencias?
2. ¿Qué información aporta el inventario permanente, para el personal de almacén y los directivos de la empresa?
3. ¿Cómo se registran las devoluciones de cliente, en la ficha control de existencias?
4. Una empresa necesita conocer con mucha frecuencia los flujos de mercancías. ¿Qué sistema de control e inventarios debe realizar?
5. ¿Cómo se registran, en la ficha control de existencias, los productos que se dan de baja en el almacén por robo, deterioro o merma?
6. ¿Cuándo se debe hacer y en qué consiste el inventario extracontable?
7. ¿Qué pasos debemos seguir cuando tenemos que hacer inventario físico?

Actividades de aplicación

8.4. El almacén de productos terminados Industrias TITÁN destina a los cubos de 25 kg (Ref. PB-19065) una capacidad máxima para 500 unidades, el *stock* de seguridad es de 40 unidades y las reposiciones se realizan cada 15 días, desde el centro de producción.

Durante el mes de marzo se registraron los siguientes movimientos:

01-03 Existencias en almacén 300 unidades valoradas a 12,00 €, precio de coste.

04-03 Venta a Pinturas Moreno 100 unidades. a 27,80 €/ud., precio de venta.

15-03 Recibe de producción 200 unidades a 13,00 €/ud.

20-03 Pinturas Moreno devuelve 40 unidades.

25-03 Recibe de producción 400 unidades a 13,50 €/ud.

29-03 Venta a Pinturas DECOR 280 unidades a 28,00 €/ud.

Se pide:

1. Formalizar las fichas de almacén por los métodos PMP y FIFO.
2. Calcular el margen comercial obtenido con cada método.

8.5. PORCELANOSA desde el centro logístico de Villareal distribuye los azulejos (Ref. AZ-353) a las tiendas del grupo. La unidad de carga es el palé y durante el mes de septiembre ha tenido el siguiente movimiento:

01-09 Existencias en almacén 500 unidades a 250,00 €/ud.

02-09 Fabricación terminada 2.500 unidades a 260,00 €/ud.

04-09 Envía a la Tienda de Salamanca 1.600 unidades.

06-09 La Tienda de Salamanca devuelve 200 unidades, por falta de espacio.

08-09 Envía a la Tienda de Alicante 300 unidades.

16-09 Fabricación terminada 300 unidades a 262,00 €.

27-09 Envía a la Tienda de Sevilla 1.500 unidades.

Se pide:

1. Realizar las fichas de almacén por los métodos PMP y FIFO.
2. Calcular el importe de las ventas, si todas las mercancías enviadas a las tiendas llevan marcado el PV con el 90 % de beneficio sobre el coste.
3. Calcular el margen comercial obtenido.

8.6. Un almacén de abonos e insecticidas industriales presenta los siguientes datos:

	Producto «X»	Producto «Y»
Ex. iniciales	22.500 uds. a 175,00 €/ud.	10.000 uds. a 225,00 €/ud.
Compras	30.000 uds. a 252,00 €/ud.	10.000 uds. a 362,00 €/ud.
Ventas	40.000 uds. a 400,00 €/ud.	15.000 uds. a 500,00 €/ud.

Los gastos de compra son:

- Envases y embalajes 2.000,00 €.
- Transporte 6.000,00 €.

Ambos gastos se reparten en función de las unidades.

Se pide:

1. Calcular el coste unitario de adquisición.
2. Formalizar las fichas de almacén, utilizando el método PMP para el producto «X» y el FIFO para el producto «Y».
3. Calcular el beneficio obtenido por las ventas de cada producto y en total.

8.7. La empresa JUNIKER es un importador de calderas, calentadores, chimeneas, etc. El almacén central está ubicado en Barcelona y desde allí distribuye a otras delegaciones. Las calderas de calefacción a gas de Ref. 35-67890-CG tienen estimadas unas existencias máximas en 5.000 unidades, el *stock* mínimo en 1.500 unidades y el fabricante tarda de 3 a 8 días en servir el pedido. El movimiento del *stock* durante el mes de septiembre fue el siguiente:

01-09 Existencias en almacén 2.000 unidades a 2.500,00 €/ud.

02-09 Recibe 500 unidades a 2.500,00 € (albarán n.º 134).

04-09 Entran 300 unidades a 2.600,00 € (albarán n.º 212).

06-09 Envía a la delegación de Salamanca 600 unidades. Marcando el precio de venta con un B.º del 90 % sobre el coste.

08-09 La delegación de Salamanca devuelve 200 unidades, por falta de espacio.

11-09 Recibe 100 unidades a 2.515,00 € (albarán n.º 184).

16-09 Recibe 200 unidades a 2.520,00 € (albarán n.º 213).

27-09 Envía a la delegación de Sevilla 1.500 unidades. Marcando el precio de venta con un B.º del 95 % sobre el coste.

Se pide:

1. Realizar las fichas de almacén por los dos métodos: PMP y FIFO.
2. Calcular el margen comercial obtenido por cada criterio.
3. Comparar el margen comercial y el valor de las Ex. finales por cada método.

8.8. La Coop. El Ejido se dedica a la venta y exportación de frutas y verduras. Quiere implantar una buena gestión y control del almacén, pero duda entre hacerlo por inventario permanente o inventarios periódicos.

Nos han pedido preparar un plan de gestión de *stocks* para este tipo de productos. Debes indicar cuál es el método de control más indicado, el procedimiento a seguir al hacer inventario y los documentos o formularios que más se adaptan a la actividad y los artículos almacenados.

Indica también las ventajas e inconvenientes de cada sistema (control permanente o inventarios periódicos) para este tipo de almacén.

8.9. Como actividad extraescolar, se propone solicitar en algunas empresas que los alumnos (en grupos de dos o tres) puedan ver o colaborar en las tareas de inventario.

Si no existe tal posibilidad pueden hacer el inventario de algunos escaparates, por ejemplo: perfumerías, zapaterías, ópticas, etcétera.

9

Embalaje y expedición de mercancías

INTRODUCCIÓN

La expedición de mercancías es una de las actividades más importantes que realizan los operarios del almacén; pues si la preparación del envío no es la adecuada el producto llegará al cliente en malas condiciones.

Cuando las mercancías se almacenan a granel o el cliente solicita un envase o embalaje especial el proceso es más complejo. Hay que coordinar las operaciones de *picking* (selección y extracción de mercancías) y las de *packaging* (envasado-embalado del producto) o el empaquetado adecuado para su distribución y transporte hasta el destinatario final.

Los contenidos de esta unidad nos permitirán conocer las actividades de expedición, propias del almacén, junto a otras como el envasado-embalado de productos, que forman parte del proceso de fabricación pero cada vez se realizan más en los almacenes.

OBJETIVOS

- Conocer las actividades que se realizan en el almacén cuando hay que preparar un envío o expedición, según el plazo de entrega exigido por el cliente, el volumen de mercancías, el número de referencias, etcétera.
- Saber los materiales que se utilizan en la elaboración de envases y embalajes; así como el proceso de envasado y embalado más indicado para cada producto.
- Conocer la legislación que regula los materiales de envases y embalajes que se pueden utilizar para cada tipo de producto; el tratamiento y destino de los residuos de envases y embalajes.

CONTENIDOS

9.1. Preparación de pedidos y expedición
9.2. Orden de *picking* y preparación del envío
9.3. Envases y embalajes: funciones y características
9.4. Materiales de envases y embalajes
9.5. Legislación sobre envases y embalajes

> **Importante**
>
> La información, entre los operarios que realizan el *picking* y los que se ocupan de la reposición, se puede transmitir en soportes de papel, por radiofrecuencia o por medios informáticos, a través de la pantalla del terminal instalado en el medio mecánico utilizado para realizar el *picking*.

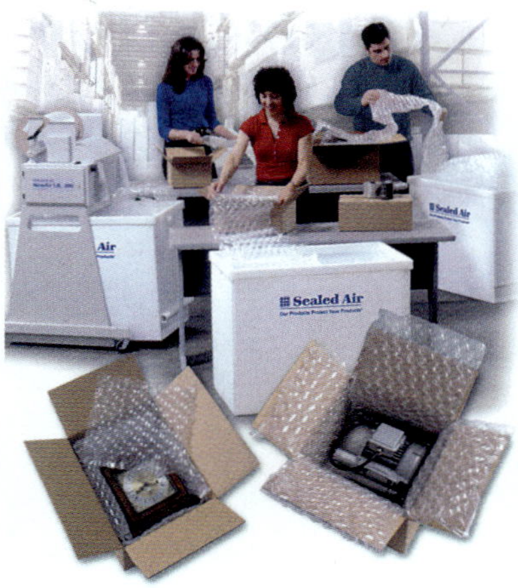

Terminales portátiles para recibir datos de *picking,* almacenaje, recepción y expedición.

9.1. Preparación de pedidos y expedición

Cuando llega un pedido al almacén se originan una serie de actividades que se suceden en cadena, hasta que las mercancías se cargan en el medio de transporte para su envío al cliente. Normalmente, la expedición de pedidos consta de las siguientes operaciones:

- Extraer las mercancías del lugar de almacenaje y llevarlas a la zona de preparación de pedido.
- Preparar los artículos y acondicionarlos con embalaje, precinto y etiquetado.
- Realizar el control o verificación y pesar los artículos que compone cada pedido.
- Agrupar los envíos por clientes o destino y trasladarlos a la zona de expedición.
- Emitir la documentación para administración y ventas, clientes y transportistas.
- Trasladar los envíos al muelle de salida, para su carga en el vehículo.

La primera operación, antes de iniciar la selección y extracción de mercancías, es analizar: el tipo de pedido, la mercancía solicitada y la distribución del almacén. Los pedios recibidos los clasificaremos en dos grupos:

- Plazo de entrega: **pedidos urgentes** (la extracción de mercancías se debe realizar en el menor tiempo posible) y **pedidos ordinarios** (la extracción de mercancías se hace con el menor coste posible).
- Volumen de mercancía: **pedidos de un solo producto de gran cantidad** (por cada envío se realiza una orden de extracción) y **pedidos de muchos artículos en pequeñas cantidades** (por cada envío se realizan varias órdenes de extracción).

El volumen de mercancía, las características del producto o las referencias solicitadas nos puede exigir dedicarnos en exclusiva a un pedido o preparar varios pedidos al mismo tiempo. Las **actividades de extracción** se pueden hacer de dos formas:

- **Extracción por pedido-envío:** se realiza una ronda para selección y extracción de todos los artículos, referencias y cantidades de cada pedido o envío y se depositan en la zona de expedición o preparación de pedidos.
- **Extracción en bloque:** en cada ronda o recorrido se extraen todos los productos necesarios para todos los pedidos o envíos del día y se depositan en la zona de expedición.

Las tareas de extracción-reposición y preparación de pedidos se pueden optimizar de dos formas: **separando el almacén en dos zonas** (una para el *stock* de reserva o reposición y otra para la preparación de pedidos) y **en las estanterías de almacenaje** (ubicando el *stock* de reposición en los niveles más altos y reservando la parte baja para operaciones de *picking*).

Los sistemas de almacenaje y los medios de manipulación influyen sobre la eficacia y los costes que genera la preparación de pedidos. Por ejemplo: situando las cargas voluminosas, pesadas o de más rotación cerca de la zona de expedición ahorramos esfuerzos y movimientos; destinando un pasillo o la cara de una estantería a reposición y la otra para extracción de mercancías evitamos que unas actividades obstaculicen las otras y nos impidan preparar el envío puntualmente.

9.1.1. Sistemas de extracción y selección de mercancías

La preparación de pedidos o *picking* consiste en extraer las mercancías de su lugar de ubicación; seleccionar y combinar las cargas (artículos, piezas o materiales) que solicita el cliente y acoplar las unidades físicas o logísticas que componen el pedido.

Las operaciones de expedición repercuten: por una parte, en desplazamientos de los operarios y los equipos de manutención (horas de trabajo y esfuerzo del personal, costes operativos del almacén) y, por otra, en el servicio al cliente, cuando recibe el envío con puntualidad.

Los sistemas *picking* o preparación de pedidos que más se utilizan son: *picking* a nivel del suelo, bajo, medio y alto nivel.

- ***Picking* a nivel del suelo.** Consiste en extraer cargas completas y dejarlas en la zona destinada a operaciones de *picking*. Las cargas se colocan por artículos o referencias y de ellas se toman los productos para componer los pedidos que corresponden a un plazo de entrega, cliente o destino. Los medios mecánicos que se utilizan para este tipo de *picking* son: transpaleta (manual y autopropulsada), aunque el más adecuado es el denominado selector o «preparador de pedidos de bajo nivel», porque está diseñado para preparar varios pedidos al mismo tiempo.
- ***Picking* a bajo nivel.** Consiste en extraer artículos o paquetes individuales en forma de unidades de carga, almacenados en estanterías especiales para *picking* manual. El operario que realiza la extracción se desplaza hasta la ubicación del producto. Las estanterías que más se utilizan son de varios niveles; los más bajos se destinan para artículos sueltos o paletas abiertas y el resto para *stock* de reposición). Los medios que se utilizan en la preparación de pedios a bajo nivel son: escaleras, carros-escalera con ruedas y «selectores de pedidos» o máquinas recogepedidos de bajo nivel (son las más adecuadas cuando se dispone de poco tiempo).
- ***Picking* a medio nivel.** Se utiliza en almacenes de distribución que preparan un número muy alto de pedidos por jornada y con pocos artículos

Recuerda

Cuando hay que realizar un número de pedidos/jornada muy alto conviene utilizar estanterías de *picking* manual de bajo nivel para realizar al mismo tiempo extracción y reposición de mercancías.

Importante

Antes de iniciar la extracción de mercancías, debemos comprobar que hay existencias suficientes para los pedidos programados; evitar la rotura de *stocks* coordinando la extracción y la reposición de las ubicaciones con un sistema de información entre el personal que realiza las operaciones de *picking* y las de reposición.

Carretilla preparadora de pedidos a bajo nivel. *Cortesía de Toyota.*

Picking a nivel del suelo utilizando transpaleta eléctrica con hombre montado.

Estanterías diseñadas para *picking*. Ocupan toda la altura del almacén, pero cada hueco tiene una referencia.

o referencias en cada pedido. Estos almacenes destinan una zona exclusivamente a preparación de pedidos y equipada con estanterías de *picking* manual; suelen ser estanterías dinámicas que permiten la carga y descarga a turnos alternativos.

Cuando hay que preparar los pedidos con gran rapidez se utilizan carretillas recogepedidos, procurando que salgan lo menos posible del pasillo para que el rendimiento sea óptimo. Además, se coloca en el pasillo frontal un sistema de transporte horizontal, como cintas transportadoras o vehículos automáticos, para evitar la pérdida de tiempo.

Las carretillas recogepedidos tienen que cumplir las normas europeas de seguridad, que son:

a) Las puertas de la cabina del operario tienen un microinterruptor y si no están perfectamente cerradas la máquina no funciona.

b) El operario debe mantener apretado un pulsador, testigo de su presencia, para que la máquina se ponga en funcionamiento. El pulsador se acciona con el pie y actúa a su vez como freno electromagnético de la máquina.

- ***Picking* a alto nivel.** Consiste en realizar la preparación de pedidos utilizando la altura total de las estanterías, para ello cada alvéolo o ubicación contiene solo una referencia. La selección y extracción de mercancías se hace tomando uno a uno los artículos que componen cada pedido. Este tipo de *picking* requiere que el almacenaje se adapte a los siguientes métodos:
  - **Un hueco para cada referencia.** Cada artículo mantiene una posición fija y se reduce el tiempo de localización y preparación de pedidos.
  - **Un pasillo con varios huecos para cada referencia.** Como el mismo artículo está en varias ubicaciones se necesita un sistema de comunicación en tiempo real (terminal de RF o *picking* de voz), para que el operario comunique la operación realizada y el SGA programe la reposición del producto que se ha extraído.
  - **Varios pasillos con varios huecos para la misma referencia.** Este sistema de *picking* es adecuado cuando trabajan varios preparadores al mismo tiempo. También necesita comunicación en tiempo real, para evitar desplazamientos de los preparadores a lo largo y alto de los diferentes pasillos.

Carretilla recogepedidos para *picking* de alto nivel.

Importante

Cuando se recibe mercancía y se almacena utilizando el sistema hueco vacío, el mismo producto (referencia) está almacenado en varios pasillos y en varios huecos dentro del mismo pasillo.

La ventaja es que si el transelevador o la carretilla que trabaja en un pasillo se estropean podemos preparar el pedido, pues el artículo está almacenado en varias estanterías.

- **Un pasillo para la preparación completa.** Se almacenan en el mismo pasillo todas las referencias que son necesarias para la preparación de un número de pedidos; así el operario no tiene que salir de su pasillo de trabajo y puede realizar *picking* de alto nivel en muy poco tiempo.
- **Distintas zonas con varios pasillos y referencias agrupadas por lotes.** Las referencias se agrupan en diferentes zonas, de forma que cada una pueda consolidar un pedido. Los operarios trabajan por zonas y reciben la orden de extraer todos los artículos necesarios para preparar un pedido, aunque tengan que cambiar de pasillo.

Los **medios mecánicos** que se utilizan en la preparación de pedidos a alto nivel son: carretillas trilaterales tipo «combi» y transelevadores. El operario recibe las órdenes del ordenador central y, a su vez, transmite los productos que extrae; para realizar estas funciones se instala en las máquinas un terminal (conectado vía interfaz con el ordenador) y un escáner de pistola o un lector de códigos de barras.

¿Sabías que...

Cuando el operario tiene que hacer la preparación completa en un pasillo, el trabajo tan rutinario produce fatiga y para evitarlo se establecen tiempos de descanso o cambios de actividad entre el personal.

Picking por voz, así el operario tiene las dos manos libres para extraer los artículos.

Carro preparador de pedidos. Permite extraer los artículos que corresponden a tres pedidos distintos.

Estanterías para *picking* de productos de laboratorio y farmacia.

Carretillas recogepedidos para *picking* de medio y alto nivel.

Transelevadores para operaciones de *picking*. El operario va subido en la cabina y llega a todos los niveles de las estanterías para extraer/depositar los artículos.

Picking manual a bajo nivel.

Carretilla torre para *picking* a nivel bajo y medio.

Carretilla trilateral. La preparación de pedidos se hace en todos los niveles de la estantería.

Estantería de *picking* dinámico. El operario coge los productos y los deposita en las cajas que llegan por un camino de rodillos.

Figura 9.1. Medios mecánicos para operaciones de *picking*. *Cortesía de Mecalux.*

9.1.2. Optimización de recorridos

Como hemos visto, las mercancías que componen un pedido pueden estar en estanterías de almacenamiento y en estanterías de *picking*. Además, como vimos en la Unidad 4, hay sistemas de almacenaje que sirven para los dos tipos de operaciones, almacenaje y operaciones de *picking*. Son los sistemas de almacenaje que responden al principio «producto hacia el operario». Cuando tenemos que hacer *picking*, los recorridos serán más o menos largos dependiendo del diseño del almacén y los sistemas de almacenaje. Veamos algunos casos:

- **Caso 1.** Estanterías convencionales en las cuales en los niveles altos se almacenan paletas completas y se destinan los niveles bajos para paletas abiertas con las que se hace *picking* a nivel del suelo y a bajo nivel. Estas estanterías responden al principio «operario hacia el producto». El recorrido para la extracción de los productos que componen una orden de *picking* suele ser muy largo.

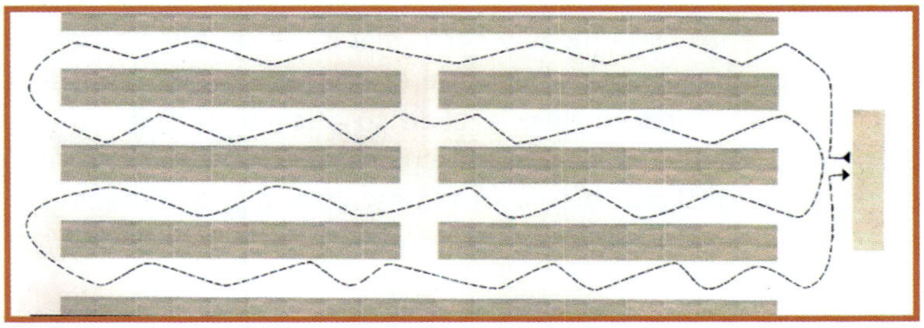

Recorrido para extraer los productos de uno o varios pedidos. Los operarios tienen que trasladar los productos desde las estanterías a la zona de preparación de pedidos o expedición.

- **Caso 2.** Estanterías de paletización. Los recorridos son similares al caso anterior, el operario se desplaza hasta el producto. La diferencia es que se extraen paletas completas y se trasladan a la zona de preparación de pedidos, que a su vez pueden ser estanterías convencionales de bandeja que permitan depositar artículos sueltos.

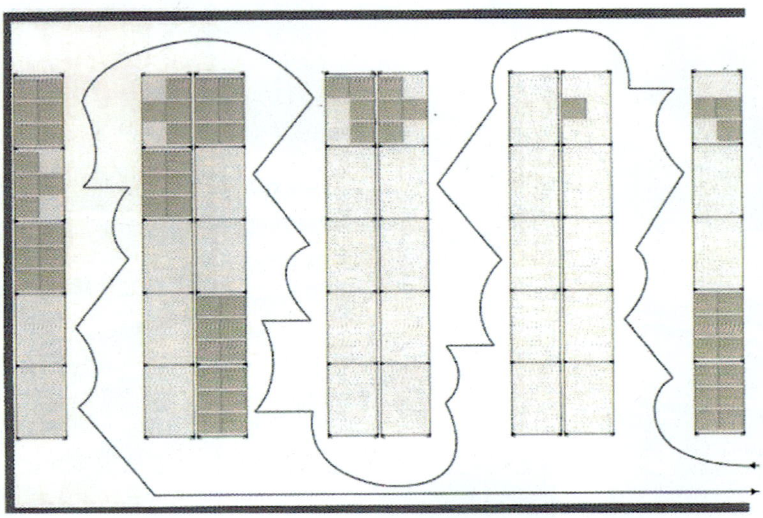

Recorrido para extraer paletas completas y trasladarlas a estanterías de *picking*.

- **Caso 3.** Estanterías alimentadas con transelevadores o carretillas trilaterales. Estos equipos no pueden salir del pasillo, dejan las paletas completas en la cabecera del pasillo. Cuando se utilizan cintas transportadoras para trasladar las paletas hasta la zona de *picking*, los recorridos de los operarios se limitan al traslado de los pedidos preparados hasta la zona de expedición o muelles de carga.

El transelevador o la carretilla trilateral dejan las paletas completas en la cabecera del pasillo y con cintas transportadoras u otros medios se trasladan hasta la zona de *picking*.

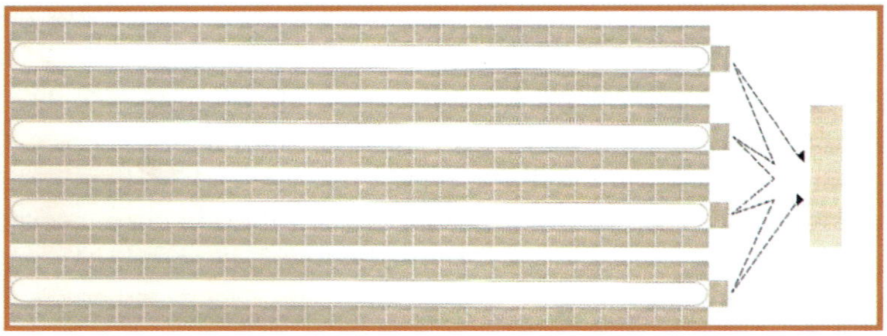

- **Caso 4.** Estanterías dinámicas y otros sistemas de almacenaje que responden al principio «productos hacia el operario». Con este sistema de *picking*, el operario no se desplaza de su puesto de trabajo y las órdenes de extracción las recibe por auriculares *(Pick by Voice)* o por guiado óptico *(Pick to light)* con *display* en la estantería y la ubicación.

Picking* por guiado óptico *(Pick to light)*. El operario extrae de un carrusel horizontal los artículos ubicados en el compartimento cuyo *display* se ilumina. *Cortesía de Mecalux.

9.2. Orden de *picking* y preparación del envío

La «orden de *picking*» es el impreso o programa de extracción donde se detallan los productos, cantidad, ubicación, pasillo, estantería, etc., y el recorrido o trayecto que tiene que hacer el operario encargado de preparar el pedido. Cuando el cliente solicita en el mismo pedido artículos almacenados en diferentes ubicaciones, cada una de estas ubicaciones dará lugar a una orden de extracción. Por ejemplo, para un pedido que contiene artículos de droguería, lácteos, frutas y verduras, conservas y material escolar, se hace una orden de extracción para cada grupo de productos.

Según la forma de extracción o selección de mercancías para los pedidos de una jornada, la orden de *picking* puede ser de dos tipos:

- **Orden de *picking* en bloque.** El documento contiene un listado de todas las mercancías que se necesitan para varios pedidos. Estas mercancías se trasladan desde su ubicación inicial a una intermedia, en la cual se consolidan con el resto de artículos que componen el pedido.
- **Orden de *picking* individual.** Este documento contiene los artículos que se necesitan para cada pedido. Se utiliza cuando el cliente solicita palés completos (del mismo o distintos artículo) cuyas mercancías completan un envío o camión.

Cada orden de extracción debe especificar la ubicación de origen y dónde se dejará la mercancía extraída (área de embalado, zona de expedición, etc.). Una vez formalizadas todas las órdenes de extracción se agrupan en programas, que se imprimen o graban en los terminales y se entregan a los operarios.

Los programas especifican la ronda o recorrido que se debe aplicar con el fin de utilizar correctamente los recursos operativos y completar todas las operaciones con el mínimo tiempo; para ello, las órdenes de extracción en bloque se realizan antes que las de extracción individual.

Contenido de la orden de *picking*

La orden de *picking* es un documento interno cuyo formato está diseñado por el propio almacén. También se suelen utilizar uno o varios modelos en función del sistema de extracción y los equipos que se utilizan en cada operación. La persona que diseña la orden de *picking* debe procurar que la persona encargada de realizarlo tenga que escribir lo menos posible, para evitar errores de transcripción.

Importante

Los programas SGA (Sistema de Gestión de Almacén) incorporan un impreso estándar que se puede imprimir o visualizar en la pantalla de los medios mecánicos. Este programa de gestión también indica ubicación de productos, máquinas y operarios que deben realizar la extracción y traza los recorridos que garantizan los mínimos movimientos.

Estantería para *picking* dinámico.

Recuerda

Como la orden de *picking* es un documento de carácter interno, el diseñador debe procurar que la persona encargada de realizarlo tenga que escribir lo menos posible en la orden recibida, para evitar errores de transcripción.

Cuando el *picking* se realiza sin medios mecánicos, el operario recibe el impreso con las instrucciones y tiene que poner una marca en las extracciones realizadas, escribir otros datos como existencias, incidencias, etc., y, una vez terminada la operación, pasar el impreso a la oficina para que se formalicen las gestiones administrativas.

El **contenido del impreso,** según el modelo estándar que aparece en la Figura 9.2, es el siguiente:

- La parte superior o cabecera del documento contiene: **orden de *picking*** (n.° de expedición), **fecha** de la operación, **operario** (datos, código o n.° de la persona que hace la selección y extracción), **almacén** donde está ubicada la mercancía, **tipo de envío** (pedido ordinario o urgente) y **expedición** (número de partida o envío).
- Las filas del centro o cuerpo del impreso detallan a renglones seguidos: **pasillo y estantería** (indicando el número o letra asignado), **nivel** de ubicación dentro de la estantería, tipo de **mercancía y código** interno, **cantidad** extraída (cajas, paletas, etc.) y **existencias** después de la extracción.
- La última fila: **observaciones** (se anotan mercancías estropeadas, envases o embalajes deteriorados, cargas aplastadas, etc.), **entregado** (operario que realiza la extracción y deposita la mercancía en la zona de expedición), **recibido** (empleado que se hace cargo de la mercancía y prepara el envío), **responsable** (encargado de organizar la expedición).

Empresa/almacén Center-Logist				**Orden de *picking*** Número 235		
Fecha 02-02-20xx	**Operario** n.° 12	**Almacén** Conservas		**Tipo de envío** Ordinario	**Expedición n.°** 28	
Pasillo	**Estantería**	**Nivel**	**Mercancía**	**Cód. Art.**	**Cantidad**	**Existencias**
02	F	3	Mejillones	00321	18	5
02	G	5	Caballa	00333	15	4
03	B	7	Mermelada	00520	21	7
03	C	7	Melocotón	00521	12	2
04	L	2	Alubias	00601	33	3
04	M	2	Garbanzos	00605	22	8
Observaciones Hay una carga aplastada en el pasillo 3, estantería G, nivel 4			**Entregado** (firma)	**Recibido** (firma)		**Responsable** (firma)

Figura 9.2. Modelo de orden de *picking*.

Actividad propuesta 9.1

El almacén Muzell & Maersk ha recibido el pedido n.º 222. El cliente solicita con carácter de urgencia los siguientes artículos y cantidades:

Cód. Art.	Mercancía	Cantidad
20056	Leche entera	5 paletas
20058	Leche desnatada	4 paletas
20054	Leche semidesnatada	6 paletas
30320	Yogures	3 paletas
30250	Natillas	2 paletas

Otros datos:

Todos los artículos están en el almacén «lácteos», pasillo «L».

- Leche entera: estantería 4, nivel 6, existencias anteriores 125.
- Leche desnatada: estantería 4, nivel 7, existencias anteriores 185.
- Leche semidesnatada: estantería 4, nivel 8, existencias anteriores 211.
- Yogures: estantería 2, nivel 5, existencias anteriores 230.
- Natillas: estantería 2, nivel 3, existencias anteriores 156.

Se pide:

Formalizar la orden de *picking* con fecha 15 de marzo (año actual), para la expedición n.º 36/20xx con destino al puerto de Algeciras. Los empleados que intervienen en la operación son: S. García (organiza la expedición), J. Benítez (operario n.º 8, realiza la extracción) y L. Manzano (prepara el envío).

Nota:

La persona que realiza la extracción (J. Benítez) detecta una carga aplastada en el pasillo 3, estantería G, nivel 4, y lo hace constar en observaciones.

La orden de *picking* de la Figura 9.2 refleja una extracción en bloque de cargas completas para componer varios pedidos. Como se puede observar, el almacén ha destinado pasillos contiguos para productos que reúnen características similares o se suministran al mismo tipo de clientes (supermercados, ultramarinos, tiendas de comestibles, etcétera).

Preparación del envío

Una vez que los artículos que pertenecen a cada envío están en la zona de preparación de pedidos o expedición, se procede a las siguientes operaciones:

- **Verificación:** consiste en comprobar que cada envío contiene los artículos (modelos, tallas, colores, etc.) y las cantidades detalladas en el pedido del cliente.
- **Embalado:** se coloca la máxima cantidad de artículos en un número reducido de bultos (cajas, contenedores, paletas, etc.) y se rellenan los espacios vacíos con materiales de relleno, papeles arrugados, bolsas de plástico llenas de aire, etcétera.
- **Precintado:** se hace para evitar la apertura de los bultos antes de llegar al destinatario.

¿Sabías que...

El objetivo del precintado es impedir que los agentes intermediarios manipulen la mercancía del paquete, por causas naturales o con intención de sustraer algún artículo.

- **Pesado:** es muy importante para el transporte, tanto para calcular su coste como para que el transportista controle el peso que va cargando en el vehículo.
- **Etiquetado:** consiste en colocar una o varias etiquetas en cada bulto. Por ejemplo: etiqueta de expedición (almacén de origen, dirección de entrega, identificación de la agencia de transportes), etiqueta de mercancías peligrosas (cuando sea necesario), identificación del bulto (número individual del bulto respecto al envío) y datos del propio bulto para su inclusión en el sistema informático.
- **Emisión de documentos:** son el albarán para el cliente o el listado de bultos y pesos. El albarán refleja el contenido real de cada bulto y se puede entregar al transportista o adjuntar a un bulto del envío (dentro de una bolsa de plástico adherida en lugar visible).
- **Consolidación o agrupación de envíos:** los bultos que pertenecen al mismo pedido deben estar juntos durante la preparación del envío. También se agrupan, en la zona de expedición, los envíos que se cargan en el mismo camión; cuando en la misma ruta hay varias entregas.
- **Entrega al transportista:** se puede realizar en el área de expedición o en el muelle de carga; según los servicios que son responsabilidad del transportista y la zona del almacén a la que puede acceder para agrupar los envíos en función de la ruta o itinerario.

¿Sabías que...

La entrega al transportista, desde el punto de vista legal, significa firmar la correspondiente documentación (carta de porte o listado de envíos) por las dos partes, un representante del almacén y el transportista.

Las operaciones anteriores no siguen siempre el orden expuesto y en algunos casos no se realizan todas. Cuando el almacén recibe mercancías paletizadas, que almacena y expide de la misma forma, las actividades de preparación de envío se limitan a extraer la paleta y cambiar la etiqueta de ubicación por la de expedición o destino.

9.3. Envases y embalajes: funciones y características

El envase y el embalaje son la plataforma donde coinciden los intereses de la «cadena de valor del producto», formada por: fabricante, proveedor, distribuidor, operador logístico, consumidor, administración y medio ambiente. Reúnen a más intermediarios y, en ocasiones, con más intereses que el propio producto contenido en su interior. También proporcionan un principio de garantía e higiene durante los procesos de manipulación de la cadena logística y, en el caso de las materias peligrosas, protegen el entorno de la acción del producto.

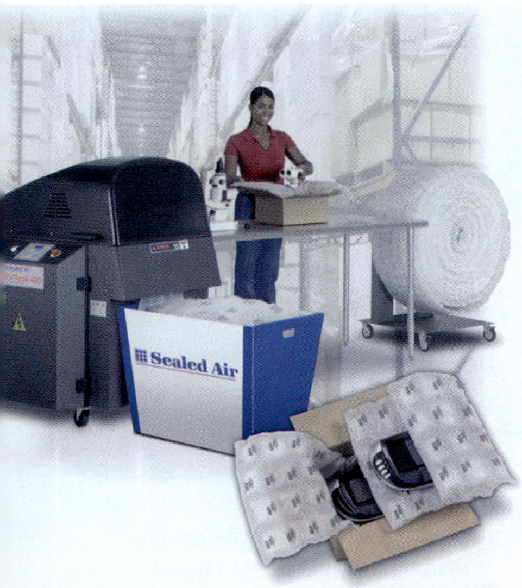

El envase es el recipiente que contiene el producto y el embalaje es el envoltorio secundario.

- El **envase** es el recipiente o envoltorio que contiene el producto, está en contacto directo con él y lo presenta en su forma más simple. Su función es mantener las propiedades del producto, evitando el deterioro, contaminación, adulteración y dispersión; para que llegue en perfectas condiciones al consumidor.
- El **embalaje** es el material o envoltorio secundario que agrupa varias unidades de artículo para su presentación comercial. No está en contacto directo con el producto, pero protege envase y producto de daños físicos o agentes externos y facilita su manipulación, transporte y almacenaje.

Las **funciones principales de los envases** son:

- **Contener** el producto y dosificarlo en unidades físicas o logísticas, con la cantidad adecuada para su manipulación, almacenaje y transporte.
- **Conservar** las propiedades, características y calidad de la mercancía.
- **Proteger** el producto del entorno y agentes externos.
- **Fraccionar** las mercancías en distintos formatos y tamaños.
- **Facilitar** el uso y consumo del producto.
- **Informar,** a través del etiquetado, de las características, uso o manipulación del producto.
- **Identificar** el producto, asociándolo a la marca comercial que lo diferencia de la competencia.

El envase debe proteger el contenido y evitar la acción de microorganismos y, por otra parte, debe proteger al consumidor y el entorno cuando el producto sea tóxico, venenoso o peligroso. Según los materiales del envase-embalaje, serán más o menos adecuados para determinadas mercancías y situaciones.

Las **características de los envases-embalajes** son:

- **Resistencia** para garantizar la protección del producto, tanto en peso, como en rotura, apilado y transporte.
- **Hermeticidad** o propiedades barrera para que el envase se interponga entre el producto y el exterior. El envase-embalaje debe evitar daños ambientales (agua, humedad, etc.); que entren gases, insectos, etc.; impedir la evaporación o derramamiento del producto.
- Garantía de **cierre hermético,** pero que también se pueda abrir sin dificultad cuando el producto se tenga que consumir o utilizar.
- Protección mediante **precinto** para mantener la integridad del producto, evitar falsificaciones o fraudes y garantizar que no se pueda manipular antes de llegar al consumidor.
- **Compatibilidad** con la mercancía, tanto el envase-contenedor como el embalaje deben estar elaborados con materiales que no originen reacciones físicas o químicas que deterioren la calidad del producto o su envase.
- **Ergonomía,** peso óptimo y adaptación del envase a la forma en que va a ser manipulado, destapado, trasladado, almacenado, etc., por el consumidor.
- Proporcionar **información** al consumidor: comunicación clara sobre normas de uso, caducidad, precauciones, consideraciones medioambientales, etcétera.

¿Sabías que...

Un envase inadecuado puede estropear un producto por muy bueno que sea; por ejemplo, una botella transparente que permite entrar la luz deteriorará el mejor vino de reserva.

Productos cuyo envase necesita materiales de relleno para garantizar la protección del producto y evitar que se derrame por golpes durante su manipulación, almacenaje y transporte.

Mercancías empaquetadas en una caja de cartón y con cierre flejado, como precinto de garantía, para evitar su apertura antes de llegar al destinatario.

Máquina para el retractilado de cargas con envoltorio de plástico.

9.3.1. Proceso de envasado-embalado: *packaging*

El envasado y embalado o «*packaging*» es un conjunto de técnicas que consiste en preparar el producto para su almacenaje, distribución, transporte y utilización final. Las operaciones de *packaging* constituyen la etapa intermedia entre la elaboración del producto y su utilización o consumo. Véase en la Figura 9.3 las fases del *packaging* y el retorno del envase-embalaje a la cadena de valor del producto o su eliminación como residuo.

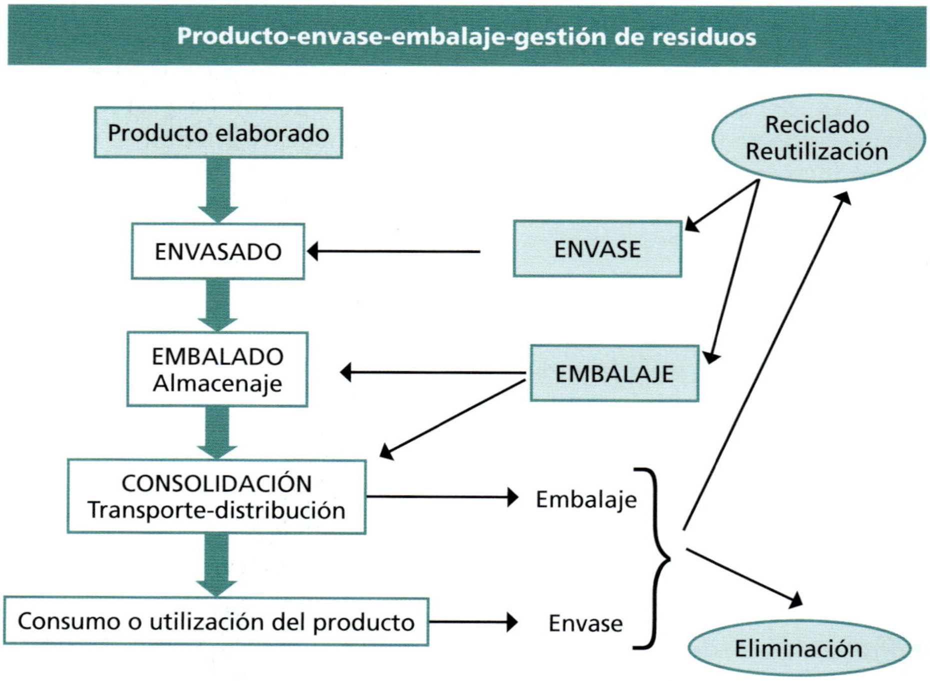

Figura 9.3. Proceso de *packaging* y gestión de residuos de envases-embalajes.

Planta embotelladora.

El envasado y, en muchos casos, el embalado han formado parte del proceso de fabricación; pero el desarrollo de nuevas formas de distribución ha supuesto un cambio de estrategias y han aparecido nuevas actividades industriales. Algunos almacenes realizan actividades de envasado-embalado para productos de «marca blanca». Estos almacenes personalizan el producto a las exigencias del titular de la marca; pero el fabricante utiliza el mismo proceso de elaboración y, en algunos casos, los mismos ingredientes para todos los productos iguales. Por ejemplo, puede ser que leche Hipercor, leche Hacendado y otras se fabriquen en la misma empresa y las diferencias en formato y envase las realice el almacén de distribución.

Empaquetado o *packaging*

El *packaging* es el conjunto de envoltorios que recubren el producto para su distribución, almacenaje, venta y utilización final. El empaquetado consta de tres elementos:

- **Envase o envoltorio primario:** está en contacto directo con la mercancía y sirve como continente de la misma. Su objetivo es proteger el producto y evitar su deterioro o contaminación.
- **Embalaje o envase secundario:** contiene varias unidades de artículo, con sus envases primarios, y los protege de daños físicos o agentes externos durante el almacenaje y trasporte.
- **Unidad de carga o envase terciario de transporte:** es el envoltorio que facilita la manipulación, almacenaje y transporte de varias unidades de venta o varios envases colectivos.

Los fabricantes de artículos de perfumería y cosmética, generalmente, realizan en la misma empresa los procesos de fabricación-envasado-embalado. Esto se debe principalmente a dos causas:

- El coste de algunos envases-embalajes es superior al coste del propio producto.
- El aspecto comercial del embalaje determina el tamaño, la forma del envase y el prestigio de la marca.

El envasado de estos productos utiliza métodos especiales y es frecuente encontrar artículos con **varios embalajes**, asumiendo cada uno una función concreta:

1.° Interior de papel o cartón que protege el envase.

2.° Publicitario, activa el «deseo de compra» y forma la unidad de venta.

3.° Film de celofán que proporciona brillo al publicitario y lo aísla de la humedad.

4.° Pack que agrupa varias unidades de venta (oferta o lote).

5.° Caja de cartón ondulado que agrupa varias unidades de venta.

Artículos de cosmética con uno y varios envases.

Por tu cuenta

La etiqueta de muchos productos de consumo (mermelada, margarina, leche, etc.) dice: «fabricado para... (nombre del establecimiento con marca blanca)»... Y algunos fabricantes también venden esos productos con su propia marca.

Busca en la etiqueta de cinco productos de marca blanca (Hacendado, Hipercor, Bosque Verde, Día, Carrefour, etc.) el fabricante y/o la empresa que ha realizado el proceso de envasado.

Unidad de consumo, venta y carga

Los envases y embalajes cumplen una función común que consiste en fraccionar y acotar el concepto de producto para generar unidades de venta o consumo. Generalmente, se asocia envase-embalaje con cantidad y el mismo producto puede atender distintas necesidades utilizando diferentes combinaciones de envase-embalaje. Por eso, desde el punto de vista comercial existen las siguientes presentaciones:

- **Unidad de consumo:** es la cantidad de producto dosificada en una unidad y recubierta con *envase primario*, por ejemplo: una botella de lejía, un brik de leche, un bote de tomate, etcétera.

Unidades de consumo con cierre hermético, cuya apertura, algunas veces, se hace con abridores especiales.

- **Unidad de venta o pack:** es una o varias unidades de producto envasadas y recubiertas con *envase secundario* para su presentación comercial, por ejemplo: una caja de cartón que contiene un tubo de pasta de dientes, el plástico que envuelve 6 botellas de cerveza, una caja de cartón con tres latas de atún, etcétera.
- **Unidad de carga o transporte:** es un conjunto de productos con envases primarios y secundarios en un contenedor o *envase terciario* que los unifica y protege durante la distribución comercial. La unidad de carga se forma colocando varias unidades de venta sobre una plataforma o paleta y recubiertas con *embalaje de transporte* retractilado y flejado.

Veamos, en la Figura 9.4, cómo se presentan las unidades de consumo, venta y carga y el conjunto de envoltorios (envases primarios, secundarios y terciarios) que recubren el producto.

Figura 9.4. Envoltorios que protegen y recubren el producto.

Unidad de carga formada por varias unidades de venta de distintos artículos y formatos; se puede apreciar que las cajas no son del mismo tamaño.

9.4. Materiales de envases y embalajes

Los materiales que se utilizan en la elaboración de envases o embalajes son un elemento muy importante y para cumplir sus funciones deben reunir las características necesarias de calidad, para cada producto y situación. Las materias más utilizadas en su fabricación son: plástico, cartón y papel, vidrio, metales, madera, textiles, etcétera.

Plásticos

El plástico es uno de los materiales que más se utiliza para fabricar envases y embalajes; se obtiene por fusión de materias orgánicas como: polietileno, polivinilo, resinas sintéticas, derivados del petróleo, carbón y otros minerales, etc. Sus **características** como resistente, hermético, inocuo, económico, flexible a formas, transparente, ligero de peso, etc., hacen que sea idóneo para la elaboración de envases (botellas, frascos, bolsas, mallas, film, sacos, etc.) y laminados o película protectora para embalajes. La gama de láminas de plástico conocidas genéricamente como «burbujas» es un embalaje seguro y aislante.

Los problemas que plantea el plástico son: no se puede reutilizar, no es degradable y el proceso de reciclado es costoso. Para paliar estos inconvenientes se está investigando en el desarrollo de materias más degradables, que se reciclen mejor y faciliten el equilibrio ecológico. El plástico reciclado se utiliza para fabricar bolsas y envases de uso no alimentario (lejías y detergentes), mobiliario urbano, papeleras, bancos, asientos de juegos infantiles, señalización, etcétera.

Los complejos plásticos que dan buen resultado son: **PET** (tereftalato de polietileno) para botellas de agua y bebidas gaseosas; **HDPE** (polietileno de alta densidad) para envases de productos de limpieza y recipientes de uso cotidiano; **LDPE** (polietileno de baja densidad) para bolsas y envolturas de alimentos; **PS** (poliestireno expandido) conocido como «corcho blanco» que se utiliza para envasar productos frescos destinados al consumidor.

El corcho blanco (con forma de placas, bolas o triturado) también se utiliza para proteger y acoplar los artículos frágiles (electrodomésticos, equipos informáticos, etc.). El inconveniente de estos envases-embalajes es que no se reciclan, acaban en vertederos o incineradoras y desprenden gases perjudiciales para la capa de ozono.

Las bolsas de plástico ligeras, utilizadas en tiendas y supermercados, se fabrican con derivados del petróleo y su utilización se convierte muy pronto en residuos altamente contaminantes. El daño que causan en el medio ambiente y en la fauna marina ha provocado que se establezcan ciertas medidas. Para reducir el consumo de estas bolsas de plástico se aprobó, en el ámbito de la Unión Europea, la Directiva (UE) 2015/720 del Parlamento Europeo y del Consejo. Normativa que se traslada a la legislación española con el **Real Decreto 293/2018, de 18 de mayo, sobre reducción del consumo de bolsas de plástico y por el que se crea el Registro de Productores.** Este Real Decreto tiene carácter legislativo obligatorio en todo el territorio del Estado, según lo establecido en su Disposición final primera.

El plástico es el material más utilizado para embalar.

Por tu cuenta

Desde el 1 de enero de 2021 solo se podrán poner en el mercado nacional **bolsas ligeras y muy ligeras de plástico compostable (biodegradables** en plantas de compostaje y que cumplan la norma UNE 13432).

Consulta la entrada en vigor de forma progresiva del Real Decreto 293/2018 y cuánto deben cobrar los establecimientos (puntos de venta) por las bolsas que entregan a los consumidores dependiendo del grosor y del tamaño.

¿Sabías que...?

El papel se fabrica con pasta de celulosa, que se obtiene con fibras vegetales trituradas, trapos, paja de arroz, madera picada, etc., y mediante procedimientos químicos y mecánicos.

Los tipos de papel más utilizados para cartón son: test, kraft al sulfato, biclase, paja y semiquímico.

El papel reciclado tiene gran utilidad como relleno para el embalaje de artículos delicados o de alta fragilidad.

¡Importante!

Para la fabricación de envases-embalajes de cartón se utiliza alta tecnología; para reducir costes, imprimir mensajes y anagramas, aumentar la vistosidad y calidad en su capa externa. La cualidad de imprimir publicidad comercial ha gozado de una gran difusión y, en muchos casos, entre el plástico y el cartón han eliminado los envases de madera para frutas y verduras.

Cartón y papel

El cartón está formado por varias capas de pasta de papel (en muchos casos reciclado) que cuando se comprime ofrece el acabado y la resistencia deseada. El cartón es un material que no contamina, es degradable y se puede reciclar; pero cuando el envase está recubierto con plástico, ceras y otras sustancias hay que aplicar procesos especiales y caros. Otra cualidad de los envases-embalajes de papel y cartón es que permiten imprimir mensajes y anagramas, para aumentar vistosidad y calidad; de esta forma, las características pueden ser diferentes para la cara interior o exterior y permitir la aplicación de materias resistentes e impermeables a la humedad.

Los envases de cartón se utilizan para productos de alimentación, medicina, textil, juguetes, etc., y como bandejas o plataformas para componer la unidad de venta, sobre la que se aplica el embalaje de plástico. El cartón ondulado se utiliza principalmente como embalaje, complementa las funciones del envase y facilita la consolidación y manipulación. Además, los envases y embalajes de cartón pueden formar parte de los procesos automáticos de fabricación, cuya fase final es envasado-embalado.

El papel como envase se limita a bolsas para el pan, envoltorios para artículos de regalo, etc.; pues actualmente las bolsas de papel no tienen grosor ni resistencia para aguantar el peso de los productos que compra el consumidor en mercados y supermercados.

Vidrio

El vidrio se obtiene por la fundición de una mezcla de sílice, sosa, cal, potasa, a la que se añaden restos de vidrio («calcín»), agentes colorantes y decolorantes (para envases opacos). Las materias primas naturales son muy abundantes, su tratamiento no produce contaminación y reúnen una serie de cualidades, como: recuperable, reutilizable, no es combustible, no degrada el medioambiente, es reciclable al 100 % (su proceso es más económico que el de fabricación).

Los envases de vidrio se utilizan principalmente en alimentación (bebidas), farmacia, perfumería, productos químicos, etc. y son excelentes para productos líquidos que deben conservar aromas y calidades. Los problemas del vidrio son el peso y la fragilidad (precisa de embalaje); pero se están desarrollando envases alternativos, como PET-plástico para cervezas y bebidas gaseosas y tetrabrik para lácteos y zumos.

Las características principales del vidrio, como transparente, moldeable y adaptable a todo tipo de formas, hermético, inocuo (no perjudica), no altera sabores o aromas, soporta altas temperaturas de esterilización o cocción, etc., hacen que el envase de vidrio sea insustituible para algunos productos.

El envase de vidrio ha mantenido una imagen de «envase noble» y es excelente por su alta inocuidad y fácil limpieza; por eso se han tomado ciertas acciones, como: legislación medioambiental, que apoya los programa de selección de residuos y recogida de envases-embalajes reciclables; campañas dirigidas para concienciar a los ciudadanos, que han conseguido la colaboración de usuarios y consumidores; el posible regreso al «envase retornable», etcétera.

Metales

Los metales más utilizados en la fabricación de envases son: acero dulce, hojalata (acero recubierto de estaño), aluminio y cromo. La resistencia de estos materiales permite aplicar tratamientos en la superficie interna y hacerlos especialmente adecuados para el envasado de líquidos, sólidos pulverulentos y gases licuados.

Las propiedades de los envases metálicos son: **resistencia** para envasado al vacío; **opacidad** a luz y radiaciones; **versatilidad** en tamaño, forma y diseño; **hermeticidad** entre la mercancía y el exterior; **integridad química** que permite al producto conservar su color, sabor, aroma; **facilidad de apilado** y utilización en máquinas automáticas *(vending);* **reciclado** relativamente barato. Los principales inconvenientes es que se deterioran por corrosión y oxidación en contacto con humedad y ácidos; son pesados y voluminosos (salvo el aluminio que es ligero) y ocasionan un coste elevado de transporte y almacenaje.

Los productos más comunes que utilizan envases metálicos son: industria de alimentación (conservera de pescado, vegetales y cárnicas), bebidas, aceites; productos farmacéuticos y cosméticos; productos químicos (pinturas, barnices, disolventes), limpieza y droguería, insecticidas, lubricantes, etc.

La ventaja de los botes y latas de metal es que necesitan poco o nulo embalaje; en la industria alimentaria se soportan sobre una bandeja de cartón retractilado o se agrupan con collarines de plástico o se envuelven en una lámina de plástico retractilado. Los bidones pequeños y medianos se colocan directamente sobre la paleta y se sujetan con retractilado y flejes.

El aluminio y la hojalata permiten la impresión de mensajes y sus aplicaciones son múltiples. El **aluminio** se utiliza para botes de bebida, aerosoles; tapones corona para botellas y frascos, membranas o tapas de yogur, tubos, tarros, etc.; envoltorios protectores (papel aluminio o papel-plata), envases para comidas preparadas, laminados para envases complejos, etc. Las aplicaciones de la **hojalata** se centran principalmente en conservas, latas y botes que resisten altas temperaturas para la esterilización de alimentos dentro de los envases.

El reciclaje de envases metálicos es complejo y se necesitan altas temperaturas para separar el estañado y el aluminio; para la selección y recogida de residuos se utilizan imanes para la extracción de botes y latas que se tiran con el resto de la basura.

Envases de hojalata, reciclable, con cierre hermético y apertura fácil.

Envases de vidrio con tapa o corona de materiales metálicos y otros.

Envases de aluminio para productos cosméticos.

Envases de aluminio, agrupados recubiertos por una lámina de plástico retractilado.

Contenedor de metal para transportar líquidos peligrosos.

Multimaterias o complejos

El envase multimaterias se fabrica combinando capas de varios materiales para conseguir las mejores propiedades de cada uno de ellos. Los materiales que más se utilizan son: papel, cartón, film plástico, lámina de aluminio, resinas plásticas, sustancias adhesivas, lacas y barnices de resinas sintéticas, productos de recubrimiento, tintas y disolventes.

Las características y beneficios de los envases multimaterias son:

- Conservan las propiedades del producto y reducen riesgos en la salud humana.
- Aumentan la vida del producto y los períodos de comercialización.
- Aumentan los lotes de fabricación y el valor añadido del producto.
- Hacen más atractivo el producto y facilitan su exposición en el punto de venta.
- Reducen los costes de producción, por la automatización de las líneas de envasado.
- Reducen los costes de almacenaje y transporte, disminuyendo las pérdidas por roturas, contaminación, etcétera.

El mejor representante de los envases multimaterias es el tetrabrik, está elaborado con cartón, plástico y aluminio, y se utiliza principalmente para envasar alimentos líquidos, como: lácteos, zumos, bebidas, caldos, sopas, etc. Las cualidades de este envase son múltiples, es inalterable, ligero, aislante, suave al tacto y muy resistente. Su tamaño está estandarizado y es modular con la europaleta.

Envase de madera, denominado «pitufo», para fresas o cerezas, por ejemplo. Su capacidad oscila entre los 2 y los 2,5 kg. Las medidas de estas cajas son estándares de la europaleta y también son apilables para formar la unidad de carga.

El proceso de envasado se integra perfectamente con la fabricación del producto y las agrupaciones requieren poco embalaje; los packs se unifican con film de plástico retráctil y de la misma forma se consolida la unidad de carga sobre paleta. Los envases de tetrabrik se pueden apilar formando paletas de 8 unidades (módulos de carga internacional) y en unidades compactas; así se aprovecha al máximo el espacio y se mantiene mejor el frío.

Madera

La madera que se utiliza actualmente procede del clareo de bosques autóctonos y chopos de cultivo. Las paletas y otros tipos de embalajes y envases de madera tienen gran aplicación en el transporte de mercancías, como: *pallets-display* y cestas *(basquets)* para frutas y verduras; cajas contrachapadas para mercancías pesadas; tambores para cables. También se utilizan las paletas para almacenaje y manipulación de cargas, con medios mecánicos provistos de horquillas; las cajas para embalar vinos de reserva y los toneles utilizados en su elaboración.

Envases de madera para frutas a granel (naranjas, melocotones, mandarinas, etc.). Su capacidad oscila entre los 15 y los 20 kg, son apilables y se pueden colocar 4 sobre la base de la europaleta hasta la altura que permita el medio de transporte.

Las ventajas que ofrece el envase-embalaje de madera son:

- El proceso de fabricación no contamina y utiliza materia prima natural sin tratamientos; se puede fabricar gran variedad de formatos en series cortas sin emplear moldes, como cajas con capacidad para más de 10 kg y envases «pitufo» (cajas para 2,5 kg).

- Los alimentos (quesos, jamones, embutidos, etc.) se mantienen más tiempo frescos; pues un envase de madera no acumula humedad y no produce podredumbre de la mercancía.
- Las cajas de madera proporcionan seguridad en el apilado; especialmente evitan que los productos perecederos sufran daños.
- La presentación del producto en un envase de madera consigue una imagen especial. Las frutas selectas, los alimentos frescos (pescado o marisco), prefieren la madera para su envase y transporte.
- Los envases y paletas son reutilizables; el reciclado es sencillo, económico y permite nueva materia prima con múltiples utilidades.

La madera mantiene la exclusividad en la fabricación de paletas, pero presenta algunos inconvenientes, como: ocupa gran volumen en almacenes y centros de distribución, puede sufrir roturas durante la manipulación, pierde su aspecto original con el uso, ofrece escasa innovación y dificulta la impresión de rótulos con tintas.

Envases y embalajes de madera. Uno cumple la función de conservar el producto y el otro presenta un valor añadido ante el consumidor.

Paletas compactas fabricadas con madera y resinas

La empresa INKA PALET, SL, presentó en la feria de Logística & Distribución 2017 como novedad unas paletas fabricadas con virutas de madera y resinas. Son ideales para la exportación y la exposición en el punto de venta de pedidos fraccionados.

Estas paletas de fibra compacta son ligeras de peso, resistentes, no necesitan tratamientos adicionales, protegen el producto contra la humedad y la suciedad y se pueden apilar ocupando muy poco espacio.

Estos palés también se pueden manipular con las horquillas de las carretillas y otros medios de almacenaje.

¿Sabías que...

Los secaderos de jamones y lomos que gozan de cierto prestigio, utilizan el envoltorio de algodón como herramienta de marketing para destacar sus productos y proporcionarles un toque de distinción que los convierta en los más deseados por el consumidor.

Textiles

Las materias textiles se utilizan para sacos, bolsas y tejidos para envolver. Las fibras empleadas son yute y algodón. Los sacos de yute para envasar cereales, sal, azúcar, café, té, harina, etc.; mientras que los de algodón son más apropiados para productos granulares finos y pulverulentos, para los cuales hay que combinar ausencia de filtraciones y aireación adecuada.

Las características de estos envases es que son reutilizables, resistentes, ligeros de peso, ocupan poco espacio, etc. Sin embargo, la escasa utilización de materias textiles en la fabricación de envases-embalajes se debe a los propios fabricantes y las empresas de distribución comercial, que prefieren los envases elaborados con materiales más novedosos y desechables.

Los sacos fabricados con materiales textiles son los denominados «contenedores intermedios», que no llegan al consumidor. Por ejemplo, la harina se envasa en sacos para su envío como materia prima a las panificadoras, fábricas de pastas, etc., lo mismo ocurre con productos como café, azúcar o té, cuyo primer envasado es en sacos para facilitar el transporte desde la fábrica a la envasadora.

Las bolsas o envoltorios de algodón se aplican, generalmente, en los secaderos de embutidos o quesos, pues este material extrae la humedad y acelera el proceso de curado. Pero son muy pocos los quesos, jamones, lomos y otros embutidos que se presentan al consumidor con envoltorio de algodón.

Sacos de yute para envasar productos agrícolas.

Actividad propuesta 9.2

Cita al menos 5 envases-embalajes y su aplicación (mercancía), fabricados con los siguientes materiales o sus derivados: plásticos, papel y cartón, vidrio, metales, multimaterias, madera, textiles. Especifica todos los datos posibles, como en los ejemplos siguientes:

- Plásticos: bandeja de plástico PS, envase para frutas.
- Metales: bidón de hojalata, envase de 50 kg de pintura.
- Madera: caja contrachapada, embalaje contenedor para productos de hierro (tuercas, clavos).

9.4.1. Clasificación de envases y embalajes

Existen muchas clases de envases, pero nos limitaremos a una breve clasificación basándonos en algunas cualidades del propio envase como: la forma de cierre, la consistencia o rigidez y la procedencia-destino del material utilizado.

- Los envases *por el tipo el cierre* pueden ser: **herméticos** (cerrados al vacío durante el proceso de envasado) y **no herméticos** (se pueden cerrar pero quedan partículas de aire en el interior). Los productos con envase cerrado deben llevar un precinto para garantizar que, una vez envasados, no se pueda manipular su contenido; y, en algunos casos, su apertura no es fácil sin el abridor adecuado.

- Los envases *según su consistencia* se diferencian en: **rígidos** (botes, cajas, botellas, bidones, etc.), están elaborados con materiales metálicos o plástico duro y son resistentes a vibraciones y movimientos bruscos producidos por medios mecánicos y de transporte; **semirrígidos** (bandejas, cajas, etc.), son los que presentan cierto grado de sensibilidad a golpes y necesitan protección para ciertas operaciones; **flexibles** (bolsas, sacos, recubrimientos, etc.), que se fabrican con materiales blandos y adaptables a la forma del producto, pero suelen ser resistentes; **frágiles** (frascos, botellas, tarros de vidrio o cerámica), son los que necesitan envoltura o relleno en las cajas de embalaje para evitar el roce entre ellos.
- Los envases *según el material utilizado y sus aplicaciones posteriores* son: **reutilizables,** los que después de un proceso adecuado de lavado se pueden utilizar para el mismo fin, como envases retornables de vidrio y paletas, contenedores o plataformas para embalaje; **reciclables,** los elaborados con materiales que se pueden reciclar total o parcialmente; **reciclados,** los que se han fabricado total o parcialmente con materiales reciclados.

Envases especiales

Como envases especiales destacan: el envase promocional y los aerosoles.

El **envase promocional** se fabrica para atraer al consumidor, utilizando estrategias como: despertar el deseo de compra; incorporar ventajas ante otro envase del mismo producto; el envase incorpora un obsequio (cromos, puntos, vale descuento); el envase tiene una utilidad después de consumido el producto (vasos, jarras, etcétera).

El **aerosol** es un envase no reutilizable que se compone de un recipiente, una válvula y un propulsor. Estos envases son herméticos, resistentes y se fabrican con aluminio, hojalata, vidrio, plástico, acero, etc. Los envases aerosol se utilizan para multitud de productos, como artículos para limpieza de muebles, alfombras o cristales, jabón líquido, pinturas, insecticidas, ambientadores; en artículos de cosmética e higiene (lacas y espumas, desodorantes, perfumes o crema de afeitar). También se usa en la industria farmacéutica, en inhaladores de nariz y garganta o frascos para aplicaciones de anestesia local; por último, citaremos extintores y botellas de gas butano y propano para uso doméstico.

Elección del envase-embalaje

La elección de envases y embalajes se hace teniendo en cuenta:

- Características del producto (composición, estructura, valor y sensibilidad o fragilidad).
- Condiciones de transporte, manipulación y almacenaje.
- Costes de la operación de envasado y embalado (materiales y técnicas del proceso).
- Normas legales vigentes en función del destino o uso.
- Exigencias de los países de expedición, recepción y tránsito, para mercancías destinadas al comercio exterior.

Recuerda

Las ventajas del envase a presión que permite pulverizar son: comodidad de uso, seguridad de aplicar la cantidad correcta, sistema higiénico que evita contaminaciones, derrames, evaporaciones o manipulaciones de su interior. Pero estos envases son muy peligrosos cuando se utilizan o almacenan de forma incorrecta; y su etiqueta debe contener numerosas advertencias con señales y caracteres legibles colocados en un lugar muy visible.

Envases aerosol. No se pueden reutilizar, pero se recicla por separado el aluminio y el plástico del envase.

Los envases de plástico son de peso ligero, fáciles de transportar y se reciclan cuando el consumidor los deposita en el contenedor adecuado.

Recuerda

Cada material y sistema de embalaje necesita un ambiente de transporte y almacenaje óptimos; la temperatura o la humedad pueden deteriorar la mercancía y las repercusiones se reflejan en la calidad del producto o la cantidad que llegue al destinatario.

Embalajes de expedición

El embalaje de expedición es un contenedor unitario o colectivo, conocido como «embalaje de transporte»; se utiliza para proteger la mercancía durante las etapas de distribución. El embalaje de expedición se debe elegir pensando en el recorrido total, en uno o varios medios de transporte y todas las operaciones de carga, descarga y almacenaje. Los factores más influyentes son: apilamiento en camiones, bodegas o almacenes; sistemas de carga, descarga y manipulado (ganchos, redes, plataformas, carretillas, grúas, altura desde la que será soltado al muelle o lugar de estiba); condiciones climáticas que deberá soportar (lluvia, calor, frío, humedad); revisiones aduaneras con aperturas y cierres del embalaje.

Los embalajes de expedición se pueden clasificar de varias formas:

- **Según el tipo de envío** se utilizan: *embalaje de expedición o doméstico* (transporte por el interior de un país) y *embalaje de exportación* (cuando se envía a un país extranjero).
- **Según las características del producto** existen los siguientes tipos: embalajes para *productos frágiles*, para *materias o mercancías peligrosas*, para *productos potencialmente contaminantes*, para otros productos.
- **Según la facilidad de manipulación** los tipos de embalajes son: *modulares, encajables* unos con otros, *desmontables* o *plegables.*

9.5. Legislación sobre envases y embalajes

La normativa sobre envases y embalajes regula, entre otros aspectos, las condiciones que deben cumplir los envases-embalajes y la información, adherida a los mismos, dirigida a los consumidores y usuarios. Estas normas se resumen en: recomendaciones para los envases y los embalajes; información logístico-comercial y medioambiental.

Recomendaciones para los envases

Los requisitos y condiciones que deben cumplir los envases de la unidad de consumo son:

1. El envase debe llevar el código de barras ubicado de tal forma que se pueda leer visualmente o con lectores ópticos.
2. El envase que contiene el producto o unidad de venta debe incluir información sobre: instrucciones de uso, fecha de caducidad o consumo preferente y cumplir las normas respecto al etiquetado de productos.
3. El producto debe estar envasado con el mínimo aire posible. El envase debe garantizar el aislamiento del contenido, ajustarse a las dimensiones y medidas de los lineales y mantenerse estable en las estanterías.
4. El diseño del envase debe permitir la identificación del producto desde todos los lados y ser ergonómico para el manejo y almacenamiento particular del consumidor.

5. El material de envasado debe ser el mínimo posible y el envase debe cumplir la normativa vigente respecto a los procesos de tratamiento de residuos.

6. Los envases de un solo uso deberán ser reciclables y los envases-embalajes de plástico o materiales combinados deberán hacer constar la composición de los mismos.

7. Los envases reutilizables deben permitir varios procesos de envasado en condiciones normales de utilización y serán preferibles a los de un solo uso.

Recomendaciones para los embalajes

Las normas ISO-UNE establecen las dimensiones estándar para embalajes de transporte. La Asociación Española de Codificación Comercial (AECOC), con el fin de establecer unas normas de embalaje que beneficien al expedidor de la mercancía, transportista y receptor, concreta las siguientes recomendaciones:

1. El embalaje debe llevar código de identificación y etiquetas de expedición, colocadas sobre su superficie y en lugar visible. Esta información se debe ajustar a las normas y requisitos para cada tipo de mercancía y medio de transporte.

2. El embalaje debe proteger los productos y sus envases, mantenerlos juntos, resistir el apilado y permanecer estable cuando esté paletizado. El proceso de embalado debe facilitar el etiquetado, la apertura del embalaje o envoltorio y dejar en su interior el mínimo de espacios vacíos.

3. El embalaje de transporte (película de plástico que envuelve la unidad de carga) debe impedir la visión de los códigos de barras de las unidades de venta contenidas en su interior, para que no existan interferencias en la lectura óptica del código de la unidad de expedición. Además, debe estar fabricado con un material que produzca el mínimo residuo posible y pueda ser valorizado.

4. El embalaje, cuando se utilice para la venta detallista, debe: contener un número uniforme y coherente de unidades de consumo; abrirse con facilidad y permanecer abierto sin que ello deteriore la mercancía; adaptarse para su exposición en la sala de venta, así no hay trasvase de mercancía y se evitan roturas, derrames, etcétera.

5. El embalaje debe presentar un diseño ergonómico en cuanto a peso, volumen y forma que permita una manipulación eficiente.

La unidad de carga se debe adaptar a las dimensiones estándar (1.200 x 800 mm) de la paleta y al módulo de referencia (600 x 400 mm). La altura máxima de la paleta será de 1,45 m para cargas generales, las cargas con mercancía de celulosa pueden tener una altura máxima de 2 m y las cargas de agua envasada de 1,70 m. El peso máximo de la paleta completa es 1.000 kg y para la media paleta es de 500 kg.

Por tu cuenta

Consulta las modificaciones posteriores de su entrada en vigor:

- Ley 11/1997 de Envases y Residuos de Envases.
- Directiva 94/62/CE, del Parlamento Europeo y del Consejo.
- Real Decreto 293/2018, de 18 de mayo, sobre reducción del consumo de bolsas de plástico.

Consulta las recomendaciones de la Asociación Española de Codificación Comercial (AECOC).

Envases isotérmicos para conservar los productos a la temperatura necesaria.

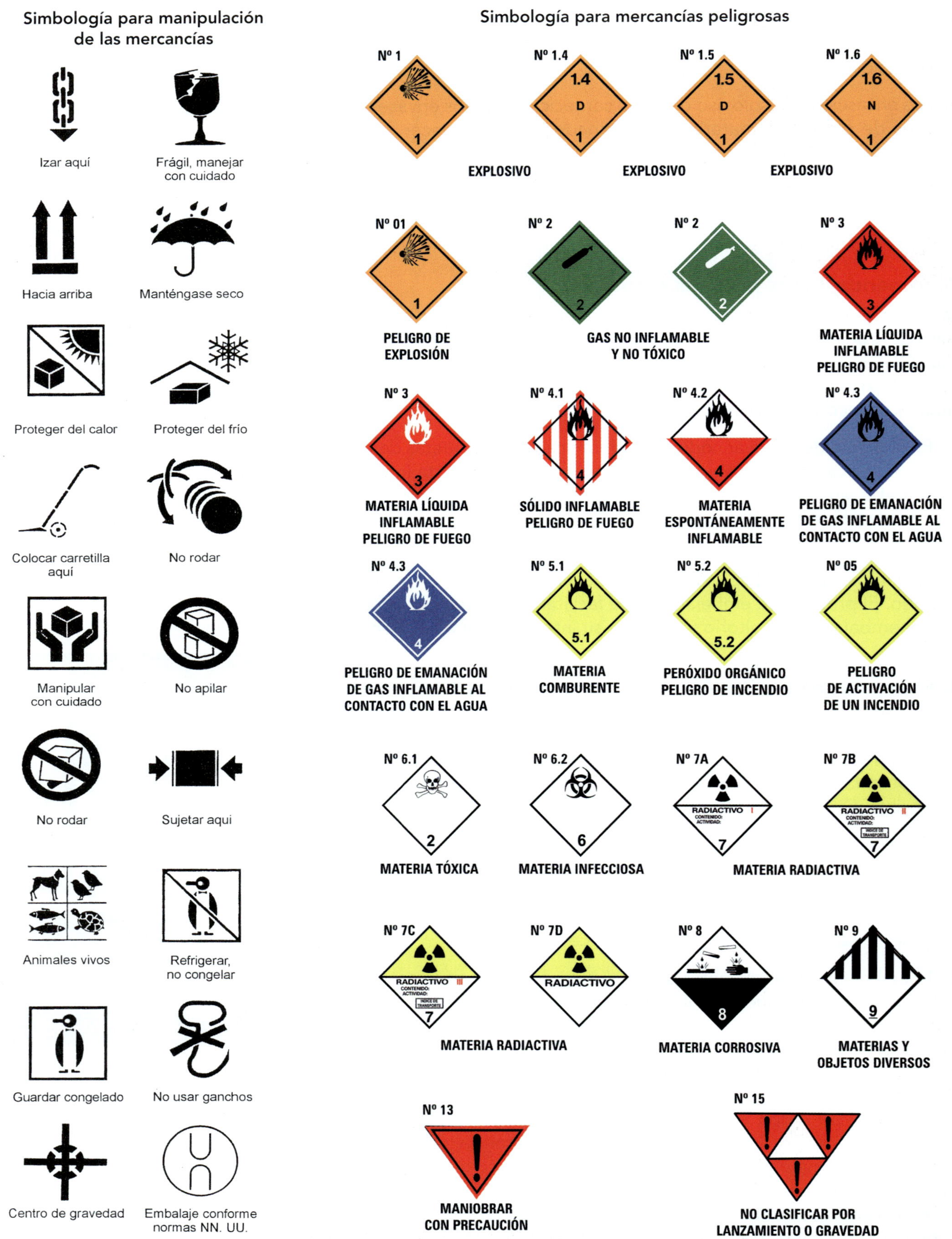

Figura 9.5. Símbolos para embalajes de exportación y transporte de mercancías peligrosas.

Cantoneras para la protección antichoque y antivibraciones. Con ellas se evita que el envase y el producto puedan sufrir daños.

Las etiquetas y códigos de barras de cada bulto o caja deben estar visibles. El material de embalaje de la unidad de carga debe impedir que los lectores ópticos puedan leer el código de barras de las cajas o unidades de venta interiores para no interferir con el código de la unidad de carga.

La etiqueta de expedición se debe colocar en todas las caras de la carga. El código debe ser legible con lectores ópticos, para realizar el seguimiento logístico de origen a destino y conocer en todo momento dónde se encuentra.

Actividad propuesta 9.3

Visita un supermercado y observa productos como paquetes de arroz que están dentro de una caja sobre una paleta (se exponen en el embalaje de expedición), lo mismo ocurre con las garrafas de agua (la unidad de carga está sobre una paleta con envoltura de plástico).

Se pide:

Hacer una relación de todos los productos que se exponen en su embalaje de expedición.

Información logístico-comercial

Las etiquetas con información logístico-comercial se colocan en todas las caras del embalaje de transporte, excluyendo la base. Las dimensiones deben ser las adecuadas para que su contenido se pueda leer fácilmente y los símbolos sean visibles una vez colocada la mercancía en el palé. El objetivo de este tipo de información es identificar la mercancía, aportar instrucciones sobre su apilamiento, fragilidad de los artículos que contiene, etc.; por eso, las recomendaciones de AECOC sobre el contenido de la información logístico-comercial son:

- **Tipo de mercancía:** marca, código GS1, formato de la unidad de venta (cajas, botes, kg, etc.), fecha de fabricación, envasado, caducidad, tipo de producto (indicando el grado de peligrosidad o fragilidad), etcétera.
- **Información sobre la carga:** cantidad de unidades de venta que contiene el palé, peso de la carga, código GS1-128 o SSCC y recomendaciones sobre su almacenaje y manipulación.

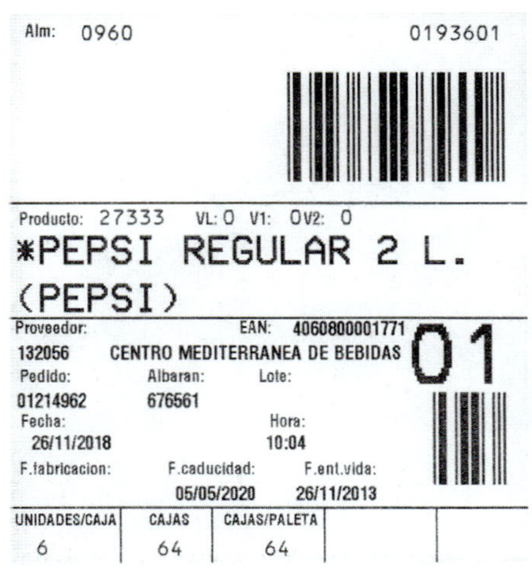

Recuerda

Cuando la expedición la componen varios bultos se numeran con un número quebrado. Por ejemplo, si la expedición consta de tres bultos, para cada uno de ellos la numeración es: 1/3, 2/3 y 3/3.

La etiqueta del embalaje se debe colocar en sitio visible.

Envases de seguridad para líquidos inflamables.

- **Datos referidos al envío:** número de expedición, cantidad de bultos, origen (nombre y dirección del consignatario o empresa que envía la mercancía), destino (nombre y dirección del almacén o puerto de destino) y transportista o agencia.

La información de la etiqueta se puede expresar mediante el código de barras para facilitar su lectura con medios mecánicos. Además, para evitar confusiones cuando se trata de mercancías peligrosas o que necesitan un tratamiento especial se adhieren símbolos, cuyo significado está reconocido universalmente por las normas ISO *(International Standards Organization)*. Véanse en la Figura 9.5 los símbolos más utilizados en los embalajes de exportación y los que advierten sobre mercancías peligrosas.

Información medioambiental

La información medioambiental hace referencia a los materiales utilizados en la elaboración de envases-embalajes y su repercusión en las mercancías y en los lugares por los cuales pasa durante el transporte y almacenaje. El Anexo 2 de la Ley 11/1997 establece los requisitos básicos sobre fabricación y composición de los envases y sobre la naturaleza de los envases reutilizables y valorizables, incluidos los reciclables (véase la Figura 9.6). El Anexo 3, Sistema de identificación de los materiales de envasado, establece el número que se utilizará para identificar el material utilizado en la elaboración del envase o embalaje.

La numeración asignada es: plásticos del 1 al 19; papel, cartón y cartón ondulado del 20 al 39; metales del 40 al 49; materiales de madera del 50 al 59; materiales textiles del 60 al 69; vidrio del 70 al 79 y materiales compuestos del 80 al 99. La identificación también se puede hacer con abreviaturas mayúsculas, como PEAD (polietileno de alta densidad), ALU (aluminio), TEX (tejido), GL (vidrio), etc. Los números o abreviaturas se pueden colocar en el centro o debajo de las marcas gráficas o símbolos.

Información medioambiental de los envases		
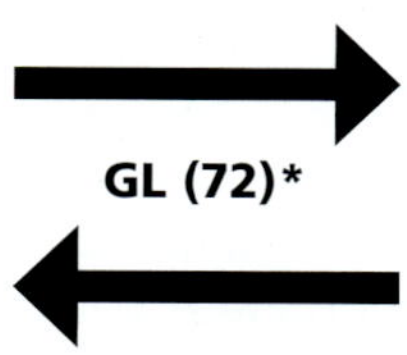 GL (72)* (*) envase de vidrio marrón	 PET Envase de plástico reciclable	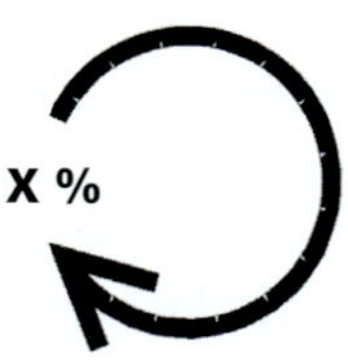 X % Envase de vidrio, cartón, etc.
Reutilizable El envase durante su ciclo de vida se puede rellenar o reutilizar varias veces, con el mismo fin para el que fue fabricado.	**Aprovechable** El envase cuyos materiales se pueden reciclar parcial o totalmente, después de ser usado o consumido el producto.	**Reciclado** El envase fabricado total o parcialmente con materiales reciclados. El % indica cantidad de materia reciclada que se ha utilizado.

Figura 9.6. Símbolos para embalajes de exportación y transporte de mercancías peligrosas.

9.5.1. Normativa sobre residuos de envases-embalajes

La gran cantidad de residuos que se generan y las repercusiones que ello supone en el deterioro del medio ambiente han obligado a crear normas y establecer líneas de actuación que afectan directamente en la gestión de las empresas.

La Directiva (DC 94/62/CE) de envases y residuos de envases fue la primera en analizar la gestión de retorno (residuos de envases y envases usados) para reducir los impactos ambientales. Son varias las directivas de la UE que se han desarrollado, como: para vehículos fuera de uso, residuos de equipos eléctricos y electrónicos, residuos de construcción y demolición, envases de productos fitosanitarios, etcétera.

La legislación española se incorporó a las Directivas de la Unión Europea con la Ley 11/1997 de Envases y Residuos de Envases. Los objetivos respecto a la gestión de residuos son:

1. Valoración de todos los residuos de E+E (envases y embalajes) generados.
2. Reciclar los materiales de envasado que formen parte de todos los residuos de envases.
3. Reducir el volumen de residuos procedentes de envases y embalajes.

El ámbito de aplicación de esta ley abarca a todos los envases y residuos de envases puestos en el mercado y generados en el territorio del Estado. Para conseguir dichos objetivos, se obliga a los fabricantes de E+E a utilizar en sus procesos de fabricación materiales procedentes de residuos de envases, reutilizables y reciclables, salvo disposición legal expresa; por ejemplo, **los envases de ciertos alimentos no se pueden fabricar con plásticos reciclados.**

Para reducir los efectos que causan los residuos en el medio ambiente y aprovechar su potencial (reutilizarlos, reciclarlos o valorarlos energéticamente), se ha desarrollado la Directiva Marco de Residuos (DC 2004/12/CE), que tiene como objetivo «establecer medidas para proteger el medio ambiente y la salud humana mediante la prevención o la reducción de los impactos adversos de la generación y gestión de los residuos, la reducción de los impactos globales del uso de recursos y la mejora de la eficacia de dicho uso».

Esta ley define el límite entre lo que es y no es un residuo; también establece una jerarquía para los residuos: 1.° prevención, 2.° reutilización, 3.° reciclaje, 4.° valorización y 5.° eliminación.

Para alcanzar los objetivos impuestos desde Europa, se han unificado las leyes europeas en el denominado Plan Nacional Integral de Residuos de España (PNIR). Las medidas que se establecen son:

- **Prevención:** reducir la cantidad de los residuos de envase y las bolsas comerciales de un solo uso, sustituyéndolas por bolsas biodegradables.
- **Reutilización:** utilizar envases y embalajes industriales y especialmente bidones y paletas de varios usos. Los objetivos de reutilización de

La Orden AAA/1783/2013, normaliza el tratamiento de las cápsulas de café, como residuos de envase, y los contenedores donde las debe depositar el consumidor.

Debemos utilizar cada contenedor para el tipo de residuo adecuado.

Concepto

HORECA es el acrónimo de HOteles, REstaurantes y CAfeterías. El término se originó en los Países Bajos (HOstelería, REstauración y CAtering) y se ha extendido a otros países europeos a través de las multinacionales.

Existen productos que en su etiquetado indican la palabra HORECA para diferenciarlos de otros mercados y paneles (técnica de investigación comercial) preparados por ese tipo de establecimientos.

Por tu cuenta

Consulta la Orden AAA/1783/2013, de 1 de octubre, por la que se modifica el Anexo I del Reglamento para el desarrollo y ejecución de la Ley 11/1997, de Envases y Residuos de Envases, aprobado por Real Decreto 782/1998, de 30 de abril.

Esta modificación surge de la Directiva 2013/2/UE del Parlamento Europeo y del Consejo, que hace ciertas aclaraciones con ejemplos ilustrativos sobre residuos de envases que generaban dudas a los usuarios. El nuevo Anexo aclara la denominación de envases de ciertos residuos como CD y vídeo, macetas, perchas, cápsulas de café, tubos y cilindros alrededor de los cuales se enrolla un material flexible, papel que se retira de las etiquetas autoadhesivas y papel de embalar.

Consulta otros **Planes y Programas sobre residuos de E+E,** aprobados en el ámbito de la Unión Europea:

- Programa Estatal de Prevención de Residuos 2014-2020.
- Plan Estatal Macro de Gestión de Residuos (PEMAR) 2016-2022.
- Plan Estatal de Inspección de traslados transfronterizos de residuos 2017-2019.
- Plan Nacional Integral de Residuos de España (PNIR).
- Planes y programas de la comunidades autónomas.
- Documento guía de la Comisión Europea para la elaboración de Planes de Gestión de Residuos.

envases de vidrio en todos los canales que no sean hoteles, restaurantes y cafeterías (HORECA) donde tendrán sus propios objetivos.

- **Reciclado:** garantizar y verificar el cumplimiento de los objetivos legales en materia de reciclado y valorización de envases. Aumentar la tasa de recogida selectiva y reciclado de residuos de envases elaborados con vidrio, papel y cartón, metales y plástico; así como la recogida procedente de otros canales como HORECA o grandes generadores.

El grupo Ricoh ha establecido un sistema de recuperación de cajas de plástico reutilizables mediante un circuito de logística inversa, integrado en el sistema de gestión global de la compañía. Para conseguir la trazabilidad total de sus productos y envases, mediante la tecnología RFID, han asignado un código a cada caja. Este sistema le ha permitido reducir la basura del *packaging* en 500 toneladas y obtener un ahorro superior a 400.000 €.

El grupo Electrolux (fabricante de electrodomésticos) en su planta de Motala (Suecia) ha conseguido reducir el precio de venta de sus productos, entre un 25 y un 50 %, gracias a la sustitución de materias primas por materiales reciclados y la reutilización de componentes recuperados.

Sistemas de gestión de residuos. Punto Verde

La legislación vigente responsabiliza y obliga de la recogida de los envases adquiridos por los consumidores (residuos urbanos de origen domiciliario) y su gestión a envasadores, distribuidores y comerciantes de productos envasados o, cuando no sea posible su identificación, los responsables de la puesta en el mercado de los productos envasados. Para que las empresas puedan asumir su responsabilidad y conseguir los objetivos que establece la Ley, se permite la opción de elegir entre dos sistemas diferentes:

- **Sistema de depósito, devolución y retorno.** Consiste en cobrar una cantidad por el envase desde que se pone en el comercio hasta que llega al consumidor. Esta cantidad se volverá al devolver el envase, en sentido inverso en todas sus etapas.
- **Sistema Integrado de Gestión (SIG).** Los agentes afectados (envasadores, distribuidores, comerciantes) que se adhieran a un SIG pueden eximirse de la obligación expuesta en el apartado anterior.

El Sistema Integrado de Gestión (SIG) está constituido por empresas privadas, sin ánimo de lucro, que están autorizadas por la Administración a recaudar una cantidad por los E+E puestos en el mercado. Actualmente, los SIG autorizados son Ecoembalajes (ECOEMBES) y Ecovidrio, ambas utilizan el logotipo «Punto Verde». Se financian mediante una cuota única por inscripción y de cantidad variable, en función de los envases que cada socio pone en el mercado.

Los SIG (ECOEMBES y Ecovidrio) deben estar autorizadas por cada comunidad autónoma y su actividad también llega a las Administraciones Municipales para la recogida selectiva, manipulación y posterior valorización, reciclado o reutilización, de los residuos convenientemente separados. Los consumidores debemos colaborar clasificando los residuos que generamos y depositándolos en el contendor correspondiente.

Resumen

Actividades de expedición de mercancías:

- Clasificar y agrupar los pedidos recibidos.
- Formalizar la orden de *picking*.
- Extraer las mercancías del lugar de almacenaje.
- Seleccionar los artículos de cada pedido.
- Acondicionar los artículos con embalaje, precinto y etiquetado.
- Controlar y verificar los artículos incluidos en el pedido.
- Agrupar los envíos por clientes o destino.
- Emitir la documentación de expedición.
- Trasladar los envíos al muelle de salida, para su carga en el vehículo.

Sistemas de extracción y selección de mercancías:

- Extracción por pedido-envío.
- Extracción en bloque.
- *Picking* a nivel del suelo, a bajo, medio o alto nivel.

Materiales para envases y embalajes:

- Plástico (envases y laminados o película protectora para embalajes); plástico-reciclado (bolsas y envases de uso no alimentario); complejos-plásticos (envases y embalajes).
- Cartón-papel: cartón prensado, cartón ondulado y papel (envases, envoltorios y embalajes).
- Vidrio de fabricación y reciclado (envase para alimentación, farmacia, perfumería, productos químicos, etcétera).
- Metales: hojalata y aluminio (envases y embalajes).
- Multimaterias: cartón-plástico-aluminio (envases y embalajes).
- Maderas: fabricación de paletas, cajas, contenedores, etcétera.
- Materias textiles: yute y algodón (sacos, bolsas y tejidos para envolver).

Tipos de envases y embalajes:

- Según el tipo de cierre: envases herméticos (cerrados al vacío) y envases no herméticos.
- Según su consistencia: envases rígidos, semirrígidos, flexibles y frágiles.
- Según el material y aplicaciones posteriores: envases reutilizables, reciclables y reciclados.
- Envases especiales: envase promocional y aerosoles.

Embalajes de expedición y transporte:

- Según el tipo de envío: embalaje de expedición o doméstico y embalaje de exportación.
- Según las características del producto: embalajes para productos frágiles, para mercancías peligrosas, para productos contaminantes, para otros productos.
- Según la facilidad de manipulación: embalajes modulares, encajables, desmontables y plegables.

Información logístico-comercial en los embalajes de transporte:

- Tipo de mercancía: marca del producto, código GS1, fecha de fabricación, envasado, caducidad, grado de peligrosidad o fragilidad del producto, etcétera.
- Información sobre la carga: cantidad de unidades de venta, peso de la carga, código GS1-128 o SSCC y recomendaciones sobre su almacenaje y manipulación.
- Datos del envío: número de expedición, cantidad de bultos, origen, destino y transportista o agencia.

Gestión de residuos de envases-embalajes:

- Sistema de depósito, devolución y retorno.
- Sistema Integrado de Gestión (SIG). Los consumidores finales depositan los envases en el «Punto Verde» y los SIG (ECOEMBES y Ecovidrio) se ocupan de la recogida selectiva, manipulación y posterior valorización.

Actividades de comprobación

Actividad 9.1

Indica **la** respuesta correcta de las siguientes preguntas:

1. Antes de iniciar la extracción de las mercancías de una orden de *picking* debemos:

a) Comprobar que hay *stock* suficiente para completar los pedidos programados.

b) Seleccionar y combinar las cargas no unitarias (artículos, piezas o materiales).

c) Acoplar las unidades físicas o logísticas que componen el pedido.

2. La operación que consiste en colocar y acoplar gran cantidad de artículos en un número reducidos de bultos (cajas, contenedores, palés, etc.) se conoce como:

a) Envasado.

b) Embalado.

c) Agrupación de envíos.

3. Entre las funciones de los envases, cuando se destinan a productos tóxicos o peligrosos, la más importante es:

a) Contener el producto y dosificarlo en unidades físicas o logísticas.

b) Conservar las propiedades, características y calidad del producto.

c) Proteger al consumidor y el entorno.

4. La característica que permite que el envase pueda ser manipulado, transportado, almacenado, etc., en condiciones óptimas por el consumidor, se denomina:

a) Hermeticidad.

b) Resistencia.

c) Ergonomía.

5. El poliestireno expandido es un complejo plástico que se utiliza para fabricar envases-embalajes y genéricamente se conoce como:

a) Corcho blanco.

b) Lámina de burbujas.

c) Film transparente.

6. Entre los materiales utilizados para la elaboración de envases, el único que se puede reciclar el 100 % de su materia prima es:

a) Plástico.

b) Cartón y papel.

c) Vidrio.

7. Los envases denominados «contenedores intermedios», que no llegan al consumidor, son:

a) Palés de madera.

b) Sacos de algodón o yute.

c) Cestones de plástico.

8. La información de tipo medioambiental que aparece en los embalajes hace referencia a:

a) Las características y peligrosidad de la mercancía embalada.

b) La forma de manejar, transportar y almacenar las mercancías.

c) La reutilización y reciclado de los materiales del embalaje.

9. El uso de símbolos en la etiqueta o embalaje de expedición es obligado para advertir:

a) Sobre el tratamiento y manejo de la mercancía, cuando sean peligrosas o especiales.

b) Cuando se trate de mercancías destinadas a la exportación.

c) Cuando el envío tenga que utilizar varios medios de transporte y almacenes de transbordo.

10. Una de las recomendaciones de AECOC en relación a los embalajes es:

a) Los envases-embalajes de plástico se deben poder doblar con facilidad sin la utilización de maquinaría o herramientas.

b) El peso de la unidad de carga sobre palé no debe sobrepasar los 1.000 kg.

c) Los embalajes de plástico deben incluir en la etiqueta datos sobre su composición.

Actividad 9.2

Indica si son verdaderas (V) o falsas (F) las siguientes afirmaciones:

1. El envase promocional es el que tiene una utilidad después de consumido el producto.
2. Los envases reciclables se fabrican total o parcialmente con materiales reciclados.
3. Los envases-embalajes reutilizables son los que se pueden utilizar para el mismo fin.
4. El envase reciclable está elaborado con materiales que se pueden reciclar total o parcialmente.
5. Los envases reciclados se fabrican total o parcialmente con materiales reciclados.
6. El proceso de envasado al vacío lleva un precinto para garantizar la manipulación del producto.
7. Los envases flexibles suelen ser poco resistentes y necesitan envoltura o relleno en las cajas de embalaje.
8. El aerosol es un envase reutilizable compuesto por un recipiente, una válvula y un propulsor.
9. El embalaje de transporte (película de plástico) debe permitir la visión de los códigos GS1 de las unidades de venta contenidas en su interior.
10. Una de las recomendaciones de AECOC respecto a los envases de un solo uso, es que sean reciclables y, en los envases-embalajes de plástico o materiales combinados, debe constar la composición de cada uno.

Actividad 9.3

Indica las operaciones y actividades que se realizan cuando se prepara un envío o expedición.

Actividad 9.4

Antes de empezar las actividades de selección y extracción de mercancías se hace una clasificación de los pedidos recibidos. Indica cómo se clasifican y las órdenes de extracción que se deben formalizar en cada caso.

Actividad 9.5

Responde brevemente a las siguientes cuestiones:

1. ¿Qué operaciones comprende el *picking*?
2. ¿Cuáles son las principales ventajas del *picking* a nivel del suelo?
3. ¿Qué medios se utilizan en las operaciones de *picking* a bajo nivel?
4. ¿Cuándo se recomienda el *picking* a medio nivel?
5. ¿Qué zona del almacén se destina para operaciones de *picking* a alto nivel?
6. Indica la normativa legal encargada de regular las condiciones que deben cumplir los envases-embalajes y la información, adherida a los mismos, dirigida a los consumidores y usuarios.

Actividades de aplicación

9.6. El mayorista EXPOCOLCHÓN ha recibido un pedido urgente, para servir al Hotel Miramar (Palma de Mallorca). Los artículos solicitados y otros datos sobre el almacenaje-ubicación de los mismos aparecen reflejados en la siguiente tabla:

Datos del pedido			Almacén «General-camas»			
Artículo	**Cód.**	**Cantidad**	**Pasillo**	**Ubicación**	**Nivel**	**Ex. anteriores**
Colchón	C/150-200	25	C	C-G	0	250
Colchón	C/090-200	50	C	C-M	1	330
Somier	S/150-200	25	B	S-G	0	180
Somier	S/090-200	50	B	S-M	1	260
Cama-nido	N/070-180	30	E	C-N	2	146

Se pide:

Confeccionar (con fecha 12-02) la orden de *picking* n.º 35, para enviar los artículos en la expedición n.º 102 con destino al puerto de Barcelona. Indicar en observaciones el puerto de destino y completar los datos de los operarios.

9.7. El almacén Grupo NAVAMAR tiene que preparar los siguientes pedidos:

Productos solicitados		Envío n.º 212 (urgente)	Envío n.º 313 (ordinario)	Envío n.º 414 (ordinario)
Cód. Art.	**Mercancía**	**Cantidad**	**Cantidad**	**Cantidad**
LD-122	Leche desnatada	24 cajas	68 cajas	
LE-123	Leche entera	38 cajas	48 cajas	
BV-231	Batido de vainilla	26 cajas	64 cajas	16 cajas
BC-242	Batido de cacao	32 cajas	72 cajas	14 cajas
HO-265	Horchata	56 cajas		24 cajas
RN-356	Refresco de narañja	84 cajas		18 cajas
DP-789	Detergente en polvo	16 cajas	19 cajas	12 cajas
PH-810	Papel higiénico	46 cajas	10 cajas	15 cajas
GB-987	Gel de baño	32 cajas	17 cajas	19 cajas

Otros datos:

Artículo	Almacén	Pasillo	Estantería	Nivel	*Stock*
LD-122	Alimentación	L	2	1	897
LE-123	Alimentación	L	2	2	567
BV-231	Alimentación	L	5	1	456
BC-242	Alimentación	L	5	2	895
HO-265	Alimentación	B	5	3	954
RN-356	Alimentación	B	4	4	324
DP-789	Droguería	H	10	1	458
PH-810	Droguería	H	11	2	564
GB-987	Droguería	H	12	3	398
Notas: Indicar en observaciones dónde se deben depositar los artículos. Los empleados que realizan dichas actividades son: responsable (Y. López), extracción (operario n.º 14, A. Marín), preparador de envíos (E. Simlat).					

Se pide:

Formalizar con fecha 18 de marzo (año actual):

- La orden de *picking* n.º 117 (extracción pedido-envío) con los artículos del pedido urgente, para depositar en la zona de expedición.
- La orden de *picking* n.º 136 (extracción en bloque) con los artículos de los pedidos ordinarios, para depositar en la zona de preparación de pedidos.
- Las órdenes números 245 y 246, para depositar los artículos correspondientes a cada envío ordinario en la zona de expedición.

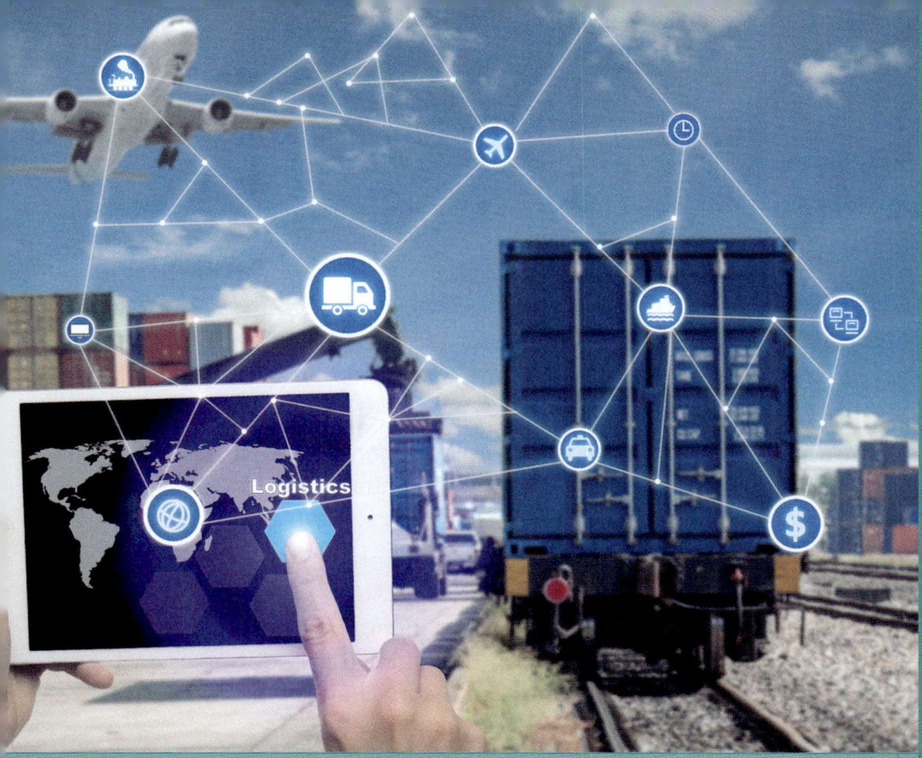

10

Costes logísticos del transporte

INTRODUCCIÓN

Muchas veces el personal del almacén, además de preparar el envío, tiene que realizar las gestiones de transporte para que la mercancía pueda llegar su destino final.

Cuando el vendedor se compromete a entregar las mercancías en el almacén del comprador o en un punto acordado entre ambos (puerto, estación, frontera, etc.), esta responsabilidad lleva consigo organizar y contratar el medio de transporte y trazar el itinerario o ruta que genere los mínimos costes unitarios.

Hoy día la red de carreteras y ferrocarril, así como las líneas marítimas y aéreas llegan prácticamente a todos los lugares, pero a veces una empresa de transporte no dispone de los servicios necesarios y tenemos que recurrir a la combinación de medios o transporte multimodal para realizar la entrega «puerta a puerta».

OBJETIVOS

- Comparar los medios de transporte de mercancías, sus características, servicios que ofrecen y seleccionar el más adecuado según las características de las mercancías y el recorrido.
- Conocer los servicios que realizan los operadores logísticos para empresas industriales o de distribución que subcontratan actividades relacionadas con transporte, almacenaje y comercialización internacional.
- Comparar los costes de transporte con medios propios y contratando los servicios de un operador logístico.

CONTENIDOS

10.1. Organización del transporte
10.2. Transporte internacional de mercancías
10.3. Formas de contratar el transporte
10.4. Características de los medios de transporte
10.5. Subcontratación: operadores logísticos

> **Recuerda**
>
> Algunas empresas, de forma estratégica o inevitable, realizan ciertos transportes o parte del trayecto con medios propios y para otros contratan el servicio a compañías especializadas.

> **Importante**
>
> Tanto las empresas de transporte internacional como nacional pueden estar o no autorizadas para transportar un determinado tipo de productos, como animales vivos, productos congelados o mercancías peligrosas.

El avión es el medio de transporte internacional que más se utiliza para mercancías de poco volumen o gran valor monetario.

10.1. Organización del transporte

Algunas veces, el encargado de almacén, además de preparar el envío, tiene que organizar el transporte para que la mercancía llegue a su destino. Cuando esto ocurre se plantean varios problemas: utilizar medios propios o medios ajenos, alquiler de medios o servicios, coordinación de rutas, etcétera.

- **Transporte con medios propios:** permite coordinar expediciones, trayectos y entregas. Los medios propios se utilizan, generalmente, para entregas «puerta a puerta», con vehículos pequeños o que se ajustan al volumen de la carga y cuando se aprovecha el mismo trayecto para entrega y recogida.
- **Transporte con medios ajenos:** se puede contratar solo el vehículo o vehículo y servicios, es decir, bajo la modalidad de carga completa o carga fraccionada. Cuando se contratan medios ajenos, generalmente antes de tomar decisiones, se comparan: características de cada medio, precios que aplican, servicios que prestan y regularidad en la ruta o entrega.

Clasificación del transporte con medios ajenos

El transporte de mercancías, cuando se utilizan medios contratados, se puede clasificar desde diferentes puntos de vista, como regularidad del servicio, zona geográfica en la cual la compañía está autorizada para ejercer la actividad, condiciones del servicio de transporte y otros auxiliares.

Según la regularidad del servicio puede ser:

- *Transporte continuo.* Se realiza por conducción de tuberías o canalizaciones, como agua desde el manantial a la planta embotelladora o gas natural desde los tanques de la compañía suministradora hasta el domicilio del consumidor.
- *Transporte discontinuo,* que a su vez puede ser: **transporte de línea regular** (cuando la compañía establece frecuencia de horario y recorrido) y **transporte discrecional** (el cliente que contrata el servicio también indica recorrido, trayecto, etcétera).

Según la zona geográfica en la cual puede operar la compañía de transporte se clasifica en:

- *Transporte internacional.* La compañía de transportes está autorizada para circular fuera del país donde tiene el domicilio fiscal.
- *Transporte nacional.* Estas compañías puede prestar sus servicios a nivel regional, comarcal o local).

Según los servicios prestados por la compañía puede ser:

- *Transporte de carga completa,* un origen y un destino para todas las mercancías transportadas.
- *Transporte de carga fraccionada,* uno o varios orígenes y uno o varios destinos.

Según los medios utilizados se clasifica en los siguientes tipos de transporte:

- *Terrestre,* cuando las mercancías viajan por carretera y por ferrocarril.
- *Marítimo,* puede ser por mar abierto o fluvial.
- *Aéreo,* se utilizan aeronaves de mercancías o espacio en aviones de pasajeros.
- *Multimodal,* cuando se utilizan varios medios para realizar el trayecto completo.

Carga completa y carga fraccionada

La **carga completa** consiste en contratar la capacidad total del vehículo y los servicios que presta la compañía. Esta modalidad es casi obligatoria en las contrataciones de grandes cargadores que operan con Transportes Especiales y Cargas Generales, realizando la entrega «puerta a puerta» y con varios niveles de urgencia. El objetivo para el usuario o es conseguir un coste unitario bajo o reducir el coste total de la cadena de valor del producto, con vehículos especiales que eliminan los costes de manipulación y/o embalajes.

La **carga fraccionada** permite contratar el servicio. El transportista llena la capacidad del vehículo con mercancías de varios clientes, generalmente en la modalidad de «puerta a puerta» con recogida y entrega a domicilio. Este transporte se utiliza cuando los envíos son pequeños y están bien embalados. Las compañías de carga fraccionada disponen de una estructura propia o subcontratada que garantiza responsabilidad y continuidad del servicio, recogida en el punto de origen, preparación o consolidación de la mercancía, transporte a larga distancia y entrega en el lugar de destino indicado por el cliente.

Factores que influyen en la selección del transporte

Cuando tenemos que elegir el transporte debemos considerar factores económicos y otros como: puntualidad de entrega, experiencia, flexibilidad, fiabilidad, etc. Por eso, antes de elegir el medio de transporte y los servicios logísticos debemos conocer y analizar:

- **Propiedades de la mercancía.** El medio de transporte debe reunir las condiciones adecuadas para que la mercancía llegue a su destino en buen estado. El vehículo debe estar preparado para no alterar las cualidades físicas de las mercancías y sus necesidades de conservación.
- **Disponibilidad de los medios y accesibilidad al destino.** Cuando se organiza el transporte, se programan envíos, destinos, servicios que prestan las compañías, grado de cumplimiento, documentación exigida, etcétera.
- **Precio del transporte.** Cuando tengamos que solicitar presupuesto a varias compañías, para comparar coste y servicios, debemos presentar las mismas condiciones y volumen de mercancía. El presupuesto tiene que especificar: servicios, precios, fletes, etcétera.
- **Condiciones contractuales del transporte.** Al firmar el contrato de compraventa se acepta, mediante las cláusulas Incoterms, quién asume los gastos de transporte, de carga/descarga, etc.; hasta qué punto del trayecto la responsabilidad es del vendedor y desde dónde responde el comprador.

Importante

Con el contrato de transporte a carga completa, el vehículo está íntegramente a disposición del cliente. Aunque no se ocupe toda la capacidad, el transportista no puede tomar otros portes complementarios.

Recuerda

Hoy día la red de carreteras y ferrocarril, las líneas marítimas y aéreas llegan prácticamente a todos los lugares, pero a veces no disponen de los servicios necesarios.

El **contrato de transporte** es un contrato derivado del de compraventa, pero las partes contratantes en la compraventa (vendedor y comprador) pasan a ser el cargador/expedidor y receptor/destinatario en el contrato de transporte; asumiendo las obligaciones contractuales de logística y transporte que derivan de la operación comercial.

El contrato de transporte también debe especificar: costes añadidos por peligrosidad de la mercancía, primas de seguro por mercancía y responsabilidad civil, gastos extra (cuando el peso o el volumen sobrepasa del previsto o la estandarización), derechos de aduanas, peajes (autopistas, túneles o autovías), derechos portuarios, gastos de transbordo de un medio de transporte a otro, actividades de carga y descarga, almacenaje en los puntos de enlace, obtención de certificados oficiales, etcétera.

10.2. Transporte internacional de mercancías

El transporte de mercancías es una actividad empresarial que se realiza cumpliendo las normas legales sobre sanidad, seguridad y orden público. Dentro del comercio internacional, generalmente, el transporte se compone de una fase interior, mientras la mercancía se desplaza dentro del país, y otra internacional, cuando el trayecto tiene lugar entre países distintos. Pero, en ambos casos, el objetivo es que la mercancía llegue a su destino según las condiciones del contrato; en el plazo convenido y sin haber sufrido daño o deterioro.

Las operaciones de transporte se dividen en dos etapas:

- **Estática** o de preparación. Comprende consolidación o grupaje; protección de la mercancía (envase y embalaje); estiba o colocación dentro de los vehículos y almacenaje aduanero o en tránsito, cuando sea necesario; protección jurídico-económica de vehículos, mercancías y responsabilidad civil, mediante el correspondiente contrato de seguro.
- **Dinámica** o de movimiento. Es la que se realiza con los vehículos utilizados durante el trayecto; para que la operación tenga éxito se deben tener en cuenta las características técnicas de los medios de transporte (limitaciones de capacidad, dimensiones y compatibilidad con la mercancía) y las formas de gestión comercial, en función de los volúmenes a transportar.

> **Por tu cuenta**
>
> **Consulta** la Ley 16/1987, de 30 de julio, de Ordenación de los Transportes Terrestres.
>
> **Consulta** también las **modificaciones posteriores,** como el **Real Decreto 919/2010,** de 16 de julio, que modifica algunos artículos de la Ley 16/1987 y el **Real Decreto 13/2018,** de 28 de septiembre, por el que se modifica la Ley 16/1987, de 30 de julio, de ordenación de los transportes terrestres, en materia de arrendamiento de vehículos con conductor.

Agentes del transporte de mercancías

La Ley de Ordenación de los Transportes Terrestres (LOTT) establece las condiciones generales de contratación para carga completa o fraccionada y los derechos y obligaciones del cargador, del porteador y todas las personas físicas o jurídicas que intervengan en el transporte.

Las personas físicas o jurídicas que intervienen en operaciones de transportes son:

- **Cargador o remitente:** contrata el transporte y entrega o pone a disposición del transportista las mercancías objeto del contrato.
- **Porteador o transportista:** asume la obligación de transportar las mercancías en las condiciones pactadas.
- **Consignatario o destinatario:** persona a la cual el porteador debe entregar la mercancía. La Carta de portes se puede extender a la orden o al portador, en cuyo caso se desconoce el consignatario hasta que en destino reclama debidamente la entrega.
- **Operador logístico:** organiza las actividades logísticas de sus clientes, tales como aprovisionamiento, distribución, almacenaje y control de inventarios, despacho aduanero, transporte, etcétera.
- **Transitario:** se ocupa de la gestión del transporte internacional y los transportes que se realizan en régimen de tránsito aduanero, coordinando todos sus aspectos.
- **Grupajista o consolidador:** agrupa mercancías de varios clientes, con origen y destino próximos a los centros de carga, agrupándolas para que su transporte pueda ser rentable.

> **Por tu cuenta**
>
> **Busca** en Internet:
>
> «El lenguaje del transporte intermodal».
>
> Encontrarás una publicación, con ilustraciones, del Ministerio de Fomento, cuyo contenido está desarrollado en fichas con el siguiente contenido:
>
> 1.1. Conceptos generales.
> 1.2. Actores del transporte intermodal.
> 1.3. Unidades de transporte.
> 1.4. Infraestructuras.
> 1.5. Vehículos y equipos.
> 1.6. Términos ordenados en inglés.

- **Operador de transporte** (carretera): hace de mediador entre cargadores y transportistas, actúa como cargador frente al transportista y como transportista frente al cargador. Puede ser «operador de carga fraccionada» (OTF) y «operador de carga completa» (OTC), según realice o no otras actividades asociadas al transporte como embalaje, almacenaje, carga/descarga, distribución, etcétera.
- **Armador o naviero** (transporte marítimo): propietario del buque.
- **Consignatario** (transporte marítimo): representante contratado por un armador para que atienda las operaciones que necesite el buque en un puerto.
- **Estibador** (transporte marítimo): se ocupa de las operaciones de carga, estiba y trincado o sujeción de las mercancías en los buques.
- **Fletador** (transporte marítimo): es la persona física o jurídica que contrata la utilización de un buque.
- **Agente de carga aérea (Agente IATA):** compañía especializada en gestionar los transportes aéreos de sus clientes.
- **Compañía de manipulación** o *handling* (transporte aéreo): se ocupa del manejo de las mercancías en la terminal de carga aérea, y de la carga y estiba de los aviones.

Importante

El consignatario puede recibir la mercancía sin reclamación; manifestar el daño o avería según las condiciones establecidas; rehusar la mercancía por daños o retraso en la entrega; negarse al pago de los portes (cuando viajan a portes debidos).

El transportista, por su parte, puede proceder a la venta o depósito de las mercancías para cobrar sus servicios.

10.2.1. Preparación y consolidación de mercancías

Cuando la actividad de la empresa es almacenaje-distribución las operaciones de *picking*, expedición y transporte se suceden en cadena. Muchas veces las actividades que se consideran como específicas del almacén las realizan el personal que gestiona el transporte y viceversa.

Concepto

IATA es la Asociación Internacional del Transporte Aéreo *(International Air Transport Association).*

La **preparación y expedición** de pedidos comprende:

- Extraer las mercancías del lugar de almacenaje, son operaciones de *picking* que realiza el personal de almacén.
- Preparar los artículos con envases-embalaje, precinto y etiquetado, son operaciones de *packaging* que muchas veces forman parte del proceso de fabricación.
- Verificar y controlar los artículos incluidos en cada pedido, lo realiza el personal de almacén.
- Consolidar los envíos por clientes o destino, son actividades que pueden realizar tanto el personal de almacén como de transporte.
- Trasladar envíos al muelle de salida y estiba (carga) en el vehículo, operaciones que realiza el personal de transporte.

Esta división de actividades se debe principalmente a las características del producto y la zonificación o distribución del almacén. Veamos algunos casos:

- **Caso de un almacén de congelados.** Los operarios de almacén, para no romper la cadena del frío, realizan las actividades de *picking*, consolidación de envíos y estiba en los medios de trasporte.
- **Caso de un almacén de mercancías generales.** Estos almacenes tienen delimitadas las zonas y algunos trabajadores no pueden traspasar

Preparación de un pedido. Sobre una paleta se consolidan o agrupan los artículos que ha solicitado un cliente.

Los productos extraídos de las estanterías se han depositado en esta zona de expedición para realizar el embalaje y etiquetado (pedido, muelle de carga/vehículo, destino, etc.).

Mercancías consolidadas por clientes o destinos, están perfectamente ordenadas para cargar en el vehículo que las llevará a su destino. *Fuente: Almacén de Mercadona.*

Carga/descarga de un camión por el lateral.

su aérea de trabajo. Las funciones de los operarios de *picking* finalizan cuando depositan los productos o cargas en la zona de expedición; la consolidación de mercancías la realizan los operarios que trabajan en la zona de expedición y en los muelles de carga.

Consolidación de mercancías

La consolidación consiste en agrupar, en la zona de expedición, las mercancías preparadas en diferentes zonas de *picking*. Se puede hacer de dos formas: por clientes y por destinos.

- **Consolidación por clientes:** consiste en agrupar los pedidos de un cliente en un único envío. Se agrupan varias líneas de productos o varios pedidos del mismo cliente. Por ejemplo, podemos agrupar los pedidos no urgentes de tres días consecutivos para reducir los costes unitarios de transporte. Esta agrupación se puede realizar cuando no repercuta en el servicio de entrega.
- **Agrupación por destinos:** consiste en agrupar los pedidos de varios clientes que se encuentran en la misma ruta de transporte. Por ejemplo, cuando tenemos que entregar mercancías a tres clientes, que se encuentran en la misma ruta, agrupando las mercancías disminuyen los costes de transporte al utilizar el mismo vehículo y repartir los gastos totales entre los tres clientes.

10.2.2. Estiba de camiones y contenedores

La estiba es la forma de colocar la carga en el medio de transporte. El objetivo es acoplar unidades de carga para no dejar espacios vacíos, pero sin sobrepasar la carga útil permitida.

Las **paletas** para formar la unidad de carga son de medidas normalizadas, siendo las más utilizadas la europaleta o *Europalet* de 800 x 1.200 mm y la paleta universal o *Isopalet* de 1.000 x 1.200 mm.

La altura de la unidad de carga está condicionada por la mercancía y el medio de transporte. Se utilizan cuatro alturas de carga (incluyendo la altura de la propia paleta) que son:

- Cargas apiladas una sobre otra: 1,15 m cada una.
- Cargas de productos pesados: 1,45 m.
- Cargas de productos ligeros: 1,70 m.
- Cargas de productos muy ligeros: 2,10 m, puede llegar a la altura del vehículo.

El **contenedor de transporte** es un cajón metálico o de armazón mixto que se utiliza como base para agrupar varias unidades de carga con sus correspondientes paletas, cestones, etc. La estructura del contenedor debe tener la suficiente resistencia para soportar el peso máximo autorizado.

Los modelos y las medidas de los contenedores coinciden con los estándares y la caja de carga de los camiones. Son medias estandarizadas para que no exista ruptura de carga en el transporte multimodal. Véase la Tabla 10.1.

Tabla 10.1. Medidas y cargas de los contenedores más utilizados para el transporte multimodal

Tipo de contenedor	Medidas interiores			Carga admitida		
	Largo	**Ancho**	**Alto**	**Carga máxima**	**Tara**	**Carga útil**
20 pies	5,90 m	2,33 m	2,40 m	21.500 kg	2.600 kg	18.900 kg
40 pies	12,03 m	2,33 m	2,40 m	26.600 kg	3.900 kg	23.700 kg

Observaciones: las medidas de los contenedores son interiores y aproximadas, pues dependen del uso (carga general, congeladores, isotermos, etc.) y del grosor de la chapa exterior.
Camiones: consideramos que son las mismas medidas, pues para el transporte multimodal el contenedor se coloca sobre la plataforma del camión. No obstante, muchos camiones admiten mayor capacidad de carga, pues depende de la potencia del vehículo, y pueden transportar dos contenedores cargados.

Existentes varios modelos de contenedores: cerrados, abiertos de techo o costado, plataformas, jaulas, cisternas, de temperatura controlada, etc. La utilización de un modelo u otro depende del medio de transporte principal (marítimo o aéreo), en función de ello existen dos tipos:

- Contenedores **ISO** *(International Standarization Organization)* se utilizan en el trasporte terrestre y marítimo. Los más utilizados son de **20 pies** o TEU *(Twenty-foot Equivalent Unit)* y de **40 pies** *(Forty-foot Equivalent Unit).*
- Contenedores **IATA** *(International Air Transport Association)* se utilizan en el trasporte multimodal de base aérea. Sus formas se adaptan al fuselaje del avión y están normalizados por la IATA.

Contenedores para transporte terrestre y marítimo.

Contenedor de 20 pies, provisto de huecos para carga/descarga con las horquillas de la carretilla.

Contenedor de 40 pies, para carga/descarga con grúa.

Interior de un contenedor frigorífico.

Medidas normalizadas del contenedor para transporte aéreo.

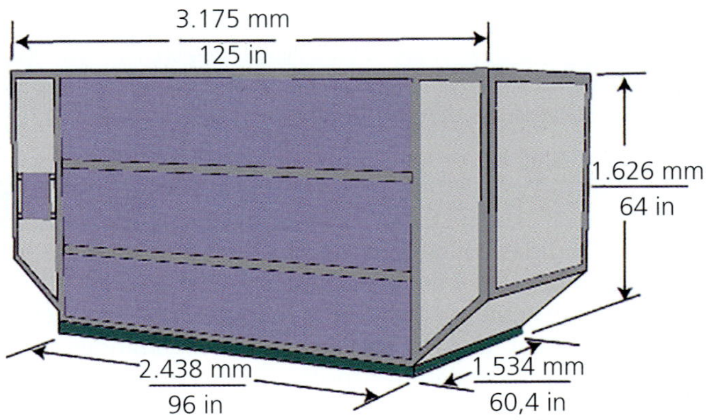

Normas para una correcta estiba

Generalmente, muchos productos se transportan juntos para reducir costes. Sin embargo, algunos no son compatibles y tenemos que tomar precauciones para evitar riesgos y daños durante transporte.

- Cuando se cargan productos diferentes en el mismo vehículo hay que considerar los daños por olor, humedad, polvo o calor. Estos daños se pueden ocasionar por un embalaje escaso o incorrecto.
- Cuando se cargan productos líquidos con otras mercancías hay que estibar los líquidos debajo de los productos secos, separados con materiales aislantes y plataformas de separación. También hay que poner materiales absorbentes debajo de los productos líquidos.
- Se debe distribuir uniformemente la carga por todo el piso del vehículo; una carga desequilibrada es un peligro que puede ocasionar el vuelco del vehículo.
- Cuando las cargas no sean del mismo peso, se deben poner debajo las más pesadas y encima las más ligeras.
- Hay que respetar la carga máxima del vehículo, aunque las mercancías no ocupen el volumen total del camión. Los espacios vacíos se dejan en el centro y se sujetan con listones de madera.
- Se deben asegurar las cargas colocadas cerca de la puerta, para evitar que se muevan o que caigan cuando se abran las puertas.
- Hay que tomar medidas especiales al estibar mercancías peligrosas, respetando la normativa vigente para el transporte de este tipo de productos.

¿Sabías que...

Podemos cargar en un camión o contenedor, frigoríficos, lavadoras, secadoras y lavavajilla; pero con ciertas precauciones. Los frigoríficos no se pueden apilar porque sobrepasan la altura. Tampoco se pueden apilar una lavadora encima de otra por el peso; pero se puede colocar un lavavajillas o una secadora encima de una lavadora y entre los dos electrodomésticos no llegan a la altura máxima del camión o contenedor.

Actividad propuesta 10.1

La empresa EL FRESÓN tiene que paletizar 7.000 kg de fresas. Utiliza el envase «pitufo» de 2 kg, cajas de madera de 40 cm de largo, 20 cm de ancho y 20 cm de alto.

Las cargas se preparan en europaleta de 1.200 x 800 mm. El apilado no puede superar las 6 alturas y todas las paletas tienen que ir completas.

Se pide:

1. ¿Cuántas cajas tenemos que envasar?
2. ¿Cuántas paletas completas podemos preparar?
3. ¿Cuántas cajas sobran sin paletizar?

Caso práctico 10.1

La empresa ALMER INVER recoge diariamente 950 cestones (pimientos y pepinos) y 950 cajas (tomates RAF y pera). Los cestones y las cajas se empaquetan sobre europaleta. Se apilan colocando en la base 3 alturas de cestones y el resto en cajas hasta la altura que permiten camiones y contenedores (2,40 m alto).

- Los cestones miden 60 cm x 40 cm x 50 cm (largo, ancho, alto).
- Las cajas miden 60 cm x 40 cm x 22 cm (largo, ancho, alto).
- La europaleta mide 1.200 mm x 800 mm x 15 cm (largo, ancho, alto).

Se pide:

1. ¿Cuántos cestones y cajas podemos colocar en cada europaleta?
2. ¿Cuántas paletas completas se preparan cada día?
3. ¿Cuántos cestones y cajas sobran sin paletizar?

Solución:

Según los datos aportados para componer las cargas disponemos de los siguientes elementos:

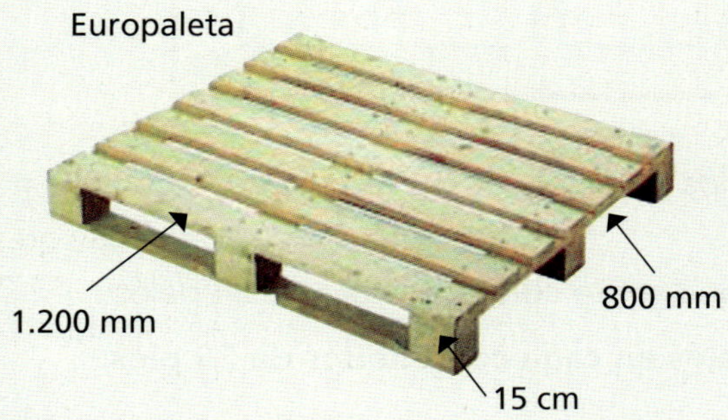

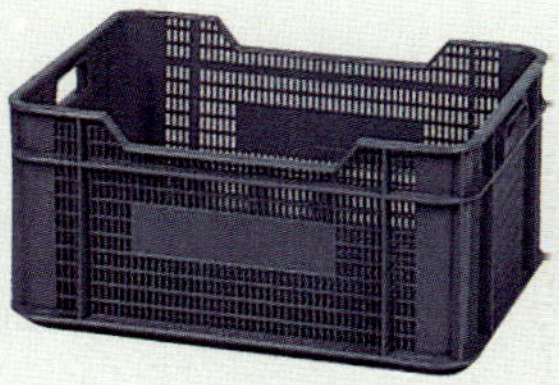

Cestón de 60 × 40 × 50 cm

Cajas de 60 × 40 × 22 cm

Pasamos todas las medidas a centímetros y trabajamos con los datos de la tabla siguiente:

Elementos (medidas)	Largo	Ancho	Alto
Europaleta	120 cm	80 cm	15 cm
Cestones	60 cm	40 cm	50 cm
Cajas	60 cm	40 cm	22 cm

Los cestones que podemos colocar en cada paleta son:

- Por la parte larga = 120 / 60 = 2 cestones.
- Por la parte ancha = 80 / 40 = 2 cestones.

Podemos colocar 4 cestones en la base x 3 alturas = 12 cestones en cada paleta.

Las cajas miden igual de base que los cestones. Tenemos que calcular el número de alturas.

Altura ocupada = 15 cm + (50 cm x 3) = 165 cm.

Altura libre para cajas = 240 – 165 = 75 cm.

Podemos colocar 75 / 22 = 3,41; es decir, 3 alturas de cajas.

Cajas en cada paleta = 4 en la base x 3 alturas = 12 cajas.

Cada paleta se forma con 12 cestones más 12 cajas.

Colocamos los cestones y las cajas: 950 / 12 = 79,17

Cada día se preparan 79 paletas completas.

Sobran sin paletizar 950 – (79 x 12) = 2 cestones.

Sobran igual número de cajas. Total: 2 cestones y 2 cajas.

Recuerda

Colocando las horquillas por la parte estrecha (80 cm) solo podemos colocar 8 paletas en el contenedor de 20 pies.

Recuerda

Completamos un lateral del contenedor introduciendo las horquillas por la parte ancha (120 cm) de la paleta; para cargar el otro lateral las introducimos por la parte estrecha de (80 cm). Así podemos cargar 11 paletas en un contenedor de 20 pies y rentabilizamos mejor los gastos de transporte.

Recuerda

Para los contenedores de 40 pies completamos un lateral tomando las paletas por la parte ancha (120 cm), y para cargar el otro lateral introducimos las horquillas por la parte estrecha de (80 cm). Con estos contenedores podemos transportar 25 paletas.

El coste del transporte con los contenedores de 40 pies es más barato, pues un solo vehículo puede transportar más del doble de mercancías.

Estiba de contenedores

Una vez preparadas las paletas debemos colocar en el contendor el mayor número posible para rentabilizar los gastos de transporte.

Veamos la forma de estibar **contenedores de 20 pies** (590 x 233 cm) con palés de 120 x 80 cm.

- **Opción 1.** Colocamos a lo largo del contenedor 590 / 120 = 4,92; es decir, 4 palés.

  Por el ancho del contenedor 233 / 80 = 2,91; es decir 2 palés.

  El contenedor con 8 palés sobre el suelo quedaría de la siguiente forma:

- **Opción 2.** Colocamos los palés por la parte estrecha 590 / 80 = 7,32; es decir, 7 palés.

  Y en el espacio ancho que sobra colocamos al revés 4 palés.

  Podemos colocar **11 palés en cada contenedor de 20 pies.**

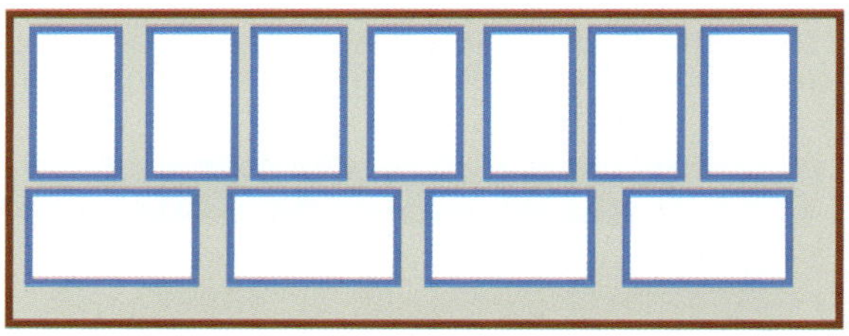

Veamos en **contenedores de 40 pies** cuántos palés podemos colocar.

- **Opción 1.** Colocamos a lo largo del contenedor 1203 / 120 = 10,03; es decir, 10 palés.

  Como el ancho es el mismo que el contenedor de 20 pies serían 2 palés.

  Con esta forma de estiba podemos colocar 20 palés en cada contenedor.

- **Opción 2.** Colocamos los palés por la parte estrecha 1203 / 80 = 15,042; es decir, 15 palés.

  Y en el espacio ancho que sobra colocamos al revés 10 palés.

  Podemos colocar **25 palés en cada contenedor de 40 pies.**

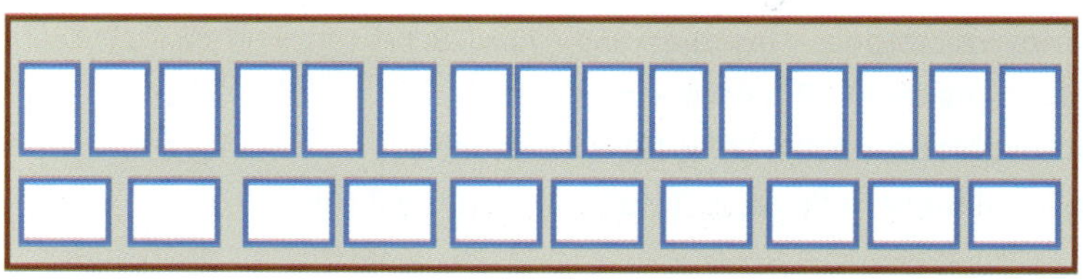

Caso práctico 10.2

La empresa ALMER INVER (véase el Caso práctico 10.1) tiene 2 camiones propios de 20 pies y con ellos lleva sus productos a MERCAMADRID para su distribución en el mercado nacional. Para las mercancías de exportación contratan un operador logístico que utiliza contenedores isotermos de 40 pies.

Se pide:

1. ¿Cuántos palés se llevan diariamente a MERCAMADRID si cada camión hace un viaje?
2. ¿Cuántos contenedores completos salen diariamente para el mercado exterior?
3. ¿Cuánta mercancía sobra para la expedición del día siguiente?

Solución:

Como hemos visto, cada día se preparan 79 paletas completas y sobran 2 cestones y 2 cajas.

Con los **camiones de 20 pies** pueden llevar 11 x 2 = **22 palés a MERCAMADRID.**

Sobran 79 – 22 = 57 paletas.

Los contenedores de 40 pies tienen capacidad para 25 paletas.

Exportan 57 / 25 = 2,28; es decir **2 contenedores de 40 pies con 50 paletas.**

Para la expedición del día siguiente quedan 7 paletas completas, 2 cestones y 2 cajas.

Actividad propuesta 10.2

La empresa EL FRESÓN (véase la Actividad propuesta 10.1) necesita alquilar contendores isotermos para transportar las fresas a MERCAMADRID.

Está dudando entre contenedores de 20 pies a 500 €/día o de 40 pies a 700 €/día.

Se pide:

1. ¿Cuántos contenedores completos puede preparar?
2. Calcular el coste del transporte, analizando todas las posibilidades posibles.
3. ¿Cuánta mercancía sobra para la siguiente expedición?

Figura 10.1. El medio de transporte elegido debe reunir las condiciones adecuadas para que la mercancía llegue a destino en buen estado. Camión cisterna.

10.3. Formas de contratar el transporte

La comercialización del transporte de mercancías se realiza en función de las necesidades del cliente, en cuanto a volumen y frecuencia de los envíos. Estos condicionantes dan lugar a tres regímenes: contratación libre, línea regular y consolidación o «grupaje».

Concepto

Tiempo de plancha *(laytime)* es el tiempo establecido en los puertos de salida y llegada para que el buque pueda realizar las operaciones de carga y descarga.

Contratación libre

Se utiliza para el transporte de grandes volúmenes de mercancía mediante alquiler de: vehículos completos (buques o aviones), flotas de vehículos (camiones), o trenes para transporte de un único producto (trenes-bloque). Los itinerarios, precios y fechas se establecen por negociación entre cargadores y transportistas según la oferta y la demanda.

El transporte en régimen de contratación libre se denomina: *fletamento* en el *transporte marítimo;* transporte discrecional en el de carretera; *transporte facultativo* en el ferroviario; y *vuelo chárter* en el aéreo.

Buque amarrado en puerto.

Fletamento. El contrato se realiza con la mediación de agentes especializados o agentes de fletamentos *(chartering brokers),* que se ocupan de buscar los buques más idóneos a la situación geográfica del cliente. Los aspectos fundamentales de este tipo de contratación son: proximidad del buque al puerto de carga, adecuación entre la capacidad del buque y el volumen de mercancías, ritmo ágil de carga y descarga, y el «tiempo de plancha» *(laytime)* establecido por cargadores y receptores.

Transporte discrecional. Existen dos formas de contratar el transporte por carretera:

- Carga completa: cuando el transportista solo ofrece los servicios del transporte, siendo el resto de operaciones por cuenta de cargadores en origen y receptores en destino.
- Carga fraccionada: cuando el transportista además del transporte realiza servicios auxiliares (recogida, distribución, almacenaje, carga y descarga) y operaciones de consolidación o grupaje.

Transporte facultativo y chárter. El contrato de transporte facultativo (ferroviario) y de transporte chárter (aéreo) se realiza bajo principios parecidos; las gestiones se hacen con la mediación de transitarios, operadores logísticos, agentes de carga aérea u operadores de transporte multimodal. Con estos medios de transporte el concepto de «tiempo de plancha» equivale al de «paralización del vehículo».

Recuerda

Las gestiones de contratación se pueden realizar directamente entre los cargadores y los transportistas, o por medio de agentes, operadores de transporte, transitarios, grupajistas y centros de cargas.

Línea regular

La contratación en línea regular es para clientes que no utilizan toda la capacidad de los vehículos y comparten espacio con otros cargadores. El servicio de los vehículos está sujeto a itinerarios establecidos, frecuencias fijas y tarifas públicas, más bajas que las de contratación libre.

Transporte marítimo. El régimen de transporte marítimo de línea regular se presenta de tres formas:

- Conferencias de fletes: son agrupaciones de armadores cuyos buques realizan un itinerario con frecuencia fija de escalas, calidad homogénea y tarifas comunes.

- Armadores independientes: son armadores individuales que prestan un servicio similar al anterior, pero las tarifas son menores.
- Consorcios: son entidades creadas por varias navieras que operan desde un centro común de gestión.

Transporte por carretera. El régimen de línea regular se aplica solo al transporte de viajeros. Para el transporte de mercancías se distinguen entre:

- Transportes liberados: son transportes menores, como paquetería, envíos pequeños, vehículos averiados, etcétera.
- Transportes sujetos a autorización: son la mayoría de los transportes internacionales; para los cuales el transportista necesita obtener autorización del Ministerio de Fomento.

Transporte ferroviario. El régimen de línea regular se aplica para viajeros y mercancías; aunque para estas las tarifas dependen del peso y la distancia, o de coeficientes (para contenedores). Los aspectos del contrato son: condiciones generales de aplicación, condiciones de admisión y rechazo de las mercancías, requerimiento de envase y embalaje, carta de porte, operaciones de carga y descarga, gastos accesorios, transportes excepcionales, plazos máximos de transporte.

Transporte aéreo. La comercialización del transporte aéreo en línea regular se realiza de las siguientes formas:

- Venta directa: cuando el cliente se dirige a la compañía aérea para contratar el servicio.
- Venta interlínea: cuando la compañía que ha contratado con el cliente cede la carga, en todo o en parte del recorrido, a otra línea capaz de realizarlo o completarlo.
- Venta por agencia: cuando la comercialización se realiza a través de agentes de carga IATA (compañías transitarias especializadas y habilitadas por IATA).

Grupaje en transporte de paquetería

La consolidación o grupaje consiste en reunir mercancías compatibles de varios cargadores (clientes) con origen en una zona de expedición y transportarlas a poblaciones situadas en un área del país de destino. Se corresponde con el transporte de carga fraccionada y se utiliza en todos los medios de transporte, para cantidades pequeñas de mercancías cuyo coste resulta muy alto en la contratación libre. Las gestiones del contrato y preparación de cargas las suelen realizar compañías especializadas, conocidas como «grupajistas»; son transitarios que reservan espacio en vehículos de línea regular.

El **servicio de paquetería,** denominado «transporte-Express», incorpora un compromiso de entrega urgente puerta a puerta. Las características principales son: utilización de vehículos pequeños; enlaces directos sin ruptura de carga; clasificación y transporte nocturno; operaciones integradas por empresas muy especializadas; seguimiento informático del envío.

El transporte-Express o de paquetería se utiliza principalmente para: mercancías perecederas, repuestos, documentación, farmacia, aprovisionamiento de imprevistos, etc. Muchas empresas utilizan transporte rápido para atender a sus clientes, por ejemplo: fabricantes de electrodomésticos para reposición de piezas con entrega en menos de 24 horas o la industria informática para suministrar productos en menos de dos horas.

Importante

Las agencias de transporte aéreo realizan las siguientes actividades: preparan la mercancía para su aceptación, hacen la reserva de espacio en el avión, se encargan de la recogida y distribución previa y posterior al vuelo, efectúan el despacho aduanero de importación o exportación, preparan los documentos de transporte y selecciona las tarifas más convenientes para el cliente.

El transporte por carretera es uno de los más usados a nivel nacional. Camión tipo tráiler.

Recuerda

La aplicación práctica de la consolidación se hace dividiendo los países de origen y destino en zonas o «mallas» y cada una trabaja desde un centro operativo desde el cual envía o recibe las mercancías de la zona.

Con el transporte-express, cuanto más rápida es la entrega, mayor es la tarifa.

Aplicación de la tarifa o precio

Las tarifas se aplican desde los denominados puntos base o centros operativos de las zonas. Las agencias de **transporte de paquetería** aplican las tarifas **por fracciones de peso.** Por ejemplo:

- Paquetes pequeños hasta los 100 kg, se aplica el precio mínimo (aunque el paquete pese 25 kg).
- Cargas entre 101 kg y 1.000 kg, por fracciones de 100 kg (precio base por el número de fracciones).
- Cargas a partir de los 1.000, por fracciones de 1.000 kg (precio de la fracción por número de fracciones).

El **precio del transporte para cargas generales** se factura por distancia (de origen a destino) y peso o volumen. Para el transporte de mercancías, la relación peso/volumen se calcula aplicando unas equivalencias que se comparan con el peso real o peso de báscula, una vez calculado se factura el más favorable para el transportista. Esto ocurre porque un metro cúbico de azulejos no pesa lo mismo que un metro cúbico de papel higiénico, aunque ocupe el mismo espacio.

Las tarifas o precios que aplican las empresas de transporte son muy variadas; pero coinciden en la equivalencia peso/volumen para los distintos modos de transporte. La relación peso/volumen se establece con las siguientes equivalencias:

- Transporte terrestre (carretera y ferroviario): $1 m^3$ = 333 kg.
- Transporte marítimo: $1 m^3$ = 1.000 kg = 1 Tm.
- Transporte aéreo: $1 m^3$ = 167 kg.

El **coste total del transporte** se obtiene sumando al porte o flete otros gastos como: recogida o entrega a domicilio; recargo por mercancías que superan una determinada longitud; gastos de acondicionamiento, almacenaje, seguro, etcétera.

Caso práctico 10.3

Una agencia de transporte de paquetería aplica las tarifas siguientes:

- Hasta los 100 kg de peso, el precio es de 8,75 € por envío.
- Entre 101 y 1.000 kg, por fracciones de 100 kg al precio de 9,00 €/fracción.
- A partir de los 1.000 kg, por fracciones de 1.000 kg al precio de 9,50 €/fracción.

Tenemos que enviar tres paquetes de 87 kg, de 178 kg y de 2.890 kg, a distintos destinatarios de la misma ciudad.

Se pide:

Calcular el coste de cada uno de los envíos.

Solución:

El paquete de 87 kg cuesta 8,75 €. Pagamos la tarifa mínima aunque el paquete no llegue al peso de 100 kg.

El paquete de 178 kg cuesta = 2 x 9,00 = 18,00 €. Pagamos 2 fracciones de 100 kg.

El paquete de 2.890 kg cuesta = 3 x 9,50 = 28,50 €. Pagamos 3 fracciones de 1.000 kg.

Actividad propuesta 10.3

La empresa MRW se dedica al transporte de paquetería y aplica las siguientes tarifas:

- Para mercancías cuyo peso es inferior a 100 kg el precio es de 7,30 € por envío.
- Para mercancías entre 100 y 1.000 kg, el precio es de 18,55 € por cada fracción de 100 kg.
- Para mercancías que superan los 1.000 kg, el precio es 29,95 € por fracción de 1.000 kg.

Se pide:

Calcular el coste de los siguientes envíos:

- Paquete «A» pesa 1.200 kg y tiene un recargo de 3,00 € por recogida en una urbanización.
- Paquete «B» pesa 810 kg y tiene unos gastos extra de seguro de 15,80 €.
- Paquete «C» pesa 1.470 kg.
- Paquete «D» pesa 47 kg y tiene un recargo de 3,00 € por mercancía frágil.

Caso práctico 10.4

Una empresa tiene que transportar 72.000 botellas de vino desde Barcelona a San Petersburgo. La mercancía está embalada sobre paletas y tienen un volumen total de 105 m^3.

Las condiciones de cada medio de transporte son:

Carretera: 0,40 € por kg, aplicando la equivalencia 1 m^3 = 333 kg.

Marítimo: el flete es 0,10 € por kg, aplicando la equivalencia 1 m^3 = 1.000 kg y añadiendo unos gastos de acarreo de 1.800 €.

Ferrocarril: 0,20 € por kg, aplicando la equivalencia 1 m^3 = 333 kg y unos gastos de 400,00 € en origen y 700,00 € en destino.

Aéreo: el flete es 0,90 € por kg, aplicando la equivalencia 1 m^3 = 167 kg y unos gastos de 560,00 € por seguro.

Se pide:

Calcular el coste de transporte, según las condiciones de cada medio.

Solución:

- Transporte por **carretera:**
  Peso a facturar = 105 x 333 = 34.965 kg.
  Importe a pagar = 34.965 x 0,40 = **13.986,00 €.**
- Transporte **marítimo:**
  Peso a facturar = 105 x 1.000 = 105.000 kg.
  Importe del flete = 105.000 x 0,10 = 10.500,00 €.
  Importe a pagar = 10.500 + 1.800 = **12.300,00 €.**
- Transporte por **tren:**
  Peso a facturar = 105 x 333 = 34.965 kg.
  Importe del flete = 34.965 x 0,20 = 6.993,00 €.
  Importe a pagar = 6.993,00 + 400,00 + 700,00 = **8.093,00 €.**
- Transporte por **avión:**
  Peso a facturar = 105 x 167 = 17.535 kg.
  Importe del flete = 17.535 x 0,90 = 15.781,50 €.
  Importe a pagar = 15.781,50 + 560,00 = **16.341,50 €.**

Actividad propuesta 10.4

La empresa La CERRAJERA tiene que transportar cerraduras y manivelas empaquetadas en cajas que ocupan un volumen total de 20 m^3. Ha solicitado presupuesto a varias compañías y las tarifas que aplican son las siguientes:

- LOGI-TRANS (carretera): 0,65 € por kg, aplicando una equivalencia de 1 m^3 = 333 kg. Los gastos de recogida y entrega son 180,00 €.
- Renfe (ferrocarril): 0,35 € por kg, aplicando una equivalencia de 1 m^3 = 333 kg. Los gastos en origen y destino son 800,00 €.
- DELFÍN (marítimo): 0,15 € por kg, aplicando una equivalencia de 1 m^3 = 1.000 kg. Los gastos de carga y descarga son 1.500,00 €.
- IBERIA (aéreo): 1,25 € por kg, aplicando una equivalencia de 1 m^3 = 167 kg. Las tasas en origen y destino son 1.200,00 €.

Se pide:

Calcular el presupuesto de cada compañía.

Recuerda

Las empresas de transporte por carretera ofrecen sus servicios en las modalidades de carga completa y carga fraccionada.

El principal inconveniente es que su capacidad es más limitada que la del buque o el ferrocarril.

Sabías que...

El transporte internacional de contenedores se realiza principalmente por ferrocarril. Los trenes de alta velocidad (TGV) permiten el transporte urgente de mercancías, con locomotoras que pueden superar los 300 km/h.

La Red TECO de España comunica el interior de la península con los principales puertos y los trenes de alta velocidad (denominados AVE) se utilizan, de momento, solo para el transporte de viajeros.

10.4. Características de los medios de transporte

El transporte, según el modo de traslado elegido, puede ser: terrestre (carretera y ferrocarril), marítimo (buques de alta mar y transporte fluvial por ríos navegables) y aéreo. Los medios de transporte son los distintos vehículos (camiones, trenes, buques y aeronaves) que están autorizados y se dedican al transporte de mercancías.

Según el número de medios que se utilizan para realizar el trayecto desde origen a destino, el transporte se clasifica en monomodal y multimodal.

- **Transporte monomodal:** utiliza solo un medio para todo el trayecto, de origen a destino.

  Ejemplo. Transportamos mercancías desde Teruel a Madrid por carretera.

  Ejemplo. Transportamos mercancías desde Sevilla a Lisboa en barco.

- **Transporte multimodal:** se utilizan varios medios para realizar el transporte completo «puerta a puerta».

  Por ejemplo, para transportar mercancías desde Madrid a Mallorca. Podemos utilizar camión hasta el puerto de Valencia y barco desde Valencia a Mallorca.

Por ejemplo, para transportar mercancías desde Tarancón-Cuenca hasta Casablanca-Marruecos. Podemos utilizar camión hasta la estación de Ocaña, tren hasta Almería y barco hasta Casablanca.

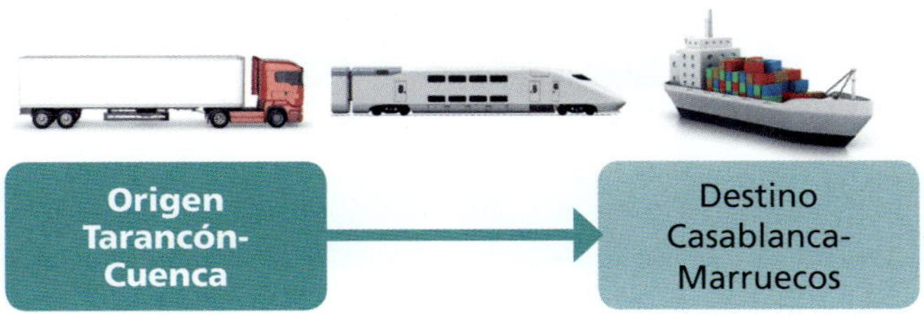

10.4.1. Transporte por carretera

Este medio de transporte es el único que realiza un servicio «puerta a puerta» sin transbordos. Las **principales ventajas** son: rapidez para cortas y medias distancias, facilidad de carga y descarga y que llega a todas las zonas geográficas y opera tanto a nivel internacional como nacional (regional, comarcal, local). El principal inconveniente es que su capacidad es más limitada que la del buque o el ferrocarril.

El transporte por carretera es el principio y fin de otros medios de transporte que necesitan vehículos de carretera para llegar al destinatario final. Los camiones son vehículos que se utilizan tanto para cargas generales como para mercancías especiales.

Camión jaula, se usa para el transporte de animales vivos.

Los vehículos de transporte por carretera se clasifican:

- Según la estructura: **camión rígido** (cabeza tractora y caja de carga, unidas por el chasis); **camión articulado o tráiler** (cabeza y caja o remolque, se pueden separar por el eje de enganche); **tren de carretera** (formado por un camión rígido y una caja remolcada por aquél); **tráiler con plataforma** (lleva una plataforma en lugar de la caja de carga).
- Según la mercancía que transportan, los camiones pueden ser: **cisterna** (líquidos y gases); **graneleros** (materiales sólidos a granel, como abono, cereales, etc.); **portacontenedores** (tráiler plataforma para contenedores); **jaulas** (animales vivos); **góndolas** (grandes pesos); **frigoríficos, isotermos y congeladores** (productos de temperatura controlada); **porta-automóviles** (coches nuevos). Véase la Figura 10.2.

Figura 10.2. Vehículos para el transporte de mercancías por carretera.

10.4.2. Transporte por ferrocarril

El transporte ferroviario se utiliza para grandes volúmenes de mercancías a distancias medias o largas, que no se pueden transportar por vía marítima. Los vagones están acondicionados y pueden ser: cerrados para cargas generales, acondicionados térmicamente (isotermos, frigoríficos, etc.), abiertos o jaulas para animales vivos, cisternas para líquidos y gases, etc. Véase la Figura 10.3.

Las características del ferrocarril es que dispone de vagones de gran capacidad de carga, tiene un servicio regular y no es sensible a las inclemencias meteorológicas. Pero su velocidad es inferior a los vehículos de carretera y, salvo clientes con apeadero propio, no puede realizar el servicio puerta a puerta; para estos casos la entrega en el almacén de destino se hace con el servicio TECO de contenedores.

Adif se encarga de gestionar el tráfico ferroviario de mercancías y **Renfe Operadora** presta servicios de pasajeros y pequeñas cargas de mercancías. La Red TECO (Tren Express de Contenedores) está conectada con la red internacional y transporta los contenedores desde los puertos españoles al interior del país, o viceversa. Los aspectos a destacar son:

- Presta servicios entre las distintas terminales, todos los días laborables con salida tarde-noche y llegada a primeras horas de la mañana.
- Utiliza vagones especiales para contenedores y dispone de un régimen de subcontratación, para realizar la entrega desde las terminales hasta distancias de 120 km.

- Establece tarifas en función de la distancia entre terminales, según el tipo de contenedor y que este vaya cargado o vacío.
- Realiza servicios accesorios, como alquiler de contenedores, almacenaje, paralización de plataforma de acarreo, manipulación, etcétera.

Las **tarifas del transporte ferroviario** se establecen por acuerdos específicos entre las compañías, por tipo de tráfico y de productos. El transporte internacional de contenedores se realiza con trenes de alta velocidad (TGV) que permiten el transporte urgente de mercancías, con locomotoras que pueden superar los 300 km/h. Actualmente, los trenes de alta velocidad (denominados AVE) se utilizan solo para el transporte de viajeros.

Las empresas de transporte ferroviario de mercancías son, en su mayoría, públicas (Renfe, FEVE, FFCC de las CC. AA.) y entre las principales empresas privadas destacan Transfesa, Talgo, Semat, etc. Todas ellas operan a nivel nacional e internacional y los servicios que ofertan son:

- Tren completo o «tren bloque».
- Vagón completo.
- Tren Expreso de Contenedores y Cajas móviles (TECO).
- Paquete-Express para envíos de hasta 500 kg, en trenes de pasajeros.

El transporte por ferrocarril permite con la misma locomotora transportar distintos modelos de vagones.

Vagones plataforma para mercancías especiales como vigas de hormigón y troncos de madera.

Tren con vagones cisterna.

Tren para el transporte de contenedores.

Vagones para el transporte de vehículos.

Figura 10.3. Vagones para el transporte de mercancías por ferrocarril.

10.4.3. Transporte marítimo

El transporte marítimo es el medio más utilizado en el tráfico internacional de grandes volúmenes de mercancías, algunos buques como petroleros y graneleros para minerales o cereales superan las 500.000 Tm. También es insustituible en el tráfico intercontinental de contenedores, pues con el apoyo del transporte multimodal se puede operar en cualquier punto del mundo.

El principal inconveniente del transporte marítimo es que el servicio es lento (en trayectos intercontinentales o transoceánicos) y necesita otros medios de transporte terrestre para completar el trayecto. Sin embargo, el coste del transporte marítimo es muy económico cuando no se producen otros costes en la cadena logística. Las Conferencias de Fletes regulan los precios, mediante acuerdos entre las compañías que operan con línea regular, y ofrecen servicios cerrados con la modalidad «puerta a puerta».

Los **costes del transporte marítimo de línea regular** se dividen en tres partes:

Costes previos al embarque. Son los denominados FOB (*Free On Board,* Libre a bordo) y comprenden los gastos necesarios para colocar la mercancía «franco a bordo». Estos costes son:

- Transporte terrestre hasta el puerto de carga.
- Recepción, arrastre y carga en el buque, a cargo de los agentes de la naviera.
- Tarifa portuaria, que grava las operaciones de carga/descarga y transbordo de mercancías en los puertos españoles.
- Formalización del Conocimiento de Embarque y el Derecho de Obtención de Divisas (para fletes en divisas).
- Despacho aduanero de exportación, documentación y tasas.

Costes del flete. Estos costes están formados por:

- Flete básico, indicado en las tarifas.
- Factores de ajuste, reflejan las variaciones; por ejemplo: combustible, tasa de cambio de divisa, congestión portuaria, pesos o dimensiones excesivas, paletización o colocación de la mercancía en contenedores.

Costes de final de trayecto. Estos costes incluyen:

- Descarga en la terminal de destino.
- Despacho aduanero de importación.
- Transporte final a destino.

La flota naviera española está formada por: empresas públicas, como la Cía. Transmediterránea (Cabotaje, Insular y Estrecho), la Cía. Transatlántica (EE. UU., Caribe, Sudamérica, Pacífico), y empresas privadas o grandes compañías multinacionales especializadas por productos o líneas. Entre estas compañías/buques destacan: Navicon, Odiel, Transatlántica, Pinillos, Nenufar Shipping, Contenemar, Trasmediterránea, Fred Olsen, Suardiaz, Iscomar, etc. (véase la Figura 10.4).

¿Sabías que...

Las compañías que se dedican al transporte marítimo de «carga general» necesitan grandes inversiones (barcos, instalaciones portuarias, etc.); por eso se utilizan unidades de carga cerradas y estandarizadas en contenedores. Mientras que algunos sectores de transporte especial (petróleo, butano, graneles de cemento o minerales) han instalado las fábricas cerca del puerto para cargar directamente el buque, de esta forma se benefician de lo económico del medio.

Importante

El transporte fluvial en España no está muy desarrollado; pero en EE. UU. y Europa Central el tráfico por ríos y canales interiores es muy importante y con tendencia a crecer, pues supone una gran descongestión de las vías terrestres.

Buque portacontenedores amarrado en puerto.

Estiba de contenedores con grúas instaladas en el puerto.

Buque para el transporte *roll-on roll-off*.

Camión y su carga entrando en el buque.

Buque de carga general.

Buque *(tanker)* para productos químicos.

Figura 10.4. Buques para el transporte de mercancías por vía marítima.

Tipos de buques

- **Buque de carga general** *(General Cargo)*. Está dividido en varios compartimentos para clasificar las mercancías y transportar cargas de todo tipo.
- **Buque tanque** *(Tanker)*. La zona de carga es un tanque para almacenar líquidos, gases, cemento, etc., que se carga por tuberías como en los petroleros.
- **Buque granelero** *(Bulk Carrier)*. Se destina al transporte de grano, mineral, etc., en bodegas divididas, también dispone de grúas y aparatos sinfín para carga y descarga.
- **Buque portacontenedores** *(Container Carrier)*. Se eliminan las bodegas y compartimentos para colocar más contenedores y aprovechar el máximo espacio. Dentro de este tipo hay: buques oceánicos y buques de apoyo *(feeders)*, que pueden transvasar mercancías a los oceánicos para que estos las lleven al destino final.
- **Buque de transbordo rodado** *(Roll/On-Roll/Off)* RO/RO. Indicados para el transporte de coches, camiones pequeños, etc., que se pueden cargar y descarga utilizando rampas.

10.4.4. Transporte aéreo

Por tu cuenta

www.iberia-cargo.com

Puedes realizar una visita virtual de la terminal de carga del aeropuerto de Madrid.

El transporte aéreo es el medio más rápido y el más adecuado para trasportar productos perecederos, entregas urgentes, mercancías de alto valor, etc. El coste de este medio es superior a los anteriores; pero presenta la ventaja de ser más competitivo cuando se deben salvar continentes entre origen y destino, su eficacia aumenta cuanto mayor es la distancia a recorrer.

Las principales **características del transporte aéreo** son: necesita de otros modos de transporte, generalmente por carretera; hay que hacer grandes inversiones en infraestructuras o utilizar las existentes pagando peajes caros; existen limitaciones en tamaño y peso de los productos a transportar, aunque los aviones cargueros especiales ofrecen soluciones flexibles.

Las empresas de transporte aéreo de mercancías son públicas y privadas, con aviones especiales y exclusivos de carga, pero también es muy común transportar mercancías ligeras en vuelos de pasajeros. El transporte aéreo español pertenece básicamente al sector público; pero se están desarrollando iniciativas privadas, para su desregulación a nivel internacional y por el interés de España como destino turístico.

Algunas compañías que operan en los aeropuertos españoles son: IBERIA Cargo, ROEHLIG España, IBERAIR Transit, SPARBER Air Cargo, INTERTRANSIT, XARXA Europea de Transportes, ACIRFA International y un largo etcétera.

Aeronave para el transporte de mercancías en contenedores de carga general.

Transporte de mercancías en un avión de pasajeros.

Interior de un avión destinado al transporte de mercancías.

Aeronave para el transporte de mercancías.

Avión de pasajeros que transporta mercancías de poco peso y volumen reducido.

Figura 10.5. Aviones para el transporte de mercancías por vía aérea.

10.4.5. Transporte multimodal

El transporte multimodal o intermodal consiste en utilizar dos o más medios (camión-tren, camión-barco, tren-camión-barco, etc.) sin tener que manipular la mercancía; se puede hacer distancias transoceánicas con medio marítimo, aproximación por ferrocarril y distribución domiciliaria en camión. El transporte multimodal reúne las características de todos los medios y ofrece la ventaja de agrupar las mercancías en Unidades de Transporte Intermodal (UTI), como contenedores, cajas móviles, etcétera.

Los **objetivos del transporte multimodal** son: abaratar costes, facilitar los transbordos, reducir los daños y simplificar la documentación (bajo un único documento que sirva de base para el transporte «puerta a puerta»). Sin embargo, el transporte multimodal también presenta problemas en la logística internacional, como son:

- Las UTI de 45, 48 y 53 pies de largo no son aceptadas en el tráfico terrestre de muchos países.
- El tráfico de buques con capacidad para 7.000 TEU (contenedores de 20 pies) o más, plantea problemas de infraestructura en los puertos y las carreteras próximas.
- El incremento de costes de polución, congestión, accidentes, etc., debido a que necesita transporte por carretera.

Tabla 10.2. Comparación de los medios de transporte internacional

Transporte	Tipo de mercancías	Capacidad	Coste	Rapidez	Seguridad
Carretera	Todas	Baja	Bajo	Alta	Media
Ferrocarril	Graneles y contenedores	Alta	Medio	Media	Alta
Marítimo	Libre elección	Muy alta	Bajo	Baja	Alta
Aéreo	Libres	Baja	Alto	Muy alta	Muy alta
Multimodal	Todos	Media	Medio	Alta	Media

Otros medios y formas de transporte

- **Transporte canalizado.** Se utiliza para fluidos, líquidos o gaseosos, o polvos en suspensión; mediante canales abiertos o tuberías cerradas. Entre los transportes canalizados más importantes podemos citar acueductos, oleoductos y gaseoductos. Generalmente, los transportes canalizados necesitan: sistema de conducción, estaciones de empuje (bombeo, elevación, etc.), sistemas de almacenaje al inicio y al final, sistemas de distribución fijos (conducciones) o móviles (camiones).
- **Transporte arrastrado.** Es una modalidad de transporte continuo, que se aplica para cubrir distancias cortas y, en general, para productos sólidos. La característica técnica es que el medio se desplaza al mismo tiempo que la carga. Los medios de transporte arrastrado más conocidos son: cintas transportadoras, funiculares, ascensores, telesillas, escaleras mecánicas.

Transporte arrastrado con teleféricos.

Las tuberías de transporte canalizado para el transporte de productos derivados del petróleo se denominan oleoductos, estos pueden ser construidos sobre la superficie o enterrados bajo tierra. Los oleoductos son un ensamblaje de tubos de acero con diámetros internos que suelen oscilar entre los 30 y los 120 centímetros.

Figura 10.6. Transporte canalizado por tuberías.

10.5. Subcontratación: operadores logísticos

Los operadores logísticos son empresas cuya actividad principal es ofrecer a otras empresas servicios de transporte y almacenaje. Su mayor aportación son actividades que relacionan al proveedor y al cliente, sirviendo como cooperador de la cadena de valor del producto, reduciendo *stocks,* facilitando la comunicación, personalizando el servicio, etcétera.

Los **servicios del operador logístico** se pueden dividir en los siguientes grupos:

- **Distribución y trasporte.** Las actividades son: consolidación o grupaje de cargas, alquiler de vehículos, organización de rutas, operaciones de tránsito y despacho de aduanas.
- **Almacenaje y gestión de *stocks.*** Realizan actividades de recepción de mercancías; control de calidad y cantidad; clasificación y formación de partidas; almacenaje y gestión de *stocks;* embalaje y preparación de cargas; expedición y entrega final.
- **Comercialización.** Los servicios son: tratamiento informático de los pedidos a servir; facturación y gestión de cobro a clientes; gestión del punto de venta; prestación de servicios posventa y de mantenimiento.

La subcontratación de servicios logísticos está cada vez más desarrollada. Se conoce como *outsourcing* y hace referencia a la búsqueda de expertos para que estos realicen las tareas que no forman parte de la actividad principal de una empresa. Por ejemplo, un fabricante de calzado es especialista en su sector, pero desconoce o carece de medios para que sus productos lleguen a mercados extranjeros.

Por tu cuenta

Busca en www.logismarket.es

Transporte y operadores logísticos así como vehículos para mercancías generales y especiales.

Plataformas logísticas

Las plataformas logísticas se ubican en puertos, aeropuertos, terminales ferroviarias y de trasporte por carretera o terminales multimodales. Una plataforma logística consta básicamente de:

- Una instalación de recepción y fraccionamiento de envíos, consolidación y expedición de cargas.
- Un sistema de información EDI para recibir pedidos de los clientes, emitir órdenes de carga de vehículos de distribución, así como la documentación necesaria.

Los **objetivos de las plataformas logísticas** son:

- **Ofrecer operaciones auxiliares.** Como recogida y distribución, almacenaje, embalaje, etiquetado, seguimiento informático, etc. Para ello, disponen de buena comunicación con puertos, aeropuertos, estaciones ferroviarias y terminales multimodales.
- **Concentrar el transporte pesado.** Aprovechan al máximo los medios de transporte, de esta forma colaboran en la descongestión de los circuitos de distribución urbano.
- **Rentabilizar las inversiones.** Consiguen disminuir costes utilizando unidades de carga y transporte, que envían a través de grandes rutas de transporte. También agrupan los productos por «familias logísticas», para aprovechar mejor los medios de almacenaje, manipulación y transporte.
- **Crear grandes áreas industriales y de consumo.** Para servir de enlace con otras plataformas logísticas de la zona geográfica, a través de los corredores logísticos.

Las **ventajas** para los países de UE **de las plataformas logísticas** son:

- Reducción de costes, ofrecen seguridad de personas y cargas así como externalización de servicios e integración.
- Mejora medioambiental, permiten reducir los tránsitos ineficientes, la agrupación de cargas y optimizar los recursos con la gestión administrativa única.
- Nexo de unión entre la carga física y la documentación, con Tecnologías de Comunicación e Información (TIC).

Las plataformas logísticas fomentan la intermodalidad y la multimodalidad. La Red Europea de Transporte (TENT-T) es generadora de carga en los corredores europeos de mercancías y un nexo de unión entre los diferentes corredores.

Las plataformas logísticas están a lado de puertos, aeropuertos, puntos neurálgicos de transporte por carretera, etcétera.

Importante

Las plataformas logísticas más importantes de Europa son las situadas en los corredores: Rin-Ródano; Corredor transversal de los Países Bajos, Róterdam-Venlo; París-Lyon-Milán; Madrid-Barcelona y Barcelona-Valencia. Por las instalaciones logísticas de España, Italia y Alemania pasan las mercancías de todos los corredores europeos, considerados prioritarios por la Unión Europea.

Caso práctico 10.5

La empresa Puertas BORDÓN acaba de iniciar su actividad y está gestionando la forma de realizar el transporte y la distribución de sus envíos. Para ello, se barajan dos posibilidades:

a) Utilizar medios propios. El coste de almacenaje se estima en 800.000,00 € anuales. Para el transporte se han calculado unos costes fijos de 11.000,00 € por vehículo y unos costes variables de 130,00 € por pedido servido; cada vehículo puede servir unos 100 pedidos al trimestre.

b) Contratar un operador logístico cuya oferta es: 200,00 € por pedido servido y 28,50 € por recogida y almacenaje de mercancía.

Las previsiones de *stock* medio y pedidos son las siguientes:

Trimestre	*Stock* medio	N.° de pedidos
1.°	5.000	200
2.°	4.000	400
3.°	6.000	500
4.°	10.000	300
Total	25.000	1.400

Se pide:

1. Calcular el coste anual utilizando medios propios.
2. Calcular el coste anual contratando los servicios del operador logístico.
3. Calcular el coste anual utilizando medios propios y subcontratando algunos servicios.

Solución:

1. Coste anual con medios propios

Primero calculamos el número de vehículos que necesitamos, para ello nos fijamos en el trimestre que más pedidos tenemos que servir y dividimos el número de pedidos entre los que puede servir cada vehículo.

Necesitamos = 500 / 100 = 5 vehículos.

Costes fijos de transporte = 5 vehículos x 11.000,00 = 55.000,00 €

Costes variables de transporte = 1.400 pedidos x 130,00 = 182.000,00 €

Costes de almacenaje = 800.000 €

Coste total = 1.037.000,00 € al año.

2. Coste anual con operador logístico

Costes de transporte = 1.400 pedidos x 200,00 = 280.000,00 €

Costes de almacenaje = 25.000 *stock* medio x 28,50 = 712.500,00 €

Coste total = 992.500,00 € al año.

Como puedes observar, resulta más rentable contratar los servicios del operador logístico; pero algunas veces conviene tener medios propios, para casos de emergencia o por si los servicios externos no están disponibles cuando los necesitamos.

3. Coste anual con medios propios y operador logístico

Para calcular el número de vehículos que necesitamos nos fijamos en el trimestre que menos pedidos tenemos que servir.

Necesitamos = 200 / 100 = 2 vehículos.

Transporte con medios propios:

Costes fijos = 2 vehículos x 11.000,00 = 22.000,00 €

Costes variables = 800 pedidos x 130,00 = 104.000,00 €

Transporte contratado = 600 x 200,00 = 120.000,00 €

Almacenaje subcontratado = 25.000 x 28,50 = 712.500,00 €

Coste total = 958.500,00 € al año.

Actividad propuesta 10.5

La empresa LATAS es un fabricante de envases y aporta los siguientes datos:

- Coste de almacenaje 1.650.000 € al año.
- Costes fijos 8.000,00 € al año por cada camión.
- Costes variables 100,00 € por cada transporte realizado.
- Cada vehículo realiza una media de 150 viajes al mes.

La demanda y el *stock* medios del último ejercicio es el siguiente:

Período	N.º de pedidos	*Stock* medio
Enero-Febrero	1.200	1.500
Marzo-Abril	900	1.250
Mayo-Junio	1.200	1.500
Julio-Agosto	900	1.200
Septiembre-Octubre	900	1.350
Noviembre-Diciembre	1.500	1.800
Total		

Un operador logístico le hace la siguiente oferta:

- Almacenaje y recogida: 115,00 € cada dos meses, por paleta almacenada.
- Transporte: 98,00 € por cada viaje.

Se pide:

1. Analizar qué opción resultaría mejor para la empresa.
2. Contemplar también una opción mixta.

Sistemas de información logística

Los sistemas informáticos más utilizados para el transporte de mercancías son:

- **Carretera.** Las aplicaciones son para información de cargas y vehículos disponibles en Europa (Teleroute) o seguimiento de vehículo desde la central de operaciones (Euteltracs).
- **Ferroviario.** Los sistemas desarrollados por Renfe para gestión de terminales (GOYA), seguimiento de mercancías de carga general (SACIM), seguimiento de contenedores (SACICO) y transmisión electrónica de cartas de porte (DOCIMEL).
- **Marítimo.** El programa DISCO *(Data Interchange for Shipping Companies)* para intercambio de información entre navieras y agentes portuarios. Las compañías navieras utilizan también otros programas, como el SEANET para localización y seguimiento de buques, cálculo de fletes, etcétera.
- **Aéreo.** El sistema informático de control de pagos entre compañías (CASS) y programas de software para el control y seguimiento de envíos, mantenimiento de aeronaves, etcétera.

¿Sabías que...

La Organización de las Naciones Unidas, junto con la UE y organismos internacionales como ISO han creado un Directorio de Elementos de Datos Comerciales (UNTDED), en él se incluye un listado de los conceptos y los mensajes estándar más utilizados denominado EDIFACT.

El lenguaje EDI transmite entre ordenadores la información relacionada con la compraventa, transporte, pagos, despachos aduaneros, controles sanitarios o de otra naturaleza.

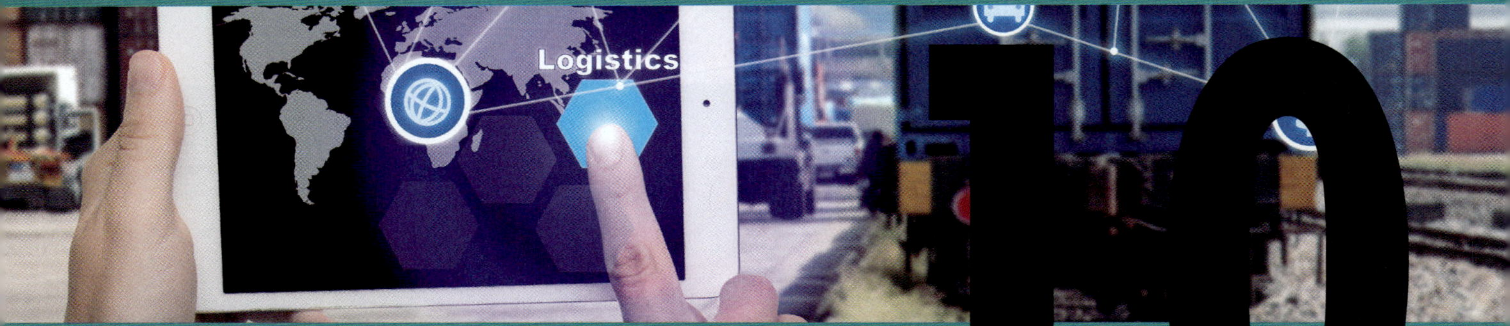

Resumen 10

El transporte de mercancías se puede realizar con:

- Medios propios: cuando la empresa dispone de vehículos.
- Medios ajenos: cuando se contratan los servicios de compañías especializadas.

Formas de contratación del transporte:

- Contratación libre: alquiler de vehículos completos (buques o aviones), flotas de vehículos (camiones) o trenes-bloque.
- Contratación en línea regular: cuando se comparte el espacio con otros cargadores.
- Consolidación o grupaje: consiste en reunir mercancías de varios cargadores.
- Servicio de paquetería o Transporte-Express: para envíos pequeños o mercancías de alto valor.

Medios de transporte:

- Transporte por carretera: servicio «puerta a puerta» para carga completa y carga fraccionada.
- Transporte por ferrocarril: para grandes volúmenes de mercancías.
- Transporte marítimo: para el tráfico internacional de grandes volúmenes de mercancías.
- Transporte aéreo: para trasportar productos perecederos, urgentes, de alto valor específico, etcétera.
- Transporte multimodal: consiste en utilizar dos o más medios (camión-tren, camión-barco, tren-camión-barco, etc.) sin que la mercancía esté sometida a manipulación.

Agentes del transporte de mercancías:

- Cargador o remitente: contrata el transporte.
- Porteador: compañía que transporta las mercancías.
- Destinatario: persona que recibe la mercancía.
- Grupajista: organiza y agrupa mercancías de varios clientes, con origen y destino próximos a los centros de carga.
- Transitario: gestiona y coordina el transporte internacional y el transporte en régimen de tránsito aduanero.
- Operador logístico: organiza las actividades logísticas (transporte, despacho aduanero, almacenaje, distribución, etc.) de sus clientes.
- Armador o naviero: propietario del buque.
- Consignatario (transporte marítimo): representante del armador cuando el buque llega a un puerto.
- Estibador: se ocupa de la carga, estiba y trincado o sujeción de las mercancías en los buques.
- Fletador: el que contrata la utilización de un buque.
- Agente IATA: compañía especializada en gestionar los transportes aéreos de sus clientes.

Objetivos de las plataformas logísticas:

- Ofrecer operaciones auxiliares, como recogida y distribución, almacenaje, embalaje, etiquetado, seguimiento informático, etcétera.
- Concentrar el transporte pesado, para colaborar en la descongestión de los circuitos urbanos.
- Rentabilizar las inversiones, utilizando unidades de carga y transporte por «familias logísticas», para aprovechar mejor los medios de almacenaje, manipulación y transporte.
- Crear grandes áreas industriales y de consumo, para enlazar con otras plataformas logísticas de los corredores logísticos.

Sistemas informáticos del transporte de mercancías:

- Carretera. Teleroute (Información de cargas y vehículos disponibles) y Euteltracs (seguimiento de vehículos).
- Ferroviario. GOYA (gestión de terminales de Renfe), SACIM (seguimiento de mercancías de carga general), SACIM (seguimiento de contenedores), DOCIMEL (transmisión electrónica de cartas de porte).
- Marítimo. DISCO (información entre navieras y agentes portuarios), SEANET (localización y seguimiento de buques).
- Aéreo. CASS (control de pagos entre compañías), software (seguimiento de envíos y mantenimiento de aeronaves).

Actividades de comprobación

Actividad 10.1

Indica **la** respuesta correcta de las siguientes preguntas:

1. **Cuando se contrata un servicio de transporte y el vehículo queda a disposición del cargador, la forma de comercializar el transporte es:**
   a) Contratación libre.
   b) Línea regular.
   c) Consolidación o grupaje.
2. **La persona que se ocupa de la carga, la estiba y el trincado de las mercancías en los buques se denomina:**
   a) Fletador.
   b) Estibador.
   c) Armador.
3. **Cuando una mercancía llega al puerto de destino con daños en la propia mercancía, retraso de entrega, etc., la persona que tiene obligación de hacer la reclamación o negarse a aceptarla se denomina:**
   a) Porteador.
   b) Cargador.
   c) Consignatario.
4. **La persona encargada de contratar la utilización de un buque se denomina:**
   a) Armador naviero.
   b) Fletador.
   c) Transitario.
5. **El transporte en régimen de contratación libre se denomina:**
   a) Transporte facultativo en el transporte marítimo.
   b) Fletamento en el transporte aéreo.
   c) Transporte discrecional en el transporte por carretera.
6. **El tiempo que permanece el buque amarrado en el puerto para que se realicen las operaciones de carga y descarga se denomina:**
   a) Tiempo de plancha.
   b) Paralización del buque.
   c) Amarre del buque.
7. **Los centros operativos donde se envían o reciben las mercancías que han viajado bajo el concepto de consolidación o grupaje se denominan:**
   a) Plataformas logísticas.
   b) Zonas francas.
   c) Zonas o mallas.
8. **El transporte multimodal tiene problemas en la logística internacional con:**
   a) Las UTI, contenedores de 45 pies o más de largo.
   b) Las TEU, contenedores de 48 pies o más de largo.
   c) Las UTI, contenedores de 40 pies o más de largo.
9. **Las asociaciones de ferrocarriles, creadas para mejorar la comercialización del transporte se denominan:**
   a) Uniones de oferta.
   b) Sociedades internacionales.
   c) Comunidades de intereses.
10. **Entre los sistemas informáticos más utilizados para el transporte de mercancías destacan:**
    a) Transporte por carretera: GOYA, Teleroute y Euteltracs.
    b) Transporte ferroviario: SACIM, SACICO y DOCIMEL.
    c) Transporte marítimo: DISCO y SEANET.

Actividades finales

Actividad 10.2

Indica si son verdaderas (V) o falsas (F) las siguientes afirmaciones:

1. Cuando se contrata un servicio de transporte un vagón de un tren de línea regular el medio de transporte está a libre disposición del cargador.
2. El Fletador se ocupa de la carga, estiba y trincado de mercancías en los buques.
3. El Consignatario tiene obligación de hacer la reclamación o negarse a aceptar la mercancía si llega al puerto de destino con daños, retraso de entrega, etcétera.
4. El Fletador es la persona encargada de contratar la utilización de un buque.
5. Transporte discrecional es la denominación del transporte por carretera en régimen de contratación libre.
6. Las paralización del buque es el tiempo autorizado para que esté en el puerto y pueda realizar operaciones de carga y descarga.
7. Las uniones de ofertas son asociaciones de ferrocarriles para mejorar la comercialización del transporte.
8. Las sociedades internacionales son uniones de compañías ferroviarias para el transporte de automóviles.
9. El armador o naviero es la persona encargada de contratar la utilización de un buque.
10. Los camiones cisterna se utilizan para el transporte a granel de cereales, abono, arena.

Actividad 10.3

Responde brevemente a las siguientes preguntas:

1. Indica los tipos de transporte según el grado de regularidad del servicio.
2. ¿Qué tipo de trayectos puede recorrer, según la zona geográfica, una empresa que se dedica al transporte por carretera?
3. ¿Qué funciones desempeñan el comprador y el vendedor del contrato de compraventa de mercancías respecto al contrato de transporte?
4. ¿Qué actividades realiza un operador logístico de transporte en general?
5. ¿Qué funciones realiza el operador de transporte por carretera?
6. Indica los tipos de operadores de transporte por carretera y sus funciones.
7. ¿Qué servicios auxiliares realiza el transportista cuando se contrata un transporte discrecional de carga fraccionada?

Actividad 10.4

1. Indica las formas comerciales del transporte marítimo de línea regular.
2. Explica las formas de comercialización del transporte aéreo.
3. Las operaciones de transporte se dividen en dos etapas, una estática y otra dinámica. Explica las funciones y las actividades que se realizan en cada una de ellas.

Actividad 10.5

Una empresa de Cuenca que se dedica a la explotación forestal y tiene que transportar troncos de madera desde el lugar donde se realiza la tala hasta el puerto de Barcelona, para su posterior exportación. ¿Qué medios de transporte elegirá como los más adecuados para obtener costes bajos?

Actividades de aplicación

10.6. La agencia NACEX se dedica al transporte urgente de paquetería y aplica las siguientes tarifas:

- Hasta 100 kg de peso el importe mínimo es 6,50 € por envío.
- Entre 101 y 1.000 kg, el precio es 18,55 € por cada fracción de 100 kg.
- A partir de 1.000 kg, el precio es 59,95 € por fracción de 1.000 kg.

Se pide:

Calcular el coste de los siguientes envíos:

- Cliente A envía un paquete de 1.260 kg y le aplican un recargo de 23,00 € por destino fuera de la península.
- Cliente B envía un paquete de 790 kg y tiene unos gastos extra de seguro de 7,80 €.
- Cliente C envía un paquete de 2.470 kg.

10.7. Una firma de alto prestigio tiene que enviar de Madrid a Nueva York trajes de fiesta por valor de 2.000.000 € y con un peso de 5 Tm. Para ello tiene dos alternativas:

- Transporte aéreo, con un flete de 0,28 € por kg; gastos de seguro, 1,50 % sobre el valor de la mercancía; tasas aéreas, 230,00 € y la duración del envío es de 3 días.
- Transporte marítimo, con un flete de 0,18 € por kg; gastos de seguro, 0,80 % sobre el valor de la mercancía; gastos de acarreo, 250,00 € y la duración del envío es de 30 días.

Se pide:

1. Calcular el coste por cada uno de los medios.
2. Indicar cuál será la mejor opción analizando los pros y contras de cada medio.

10.8. La Cadena MASTER tiene que importar 39 frigoríficos, 33 lavadoras y 33 lavavajillas. Cada frigorífico mide 70 cm de largo, 70 de ancho, 180 de alto y no se pueden apilar. Las medidas de las lavadoras y los lavavajillas son 70 cm de ancho, 70 cm de largo, 72 cm de alto y se pueden apilar, colocando un lavavajillas encima de cada lavadora.

Para el transporte podemos utilizar los contenedores cuyos datos aparecen en la tabla siguiente:

	Medidas internas					
Contenedor	**Longitud**	**Ancho**	**Alto**	**Carga máx.**	**Tara**	**Coste**
20 pies	5,90 m	2,33 m	2,40 m	21.500 kg	2.600 kg	500 €/Cont.
40 pies	12,03 m	2,33 m	2,40 m	26.600 kg	3.900 kg	700 €/Cont.
Observaciones: Los contenedores tienen que ir completos.						

Se pide:

Calcular el coste del transporte, analizando todas las combinaciones posibles y eligiendo la mejor opción.

10.9. Construcciones DRAGADOS necesita transportar 80 planchas de hierro, con unas dimensiones de 5,40 m de largo, 2,20 de ancho y 10 cm de grosor. El peso de cada plancha es de 1,2 Tm (1.200 kg).

Puede utilizar contenedores de 20 o de 40 pies (con apertura por los cuatro laterales), cuyas medidas internas y pesos son los siguientes:

Contenedor	Largo	Ancho	Alto	Carga máx.	Tara	Carga útil
20 pies	5,90 m	2,33 m	2,40 m	21.500 kg	2.600 kg	18.900 kg
40 pies	12,03 m	2,33 m	2,40 m	26.600 kg	3.900 kg	22.700 kg
Observaciones: Los contenedores tienen que ir completos.						

Se pide:

1. Calcular el número de planchas que caben en cada contenedor. Explica como harías la carga y estiba del contenedor.
2. Calcular el volumen y el peso que quedará libre en cada contenedor.
3. Decidir entre los dos modelos de contenedores cuál se adapta mejor a las necesidades de la empresa.

10.10. La Coop. ALGINER tiene que transportar 40 Tm. de naranjas paletizadas en cestones que ocupan un volumen total de 50 m^3. Las opciones disponibles son:

- Carretera: precio del porte 0,45 € por kg, gastos de autopista y peajes 700,00 €.
- Ferrocarril: precio del porte 0,25 € por kg, gastos de acarreo son 600,00 € en origen y 950,00 € en destino.
- Marítimo: precio del flete 0,15 € por kg, gastos de acarreo y carga/descarga son 500,00 en origen y 890,00 € en destino.

La equivalencia peso/volumen es 1m^3 = 333 kg en el transporte terrestre (carretera y ferrocarril) y 1m^3 = 1.000 kg en el transporte marítimo. No obstante, el operador que gestionará el servicio dice que aplicarán el peso de báscula cuando este sea mayor que el obtenido por equivalencia.

Se pide:

Calcular el coste del transporte por cada uno de los medios.

10.11. ALMER INVER es una empresa ubicada en El Ejido (Almería) que se dedica al cultivo de frutas y hortalizas (pepinos, tomates, melones, pimientos, etc.) y el 90 % de la producción la exporta al norte de Europa.

Tienen un almacén en propiedad cuyos costes anuales son 1.350.000 € y dos camiones portacontenedores isotermos que ocasionan unos costes fijos de 7.200,00 € cada camión y unos costes variables de 150,00 € por cada transporte realizado. Hasta ahora los viajes de mayor trayecto llegaban a Francia y Alemania; realizando cada vehículo una media de 90 viajes al trimestre.

La empresa está ampliando la explotación (construyendo nuevos invernaderos), pues está abriendo nuevos mercados por toda Europa. Las estimaciones de demanda para el próximo ejercicio son:

Período	Contenedores destino países de la UE	Contenedores destino exportación	Total viajes Frontera o Renfe en Almería
Primer trimestre	400	70	
Segundo trimestre	360	80	
Tercer trimestre	450	130	
Cuarto trimestre	520	180	

ALMER INVER está negociando con un operador logístico la distribución en transporte por ferrocarril por toda Europa, llegando hasta Moscú. La mercancía se entrega preparada en contenedores isotérmicos que también pueden ser transportados por los camiones de la empresa.

La oferta del operador logístico es:

1. Recoger los contenedores en la frontera con Francia. Para los que se distribuyen en países de la UE cobra 700,00 € por contenedor; por los destinados a la exportación cobra 1.500,00 € por contenedor (este importe incluye derechos de exportación, gestiones y tasas arancelarias). En este caso, ALMER INVER tienen que transportar todos los contenedores hasta la frontera y cada vehículo puede hacer 70 viajes al mes.
2. Que ALMER INVER cargue los contenedores en la terminal de mercancías de Renfe (Almería) y pague los gastos hasta la frontera con Francia y, desde este punto, el operador se hace cargo de la mercancía en las mismas condiciones que en el apartado anterior.

Los gastos a cargo de ALMER INVER, si acepta la segunda opción, serían 280,00 € por contenedor (incluye el acarreo a la terminal y los gastos de transporte que cobra Renfe).

Se pide:

1. ¿Puede invernaderos ALMER INVER transportar todos los contenedores hasta la frontera con Francia?
2. Calcular el coste total anual que supone para ALMER INVER el transporte de sus productos.

11

Normativa específica de almacenaje internacional

INTRODUCCIÓN

Cada vez que las mercancías cruzan las fronteras de un país se produce una situación de almacenaje en tránsito y/o en depósito, que tiene lugar en zonas francas, depósitos aduaneros o almacenes de depósito temporal.

La Comisión Europea tiene como objetivo desarrollar y promover políticas eficientes, seguras y sostenibles; logrando así las condiciones necesarias para una industria competitiva y generadora de empleo y prosperidad.

La normativa aprobada por las instituciones de la Unión Europea es fundamental para regular cuestiones específicas de almacenaje y transporte. Además, con el pacto de libre circulación de mercancías entre países miembros de la Unión las políticas contribuyen a superar los principales retos a los que se enfrentan los sistemas de transporte.

OBJETIVOS

- Saber la normativa nacional y europea que regulariza el almacenaje y transporte de mercancías entre los países de la Unión Europea y con otros países, con los cuales las empresas de la UE realizan operaciones de importación y exportación.
- Conocer el marco legal del CAU (Código Aduanero de la Unión Europea), los regímenes aduaneros y el contrato de depósito en almacenes ubicados en recintos aduaneros.
- Consultar la normativa nacional y europea que regula el almacenamiento y transporte de mercancías peligrosas y perecederas entre otras.

CONTENIDOS

11.1. Normativa nacional y europea: Código Aduanero

Cuando las mercancías tienen que salir o entrar en España se produce una situación de almacenaje en tránsito o en depósito que tiene lugar en los denominados recintos aduaneros. No obstante, uno de los acuerdos de la Unión Europea es el libre comercio. El área geográfica de la UE abarca el territorio de los países miembros entre los cuales se han eliminado las barreras comerciales (aranceles).

El Código Aduanero Comunitario regula la entrada de mercancías en el territorio de la UE y obliga a la persona o empresa que las introduce a formalizar su tramitación ante las autoridades aduaneras. Además, la legislación española (Ley Orgánica 12/1995 de Represión del Contrabando, y posteriores modificaciones) dice: «se comete **delito de contrabando** cuando se importan o exportan mercancías sin presentarlas para su despacho en las oficinas aduaneras o en los lugares habilitados por la Administración Aduanera».

El **Código Aduanero de la Unión** (CAU) es la principal Ley Aduanera que regula la circulación de mercancías y despacho aduanero comunitario. El nuevo CAU entró en vigor el 1 de mayo de 2016 con la finalidad de reforzar la integración de los países comunitarios mediante la optimización de los trámites aduaneros; para ello todos los países de la Unión Europea deben disponer de los sistemas informáticos adecuados.

Los principales **objetivos del Código Aduanero de la Unión** son:

- Facilitar el comercio internacional.
- Salvaguardar los intereses económicos y financieros de los países de la Unión Europea.
- Asegurar las mercancías que circulen desde o hacia la Unión Europea.

Importante

La **Ventanilla Única (VU)** es una herramienta que permite enviar de forma electrónica la información aduanera. El envío se hace una sola vez y a una sola entidad para cumplir con todos los requisitos de comercio exterior.

El **Sistema Automatizado Aduanero Integral (SAAI)** desarrollado por la Administración General de Aduanas permite concentrar todas las operaciones que se realizan en las distintas aduanas del país en tiempo real.

Disposiciones de desarrollo del Código Aduanero de la Unión (CAU)

El Código Aduanero incluye un conjunto de disposiciones que regulan toda una serie de figuras y procedimientos aduaneros y que deben cumplir las empresas que realizan exportaciones (conocidas como expediciones) o importaciones (introducciones) con países de la Unión Europea, así como los profesionales de comercio exterior (agentes de aduanas, intermediarios, consultores, etcétera).

- Reglamento (UE) n.° 952/2013, de 9 de octubre, del Parlamento Europeo y del Consejo por el que se establece el Código Aduanero de la Unión (CAU).
- Reglamento Delegado (UE) 2015/2446 de la Comisión, de 28 de julio de 2015, por el que se completa el Reglamento (UE) n.° 952/2013 del Parlamento Europeo y del Consejo con normas de desarrollo relativas a determinadas disposiciones del CAU.
- Reglamento de Ejecución (UE) 2015/2447 de la Comisión, de 24 de noviembre de 2015, por el que se establecen normas de desarrollo de determinadas disposiciones del Reglamento (UE) n.° 952/2013 del Parlamento Europeo y del Consejo por el que se establece el CAU.
- Reglamento Delegado (UE) 2016/341 de la Comisión, de 17 de diciembre de 2015, por el que se completa el Reglamento (UE) n.° 952/2013 en lo que se refiere a las normas transitorias para determinadas disposiciones del CAU y por el que se modifica el Reglamento Delegado (UE) 2015/2446.
- Reglamento Delegado UE 2018/1063, en vigor desde el 31 de julio, introduce modificaciones y correcciones al Reglamento Delegado UE 2015/2446, completando el Reglamento UE 952/2013.

Consulta: Reglamentos, reales decretos, leyes y otra normativa, relacionada con el CAU y legislación nacional de aplicación en España.

Recintos aduaneros

Los **recintos aduaneros** o terminales de mercancías son espacios físicos perfectamente delimitados y controlados por las autoridades aduaneras. Estos recintos se destinan principalmente para depositar las mercancías que se embarcan o desembarcan de un transporte aéreo, marítimo o terrestre, y cuyo destino final es un país que no pertenece a la UE. Los recintos aduaneros se ubican principalmente en:

- Puertos marítimos.
- Aeropuertos.
- Terminales de transporte por carretera o ferrocarril.
- Zonas francas.
- Depósitos aduaneros.
- Almacenes de Depósito Temporal (ADP).

Las mercancías introducidas en los recintos aduaneros permanecerán bajo vigilancia aduanera y en depósito temporal hasta que reciben un destino aduanero. Las mercancías no comunitarias presentadas en aduana deberán recibir destino aduanero en los plazos fijados en el Código Aduanero de la Unión.

Los **plazos para la inclusión en un régimen aduanero son 90 días,** independiente del medio de transporte por el que lleguen las mercancías. También se puede tramitar el **despacho centralizado** de las mercancías desde un país distinto al de entrada, sin requerir en algunos casos autorización previa.

Debemos conocer, entre otros, los siguientes **conceptos básicos,** como:

- **Territorio Aduanero Común (TAC):** coincide con el territorio de la Unión Europea, con determinadas excepciones, como Ceuta y Melilla en el caso español.
- **Aduana:** oficina pública gubernamental, donde se realiza el control de determinadas mercancías, tanto a la entrada en el TAC, como durante el movimiento, la estancia y la salida de las mercancías (exportaciones), para ser transportadas a otros países. Las aduanas se suelen encontrar en zonas estratégicas (fronteras, puertos, aeropuertos).
- **Despacho de aduanas:** conjunto de trámites y operaciones que se realizan en el recinto aduanero para controlar, supervisar y autorizar la entrada o salida física de mercancías, de un territorio concreto, durante una operación de comercio internacional.
- **Punto de Inspección Fronterizo (PIF):** es un espacio dentro de un recinto aduanero, constituido como único punto autorizado para la realización de controles sanitarios y veterinarios para la entrada en la Unión Europea de animales vivos y productos de origen animal procedentes de terceros países.

Por tu cuenta

Consulta en el CAU los países que (igual que España) tienen colonias, islas o ciudades que están fuera del territorio aduanero de la Unión, aunque están bajo el gobierno de dicho país y se rigen por la legislación de la nación a la que pertenecen.

Presentación de declaraciones

La empresa, el transportista o el representante aduanero tienen que presentar ante las Autoridades Aduaneras una declaración de las mercancías que introducen o expiden desde o hacia el TAU. La declaración sumaria o manifiesto de carga se denomina **Conjunto de Datos.** Se debe presentar de forma telemática y expresar en ella la voluntad de incluir las mercancías en un régimen aduanero.

La declaración de exportación/importación es necesaria para las formalidades aduaneras en las operaciones de intercambio de mercancías. Además, sirve como base para la declaración tributaria y constituye un soporte de información, cuya finalidad es crear una gran **base de datos aduanera común a toda la Unión Europea.**

Cualquier operador económico puede presentar la declaración de autodespacho sin necesidad de un agente aduanero. Pero, también se puede optar por utilizar un **representante aduanero** en sus dos modalidades de representación:

- **Directa,** en cuyo caso el representante aduanero actuará en nombre y por cuenta de la empresa a la que representa.
- **Indirecta,** en cuyo caso actuará en su propio nombre pero por cuenta de la empresa a la que representa.

Los representantes aduaneros pueden estar establecidos en cualquier parte del TAU y no solo en el país de la empresa que les otorga la representación.

- **Declaración de exportación.** Las mercancías que vayan a salir del TAU necesitan una declaración previa a la salida que se presentará en la aduana competente dentro de un plazo específico. Esta declaración podrá ser:
  - Declaración en aduana, cuando las mercancías que van a salir del TAU estén incluidas en un régimen aduanero que requiera tal declaración.
  - Declaración de reexportación.
  - Declaración sumaria de salida, que generalmente presentará el transportista.

  Las autoridades aduaneras podrán autorizar que la declaración sumaria de salida se presente en otra aduana, siempre que esta comunique inmediatamente a la aduana de salida o ponga a su disposición por vía electrónica los datos necesarios.

- **Declaración de importación.** Las mercancías introducidas en el TAU serán presentadas en aduana inmediatamente después de su llegada a cualquier aduana, zona franca o cualquier lugar designado o aprobado por las autoridades aduaneras. Esta declaración será presentada por el importador, su representante o el transportista, mediante:
  - Declaración en aduana. Se puede presentar hasta 30 días antes que lleguen las mercancías.
  - Declaración de depósito temporal.
  - Declaración sumaria de entrada. Será presentada en la aduana de primera entrada, dentro de un plazo determinado, antes que las mercancías sean introducidas en el TAU.

  Las autoridades aduaneras podrán autorizar que la declaración sumaria de entrada se presente en otra aduana, siempre que esta comunique inmediatamente a la aduana de primera entrada o ponga a su disposición por vía electrónica los datos necesarios.

Recuerda

El **Operador Económico Autorizado** (OEA) es un profesional que ejerce las labores de representación. Existen dos modalidades de OEA:

- **Operador Económico Autorizado de Simplificaciones Aduaneras,** se puede beneficiar de determinados procedimientos simplificados, según la legislación aduanera.
- **Operador Económico Autorizado de Seguridad y Protección,** cuyo titular tiene facilidades en estas materias.

¿Sabías que...?

Cuando las mercancías importadas superen los 20.000 € se requiere una **Declaración del Valor en Aduana** que es la base para determinar los cánones y los derechos de licencia relacionados con las mercancías y que el comprador esté obligado a pagar, directa o indirectamente. La base para calcular dichos impuestos será el valor de transacción, que es el precio realmente pagado o por pagar **cuando se vendan para su exportación al territorio aduanero de la Unión Europea.** Es decir, será el precio de la última venta de la cadena antes de la importación.

11.2. Regímenes de almacenamiento aduanero

Los regímenes aduaneros son un conjunto de normas que deben cumplir los productos de importación o exportación para que puedan transitar legalmente por un país. Dentro del marco normativo del Código Aduanero de la Unión (CAU), existen dos regímenes generales y cuatro regímenes especiales.

- **Regímenes generales:**
  - Despacho a Libre Práctica.
  - Exportación.
- **Regímenes especiales:**
  - Tránsito: externo e interno.
  - Almacenamiento: incluye depósitos aduaneros y depósitos en zonas francas.
  - Destinos especiales: incluye importación temporal y destino final.
  - Perfeccionamiento: incluye activo y pasivo.

Despacho a libre práctica

Con el **Despacho a libre práctica** las mercancías que entran en España o cualquier otro país de la UE consiguen el Estatuto de la Unión después de pagar los aranceles correspondientes. También se despachan **a consumo** después de pagar los impuestos locales como el IVA y los impuestos especiales de carácter indirecto que se aplican sobre determinados bienes o servicios, como el alcohol o los hidrocarburos.

El régimen aduanero a libre práctica o despacho de importación supone que la empresa acepta el pago total de los derechos de importación y la aplicación de la política comercial. El despacho a libre práctica implica:

a) la percepción de los derechos de importación debidos;

b) la percepción, según proceda, de otros gravámenes, con arreglo a las disposiciones pertinentes en vigor relativas a la percepción de dichos gravámenes;

c) la aplicación de medidas de política comercial y de prohibiciones y restricciones en la medida en que no se hayan aplicado en una fase anterior; y

d) el cumplimiento de las demás formalidades aduaneras previstas para la importación de las mercancías.

Las mercancías no pertenecientes a la UE que son introducidas en el mercado de la Unión en el régimen Despacho a Libre Práctica adquieren el estatuto aduanero de mercancías de la Unión. Por ejemplo, una empresa de Alemania importa productos de Marruecos que entran por el puerto de Algeciras; cuando llegan a España deben pagar la deuda aduanera para seguir el trayecto por carretera o ferrocarril hasta llegar al destino del comprador.

Exportación

El **régimen de exportación** es para las mercancías de la Unión Europea que van a salir de su territorio aduanero. Por ejemplo, fabricantes de España o cualquier otro país comunitario que exportan productos a China, Canadá, Marruecos, etcétera.

Recuerda

Regímenes generales:

- Despacho a Libre Práctica.
- Exportación.

Recuerda

Regímenes especiales:

- Tránsito: externo e interno.
- Almacenamiento: depósitos aduaneros y depósitos en zonas francas.
- Destinos especiales: importación temporal y destino final.
- Perfeccionamiento: activo y pasivo.

No se pueden incluir como exportaciones:

1. Mercancías incluidas en el régimen de perfeccionamiento pasivo.
2. Mercancías que salgan del territorio aduanero de la Unión Europea después de haberse incluido en el régimen de destino final.
3. Mercancías entregadas, exentas del IVA o de impuestos especiales, para el avituallamiento de aeronaves o embarcaciones, independientemente del destino de la aeronave o de la embarcación, para las que se exigirá una prueba de tal entrega.
4. Mercancías incluidas en el régimen de tránsito interno.
5. Mercancías que salgan temporalmente fuera del territorio aduanero de la Unión Europea.

La **reexportación** se aplica a las mercancías no comunitarias que vayan a salir del territorio aduanero de la Unión Europea.

No se consideran reexportación:

1. Mercancías incluidas en el régimen de tránsito externo que únicamente atraviesen el territorio aduanero de la Unión Europea.
2. Mercancías transbordadas dentro de una zona franca o directamente reexportadas desde una zona franca.
3. Mercancías en depósito temporal y que se reexporten directamente desde un almacén de depósito temporal.

Las mercancías incluidas en un régimen de **depósito aduanero o de perfeccionamiento, o en una zona franca** podrán ser sometidas a las **manipulaciones usuales** destinadas a garantizar su conservación, mejorar su presentación o su calidad comercial o preparar su distribución o reventa.

Las mercancías a las que no se haya asignado un destino aduanero en el plazo establecido tienen dos opciones: **su destrucción o su abandono en beneficio del erario público.**

Concepto

Exportador es la persona natural o jurídica que se dedica al tráfico legítimo de bienes y servicios comunitarios o no comunitarios para su consumo en un tercer país.

11.2.1. Regímenes especiales del CAU

Los regímenes especiales del CAU son: mercancías en tránsito, almacenamiento en depósitos aduaneros o zonas francas, destinos especiales (importación temporal y destino final) y perfeccionamiento o transformación.

Régimen de tránsito

Las mercancías están en **tránsito por el TAU** cuando viajan de un punto a otro de la Unión Europea según el Convenio TIR o el Cuaderno ATA (Convenio de Estambul); pues a efectos de dicho transporte el TAU constituye un territorio único. El régimen de tránsito da origen a dos situaciones:

- **Tránsito interno,** cuando mercancías de la Unión Europea viajan entre dos puntos del TAU pasando por un país que no pertenece a dicho territorio aduanero y sin que se modifique su estatuto aduanero. Por ejemplo, mercancías de España viajan a Austria pasando por Suiza.
- **Tránsito externo,** cuando mercancías no comunitarias viajan por el TAU hasta llegar a un tercer país, sin tener que pagar derecho ni estar sometidas a medidas de control comercial. Por ejemplo, mercancías que entran desde Marruecos y viajan por España y Francia para llegar a Holanda.

Concepto

El **Convenio TIR** es un documento que pretende favorecer al máximo el transporte internacional de mercancías por carretera.

El **Cuaderno ATA** es un documento internacional que permite la importación temporal (durante un periodo menor de un año) de bienes sin pagar aranceles e impuestos para ser posteriormente exportados. Sustituye a los documentos nacionales de exportación e importación temporal, en ciertos supuestos y cumpliendo determinados requisitos.

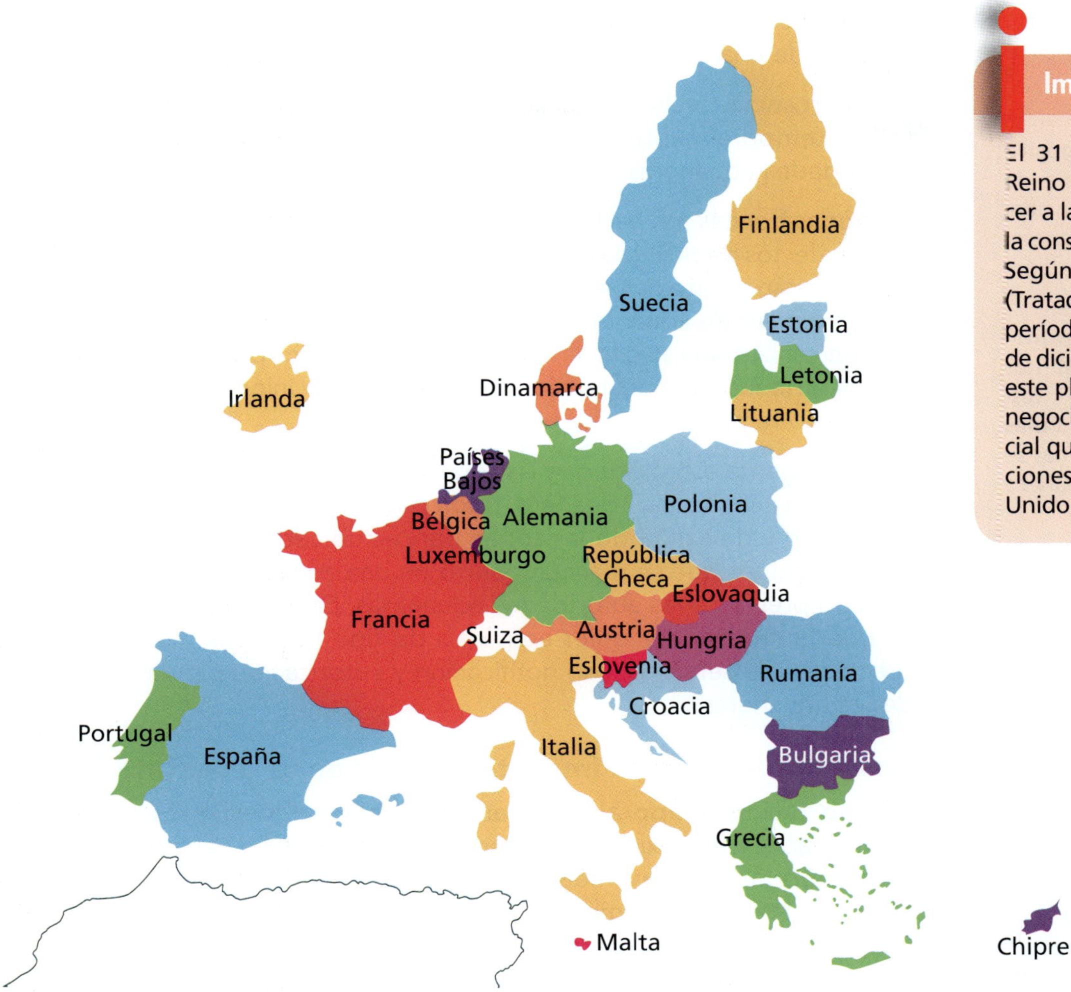

Figura 11.1. Dentro de la UE para transportar mercancías entre los países comunitarios no es necesario el Cuaderno ATA, ya que el territorio aduanero de la UE constituye un único territorio. Pero sí es necesario cuando las mercancías se transportan entre dos puntos del TAU y pasan por el territorio de un tercer país que no es de la UE.

Importante

El 31 de enero de 2020 el Reino Unido dejó de pertenecer a la Unión Europea y tiene la consideración de tercer país. Según el artículo 50 del TUE (Tratado de la UE) se inicia un período transitorio hasta el 31 de diciembre de 2020. Durante este plazo, Londres y Bruselas negociarán un tratado comercial que favorezca las transacciones futuras entre el Reino Unido y los países de la UE.

Depósito Aduanero (DA) y Zona Franca (ZF)

Las mercancías que no pertenecen a la Unión y están en régimen de depósito aduanero se pueden almacenar en instalaciones u otros lugares autorizados y bajo supervisión aduanera sin estar sujetas a aranceles, impuestos ni medidas de política comercial. El tiempo de permanencia es ilimitado; pero, en circunstancias especiales, las autoridades aduaneras pueden fijar un plazo máximo, como en los casos de almacenamiento de larga duración o cuando las mercancías puedan ser una amenaza para la salud pública, sanidad animal, fitosanidad o medio ambiente.

Un **depósito aduanero** es un lugar reconocido por las autoridades aduaneras, que se encuentra bajo su control, y donde se almacenan mercancías en condiciones establecidas por tiempo ilimitado, hasta que se decide su destino definitivo. Existen dos tipos:

- **Depósitos aduaneros públicos** cuando el propietario de las mercancías no es el titular de la autorización del depósito.

¿Sabías que...

El 29 de marzo de 2017, el Reino Unido notificó oficialmente al Consejo Europeo su intención de abandonar la Unión Europea tras cuarenta y siete años (entró el 1 de enero de 1973) como miembro de la Unión Económica, aunque no llegó a pertenecer a la Unión Monetaria.

¿Sabías que...

Los **almacenes de depósito temporal (ADT)** son locales de propiedad pública o privada, destinados al almacenaje temporal de mercancías pendientes de destino aduanero.

Cuando las mercancías entran a lugares aprobados, distintos de la aduana, o un ADT, disponen de un **plazo de 3 días** para que sobre las mismas se declare un régimen aduanero o se reexporten.

Por tu cuenta

Busca en Internet las zonas francas del territorio español.

Nota: las ciudades que tienen zona franca son ideales para que el alumno/alumna que termina el ciclo formativo pueda encontrar trabajo.

- **Depósitos aduaneros privados** cuando las mercancías pertenecen al titular de una autorización de depósito aduanero.

Las mercancías incluidas en régimen de depósito aduanero se pueden retirar temporalmente del depósito pero con autorización previa de las autoridades aduaneras, excepto en caso de fuerza mayor.

Las **zonas francas** son partes del territorio común, debidamente delimitadas, que, a efectos de política comercial y recaudación de impuestos, se considera que no están dentro del territorio común y por ello tampoco están sometidas a los controles de aduanas respecto de las mercancías introducidas en ellas. Las mercancías que se encuentren en una zona franca podrán ser exportadas o reexportadas fuera del territorio aduanero de la Unión Europea, o introducidas en otra parte de dicho territorio.

El CAU vigente establece que las zonas francas tienen que estar cercadas y sometidas a vigilancia aduanera. Cada país fijará el perímetro y los puntos de acceso y de salida de las zonas francas ubicadas en su territorio. Las construcciones que se realicen dentro de una zona franca necesitan autorización previa de las autoridades aduaneras. Dentro de las zonas francas se puede realizar cualquier actividad de tipo industrial, comercial o de prestación de servicios, con notificación y autorización previa a las autoridades aduaneras.

Destinos especiales: importación temporal y destino final

- **Importación temporal.** Las mercancías no pertenecientes a la Unión y destinadas a la reexportación tienen exención total o parcial de derechos de importación, gravámenes y medidas de política comercial. Por ejemplo, material que se importa para una feria de muestras o una máquina que entra en el TAU para su reparación. El plazo máximo para la reexportación o su inclusión en otro régimen es de 24 meses y podría ser ampliado a un máximo de 10 años en determinadas circunstancias.
- **Destino final.** Las mercancías podrán ser despachadas a libre práctica con exención de derechos o con un tipo reducido de derechos atendiendo a su destino especial, cuyo cumplimiento será vigilado por las autoridades aduaneras. Los desperdicios y desechos derivados de la destrucción de mercancías incluidas en el régimen de destino final prescrito se considerarán incluidas en el régimen de depósito aduanero.

Régimen de Perfeccionamiento Activo y Pasivo

Algunas empresas importan componentes o materiales para terminar la elaboración de productos que después se ponen en el mercado como fabricados en España, como ejemplos podemos citar algunas lavadoras fabricadas bajo la marca Hipercor o Carrefour, así como ordenadores que se adquieren por piezas y se terminan de montar en el país que los introduce en el TAU. El CAU reconoce estas operaciones como Régimen de Perfeccionamiento Activo (RPA) o Régimen de Perfeccionamiento Pasivo (RPP).

- **Régimen de Perfeccionamiento Activo (RPA).** Las mercancías no pertenecientes a la Unión podrán ser transformadas dentro de su territorio aduanero sin estar bajo control aduanero durante su transformación. Cuando la empresa importadora ha terminado las actividades industriales, los productos compensadores resultantes del RPA se pueden:

– Reexportar, no se generará deuda aduanera.

– Despachar a libre práctica, se generará una deuda aduanera.

La **deuda aduanera** para el caso de despacho a libre práctica se puede calcular de dos formas:

- Regla general: derechos aplicados a la mercancía en el momento del despacho a libre práctica.
- Regla especial: derechos aplicados a la mercancía en el momento de la vinculación al régimen.

La opción de cálculo por una u otra forma regirá durante toda la vigencia de la autorización y debe manifestarse en el momento de la solicitud.

Las autoridades aduaneras fijarán el plazo dentro del cual se debe ultimar el RPA, que puede ser prorrogado si se justifica su necesidad. Las autoridades aduaneras podrán autorizar, previa solicitud, que la totalidad o parte de las mercancías incluidas en el régimen de perfeccionamiento activo, o los productos transformados, se reexporten temporalmente para ser objeto de transformación ulterior fuera del territorio aduanero de la Unión Europea.

- **Régimen de Perfeccionamiento Pasivo (RPP).** Las mercancías de la Unión podrán exportarse temporalmente fuera del territorio aduanero de la misma a fin de ser objeto de operaciones de transformación. Los productos resultantes de dicha transformación se pueden despachar a libre práctica, con exención total o parcial de derechos de importación previa solicitud del titular de la autorización.

Mercancías equivalentes

Se permite el uso de mercancías equivalentes en todos los regímenes especiales salvo en los siguientes casos:

- Cuando en el RPA solo se realicen manipulaciones usuales.
- Cuando pueda dar lugar a una ventaja injustificada en materia de derechos de importación o cuando así lo establece la legislación: mercancías sensibles del Anexo 72 y mercancías objeto de *antidumping.*
- Cuando se aplique una prohibición de devolución o exención de derechos de importación a mercancías no originarias utilizadas en la fabricación de productos transformados en RPA para los que se expida una prueba de origen en el marco de un acuerdo preferencial entre la UE y determinados países fuera de a UE.

Por tu cuenta

Consulta: Nota Interna GA 06/2016 (Nota Interna Gestión Aduanera, de España).

NI GA 06/2016 de 11 de julio, sobre las reglas de cálculo del **importe de los derechos de importación** de los productos transformados resultantes del régimen del perfeccionamiento pasivo.

Agencia Tributaria/Subdirección General de Gestión Aduanera/ Departamento de Aduanas e Impuestos Especiales.

> **Concepto**
>
> **Operaciones triangulares** son aquellas en las cuales intervienen tres empresas (fabricante, proveedor o intermediario y cliente final o comprador) que, además, están situadas en tres países diferentes. La característica principal de este tipo de operación es que se realiza un único transporte, es decir que la mercancía se transporta directamente de origen a destino, sin pasar por el país del intermediario.

11.3. Ventajas de las zonas francas

Las zonas francas concentran actividades relacionadas con el comercio exterior, cuya finalidad es promover actividades de almacenaje, elaboración, transformación, distribución y exportación de mercancías. La empresa que introduce mercancías en zonas francas obtiene ciertos beneficios arancelarios y fiscales que varían en función del país de origen y se pueden resumir en los siguientes:

- Las mercancías no están sujetas a derechos de importación, impuestos indirectos (el IVA y los impuestos especiales sobre el alcohol y bebidas derivadas, hidrocarburos, labores del tabaco y electricidad).
- Los productos agrícolas comunitarios se pueden beneficiar de las mismas medidas, como el cobro anticipado de las restituciones a la exportación.
- Las mercancías no están sometidas a medidas de política comercial comunitaria y tienen la posibilidad de su introducción por tiempo ilimitado de permanencia.
- La posibilidad de puesta en marcha de operaciones triangulares de comercio.
- La cancelación de importaciones temporales por la simple entrada de las mercancías en el recinto fiscal con la consiguiente devolución de garantías.
- La realización de despachos de explotación, importación, tránsito y adscripción a otros regímenes aduaneros bajo el procedimiento simplificado.
- Las mercancías no comunitarias se pueden introducir bajo el RPA para su transformación y volver a ser reexportadas. Sin garantías, avales ni otros gastos, salvo los exigibles por la introducción en el régimen citado.
- La posibilidad de realizar operaciones de transformación bajo control aduanero y manipulación de mercancías comunitarias sin autorización alguna, salvo las que deriven de la inclusión de mercancías en un régimen aduanero determinado.

Garantías y aplazamiento del pago de derechos

Las garantías pueden cubrir el pago de aranceles, el IVA y los impuestos especiales. El CAU permite el uso de una única garantía para todos los tipos de regímenes especiales y que esta garantía sea una garantía global que otorgue cobertura a varias transacciones.

Cuando sobre el pago de la deuda aduanera hay una garantía, el importe total de los derechos de importación o exportación de las mercancías de una persona o empresa se debe pagar en un plazo fijado por las autoridades aduaneras. La notificación, por parte de las autoridades aduaneras, será inferior a 31 días para que el sujeto pasivo pueda cumplir su obligación con la Agencia Tributaria.

Como fiadores de la deuda aduanera pueden ser cualquier entidad establecida en el TAU, por ejemplo una entidad financiera (banco o caja de ahorros) o compañías de seguros acreditadas en la Unión Europea y de conformidad con las disposiciones vigentes del Derecho de la Unión.

Conservación de documentos y datos

Las personas interesadas deberán conservar, al menos durante tres años, toda la documentación y la información necesaria para la realización de formalidades o controles aduaneros. Dicho plazo será prorrogable otros tres años cuando las autoridades aduaneras comuniquen que se debe corregir el importe pagado.

Cuando la deuda aduanera sea consecuencia de un acto que, en el momento en que fue cometido, fuera susceptible de dar lugar a procedimientos judiciales penales, el plazo de tres años establecido será ampliado a un plazo mínimo de cinco años y máximo de diez años de conformidad con el Derecho nacional.

No se podrá notificar ninguna deuda aduanera una vez que haya transcurrido un plazo de tres años contados a partir de la fecha de nacimiento de la deuda aduanera.

El CAU atribuye una validez de tres años a los documentos de Información Aduanera Vinculante (IAV) e Información Aduanera de Origen (IVO). El Código Aduanero, para conseguir mayor flexibilidad y transparencia, solicita la colaboración de todos los implicados en las operaciones aduaneras para evitar fraudes.

Caso práctico 11.1

La empresa LA OLIVA ha importado aceite de Egipto, para refinar y posteriormente reexportar a Canadá. Las instalaciones de esta empresa están dentro del recinto aduanero del puerto de Barcelona y cuenta con un plazo máximo de seis meses para su reexportación. Cuando está a punto de finalizar el plazo, se encuentra con una cantidad de aceite sin refinar y otra partida de aceite refinado pero pendiente de reexportar, por haber tenido dificultades para enviarlo al destino previsto.

Se pide:

¿Cómo puede solucionar el problema la empresa LA OLIVA?

Solución:

La empresa LA OLIVA tiene que solicitar la inclusión de las mercancías en el Régimen de Perfeccionamiento Activo para continuar las actividades de refinamiento del aceite.

Con el aceite que está refinado, si tiene problemas para enviarlo a Canadá, lo puede incluir en el Régimen Despacho a la Libre Práctica y venderlo en España u otro país de la UE. También lo puede almacenar en un Depósito Aduanero Público o privado (utilizando sus instalaciones).

Como la empresa está ubicada dentro una zona franca debe cumplir los requisitos y las formalidades que exige la legislación. Por ello, debe solicitar la inclusión de las mercancías en algún de régimen aduanero para acogerse a la suspensión de derechos arancelarios y gravámenes interiores sin límite de tiempo, tanto para la cantidad de aceite que tiene como materia prima, como el aceite refinado (producto terminado).

11.4. Marco legal del contrato de depósito de mercancías

El contrato de depósito es aquel por el cual **el depositante entrega un bien o mercancías al depositario** para que se encargue de guardarlas y custodiarlas, debiendo restituirlas cuando el depositante las requiera o en el tiempo estipulado en el contrato.

La regulación básica del depósito mercantil se establece en el Código de Comercio (C de C), artículos 303 a 310. Pero el depósito se produce en diferentes sectores de la actividad económica; así el C de C establece algunas reglas especiales para los **depósitos en Almacenes Generales** (artículos 193 a 198) y para los **depósitos bancarios** (artículos 175, 177 y 180).

Los **requisitos para que el contrato de depósito sea mercantil** son:

- Que el depositario sea al menos comerciante.
- Que los elementos depositados son objeto de comercio.
- Que el depósito constituya de por sí una operación mercantil, o se haga como causa o consecuencia de operaciones mercantiles.

Como la mayoría de los contratos de depósito son celebrados por empresas o sociedades (a través de las compañías generales de almacén) su carácter mercantil está fuera de toda duda. Las dudas surgen para los contratos ocasionales o accesorios, cuando no se sabe con certeza si es una actividad de empresa o dicha actividad está simulada al amparo de una compañía.

Importante

El Código de Comercio establece el régimen general aplicable a toda clase de depósitos, mientras no se opongan a las reglas especiales establecidas en los estatutos de las entidades depositarias (Art. 310 del C de C).

Clases de depósitos

Depósito regular: cuando el mismo objeto entregado es el que debe ser devuelto. El depositario está obligado a devolver lo mismo que recibió en custodia; es decir, el depositario nunca adquiere el dominio ni la propiedad.

Ejemplo. Una empresa recibe en el puerto de Vigo un contenedor de mercancías, pero no dispone de transporte por carretera y tardará unos diez días hasta que pueda ir a recogerlo, durante ese tiempo las mercancías quedan en depósito en un almacén público o privado y el depositario no puede abrir el contenedor ni disponer del contenido.

Depósito irregular: cuando lo que hay que devolver no es el mismo objeto, sino otro de la misma especie o calidad. El elemento depositado pasa a ser propiedad del depositario y este se convierte en deudor y entregará otro del mismo género.

Depósito de mercancías en Almacenes Generales: su carácter aparece regulado en el art. 310 C de C. Los depósitos realizados en estas empresas se regirán por:

- Los estatutos de la sociedad.
- Los preceptos del Código de Comercio.
- El Derecho común: Código Civil y la Resolución de la Dirección General de Tributos, correspondiente al IVA de operaciones relativas al régimen de depósitos distintos de los aduaneros (operaciones de importación/exportación).

El depósito en Almacenes Generales está regulado en los artículos 193 a 198 del C de C, según los cuales las compañías de almacenes generales de depósitos son sociedades mercantiles, encargadas del depósito, conservación y restitución de los frutos y mercaderías que se le encomienden y de la emisión de resguardos nominativos o al portador que atribuyen el pleno dominio sobre los efectos depositados.

Sabías que...

Los particulares y las empresas que compran acciones de una sociedad y las depositan en la entidad bancaria con la cual trabajan, cuando la sociedad hace ampliación de capital, el banco (depositario de un accionista) está obligado a comunicar a su cliente (depositante) dicha ampliación, así como a gestionar los dividendos que dicho accionista ponga a la venta.

Depósitos aduaneros autorizados

Un depósito aduanero es cualquier local (almacén, nave, cámara frigorífica, etc.) reconocido por las autoridades aduaneras y sometido a su control. En él se almacenan las mercancías, bajo unas condiciones establecidas y por tiempo ilimitado (con excepción de las agrícolas).

El régimen de depósito aduanero permite el almacenaje de:

- Mercancías no comunitarias que no estén sujetas a derechos de importación, ni a medidas de política comercial.
- Mercancías comunitarias que se puedan vincular al régimen de exportación, estarán exentas de IVA.

Los **tipos de depósitos aduaneros** que establece el Código Aduanero de la Unión son:

- Depósito aduanero público: puede utilizarlo cualquier persona para depositar mercancías.
- Depósito aduanero privado: está reservado para el depósito de mercancías por parte del depositario, que es el autorizado a gestionar su depósito.

La **gestión de un depósito aduanero privado** está supeditada a la concesión de una autorización por parte de las autoridades aduaneras. Todas las mercancías vinculadas a un «régimen de depósito aduanero» se deben tramitar documentalmente con una declaración aduanera.

Las personas que se relacionan con los dos tipos de depósitos son:

- **Depositante:** persona que deposita las mercancías en el depósito y que, generalmente, es la que las vincula al régimen de depósito aduanero.
- **Depositario:** persona autorizada para gestionar un depósito aduanero. El depositario será responsable de:
  - Garantizar que las mercancías, durante su estancia en el depósito aduanero, no se sustraigan a la vigilancia aduanera.
  - Ejecutar las obligaciones que resulten del almacenaje de las mercancías y observar las condiciones particulares fijadas en la autorización.

Cuando una persona quiere gestionar un depósito aduanero debe formular una solicitud por escrito; incluyendo las indicaciones necesarias y, en particular, las que se refieran a una necesidad económica de almacenaje. La autorización solo se concederá a personas establecidas en la Comunidad.

La persona designada por las autoridades aduaneras para gestionar un depósito deberá llevar, en la forma acordada por dichas autoridades, una contabilidad de existencias de todas las mercancías incluidas en régimen de depósito aduanero. Dicha contabilidad no será necesaria cuando el depósito público esté gestionado por las autoridades aduaneras.

11.4.1. Depósito de mercancías: obligaciones del depositario y del depositante

Las **obligaciones del depositario** son:

- Guardar y conservar las mercancías. «El depositario está obligado a conservar la cosa objeto del depósito según la reciba, y a devolverla con todos sus frutos, si los tuviere, cuando el depositante se la pida» (art. 306 C de C).

Recuerda

Con el consentimiento del depositante, el depositario puede disponer de lo depositado, aplicándose entonces las reglas que corresponden a otros contratos mercantiles que se adapten a los convenios entre las partes, sin que por ello se pierda la naturaleza del contrato de depósito (art. 309 del C de C).

Recuerda

Las mercancías almacenadas en los depósitos aduaneros gozan de beneficios arancelarios y fiscales, «supresión temporal del pago de derechos arancelarios e impuestos indirectos». Es decir, igual que las mercancías que entran en una zona franca, salvo las diferencias existentes en las formalidades aduaneras de entrada o salida y en lo referente a la vigilancia y control que ejercen las autoridades aduaneras.

Importante

«El depositario es responsable de los menoscabos, daños y perjuicios que la cosa depositada sufrieren por su malicia o negligencia, y también de los que provengan de la naturaleza o vicio de las cosas, si en estos casos no hizo por su parte lo necesario para evitarlos o remediarlos dando aviso de ellos al depositante, inmediatamente que se manifestaren» (art. 306 del C de C).

- Restituir las mercancías cuando las solicite el depositante o en el plazo estipulado en el contrato de depósito. Sin embargo, el depositario podrá pedir que el depositante retire las mercancías antes del plazo establecido cuando peligren en su poder o le causen un perjuicio.

El depositario solo puede retener las mercancías entregadas en depósito cuando el depositante no le ha pagado el importe pactado para su conservación o no le haya pagado los perjuicios que, sin su culpa, le ha causado el depósito.

Las **obligaciones del depositante** son:

- Pagar al depositario la remuneración establecida por la guarda y custodia de los bienes objeto del depósito.
- Reembolsar al depositario los gastos que hubiera realizado para la conservación de los bienes o mercancías, así como indemnizarle por los perjuicios que el depósito hubiera ocasionado.

El contrato de depósito es, por esencia, remunerado, salvo pacto en contrario. Cuando no se pacta la remuneración se determina conforme a los usos de la plaza en la cual se hubiere constituido el depósito (art. 304 C de C).

Vencimiento del contrato de depósito

La duración del contrato de depósito la establecen las partes contratantes de común acuerdo, es decir, depositante y depositario, para este último nace la obligación de guardar la cosa hasta que el término se cumpla o hasta que así se lo solicite el depositante.

La obligación del depositario de guardar la cosa es:

- Hasta el vencimiento del contrato. Cuando se haya establecido un término para el depósito, el depositario podrá solicitar al depositante que reclame la cosa por vencimiento del término.
- Antes del vencimiento. El depositario puede solicitar rescindir el contrato, cuando el depósito le genere perjuicios.

Cuando no se establece vencimiento, la restitución de los bienes es a voluntad del depositante. Pero el depositante también puede finalizar el contrato antes del vencimiento, cuando el depósito peligre en manos del depositario. Por ejemplo, el depositante puede rescindir el contrato si ve que el depositario no vigila las mercancías o no están en las condiciones adecuadas (refrigeración, humedad, etc.) y se pueden deteriorar.

El Código Civil establece que cuando se haya ordenado el término para el depósito, este solo es obligatorio para el depositario, en virtud de esta cláusula el depositario no podrá restituir la cosa antes del vencimiento a menos que se encuentre dentro de las excepciones mencionadas anteriormente.

Como privilegio del depositario hay que hablar del **derecho de retención**: «el depositario puede retener en prenda la cosa depositada hasta el completo pago de lo que se le deba por razón del depósito» (art. 1.780

del Código Civil). Pero el derecho de retención no constituye un derecho real pues el depositario no puede enajenar o vender las mercancías en depósito. No obstante, puede solicitar su embargo y un tercer acreedor del depositario está facultado por ley para acudir a la oportuna tercería de mayor derecho.

Formalización del contrato

El depósito de mercancías en Almacenes Generales supone la entrega de un bien en un establecimiento dedicado a dicha actividad a cambio de un precio. El contrato de depósito se refleja en un documento compuesto de tres partes:

- La matriz, que se queda en poder del depositario.
- El resguardo propiamente dicho, sirve para la retirada del producto o para su transmisión.
- El resguardo de garantía o *warrant* que sirve para la pignoración de los géneros depositados.

Dependerá de la voluntad de las partes que la propiedad de las mercancías depositadas se transfiera o no al depositario. Cuando hay transferencia de la propiedad, se produce una entrega del depositante al depositario quien, posteriormente, realizará otras entregas del producto a terceras personas. Asimismo, deberá repercutir los impuestos especiales a los propietarios de los bienes con ocasión de la salida del depósito, en aplicación del artículo 14.2 de la Ley 38/1992, de Impuestos Especiales y cuya cuota no formará parte del volumen de operaciones de la empresa depositaria.

Caso práctico 11.2

La empresa PROGECO tiene un almacén logístico situado a 200 m de los muelles de carga y descarga del puerto de Cádiz. Presta servicios logísticos y depósito de mercancía paletizada, contenedores, cargas de medidas especiales, etcétera.

La empresa AGRO CEREALES (depositante) firma el 2 de febrero con PROGECO (depositario) un contrato de depósito para la guarda y custodia de 6 contenedores de trigo que estarán hasta el día 20, que partirá el barco con destino a Canadá. El día 10 de febrero se observa que uno de los contendores está infectado de gorgojo, dichos insectos pueden atacar otras mercancías como galletas, fideos, lentejas, etc., que están en el mismo almacén y en régimen de depósito.

Se pide:

1. ¿Qué obligaciones tiene el depositario?
2. ¿Qué obligaciones tiene el depositante?

Solución:

El depositario tiene que comunicar al depositante que retire la mercancía, aunque no ha llegado el vencimiento. Además, tiene que tomar las medidas necesarias (desinfectar el almacén) para que los insectos no ataquen las mercancías de otros depositantes.

El depositante (AGRO CEREALES) tiene que retirar la mercancía y pagar al depositario los gastos de depósito más los ocasionados por la desinfección y los que pudiera haber ocasionado en las mercancías de otros clientes.

Importante

«La obligación de guardar la cosa dura hasta que el depositante la pida; pero el depositario podrá exigir que el depositante disponga de ella cuando se cumpla el término estipulado para la duración del depósito, o cuando, aún sin cumplirse el término, peligre el depósito en su poder o le cause perjuicio. Y si el depositante no dispone de ella, podrá consignarse a sus expensas con las formalidades legales» (Art. 2.252 del Código Civil).

Concepto

El ***warrant*** es un resguardo o certificado de bienes depositados en un almacén general y cuyo poseedor puede realizar una transacción (compra o venta, según corresponda) y la otra parte tiene la obligación de efectuarla.

El *warrant* se puede utilizar como aval para solicitar un préstamo y también se puede embargar cuando el dueño de las mercancías depositadas se declara en suspensión de pagos o quiebra.

11.5. Normativa para mercancías peligrosas y perecederas

Se considera como **mercancía o materia peligrosa**: «toda sustancia o producto que durante su fabricación, manejo, transporter, almacenamiento o uso pueda generar o desprender vapores, humos, polvos, gases o fibras capaces de producir efectos infecciosos, irritantes, inflamables, explosivos, corrosivos, asfixiantes, tóxicos o de cualquier otra naturaleza peligrosa, o que pueda generar radiaciones ionizantes, en cantidades o concentraciones que tengan alguna probabilidad de lesionar la salud de las personas o puedan causar daños materiales en instalaciones o al medio ambiente». Según el Real Decreto 387/1996, de 1 de marzo, por el que se aprueba la Directriz Básica de Planificación de Protección Civil ante el riesgo de accidentes en los transportes de mercancías peligrosas por carretera y ferrocarril.

Como vimos en la Unidad 3, la ONU ha establecido la siguiente clasificación de las mercancías peligrosas:

- Clase 1. Materias y objetos explosivos.
- Clase 2. Gases comprimidos, licuados o disueltos a presión.
- Clase 3. Materias líquidas inflamables.
- Clase 4.1. Materias sólidas inflamables.
- Clase 4.2. Materias susceptibles de inflamación espontánea.
- Clase 4.3. Materias que al contacto con el agua desprenden gases inflamables.
- Clase 5.1. Materias comburentes.
- Clase 5.2. Peróxidos orgánicos.
- Clase 6.1. Materias tóxicas.
- Clase 6.2. Materias repugnantes o infecciosas.
- Clase 7. Materias radioactivas.
- Clase 8. Materias corrosivas.
- Clase 9. Materias y objetos peligrosos diversos.

Cada una de estas clases incluye distintos apartados y en cada uno se establecen los distintos grados de peligrosidad.

Normativa para el almacenaje de mercancías peligrosas

Para almacenar mercancías peligrosas debemos tener en cuenta las siguientes recomendaciones:

- El almacén estará alejado de los cursos de agua para evitar posibles inundaciones.
- Cuando se almacenan productos tóxicos o inflamables, estos no podrán estar ubicados en plantas elevadas de edificios habitados.
- Los almacenes de material pirotécnico deben estar alejados de zonas urbanas, es preferible que estén ubicados en polígonos industriales.

- Se debe disponer de los medios de seguridad necesarios para minimizar riesgos, tanto de agentes externos como los derivados del funcionamiento del propio almacén.
- Es importante evitar la existencia de productos y envases combustibles cercanos a la parte externa del almacén (palés, cartón, etcétera).
- Es preferible que los almacenes sean de una sola planta y que posean ventilación con salida al exterior.
- Los almacenes deben estar construidos con materiales no combustibles y bien protegidos contra la humedad y las temperaturas extremas.
- Las oficinas del almacén tendrán acceso independiente.
- Se debe cumplir la Ley de Prevención de Riesgos Laborales (LPRL) y el Real Decreto de Desarrollo (RD 486/97, de 14 de abril, sobre disposiciones mínimas de seguridad y salud en lugares de trabajo), que veremos en la Unidad 12.

Importante

No se pueden almacenar en la misma zona o ubicación más de 15.000 litros de productos inflamables, pero se puede almacenar otros productos que sirvan de barrera o separación.

Normativa para el transporte de mercancías peligrosas

Los **convenios internacionales** en función del tipo de transporte utilizado son los siguientes:

- **Por carretera:** el Acuerdo **ADR** (Acuerdo Europeo sobre Transporte Internacional de Mercancías Peligrosas por Carretera), firmado en Ginebra el 30 de septiembre de 1957. El ADR se revisa cada dos años por el grupo de trabajo WP *(Working Party)* adscrito al Comité de Transportes Interiores de la Comisión Económica para Europa (CEPE / UNECE).
- **Por vía marítima:** con las fichas de identificación del Libro Naranja de las Naciones Unidas, que establece los códigos, como: Código Marítimo Internacional de Mercancías Peligrosas **IMDG** *(International Maritime Dangerous)*, **IMCO** *(InterGovernamental Maritime Consultative Organization)* y **OMI** (Organización Marítima Internacional). También están las **prescripciones europeas,** relativas al transporte internacional de mercancías peligrosas, por **vías de navegación interior** (**ADN**).
- **Por vía aérea:** se legisla a través de la **IATA** (Asociación Internacional del Transporte Aéreo) y las Instrucciones técnicas de la **OACI** (Organización de Aviación Civil Internacional) para el transporte sin riesgos de mercancías peligrosas por vía aérea.
- **Por ferrocarril:** se regula a través del Convenio **RID** que entró en vigor el 1 de mayo de 1985 y el reglamento relativo al **Transporte Internacional Ferroviario** de Mercancías Peligrosas (RID).

Respecto a la **normativa nacional** para almacenaje y transporte de mercancías peligrosas, podemos consultar:

- Orden Ministerial 18/1991 sobre el almacenamiento de líquidos inflamables y combustibles.
- Real Decreto 379/2001, de 6 de abril, por el que se regula el almacenamiento de productos químicos y sus instrucciones técnicas complementarias.
- Real Decreto 97/2014, de 14 de febrero, por el que se regulan las operaciones de transporte de mercancías peligrosas por carretera en territorio español.

Por tu cuenta

Consulta la legislación aprobada, con posterioridad a la publicación de este libro, para conocer las modificaciones o la derogación de algunos artículos de la normativa que se cita.

Importante

La temperatura de los productos ultracongelados se debe mantener ininterrumpidamente en todas sus partes a temperaturas iguales o inferiores a –18 °C.

También serán comercializados con la indicación de que son ultracongelados.

Este Real Decreto obliga a todas las empresas que transportan mercancías peligrosas o que realicen actividades de carga, descarga, embalado o llenado vinculadas a dicho transporte a designar un consejero de seguridad.

España, además de la legislación nacional, también cumple con la normativa del Convenio ADR vigente. El ADR 2017 contiene una serie de revisiones y enmiendas a los Anejos A y B del Acuerdo Europeo sobre Transporte Internacional de Mercancías Peligrosas por carretera, adoptadas en Ginebra el 1 de octubre de 2016.

Normativa del almacenamiento de alimentos

La venta y almacenaje de productos ultracongelados está regulada por el Real Decreto 1109/1991, de 12 de julio, por el que se aprueba la Norma General relativa a los alimentos ultracongelados destinados al consumo humano.

El alimento ultracongelado se define como aquel: «Que ha sido sometido a un proceso adecuado de congelación denominado congelación rápida, que permita llegar el alimento a la zona de máxima cristalización en el menor tiempo posible».

El citado Real Decreto regula, entre otros, los siguientes aspectos:

- Materias primas y equipos técnicos utilizados en los productos ultracongelados.
- Sustancias congelantes autorizadas que pueden estar en contacto con los alimentos (aire, hidrógeno y anhídrido carbónico).
- Temperatura y tolerancias (–18 °C con tolerancia de +/–3 °C).
- Almacenamiento, transporte y distribución de los alimentos ultracongelados.
- Envase y etiquetado. Se indicará expresamente «ultracongelado» o «congelado rápidamente»; fecha de duración mínima acompañada del período que puede ser almacenado y la indicación de la temperatura de conservación. También debe incluir identificación del lote y la mención «no congelar de nuevo tras la descongelación» u otra similar.

  El etiquetado de productos ultracongelados no destinados al consumidor, incluirá las siguientes indicaciones obligatorias: la palabra «ultracongelado» o «congelado rápidamente»; la cantidad neta expresada en unidad de masa o peso neto; la mención que permita identificar el lote; el nombre o razón social del fabricante o envasador, o el de un vendedor establecido en la UE, además de su domicilio. Estas menciones se incluirán en el embalaje, recipiente, envase o etiqueta unido al producto.

La **normativa española** sobre productos ultracongelados, perecederos, etc., es muy amplia, pero nos limitaremos a citar entre ellas:

- Real Decreto 1109/1991, de 12 de julio, sobre los alimentos ultracongelados destinados al consumo humano.
- Real Decreto 1202/2005, de 10 de octubre, sobre el transporte de mercancías perecederas y los vehículos especiales utilizados.
- Real Decreto 176/2013, de 8 de marzo, por el que se modifican y derogan total o parcialmente determinadas reglamentaciones técnico-sanitarias y normas de calidad referidas a los productos alimenticios.

Respecto a la **legislación europea** podemos hacer referencia a los siguientes reglamentos:

- Reglamento 37/2005, de la Comisión, relativo al control de las temperaturas en los medios de transporte y los locales de depósito y almacenamiento de alimentos ultracongelados destinados al consumo humano. Establece que deben disponer de instrumentos adecuados para controlar a intervalos regulares y frecuentes la temperatura a la que están sometidos.
- Reglamento 852/2004, de 29 de abril, del Parlamento Europeo y Consejo, relativo a la higiene de los productos alimenticios. Establece normas generales destinadas a los operadores de la empresa alimentaria, teniendo en cuenta los principios siguientes:
  1. El operador de la empresa alimentaria es el principal responsable de la seguridad alimentaria.
  2. Se debe garantizar la seguridad alimentaria del producto desde el origen (trazabilidad).
  3. No se debe romper la cadena de frío en el almacenamiento, transporte y venta de los productos alimenticios, en especial los congelados.
  4. Es obligatorio aplicar los procedimientos basados en los Principios de análisis de peligros y puntos de control crítico (APPCC) establecidos por la FAO (*Food and Agriculture Organization* de la ONU).
- Reglamento 853/2004, de abril, del Parlamento Europeo y de Consejo, por el que se establecen las normas de higiene de los alimentos de origen animal.

11.5.1. Implantación de sistemas de calidad

Los sistemas de calidad son un conjunto de normas o medidas que se toman en una organización para aumentar la calidad de los productos y servicios y mejorar la satisfacción del cliente. El objetivo de la normalización es elaborar una serie de especificaciones técnicas, que son utilizadas por la empresa de manera voluntaria, como referencia para demostrar la calidad y seguridad de sus productos o servicios.

Los sistemas más conocidos de control de calidad son las normas ISO (Organismo Internacional de Normalización) y el modelo EFQM (*European Foundation for Quality Management*, Modelo Europeo de Excelencia Empresarial).

Normas ISO

Las normas ISO se crearon con la finalidad de ofrecer orientación, coordinación, simplificación y unificación de criterios para empresas y organizaciones con el objeto de reducir costes y aumentar la efectividad, así como estandarizar las normas de productos y servicios para las organizaciones internacionales.

Las principales **ventajas de las normas ISO** para empresas y organizaciones son:

- Alcanzar y mantener mayores niveles de calidad en los productos o servicios.

Importante

El cliente o consumidor percibe los beneficios del sistema de calidad en:

- Productos mejor elaborados que cumplen los estándares de calidad.
- Refuerza su confianza en la empresa que invierte en la Gestión de la Calidad.
- Aumenta la fidelidad hacia la marca o el producto/servicio, cuando la empresa consigue el Certificado ISO de Calidad.

Concepto

Las series **OHSAS** 18001 son Sistemas de Gestión de Seguridad y Salud Ocupacional, *(Occupational Health and Safety Assessment Series).*

¿Sabías que...

La Certificación de Calidad en España la concede AENOR en función de la auditoría realizada por entidades especiales a las empresas.

- Satisfacer las necesidades de clientes cada vez más exigentes.
- Reducir costes, conseguir más rentabilidad y aumentar los niveles de productividad.
- Conseguir ventajas competitivas en el mercado.
- Reducir rechazos o incidencias en la producción o en la prestación de servicios.
- Implementar procesos de mejora continua.
- Ganar cuota de mercado nacional y mejor acceso a los mercados internacionales.

Los clientes se ven favorecidos por un mejor servicio y productos que cumplen con los requisitos obligatorios relacionados con la calidad, la seguridad o el cuidado del medio ambiente, entre otras cuestiones.

Las normas ISO se desarrollan en diferentes ramas o familias que tratan aspectos diversos como la calidad, el medio ambiente, la seguridad y riesgos laborales y la responsabilidad social. El proceso es continuo y periódicamente van apareciendo actualizaciones y nuevos ámbitos de tratamiento. Para su clasificación e identificación se agrupan por familias o series, cada una de ellas con una nomenclatura específica. Las categorías fundamentales son:

- Gestión de Calidad (serie ISO 9000): enfocadas a homogeneizar los estándares de calidad de los productos o servicios de las organizaciones públicas y privadas, independientemente de su tamaño o actividad.
- Gestión del medio ambiente (serie ISO 14000): para que las compañías puedan organizar sus actividades respetando el entorno y cumpliendo con la legislación vigente.
- Gestión de riesgos y seguridad (norma ISO 22000, OHSAS 18001, ISO 27001, ISO 22301 y otras): para evitar o minimizar los distintos riesgos y amenazas originadas por la actividad empresarial.
- Gestión de responsabilidad social (norma ISO 26000): para que la empresa tenga un comportamiento transparente y ético que forme parte de su modelo de gestión.

Modelo Europeo de Excelencia Empresarial

El Modelo Europeo de Excelencia Empresarial (EFQM) tiene como objetivo ayudar a las organizaciones (empresariales o de otros tipos) a conocerse mejor a sí mismas y, en consecuencia, a mejorar su funcionamiento. Este modelo establece que para que una organización sea excelente, debe ser excelente en su liderazgo, en su política y estrategia, y en la gestión de las personas, recursos y alianzas y procesos que en ella se realizan.

Los principios y fundamentos del modelo europeo EFQM se definen por la razón de ser del propio modelo; es decir, la satisfacción del cliente, la satisfacción del personal y la aceptación social de una organización. Las principales características del modelo EFQM son:

- Orientación hacia los resultados.
- Orientación al cliente.
- Liderazgo y coherencia.

- Gestión por procesos y hechos.
- Gestión e implicación de las personas.
- Proceso continuo de aprendizaje, innovación y mejora.
- Gestión de los recursos y desarrollo de alianzas.
- Responsabilidad social de la organización.

Observa en el siguiente gráfico los conceptos fundamentales de excelencia utilizados como referencia por el modelo EFQM.

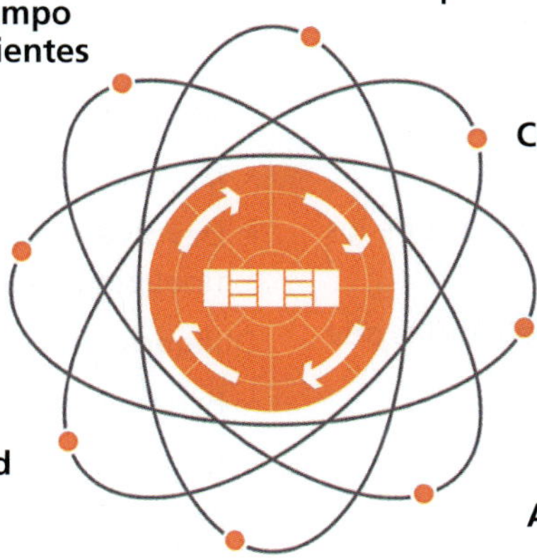

La aplicación del modelo EFQM permite a cualquier organización realizar un análisis objetivo, riguroso y estructurado de la actividad y los resultados que está obteniendo. A través de la **autoevaluación** se consigue una gestión más eficaz y eficiente; identificando los puntos fuertes y débiles aplicados a diferentes ámbitos de la organización y que son el punto de partida para el proceso de mejora continua.

El Club Excelencia en Gestión es una asociación empresarial sin ánimo de lucro, fundada en España en 1991. Su objetivo es impulsar la excelencia en España, como representante oficial de la EFQM, institución europea que impulsa el Modelo EFQM de Evaluación de la Excelencia, así como el Premio Europeo a la Excelencia.

La misión del Club Excelencia en Gestión es potenciar la competitividad global de las organizaciones y las personas que las componen. El objetivo del club es ser un lugar de referencia para el intercambio de conocimiento y ser reconocidos como creadores de opinión en los entornos avanzados de gestión a nivel nacional e internacional.

Resumen 11

Objetivos del Código Aduanero de la Unión:

- Facilitar el comercio internacional.
- Salvaguardar los intereses económicos y financieros de los países de la Unión Europea.
- Asegurar la seguridad y protección de las mercancías que circulen desde o hacia la Unión Europea.

Recintos aduaneros o «terminales de mercancías»:

- Puertos marítimos.
- Aeropuertos.
- Terminales de transporte por carretera o ferrocarril.
- Zonas francas.
- Depósitos aduaneros.
- Almacenes de Depósito Temporal (ADP).

Regímenes de almacenamiento, según el CAU:

- Regímenes generales: Despacho a Libre Práctica; exportación.
- Regímenes especiales: tránsito (externo e Interno); almacenamiento (depósitos aduaneros y depósito en zonas francas); destinos especiales (importación temporal y destino final); perfeccionamiento (activo y pasivo).

Tipos de depósitos aduaneros:

- Depósitos aduaneros públicos.
- Depósitos aduaneros privados.

Contrato de depósito: Aquel por el cual el depositante entrega un bien o mercancías al depositario para que se encargue de guardarlas y custodiarlas, debiendo restituirlas cuando el depositante las requiera o en el tiempo estipulado en el contrato.

Requisitos del contrato de depósito mercantil:

- Que el depositario sea comerciante.
- Que las cosas depositadas sean objeto de comercio.
- Que el depósito sea una operación mercantil.

Obligaciones del depositario:

- Guardar y conservar las mercancías.
- Devolver las mercancías a solicitud del depositante o al finalizar el plazo estipulado.

Obligaciones del depositante:

- Pagar el importe establecido por el depósito.
- Pagar al depositario los gastos y perjuicios ocasionados por los bienes depositados.

Sistemas de control de calidad:

- Normas ISO.
- Modelo EFQM.

Ventajas de las normas ISO para empresas y organizaciones:

- Aumentar la calidad de productos o servicios.
- Satisfacer las necesidades de los clientes.
- Reducir costes, aumentar la rentabilidad y la producción.
- Conseguir ventaja competitiva en el mercado.
- Reducir las incidencias de producción o servicios.
- Implementar procesos de mejora continua.
- Ganar cuota de mercado nacional.
- Tener mejor acceso a mercados internacionales.

Características del modelo EFQM de Excelencia:

- Orientación hacia los resultados.
- Orientación al cliente.
- Liderazgo y coherencia.
- Gestión por procesos y hechos.
- Gestión e implicación de las personas.
- Proceso continuo de aprendizaje, innovación y mejora.
- Gestión de los recursos y desarrollo de alianzas.
- Responsabilidad social de la organización.

Actividades de comprobación

Actividad 11.1

Indica **la** respuesta correcta de las siguientes preguntas:

1. **Cómo se denomina el sistema desarrollado por la Administración General de Aduanas para concentrar todas las operaciones que se realizan en las distintas aduanas del país en tiempo real:**
   a) Ventanilla Única (VU).
   b) Base de Datos Aduanera (BDA).
   c) Sistema Automatizado Aduanero Integral (SAAI).

2. **El Territorio Aduanero Común (TAC), en el caso de España coincide con:**
   a) El territorio incluido en la península.
   b) El territorio español, excepto Ceuta y Melilla.
   c) El territorio español, excepto las islas Baleares y Canarias y las ciudades de Ceuta y Melilla.

3. **Una declaración de importación, de mercancías introducidas en el TAC, se debe presentar en aduana:**
   a) Cuando llegan a cualquier aduana, zona franca o lugar designado y aprobado por las autoridades aduaneras.
   b) Cuando llegan a una frontera del Territorio Aduanero de la Unión (TAU).
   c) En cualquier aduana del TAU, cuando se realizan los trámites de importación 30 días antes de llegar las mercancías.

4. **Las mercancías de importación que entran en un país por un lugar autorizado pero distinto de una aduana, se tienen que declarar en un régimen aduanero:**
   a) En un plazo de 3 días para que sobre las mismas se declare un régimen aduanero o se reexporten.
   b) Se pueden declarar 30 días antes de llegar al país donde se descargan.
   c) Cuando llegan por barco disponen de 30 días para presentar la declaración de entrada.

5. **La autorización de recintos aduaneros es competencia:**
   a) Del gobierno de cada país.
   b) Del Código Aduanero Comunitario.
   c) De las Autoridades Aduaneras de cada país.

6. **Una empresa recibe en el aeropuerto de Madrid productos procedentes de China y los almacena en un Depósito Temporal (ADT) público. Dicha empresa puede tener allí las mercancías:**
   a) Tres días para introducirlas en un régimen aduanero.
   b) Treinta días para reexportarlas.
   c) Por tiempo ilimitado.

7. **Según el Código Aduanero de la Unión, el sujeto pasivo de operaciones de importación/exportación debe conservar los documentos de IAV e IVO:**
   a) Durante tres años, documentos e informes necesarios para formalidades o controles aduaneros.
   b) Durante un máximo de cinco años, cuando las autoridades aduaneras comuniquen correcciones del importe pagado.
   c) Durante mínimo diez años, cuando la deuda aduanera esté pendiente de procedimientos judiciales.

8. **Cuando no se pacta la remuneración de un contrato de depósito de mercancías, lo que el depositante debe pagar al depositario se determina:**
   a) Por el Código Aduanero de la Unión, según los usos del país donde se firma.
   b) Por el Código Civil, según los usos del lugar donde se firma.
   c) Por el Código de Comercio, según los usos del lugar donde se firma.

9. **La empresa Talleres Inclán ha obtenido el Certificado de Calidad ISO 9001. ¿Qué organismo o institución le ha concedido dicho certificado?**
   a) El organismo Internacional de calidad.
   b) La fundación EFQM, a través del Club Excelencia en España.
   c) AENOR España.

10. **La empresa ALMERINVER (invernadero de productos ecológicos) ha obtenido el Premio Europeo a la Excelencia Empresarial. ¿Qué organismo o institución le ha concedido dicho certificado?**
    a) El organismo Internacional de calidad.
    b) La fundación EFQM, a través del Club Excelencia en España.
    c) AENOR España.

Actividades finales

Actividad 11.2

Indica si son verdaderas (V) o falsas (F) las siguientes afirmaciones:

1. Los archipiélagos Baleares y Canarias están excluidos del territorio aduanero de España.
2. El Territorio Aduanero Común (TAC), en el caso de España, coincide con el de la península.
3. Los controles sanitarios y veterinarios para importación/exportación de animales vivos se realizan en los Puntos de Inspección Fronterizo (PIF).
4. El objetivo de la Base de Datos Aduanera de la UE es controlar las exportaciones e importaciones y sirve de base para la declaración tributaria.
5. La declaración sumaria de las mercancías de importación se puede presentar en una aduana distinta a la de entrada.
6. La autorización para ubicar un recinto aduanero la concede el Gobierno de cada país.
7. Las mercancías alemanas que llegan a España y se introducen en el régimen de Despacho a libre práctica adquieren el estatuto aduanero de mercancías de la Unión Europea.
8. Una empresa española tiene un almacén en la Zona Franca de Sevilla para el embotellado de aceite que después despachar a libre práctica sin tener que pagar derechos de exportación.
9. La Certificación de Calidad en España la concede AENOR en función de la auditoría realizada por entidades especiales que auditan a las empresas.

Actividad 11.3

Responde brevemente a las siguientes preguntas:

1. ¿Cuáles son los principales objetivos del Código Aduanero de la Unión?
2. ¿Qué ciudades, islas, comunidades, etc., pertenecen al territorio aduanero de España?
3. ¿Qué es un Punto de Inspección Fronterizo (PIF)?
4. ¿Qué debe hacer un empresario acogido al Régimen de Perfeccionamiento Activo, una vez terminadas las actividades de elaboración o montaje de los productos acogidos a dicho régimen?

Actividad 11.4

Cuando las mercancías viajan de un punto a otro de la Unión Europea se producen situaciones de tránsito por el TAU.

1. ¿Qué convenios regulan dicho transporte?
2. ¿Qué régimen o situación se produce según el CAU?

Actividad 11.5

¿Qué condiciones deben cumplir las mercancías que entran en un Régimen Aduanero a Libre Práctica?

Actividad 11.6

¿Qué es un depósito aduanero?

¿Cuántos tipos existen?

Actividad 11.7

¿Qué actividades puede realizar el empresario que introduce las mercancías de importación en el Régimen de Perfeccionamiento Activo?

Actividad 11.8

¿Qué requisitos debe cumplir un contrato de depósito de mercancías para que sea mercantil?

Actividad 11.9

Las normas ISO de calidad se desarrollan en diferentes ramas o familias. Indica las categorías fundamentales.

Actividad 11.10

¿Cuáles son los principios y las características del Modelo Europeo de Excelencia Empresarial (EFQM)?

Actividades de aplicación

11.11. Supongamos que quieres comprar un coche o una moto y por Internet has encontrado una ganga de segunda mano que te vende un ciudadano de Japón.

Has quedado con el vendedor que él contratará el transporte (a portes debidos) para que la entrega se realice en tu domicilio; pero como comprador tienes que realizar las gestiones de importación correspondientes.

Se pide:

Según la ciudad o provincia donde vives, localiza la dirección de la Administración en la cual tienes que gestionar los trámites y derechos de importación.

> **NOTA:**
> Consulta en Internet:
> Aduanas e Impuestos Especiales
> Sigue la ruta:
> Agencia tributaria – Castellano o el idioma que prefieras – Aduanas e Impuestos Especiales
> Despliega:
> ¿Dónde estamos?
> Encontrarás la Administración de Hacienda donde tienes que realizar las gestiones y pagar los derechos de importación.

11.12. La empresa Granja gallinas ponedoras (depositante) firma el 7 de marzo con la empresa PROGECO un contrato de depósito para la guarda y custodia de un contenedor jaula con 50 gallinas, para exportar a México, y cuyo barco tiene prevista la salida el 15 de marzo.

El contrato incluye cláusulas respecto a los cuidados y el alimento que tiene que dar el depositario a los animales. También incluye que los huevos que pongan las gallinas durante el tiempo que estén en depósito son propiedad del depositante y este proporcionará el pienso que necesiten los animales.

El precio que establecen entre ambos contratantes es 200 € por cada día que el contenedor permanezca en los almacenes PROGECO. Y el día de la firma el depositante deja 10 sacos de pienso para que el depositario pueda alimentar a los animales.

El día 10 de marzo el señor J. García, con autorización expresa de Granja gallinas ponedoras, se presenta en los almacenes PROGECO y habla con doña C. Muñoz (directora y con poderes de la empresa depositaria). Entre ambos realizan las siguientes actividades que quedan reflejadas documentalmente:

- El depositante retira los frutos (huevos) de la mercancía en depósito y entrega al depositario 15 sacos de pienso y un cheque bancario por un importe de 800 €.
- El depositario entrega un justificante de cobro en el cual incluye que el importe recibido es «a cuenta de la liquidación final» y se considerará como dinero cobrado si la cuenta tiene fondos. El día 11 doña C. Muñoz (en nombre de almacenes PROGECO) cobra el cheque de su cliente Granja gallinas ponedoras.

El día 14 de marzo el depositante (J. García) envía un correo electrónico al depositario (C. Muñoz) comunicando que no puede enviar las gallinas a México, pues no ha conseguido regularizar los documentos de exportación. El mismo día doña C. Muñoz responde por correo electrónico al señor García y le dice que tiene que retirar la mercancía porque necesita el espacio que lo tiene reservado para otro cliente.

El día 15 vence el contrato de depósito de mercancías, pero el depositario no ha recibido respuesta del depositante y este tampoco ha retirado la mercancía.

Se pide:

1. ¿Qué tiene que hacer el depositario?
2. ¿Qué obligaciones tiene el depositante?

11.13. El Servicio de Vigilancia Aduanera (SVA) realiza una inspección en los almacenes PROGECO y detectan que el contenido del contenedor (SSCC-00-3-779-123456789) no corresponde con la mercancía que figura en la Declaración Sumaria (manifiesto de carga) entregada a la Autoridad Aduanera al descargar dicho contenedor de la naviera ATLÁNTICO SHIPPING, SA procedente del puerto de Buenos Aires (Argentina). El contenedor es propiedad de la empresa EXPOMUR, SL.

La empresa EXPOMUR se dedica a la importación de cereales y otras mercancías y tiene firmado contrato de depósito de mercancías para unos 10 contenedores que se cambian según la llegada o partida de las navieras.

El contenedor es de 40 pies y en el manifiesto de carga consta que el contenido es maíz a granel, pero al abrirlo descubren que entre el maíz hay 2 contenedores isotérmicos de 10 pies con carne de buey. Dicho contenedor es confiscado y trasladado a los almacenes públicos del erario.

Se pide:

1. ¿Qué tiene que hacer el depositario?

   ¿Puede reclamar al depositante el precio de depósito aunque el contenedor ya no esté en sus almacenes?

   ¿Cuál es la situación del depositario ante las autoridades?

   ¿Ha incurrido en algún tipo de delito?

2. ¿Cuál es la situación del depositante?

   ¿Puede reclamar la mercancía?

   ¿Ha cometido algún tipo de delito?

12 Normas de seguridad en almacenes

INTRODUCCIÓN

La realización de un trabajo puede desencadenar múltiples peligros, por ello durante la vida laboral se debe proteger la seguridad de las personas, los materiales, los equipos, las instalaciones, etc. Los responsables en seguridad tienen que saber qué tienen que hacer en cada caso, cómo deben hacerlo, cómo conseguir que lo hagan los demás y, sobre todo, que se haga bien.

Cuando se detecta que ciertas actividades o máquinas pueden ocasionar peligros se establecen «normas de seguridad laboral». Con ellas mejoran las condiciones de trabajo y se evita o minimiza el riesgo de accidentes; por eso su cumplimiento es obligado para todos los trabajadores de la empresa. La «Ley de Prevención de Riesgos Laborales» y los sucesivos reales decretos regulan la conducta que debemos seguir durante la manipulación de materiales, el manejo de máquinas y equipos y cómo actuar en caso de peligro o incendio.

OBJETIVOS

- Conocer la normativa legal y las disposiciones generales que regulan la seguridad e higiene en el trabajo.
- Saber cuáles son las medidas y precauciones que se deben tomar para evitar los riesgos y accidentes derivados de las actividades de almacenaje.
- Desarrollar una actitud activa, participativa y responsable estableciendo criterios de actuación ante situaciones de emergencia (incendio, intoxicaciones, caídas, etcétera).

CONTENIDOS

12.1. Normas y legislación de seguridad laboral

Las normas que tratan sobre la seguridad laboral se clasifican en:

- **Normas generales.** Su contenido incluye temas comunes y su cumplimiento se extiende a todos los trabajadores de la empresa.
- **Normas específicas.** Están relacionadas con actividades de alto riesgo; tratan sobre la forma de realizar operaciones y tareas críticas.
- **Permisos y formas de trabajo.** Se adoptan para ciertas operaciones de alto riesgo. Por ejemplo: permiso para entrar en áreas limitadas, realizar trabajos con piezas calientes, utilizar equipos que desprenden chispas o fuego.

También conviene practicar la acción preventiva, tanto desde el punto de vista de necesidad como de obligatoriedad. La **prevención de riesgos laborales** es necesaria para:

- La empresa debe elaborar normas preventivas para cada situación; así evitará pérdidas derivadas de accidentes y enfermedades profesionales.
- El trabajador debe tener un comportamiento preventivo. Cuando no toma medidas de seguridad se arriesga a sufrir accidentes, enfermedades profesionales, etc., que repercutirán en su economía, su puesto de trabajo y su profesionalidad.
- Las Mutuas de Accidentes tienen que cumplir una función social que lleva implícita la acción preventiva. Para las Mutuas es una necesidad la prevención de accidentes y enfermedades profesionales.
- Las organizaciones sindicales y las asociaciones empresariales cuentan con unidades específicas para impulsar la acción preventiva, en defensa de los intereses de sus asociados, por razones sociales y morales humanitarias.

Importante

La **prevención de riesgos** se basa en el **conocimiento de las causas** que motivan accidentes, enfermedades, etc. Casi siempre existen posibilidades para prevenirlos; de esta forma se puede evitar y conseguir un perfecto desarrollo de la vida laboral.

12.1.1. Legislación básica

Las leyes y normas que regulan la prevención de riesgos laborales y el ámbito de obligaciones para todos los afectados son:

- La Constitución Española.
- El Estatuto de los Trabajadores.
- La Ley de Prevención y Riesgos Laborales.

La Constitución Española dice: «los poderes públicos fomentarán una política que garantice la formación y readaptación profesional; velarán por la seguridad e higiene en el trabajo y garantizarán el descanso necesario, mediante la limitación de la jornada laboral, las vacaciones periódicas retribuidas y la promoción de centros adecuados» (Art. 40.2). Además, en el Art. 43 obliga a los poderes públicos a desarrollar una política de protección de la salud de los trabajadores, a través de medidas preventivas y prestación de los servicios necesarios.

Importante

Los poderes públicos que están legalmente obligados, en materia de seguridad e higiene en el trabajo, son:

- Ministerio de Trabajo.
- Consejerías de Trabajo de las comunidades autónomas.
- Inspección de Trabajo y Seguridad Social.
- Otros organismos que dimanan de los poderes públicos.

Estatuto de los Trabajadores

El Estatuto de los Trabajadores señala las obligaciones de empresarios, técnicos, mandos intermedios, trabajadores y sus representantes legales en lo referente a la prevención de riesgos laborales.

El Art. 4.2,d) dice: «los trabajadores tienen derecho a su integridad física y a una adecuada política de seguridad e higiene».

El Art. 5 señala que los trabajadores tienen que cumplir las obligaciones concretas de su puesto de trabajo y observar las medidas de seguridad e higiene que adopte la empresa.

El Art. 19 se dedica a la Seguridad e Higiene y dice lo siguiente:

1. «El trabajador, en la prestación de sus servicios, tendrá derecho a una protección eficaz en materia de seguridad e higiene.
2. El trabajador está obligado a observar en su trabajo las medidas legales y reglamentarias de seguridad e higiene.
3. El trabajador tiene derecho a participar, por medio de sus representantes legales, en la inspección y control de las medidas de seguridad e higiene.
4. El empresario está obligado a facilitar una formación práctica y adecuada en materia de seguridad e higiene a los trabajadores que contrata.»

Los derechos y obligaciones concernientes a la relación laboral se regulan por:

- Las disposiciones legales y reglamentarias del Estado.
- Los convenios colectivos.
- La voluntad de las partes (manifestada en el contrato de trabajo).
- Los usos y costumbres locales y profesionales.

Ley de Prevención de Riesgos Laborales

La Ley de Prevención de Riesgos Laborales (Ley 31/1995, de 8 de noviembre, BOE de 10 de noviembre) tiene por objetivo «promover y proteger la seguridad y la salud de los trabajadores mediante la aplicación de medidas y el desarrollo de las actividades necesarias para la prevención de riesgos derivados del trabajo». Esta ley está estructurada en 7 capítulos y cada uno de ellos consta a su vez de una serie de artículos, cuyo contenido es el siguiente:

- **Capítulo I.** Objeto, ámbito de aplicación y definiciones (Arts. 1 al 4). También detalla una serie de definiciones básicas en el desarrollo de la misma, como prevención, equipos de trabajo, salud laboral, riesgos, etcétera.
- **Capítulo II.** Política en materia de prevención de riesgos para proteger la seguridad y la salud en el trabajo (Arts. 5 al 13). Detalla los objetivos de esta política, así como las actuaciones de las Administraciones Públicas, el Instituto Nacional de Seguridad e Higiene en el Trabajo, la Inspección de Trabajo y Seguridad Social y otros organismos relacionados con la prevención y competencias en materia sanitaria.

Por tu cuenta

El Estatuto de los Trabajadores es la normativa general que regula las relaciones laborales entre empresario y trabajadores, y establece derechos, obligaciones y deberes de ambas partes.

Puedes ampliar esta materia consultando:

- Real Decreto 1/1995, de 24 de marzo, por el que se aprueba el texto refundido de la Ley del Estatuto de los Trabajadores.
- Real Decreto Legislativo 2/2015, de 23 de octubre, por el que se aprueba el texto refundido de la Ley del Estatuto de los Trabajadores. Actualiza y modifica algunos puntos que no se contemplaban en el RD 1/1995.

Consulta: Edición actualizada del Estatuto de los Trabajadores (BOE del 7 de agosto 2018) y posteriores actualizaciones.

Cuando se trabaja en altura hay que llevar el equipo adecuado y evitar la caída de materiales y herramientas.

Para realizar trabajos de soldadura, con fuego o chispas, se necesita permiso y equipos de protección.

Por tu cuenta

Consulta la Ley 54/2003 de reforma del marco normativo de la prevención de riesgos laborales.

Consulta la edición actualización (BOE de 23 de julio de 2018). Busca también las posteriores modificaciones o actualizaciones.

Importante

El objetivo de la **Ley de Prevención de Riesgos Laborales** es adecuar la legislación española a la normativa de la UE y como transposición de la Directiva Europea 89/391/CEE, se aprueba la Ley 31/1995 de Prevención de Riesgos Laborales, modificada y actualizada por la Ley 54/2003, de 12 de diciembre.

El propósito es fomentar la **«cultura preventiva»** dotando de información y formación a los trabajadores. Esta ley aplica el principio: **«es necesario realizar un plan de prevención de riesgos que evite o disminuya los accidentes laborales antes de que se produzcan».**

- **Capítulo III.** Derechos y obligaciones (Arts. 14 al 29). Detalla los derechos y las obligaciones derivados de los riesgos laborales y los principios de protección y acción preventiva, tanto de empresarios como de trabajadores.
- **Capítulo IV.** Servicios de prevención (Arts. 30 al 32). Especifica la forma de llevar a cabo, en la empresa, la organización de los servicios de acción preventiva y protección de riesgos profesionales.
- **Capítulo V.** Consulta y participación de los trabajadores (Arts. 33 al 40). Establece los derechos de consulta y participación de los trabajadores en las cuestiones que afectan a la seguridad y la salud en el trabajo, así como las facultades de los Delegados de Prevención y el Comité de Seguridad y Salud.
- **Capítulo VI.** Obligaciones de los fabricantes, importadores y suministradores (Art. 41). Establece las obligaciones de estos colectivos, los cuales deben asegurar una comercialización segura de los equipos, máquinas, herramientas, etc., favoreciendo la seguridad de los usuarios.
- **Capítulo VII.** Responsabilidades y sanciones (Arts. 42 al 54). Detalla las responsabilidades que acarrea el incumplimiento de la ley, así como sus respectivas sanciones.

12.1.2. Derechos y obligaciones en materia preventiva

Los trabajadores tienen derecho a una protección eficaz en materia de seguridad y salud en el trabajo. Este derecho supone la existencia de unas obligaciones del empresario para proteger a los trabajadores a su servicio en todos los aspectos relacionados con el trabajo.

El empresario, entre sus responsabilidades, realizará la prevención de los riesgos laborales adoptando las medidas necesarias para la protección de la seguridad y la salud de los trabajadores.

Obligaciones del empresario

El Art. 15 de la Ley de Prevención de Riesgos Laborales establece las obligaciones que debe cumplir el empresario; algunas de las más importantes son:

- Evitar los riesgos, combatiéndolos en su origen, y evaluar los riesgos que no se puedan evitar realizando controles periódicos de las condiciones laborales.
- Adaptar el trabajo a la persona y seleccionar métodos de trabajo, equipos, máquinas, etc., que no originen peligro y reduzcan el trabajo monótono y repetitivo que repercute en la salud.
- Planificar la prevención, buscando un conjunto de técnicas coherentes que integren la organización del trabajo, las condiciones laborales, las relaciones sociales y la influencia de los factores ambientales en el trabajo.
- Analizar las posibles situaciones de emergencia y adoptar las medidas necesarias en materia de primeros auxilios, lucha contraincendios y evacuación de los trabajadores. Se darán instrucciones y se tomarán medidas que antepongan la protección colectiva a la individual.
- Facilitar a los trabajadores formación e información sobre los riesgos a los que van a estar expuestos y sobre las medidas de protección y prevención. Proporcionar a los trabajadores equipos de protección individual (EPI) adecuados para el desempeño de sus funciones y velar por el uso correcto y efectivo de los mismos.

- Garantizar a los trabajadores «medicina preventiva» a través de reconocimientos médicos periódicos; colaborar para que reciban asistencia de primeros auxilios y medicina reparadora, en caso de accidente laboral.
- El empresario está obligado a paralizar todo trabajo que pueda causar daño grave a los trabajadores, ante la aparición de un riesgo que se pueda materializar de forma inminente.
- El empresario está obligado a confeccionar y tener a disposición de la autoridad laboral la documentación siguiente: evaluación de riesgos y planificación de la actividad preventiva; medidas de protección y prevención a adoptar y los equipos de protección individual a utilizar; registro de todos los accidentes y enfermedades profesionales que hayan causado al trabajador una incapacidad laboral superior a un día de trabajo; resultados de los controles periódicos de las condiciones laborales; resultados de los controles médicos sobre el estado de salud de los trabajadores.

Cuando en un centro de trabajo realicen actividades trabajadores de dos o más empresas, estas deben cooperar para la aplicación de normas sobre prevención de riesgos laborales. El titular del centro de trabajo adoptará las medidas necesarias para que los otros empresarios reciban información sobre las instrucciones de protección y prevención, y las correspondientes medidas de emergencia a aplicar, para que las trasladen a sus respectivos trabajadores. El empresario también informará a los encargados del servicio de prevención y a los representantes de los trabajadores, en su caso, de la incorporación de este tipo de trabajadores.

Obligaciones del trabajador

Los trabajadores, con arreglo a su formación y siguiendo las instrucciones del empresario, deberán:

- Usar adecuadamente las máquinas, los aparatos, las herramientas, las sustancias peligrosas, los equipos de transporte y cualquier otro medio con el que desarrolle su actividad.
- Utilizar correctamente los medios y equipos de protección facilitados por el empresario, de acuerdo con las instrucciones recibidas de este.
- No poner fuera de funcionamiento y utilizar correctamente los dispositivos de seguridad existentes o que se instalen en los medios relacionados con su actividad o en los lugares de trabajo en los que esta tenga lugar.
- Informar de inmediato a su superior directo y a los trabajadores designados para realizar actividades de protección y de prevención o, en su caso, al servicio de prevención, acerca de cualquier situación que, a su juicio, entrañe, por motivos razonables, un riesgo para la seguridad y la salud de los trabajadores.
- Contribuir al cumplimiento de las obligaciones establecidas por la autoridad competente, con el fin de proteger la seguridad y la salud de todos los trabajadores en el trabajo.
- Cooperar con el empresario para que este pueda garantizar unas condiciones de trabajo que sean seguras y no entrañen riesgos.
- Seguir la formación teórica y práctica facilitada por el empresario y colaborar en la verificación de su estado de salud a través de reconocimientos médicos.

Recuerda

El empresario que no cumpla con sus obligaciones en materia de prevención de riesgos laborales será sancionado y dará lugar a responsabilidad administrativa, así como, en su caso, responsabilidad penal y civil por los daños y perjuicios que puedan derivarse de dicho incumplimiento. (Art. 42.1)

Los trabajadores están obligados a usar correctamente la maquinaria durante el desarrollo de su actividad.

Recuerda

Según el Art. 29 «Corresponde a cada trabajador velar, según sus posibilidades y mediante el cumplimiento de las medidas de prevención que en cada caso sean adoptadas, por su propia seguridad y salud en el trabajo y por la de aquellas otras personas a las que pueda afectar su actividad profesional, a causa de sus actos y omisiones, de conformidad con su formación y las instrucciones del empresario».

El incumplimiento por los trabajadores de las obligaciones en materia de prevención de riesgos a que se refieren los apartados anteriores tendrá la consideración de incumplimiento laboral a los efectos previstos en el artículo 58.1 del Estatuto de los Trabajadores o de falta, conforme a lo establecido en la correspondiente normativa sobre régimen disciplinario (Art. 29.3).

Actividad propuesta 12.1

El almacén de la empresa ALFA está dividido en varias zonas y en cada una están muy señalizadas las normas de prevención de riesgos laborales, el equipo de protección personal que deben llevar los operarios, etc. Las actividades que se realizan en la Zona «C» son de alto riesgo y, entre otros, es obligatorio el uso del casco; pues hay instalados transportadores aéreos para el traslado y almacenaje de mercancías.

El señor Pérez trabaja en la Zona «B» y cuando tiene que realizar algún trabajo en la Zona «F» pasa por la Zona «C» para acortar distancia.

Un día dos operarios de la Zona «C» estaban transportando barras de latón (cada unidad de carga estaba formada por 10 barras de latón debidamente sujetas, pero accidentalmente una carga se soltó de la eslinga y cayó desde una altura de 4 m. Las barras se desparramaron y una hirió al señor Pérez en la cabeza ocasionándole un corte de 14 puntos de sutura, cuatro días de hospitalización y un mes de baja laboral.

El señor Pérez demandó a la empresa y pide una indemnización por los daños que ha sufrido, aunque de momento el tribunal médico ha certificado que probablemente no le queden secuelas.

Se pide:

Analizar el caso y argumentar si la empresa tiene obligación de indemnizar al señor Pérez o, por el contrario, le tiene que sancionar por pasar por una zona reservada al personal autorizado y, además, sin el casco obligatorio para los trabajadores de dicha zona.

12.2. Factores de riesgo en el almacén

La mayoría de los accidentes laborales no se producen por causas naturales o inevitables, tienen su origen en unas condiciones de trabajo inadecuadas o en los denominados **factores de riesgo.** Los factores de riesgo se clasifican en: equipos de trabajo, condiciones ambientales, carga de trabajo y organización del trabajo.

- **Los equipos de trabajo** son necesarios para realizar las operaciones de almacenaje y manipulación de materiales, por ejemplo, máquinas, herramientas, instalaciones. Los daños que pueden causar estos equipos en la salud del trabajador son: accidentes, aplastamiento, atropellos, cortes y caídas.
- **Las condiciones ambientales** están presentes en el ambiente del local y pueden hacer que se resienta la salud del trabajador por la exposición a ruidos, vibraciones, vapores, gases, agentes químicos o biológicos, etcétera.
- **La carga de trabajo** se caracteriza por esfuerzos físicos que ocasionan lesiones en la espalda y las articulaciones, cuando el trabajador realiza actividades de carga y descarga manual durante períodos prolongados de tiempo.
- **La organización del trabajo** son aspectos relacionados con la distribución de las actividades que se realizan en el almacén. Los turnos de trabajo, la asignación de tareas, la forma de coordinarlas y realizarlas, las

La mayoría de los accidentes laborales se producen por no llevar el equipo de protección adecuado.

relaciones sociales y jerárquicas, etc., provocan en la salud del trabajador ansiedad, estrés, insatisfacción laboral, etcétera.

Daños en la salud del trabajador

El trabajador que realiza su actividad en condiciones deficientes puede sufrir, de forma inmediata o a largo plazo, lesiones como: accidente laboral, enfermedad profesional, fatiga laboral e insatisfacción laboral.

- **Accidente laboral:** se presenta de forma brusca e inesperada y produce en el trabajador lesiones físicas inmediatas. Los accidentes más comunes son por caída de personas u objetos, golpes y cortes, choques o atropellos contra objetos o vehículos, lesiones por contactos eléctricos, explosiones, incendios, etcétera.
- **Enfermedad profesional:** es un deterioro lento y paulatino de la salud, cuyos efectos pueden aparecer al cabo de varios años. La enfermedad profesional se produce por exposición a temperaturas ambientales extremas, exposición a sustancias nocivas, tóxicas o radiactivas, contacto con sustancias corrosivas, etcétera.
- **Fatiga laboral:** es el cansancio que produce toda actividad realizada en exceso; se produce por agotamiento físico o mental, exposición a condiciones deficientes de iluminación, ruido, ventilación, estrés, etc., y repercute en el rendimiento del trabajador.
- **Insatisfacción laboral:** es un estado emocional que ocasiona falta de motivación; es consecuencia de trabajos rutinarios, falta de comunicación en las relaciones laborales y jerárquicas, etc., sus secuelas se reflejan en la depresión, malestar y baja autoestima que sufren algunos trabajadores.

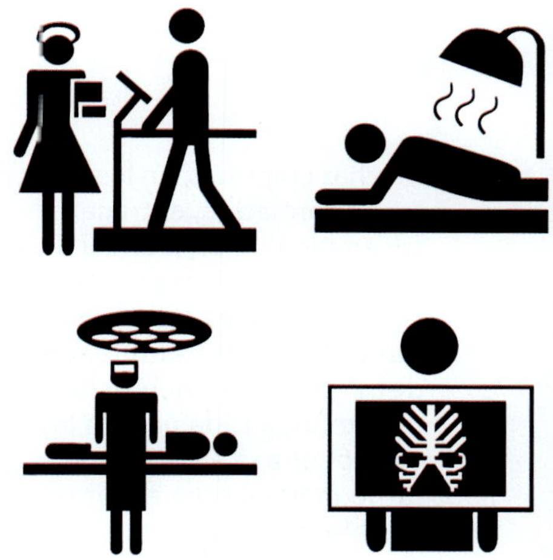

La medicina preventiva y los reconocimientos médicos periódicos permiten detectar las enfermedades a tiempo.

Tipos de accidentes

Clase 1. Lesiones de incapacidad. Incapacidad transitoria, incapacidad permanente, muerte.

Clase 2. Lesiones de atención médica. Incapacidad del herido inferior a una jornada laboral.

Clase 3. Lesiones de primeros auxilios. Atención en la empresa, duración inferior a una jornada.

Clase 4. Daños a la propiedad. Se incluyen todos los daños materiales.

El trabajador debe utilizar el equipo de protección obligatorio para cada actividad o zona del almacén.

12.3. Medidas preventivas de seguridad

La empresa debe aplicar una política de previsión de riesgos nombrando un departamento o servicio encargado de la **Seguridad Integrada,** que agrupe todos los problemas derivados de los riesgos, tanto si se trata de accidentes, como enfermedades, incendios, explosiones, robos, hurtos, fraudes, espionaje industrial, rotura de máquinas, fenómenos naturales, etcétera.

Respecto a la responsabilidad que adquiere cada trabajador en materia de seguridad laboral, el principio básico de Seguridad Integrada dice: **«el trabajador es responsable directo de todo aquello sobre lo que tiene obligación y autoridad o competencia, por razón del puesto de trabajo que desempeña».**

Los elementos que suponen mayores riesgos en el almacén son: orden y limpieza, señalización, condiciones ambientales, manipulación de máquinas y materiales, incendios y otros imprevistos.

Orden y limpieza

El orden y la limpieza consisten en cuidar el área de trabajo. Un almacén sucio y desordenado puede provocar accidentes por *caídas o resbalones,* al pasar por suelos grasientos, resbaladizos o húmedos, y *golpes o tropiezos,* con herramientas y materiales depositados en pasillos.

Cuando el almacén está ordenado y limpio se obtienen ciertas ventajas, como: el trabajo es más seguro y agradable; más fácil y fluido (se pierde menos tiempo buscando herramientas o materiales); más rentable (con menos tiempo se obtienen mejores resultados); más agradable y cómodo (disminuyen los accidentes y aumentan la productividad).

Las normas básicas para mantener el orden y la limpieza del almacén son:

- **Adoptar métodos seguros para el apilamiento de materiales.** No se deben sobrecargar las estanterías, recipientes y áreas de almacenaje, hay que considerar la altura de cada ubicación y la carga permitida por metro cuadrado. Antes de elevar la carga hay que comprobar que están despejadas las vías de paso y la zona de almacenaje, para evitar accidentes.
- **Máquinas y equipos de trabajo.** La limpieza y el mantenimiento de máquinas y vehículos de manutención reducen el número de averías, proporcionan seguridad al operario y evitan goteo de aceite o grasa en el suelo. Los elementos peligrosos de las máquinas se deben identificar con los colores del Sistema de Señalización para llamar la atención de su presencia y evitar peligros.
- **Herramientas y utensilios.** Las herramientas de mano, como matrices, hojas de sierra, cables y útiles de máquinas, deben estar ordenadas en armarios, soportes, estantes, ganchos o similares. Además, cuando se realizan trabajos en altura hay que evitar la caída de materiales y herramientas, para no lesionar a las personas situadas en un nivel inferior.
- **Desperdicios, recortes y desechos.** Los cartones y restos de envases-embalajes no se deben acumular en el suelo, estanterías o lugares de trabajo; se deben depositar en recipientes específicos y tomar las medidas necesarias para retirarlos según se van generando. Los desechos de

¿Sabías que...

Muchas empresas, en los cursos de formación, entregan a sus empleados un **Manual de Prevención de Riesgos Laborales** con todas las normas obligatorias. El empleado debe tomar conciencia y usar todos y cada uno de los objetos que se especifican en dicho manual para evitar un posible riesgo laboral.

Cuanto mayor son las competencias del trabajador, su responsabilidad es mayor ante las normas de seguridad y prevención de riesgos.

Recuerda

Los embalajes y las plataformas de madera deben mantener la estabilidad de las cargas y su apilamiento, para evitar que se deslicen o derrumben.

Los objetos pequeños se deben depositar en recipientes que faciliten el apilamiento y simplifiquen su manejo.

Las manchas de grasa se deben limpiar inmediatamente o cubrirlas con un compuesto absorbente y enarenar el suelo en caso de hielo.

materias combustibles se deben depositar alejados de los focos de calor y retirar antes de proceder a cualquier operación de soldadura, para evitar el peligro de incendio.

- **Suelos, pasillos, escaleras, accesos.** El suelo se conservará limpio de aceites, grasas u otras materias resbaladizas; también hay que examinar las máquinas que pierdan aceite o grasa y utilizar recipientes adecuados para su recogida, como alfombras de plástico tipo celdillas o similares. Los pasillos, escaleras y zonas de paso deben estar siempre libres de obstáculos y señalizados, para facilitar la circulación de personas y vehículos o la evacuación en casos de emergencia.
- **Señalización de pasillos, locales y almacenes.** Se deben señalizar los pasillos y lugares de almacenaje; establecer normas para que el personal no circule fuera de los pasillos y no dejen materiales fuera de los lugares señalados o sobresaliendo del pasillo. Los locales y accesos deben estar correctamente iluminados y provistos de protección contra golpes y caídas. También se debe advertir la presencia de obstáculos y zonas de peligro pintando pilares, vallas y zonas de extintores con franjas alternativas de color negro y amarillo.

Barredora aspiradora industrial.

Actividad propuesta 12.2

Un grupo de estudiantes están de visita en un almacén y un estudiante resbala al pisar leche derramada por una carga que se había caído cuando el operario intentaba depositarla en la estantería.

Se pide:

Analizar las posibles consecuencias del accidente.

¿Qué medidas de seguridad se deberían haber tomado?

Importante

El Real Decreto 485/1997, de 14 de abril, sobre **disposiciones mínimas en materia de señalización de seguridad y salud en el trabajo,** establece los colores, las formas y los símbolos que se deben emplear, así como su significado. También obliga al empresario a informar y formar a los trabajadores sobre las medidas de señalización y seguridad que adopte la empresa y el significado de las señales utilizadas.

12.3.1. Señalización: colores y símbolos normalizados

La señalización, como medida preventiva, advierte de los peligros, refuerza y recuerda normas de actuación y obligaciones. Las **señales de seguridad** son un conjunto de marcas, colores, sonidos, luces, signos, distintivos y otros elementos de comunicación que tienen un significado concreto. Además, estimulan la capacidad perceptiva del individuo ante situaciones de peligro y provocan una reacción.

Los principales **objetivos del sistema de señalización** son:

- Llamar la atención y recordar la existencia de determinados peligros, prohibiciones u obligaciones.

Por tu cuenta

Busca en Google y descárgate: **«Guía electrónica para la gestión del estrés y los riesgos psicosociales».**

Esta guía facilita información sobre el estrés laboral y los riesgos psicosociales relacionados con el trabajo con el fin de mejorar la sensibilización, comprensión y gestión de estas cuestiones en el lugar de trabajo. Está concebida para responder a las necesidades de aquellos empresarios y trabajadores de pequeñas empresas, que necesitan una orientación que incluya:

- **Explicaciones sencillas** sobre el estrés laboral y los riesgos psicosociales relacionados con el trabajo.
- **Consecuencias** para las empresas y los trabajadores.
- **Ejemplos prácticos** sobre cómo prevenir y hacer frente a los riesgos psicosociales.
- Referencias de la legislación nacional.
- Información sobre las herramientas prácticas y los **recursos nacionales.**

La señalización correcta evita riesgos innecesarios para los trabajadores.

- Orientar sobre la conducta a seguir, cuando se produzca una situación de emergencia que requiera medidas urgentes de protección o evacuación.
- Facilitar la localización e identificación de determinados medios o instalaciones de protección, evacuación, emergencia o primeros auxilios.
- Servir de guía cuando los operarios tengan que realizar trabajos, apilamientos o maniobras peligrosas.
- Advertir, sin equívocos, con suficiente anticipación de los peligros y provocar efectos reactivos.

Las señales de seguridad deben cumplir ciertos requisitos, como tener en cuenta los aspectos técnicos de normalización, para no entrar en conflicto con la reglamentación existente; disponer de los medios necesarios para su cumplimiento y conservarlas en perfecto estado de claridad y captación.

Colores y símbolos normalizados

Los colores pueden formar parte de una señal de seguridad o constituirla por sí mismos. Además de tener significado propio, mejoran la visibilidad de la señal, identifican el objeto y resaltan la existencia del peligro. Véase en la Tabla 12.1 los colores de seguridad, su significado y otras indicaciones sobre su uso.

Tabla 12.1. Significado de los colores de seguridad

Color	Significado	Indicaciones y precisiones
ROJO	Señal de prohibición.	Comportamiento peligroso.
	Peligro-alarma.	Alto, parada, dispositivos de desconexión de emergencia. Evacuación.
	Material y equipos de lucha contraincendios.	Identificación y localización.
AMARILLO o ANARANJADO	Señal de advertencia.	Atención, precaución. Verificación.
AZUL	Señal de obligación.	Comportamiento o acción específica. Obligación de utilizar un equipo de protección individual.
VERDE	Señal de salvamento o de auxilio.	Puertas, salidas, pasajes, material, puestos de salvamento o de socorro.
	Situación de seguridad.	Vuelta a la normalidad.
Cuando el color de fondo pueda dificultar la percepción del color de seguridad, se utilizará un color de contraste que enmarque o se alterne con el de seguridad. El **blanco** se utiliza con rojo, azul y verde, el **negro** con amarillo a anaranjado.		

Los **símbolos normalizados** proporcionan una información en **forma de panel** mediante la combinación de figuras geométricas y colores. Las **figuras geométricas** representan, de forma específica, peligros, precauciones, obligaciones, instrucciones de seguridad y lugares de paso. Véase la Tabla 12.2 (formas geométricas que se utilizan en la señalización) y la Figura 12.1 (tipos de señales).

Tabla 12.2. Formas geométricas y significado según el color

Forma	Significado	Color
Triángulo	ADVERTENCIA	Símbolo NEGRO sobre fondo AMARILLO y borde NEGRO. ** Para materias nocivas o irritantes, fondo ANARANJADO.
Círculo	PROHIBICIÓN	Símbolo NEGRO sobre fondo BLANCO, borde y banda en ROJO.
Círculo	OBLIGACIÓN	Símbolo BLANCO sobre fondo AZUL.
Rectángulo o cuadrado	EQUIPOS DE LUCHA CONTRA INCENDIOS	Símbolo BLANCO sobre fondo ROJO.
Rectángulo o cuadrado	SALVAMENTO O SOCORRO	Símbolo BLANCO sobre fondo VERDE.

Señales de advertencia

Forma triangular. Pictograma negro sobre fondo amarillo y bordes negros (el amarillo debe cubrir como mínimo el 50 % de la superficie de la señal).

Como excepción, el fondo de la señal sobre materias nocivas o irritantes será de color naranja, para evitar confusiones con otras señales similares utilizadas para la regulación del tráfico.

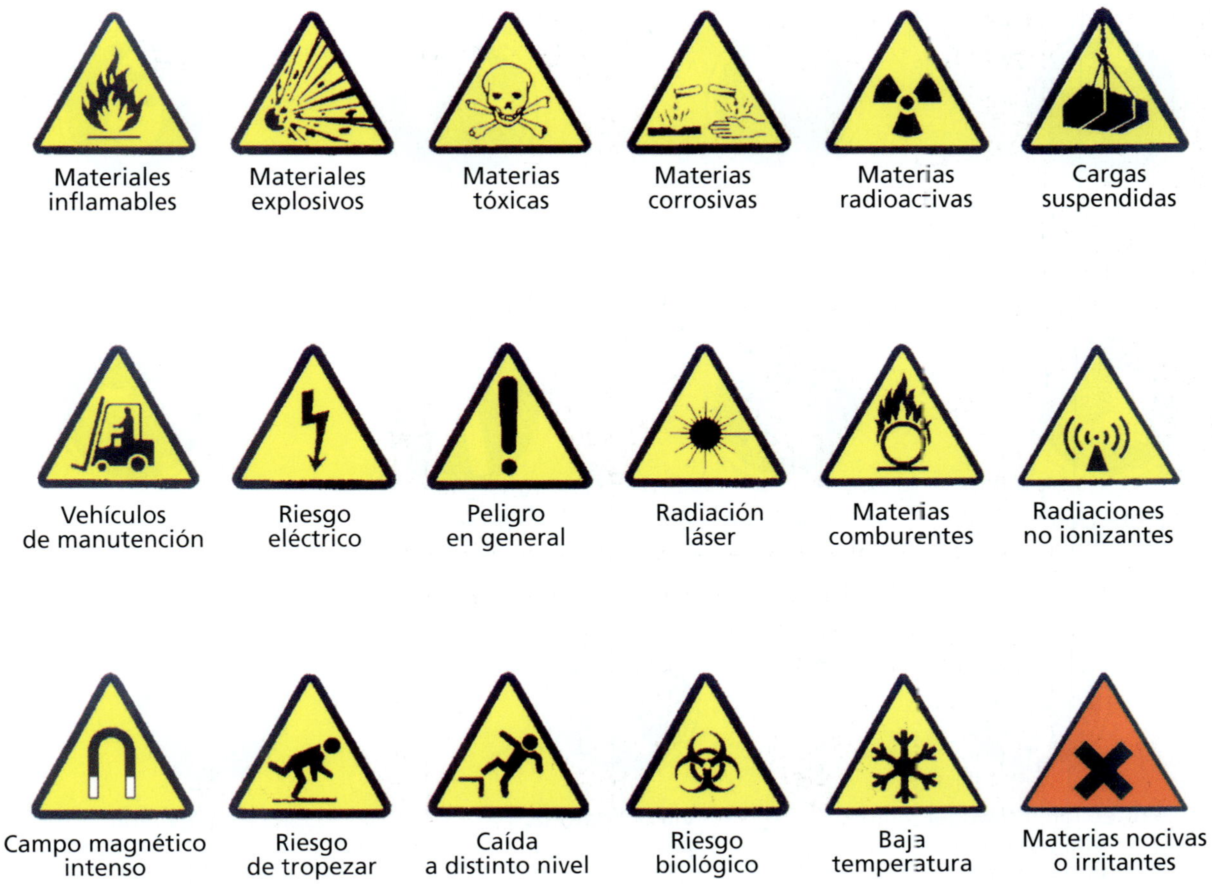

Figura 12.1. Tipos de señales en forma de panel.

Señales de prohibición

Forma redonda. Pictograma negro sobre fondo blanco, bordes y banda rojos (el rojo deberá cubrir como mínimo el 35 % de la superficie de la señal).

Prohibido fumar

Prohibido fumar y encender fuego

Prohibido pasar a los peatones

Prohibido apagar con agua

Agua no potable

Entrada prohibida a personas no autorizadas

Prohibido a los vehículos de manutención

No tocar

Señales de obligación

Forma redonda. Pictograma blanco sobre fondo azul (el azul deberá cubrir como mínimo el 50 % de la superficie de la señal).

Protección obligatoria de la vista

Protección obligatoria de la cabeza

Protección obligatoria del oído

Protección obligatoria de las vías respiratorias

Protección obligatoria de los pies

Protección obligatoria de las manos

Protección obligatoria del cuerpo

Protección obligatoria de la cara

Protección individual obligatoria contra caídas

Vía obligatoria para peatones

Obligación general (acompañada, si procede, de una señal adicional)

Figura 12.1. Tipos de señales en forma de panel.

Señales de los equipos de lucha contraincendios

Forma rectangular o cuadrada. Pictograma blanco sobre fondo rojo (el rojo deberá cubrir como mínimo el 50 % de la superficie de la señal).

Manguera para incendios

Escalera de mano

Extintor

Teléfono para la lucha contraincendios

Dirección que debe seguirse (señal indicativa adicional a las anteriores)

Señales de salvamento o socorro

Forma rectangular o cuadrada. Pictograma blanco sobre fondo verde (el verde deberá cubrir como mínimo el 50 % de la superficie de la señal).

Vía / Salida de socorro

Teléfonos de salvamento

Dirección que debe seguirse (señal indicativa adicional a las siguientes)

Primeros Auxilios

Camilla

Ducha de seguridad

Lavado de ojos

Figura 12.1. Tipos de señales en forma de panel.

Las señales más usadas son las visuales, aunque son igualmente eficaces las acústicas y las luminosas.

Señales acústicas

Las señales acústicas se transmiten a través de alarmas y sirenas. Cuando se activan advierten que tenemos que realizar determinadas acciones y se deben mantener en funcionamiento el tiempo necesario.

Las **características y los requisitos de las señales acústicas** son:

- La señal acústica debe tener un nivel sonoro superior al ruido ambiental, para que sea claramente audible sin llegar a ser excesivamente molesto. No se debe utilizar una señal acústica cuando el ruido ambiental es demasiado intenso.
- El tono de la señal acústica o, cuando se trate de señales intermitentes, la duración, intervalo y agrupación de los impulsos debe permitir su identificación y distinción frente a otras señales acústicas o ruidos ambientales.
- No se deben utilizar dos señales acústicas al mismo tiempo, crean confusión y pueden provocar que los trabajadores actúen al contrario de lo esperado.
- Si un dispositivo puede emitir una señal acústica con tono o intensidad variable o intermitente, o con tono o intensidad continuo, el tono intermitente se utilizará para indicar un mayor grado de peligro o una mayor urgencia para realizar la acción requerida. El sonido de una señal de evacuación será continuo.

Señales luminosas

Cuando están activas las señales luminosas provocan un contraste luminoso que se distingue con claridad de la luz normal del entorno.

Las **características y los requisitos de las señales luminosas** son:

- La intensidad de la luz emitida por la señal deberá asegurar su percepción, sin llegar a producir deslumbramientos, para reconocer si la luz es normal de trabajo o de peligro y seguridad.
- Cuando un dispositivo pueda emitir una señal continúa e intermitente, la señal intermitente se utilizará para indicar un mayor grado de peligro o una mayor urgencia para realizar la acción requerida.
- La superficie luminosa que emite la señal puede ser de color uniforme o llevar un pictograma sobre un fondo determinado.
- No se utilizarán al mismo tiempo dos señales luminosas que puedan dar lugar a confusión. Cuando se utilice una señal luminosa la duración y frecuencia de los destellos deberán permitir la correcta identificación del mensaje.
- Los dispositivos que se utilizan para emitir señales luminosas en situaciones de peligro grave deben ser objeto de revisiones especiales o ir provistos de una bombilla auxiliar.

Las señales luminosas y acústicas intermitentes deberán emplear idéntico código.

El buen funcionamiento de las señales luminosas y acústicas se comprobará antes de su entrada en servicio y, posteriormente, mediante las pruebas periódicas necesarias.

Cuando finalice la emisión de una señal luminosa o acústica se adoptarán de inmediato las medidas que permitan volver a utilizarlas en caso de necesidad.

Sabías que...

El significado de las señales acústicas radica en la forma de sonar (tono, ritmo, intensidad), duración del intervalo y agrupación de los impulsos.

Recuerda

El color de las señales luminosas se debe ajustar a los colores de seguridad y el pictograma deberá respetar las reglas aplicables a las señales en forma de panel. (Real Decreto 485/1997, Anexos I y II.)

Señales gestuales

Las señales gestuales son un conjunto de movimientos de brazos y manos. Se utilizan en el almacén para dirigir las maniobras de carga y descarga de mercancías, con medios de transporte y elevación, como carretillas o grúas. Estas señales las emite el encargado o la persona responsable de dar las instrucciones y las percibe el operario que realiza la maniobra, mediante la interpretación correcta de las indicaciones recibidas.

El encargado de emitir los gestos debe llevar uno o varios elementos con colores vivos (chaqueta, manguitos, brazalete, casco, etc.) para facilitar su localización ante el operario. Los gestos que se utilicen, entre ambos, deben ser claros, precisos, fáciles de realizar y de comprender y claramente distinguibles de cualquier otra señal gestual. La utilización al mismo tiempo de los dos brazos se hará de forma simétrica y para una sola señal.

Por tu cuenta

Consulta el conjunto de gestos generales que se establecen en el Anexo VI, del Real Decreto 485/1997, sobre disposiciones mínimas en materia de señalización de seguridad y salud en el trabajo.

Tabla 12.3. Señales gestuales de seguridad

A) Gestos generales		
Significado	**Descripción**	**Ilustración**
Comienzo Atención Toma de mando	Los dos brazos extendidos de forma horizontal, las palmas de las manos hacia adelante.	
Alto Interrupción Fin de movimiento	El brazo derecho extendido hacia arriba, la palma de la mano derecha hacia adelante.	
Fin de operaciones	Las dos manos juntas a la altura del pecho.	
B) Movimientos verticales		
Significado	**Descripción**	**Ilustración**
Izar	Brazo derecho extendido hacia arriba, la palma de la mano derecha hacia adelante, describiendo lentamente un círculo.	
Bajar	El brazo derecho extendido hacia abajo, palma de la mano derecha hacia el interior, describiendo lentamente un círculo.	
Distancia vertical	Las manos indican la distancia.	

C) Movimientos horizontales		
Significado	**Descripción**	**Ilustración**
Avanzar	Los dos brazos doblados, las palmas de las manos hacia el interior, los antebrazos se mueven lentamente hacia el cuerpo.	
Retroceder	Los dos brazos doblados, las palmas de las manos hacia el exterior, los antebrazos se mueven lentamente, alejándose del cuerpo.	
Hacia la derecha Con respecto al encargado de las señales	El brazo derecho extendido más o menos en horizontal, la palma de la mano derecha hacia abajo, hace pequeños movimientos lentos indicando la dirección.	
Hacia la izquierda Con respecto al encargado de las señales	El brazo izquierdo extendido más o menos en horizontal, la palma de la mano izquierda hacia abajo, hace pequeños movimientos lentos indicando la dirección.	
Distancia horizontal	Las manos indican la distancia.	

D) Peligro		
Significado	**Descripción**	**Ilustración**
Peligro Alto o parada de emergencia	Los dos brazos extendidos hacia arriba, las palmas de las manos hacia adelante.	
Rápido	Los gestos codificados referidos a los movimientos se hacen con rapidez.	
Lento	Los gestos codificados referidos a los movimientos se hacen despacio.	

Otras señales de seguridad

- **Avisos de seguridad:** son mensajes breves y claros que se utilizan para indicar peligros, precauciones e instrucciones. Estos avisos pueden estar dispuestos sobre una superficie en forma de panel, destacando de forma predominante el rótulo y el color, o se pueden emitir por megafonía.
- **Balizamientos:** se utilizan para delimitar una zona de trabajo o de tránsito mediante señales luminosas, banderolas, barreras fijas o móviles, cintas de delimitación, etcétera.
- **Señales olfativas:** son aditivos de gases inodoros que se esparcen para advertir de la presencia de sustancias nocivas, tóxicas o irritantes, como gases, polvo o humo. Ante la presencia de estas señales el personal debe tomar medidas preventivas y de seguridad para evitar la inhalación o el contacto, utilizando mascarilla, gafas, etcétera.
- **Señales gustativas:** son aditivos de sabor desagradable para advertir la presencia de productos tóxicos. Al igual que en el caso anterior, se deben tomar las medidas necesarias para no ingerir o contaminar otros productos comestibles.
- **Señales táctiles:** son recipientes rugosos o empuñaduras que nos advierten de peligros por contacto al tocar con las manos o rozar con la piel.

Balizamientos para delimitar zonas de trabajo.

Actividad propuesta 12.3

Desplazaros en grupos de dos o tres personas al supermercado o hipermercado más próximo y revisar las señales de seguridad, los extintores, las salidas de emergencia, etcétera.

¿Sabías que...

Cuando el trabajador realiza su actividad en condiciones de mucho calor o mucho frío, puede llegar a sufrir un estado de tensión, fatiga y abatimiento conocido como estrés térmico.

12.3.2. Condiciones ambientales

Unas condiciones inadecuadas de temperatura, humedad, ventilación e iluminación, unidas al nivel de actividad y el esfuerzo físico pueden provocar efectos negativos para la salud.

Respecto a las condiciones ambientales de los lugares de trabajo, el Real Decreto 486/1997 dice: «La exposición a las condiciones ambientales de los lugares de trabajo no debe suponer un riesgo para la seguridad y salud de los trabajadores. Asimismo, y en la medida de lo posible, las condiciones ambientales de los lugares de trabajo no deben constituir una fuente de incomodidad o molestia para los trabajadores. A tal efecto, deberán evitarse las temperaturas y las humedades extremas, los cambios bruscos de temperatura, las corrientes de aire molestas, los olores desagradables, la irradiación excesiva y, en particular, la radiación solar a través de ventanas, luces y tabiques acristalados».

Temperatura y humedad

Los locales cerrados deben reunir unas condiciones de temperatura y humedad adecuadas mediante la climatización del aire, independientemente de las condiciones climatológicas del exterior. Las condiciones que recomienda el citado Real Decreto son:

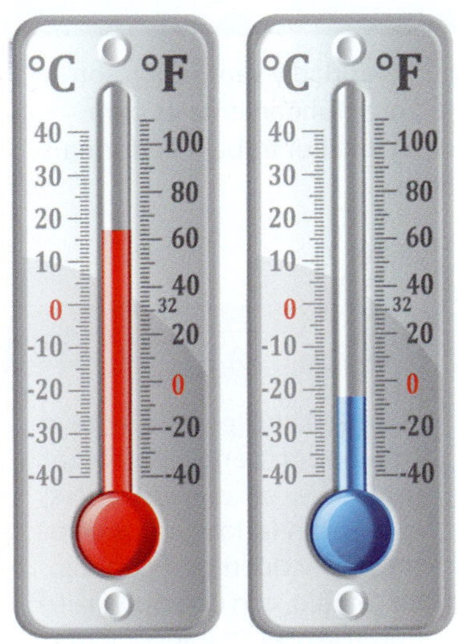

Debemos evitar las exposiciones a cambios bruscos de temperatura.

- La temperatura del local donde se realicen trabajos sedentarios, propios de oficinas o similares, estará comprendida entre 17 y 27 °C y, para trabajos ligeros, entre 14 y 25 °C.
- La humedad relativa estará comprendida entre el 30 y el 70 % en condiciones normales. La humedad no debe sobrepasar el límite del 50 % cuando exista riesgo de electricidad estática (no olvides que el agua es un magnífico conductor y, por ello, se producen rayos entre nubes).
- Los trabajadores no deberán estar expuestos de forma frecuente o continuada a corrientes de aire cuya velocidad exceda de 0,25 m/s para trabajos que se realizan en ambientes no calurosos, 0,75 m/s en ambientes calurosos y 0,50 m/s para trabajos sedentarios en ambientes calurosos. Estos límites no se aplicarán a las corrientes de aire utilizadas expresamente para evitar el estrés en exposiciones intensas al calor, ni a las corrientes de aire acondicionado para las que el límite será de 0,25 m/s para trabajos sedentarios y 0,35 m/s en los demás casos.

Sabías que...

Dentro de la jornada laboral, se deben realizar las tareas que requieren mayor esfuerzo físico en las horas de menos frío; también hay que limitar el tiempo de estancia en lugares fríos o muy calurosos, o aumentar la frecuencia y duración de los tiempos de descanso y recuperación.

Ventilación

La ventilación tiene por objeto renovar el aire, reponer el oxígeno y eliminar el aire viciado por la respiración, el sudor, los malos olores y otros contaminantes producidos por almacenamiento y manipulación de sustancias químicas. Para ventilar el local se puede utilizar:

- **Ventilación natural:** abriendo puertas, ventanas y otras aberturas que comuniquen con el exterior.
- **Ventilación forzada:** mediante ventiladores o equipos de aire acondicionado que permitan renovar el aire del local.
- **Extracción localizada:** colocando campanas extractoras en los lugares donde se generan humos, polvo o vapores, para extraerlos y evitar su dispersión en el ambiente.

Luminosidad y ventilación son factores fundamentales para desarrollar el trabajo de forma eficaz.

Iluminación

La iluminación es una fuente de riesgos; una luz deficiente puede generar accidentes en la manipulación de herramientas o máquinas. La iluminación de cada zona de trabajo se debe adaptar a las características de la actividad y las exigencias visuales necesarias.

El **lux** es la unidad de intensidad de iluminación, equivale a un flujo luminoso de 1 m^2 de superficie. El nivel de iluminación se mide en las zonas de uso general a 85 cm del suelo y en las vías de circulación a nivel del suelo. Véase en la Tabla 12.4 los niveles mínimos de iluminación.

Entre las **medidas preventivas de iluminación** en el almacén cabe destacar:

- Mantener niveles y contrastes de iluminación adecuados a las exigencias visuales de la tarea, evitando variaciones bruscas de iluminación en la zona de operación y sus alrededores.
- Evitar deslumbramientos directos de la luz solar o luz artificial de alta luminancia.
- Evitar deslumbramientos producidos por superficies reflectantes situadas en la zona de operación o sus proximidades.

Recuerda

Cuando la luz es deficiente el trabajador tiene que forzar la vista y, en consecuencia, aumentan la fatiga, los errores y los accidentes de trabajo; en cambio, con una buena iluminación el trabajo es más cómodo, seguro y eficaz.

- Utilizar sistemas de iluminación que no originen riesgos eléctricos de incendio o explosión, para cumplir con la legislación vigente.
- Establecer un programa de mantenimiento preventivo que contemple la sustitución rápida de focos de luz fundidos o agotados.
- Instalar alumbrado de emergencia de evacuación y seguridad, que se active ante un fallo del alumbrado.

Tabla 12.4. Niveles mínimos de luz para cada zona de trabajo

Niveles mínimos de iluminación en cada zona de trabajo	
Zonas donde se realizan tareas con: • Bajas exigencias visuales: 100 lux. • Exigencias visuales moderadas: 200 lux. • Exigencias visuales altas: 500 lux. • Exigencias visuales muy altas: 1.000 lux. • Áreas o locales de uso ocasional: 50 lux. • Áreas o locales de uso habitual: 100 lux.	**Sala de almacén y cámaras refrigeradas** • Almacenes ocupados habitualmente: 100 o 200 lux. • Áreas de embalaje: 300 lux. **Áreas de almacenamiento en estanterías** • Pasillos sin trabajadores: 20 lux. • Pasillos con trabajadores: 200 lux. • Puestos de control: 200 lux. **Zonas de circulación** • Muelles de carga y descarga: 150 lux.
Estos niveles mínimos se deben duplicar cuando: • Existan riesgos apreciables de caídas, choques u otros accidentes. • La tarea a realizar no permita errores que puedan suponer peligro para los trabajadores.	

El alumbrado de emergencia es fundamental para evitar riesgos en caso de apagón.

Recuerda

Debemos evitar deslumbramientos, cambios bruscos de luz de unos espacios a otros, focos «cegadores», y todo lo que suponga un riesgo para las personas que trabajan con luz artificial.

¿Sabías que...

Los músculos de las piernas son los más fuertes del cuerpo, en cambio, doblando la espalda se pueden originar lesiones en la columna.

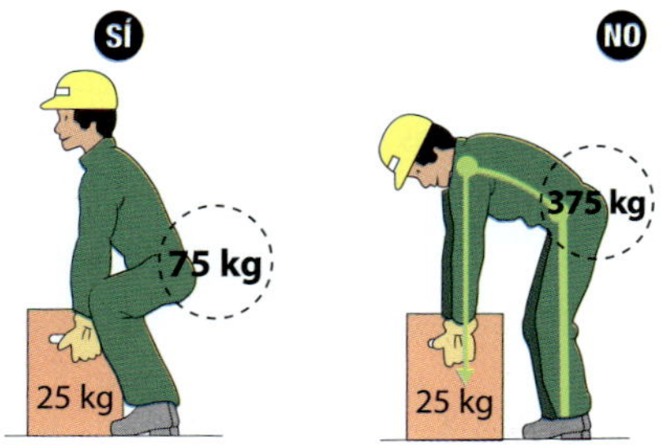

Forma correcta de manipular la carga.

Debemos tener especial cuidado con la manipulación manual de cargas para no lesionarnos.

12.4. Riesgos durante el manejo de cargas

Una parte considerable del trabajo que se realiza en el almacén consiste en manipular cargas; moverlas en sentido vertical (levantamiento a diferentes alturas) o en sentido horizontal (traslado de un lugar a otro del almacén).

Las cargas se manipulan unas veces de forma manual y otras con medios mecánicos más o menos automatizados (carretillas elevadoras, transpaletas, etc.). En ambos casos existen situaciones de peligro que pueden provocar daños a la persona que manipula la carga, los operarios que trabajan en las inmediaciones, la propia mercancía, las máquinas, etc. Por ejemplo, una carga inestable en una carretilla elevadora puede provocar la caída de la mercancía y un exceso de carga puede provocar el vuelco de la carretilla.

Manejo manual de cargas

La manipulación manual de materiales y el levantamiento de pesos son las actividades que producen más lesiones de espalda, golpes por caída de productos, esguinces, torceduras, cortes, etc. Las causas más comunes de estos riesgos se deben a errores, como: manipular cargas muy pesadas, trasladar la carga a largas distancias, colocar la carga a una altura elevada, agarrar la carga incorrectamente, realizar movimientos y posturas inadecuadas del cuerpo y realizar estas operaciones de forma repetitiva y continuada en el tiempo.

Para realizar correctamente las actividades debemos seguir unos principios de seguridad y economía de esfuerzo, tomando las siguientes precauciones:

- Levantar la carga lo más cerca posible del cuerpo, tomándola a una altura aproximada de 75 cm del suelo. Las cargas superiores a 5 kg se deben manipular de pie y el peso máximo no debe superar los 25 kg.
- Utilizar la fuerza de las piernas, manteniendo la espalda recta. Se deben flexionar las piernas, formando un ángulo de 90° entre el muslo y los gemelos.
- Debemos buscar el equilibrio del cuerpo, manteniendo los pies separados y uno ligeramente delante del otro.
- Agarrar la carga con las dos manos utilizando la palma y la base de los dedos, para tener mayor superficie de agarre y reducir esfuerzo y fatiga.
- Evitar movimientos giratorios del tronco, debemos fijar la columna para mantener la espalda recta. Para ello se orientan los pies en la dirección que vamos a tomar la carga, hundimos ligeramente los riñones y bajamos la cabeza. Después de levantar la carga el movimiento se hará girando todo el cuerpo y moviendo los pies con pequeños desplazamientos.

Antes de iniciar la manipulación de mercancías y cargas es conveniente hacer ciertas comprobaciones y tomar las medidas de seguridad necesarias, como en los casos siguientes:

- Cuando los productos tengan sustancias resbaladizas debemos eliminarlas o utilizar herramientas adecuadas que eviten el contacto directo con el producto.

- Cuando la forma o el tamaño del producto dificultan su manipulación debemos utilizar herramientas adecuadas para su manejo y estabilidad.
- Cuando los productos que estemos manipulando puedan generar daño al caer debemos utilizar calzado de seguridad normalizado.
- Cuando el producto tenga partes o elementos cortantes, que no es posible eliminar, debemos utilizar guantes de seguridad normalizados.

12.4.1. Manejo de cargas con medios mecánicos

Como hemos visto en unidades anteriores, existen muchos medios mecánicos que podemos utilizar para el manejo de mercancías dentro y fuera del almacén. El uso inadecuado de dichas máquinas puede provocar situaciones de riesgo para el personal que las maneja así como para aquellas personas y mercancías que se encuentren en las proximidades. Por eso, antes de utilizar una máquina por primera vez, es conveniente tomar ciertas medidas de seguridad, por ejemplo: saber para qué operaciones está diseñada, qué riesgos puede causar su utilización y cuáles son las instrucciones de manejo y seguridad.

El manejo de medios mecánicos implica conocer perfectamente su funcionamiento para evitar accidentes.

Normas para los aparatos de elevación

Dentro de este apartado se incluyen los distintos tipos de grúas, polipastos y poleas. Las normas de seguridad que se deben tener en cuenta son:

- La carga máxima nunca debe ser superior a la especificada por el fabricante del aparato. La capacidad de carga o resistencia que puede soportar cada eslinga debe estar claramente señalizada en lugar visible (en la anilla de la eslinga o en un ramal).
- Debemos disponer de eslingas de buena calidad y sustituir las que estén en mal estado (deformadas, deshilachadas o corroídas). Hay que evitar que la eslinga se apoye sobre aristas vivas o formando ángulos agudos, se deben proteger las aristas con trapos, sacos o escuadras de protección para que la carga suspendida no deteriore o corte la eslinga.
- Antes de elevar la carga, debemos comprobar que está centrada y las eslingas bien colocadas y sin ningún defecto. La elevación y el descenso de la carga se hará despacio, evitando todo arranque o parada brusca, y en sentido vertical para evitar el balanceo.
- Durante el traslado de la carga, el encargado de dirigir la maniobra debe observar todo el recorrido, si alguna parte del trayecto no es visible uno o varios trabajadores efectuarán las señales adecuadas para la correcta carga y desplazamiento. Cuando se observe que la carga no está colocada correctamente, el operario hará sonar la alarma de precaución y descenderá la carga.
- El riesgo de cargas suspendidas debe estar correctamente señalizado para que ningún trabajador permanezca en la vertical de la izada y cuando se trabaje sin carga el operario levantará el gancho para evitar golpear a las personas o los objetos. No debemos dejar cargas suspendidas, ni transportar personas sobre las cargas, ni ganchos o eslingas vacías.

Importante

Cuando se aumenta el ángulo de la eslinga se debe reducir la carga, pues el ángulo que forman entre sí los ramales de una eslinga, abrazando la carga, disminuye la resistencia de esta (cuanto mayor es el ángulo, mayor es el esfuerzo que realiza la eslinga).

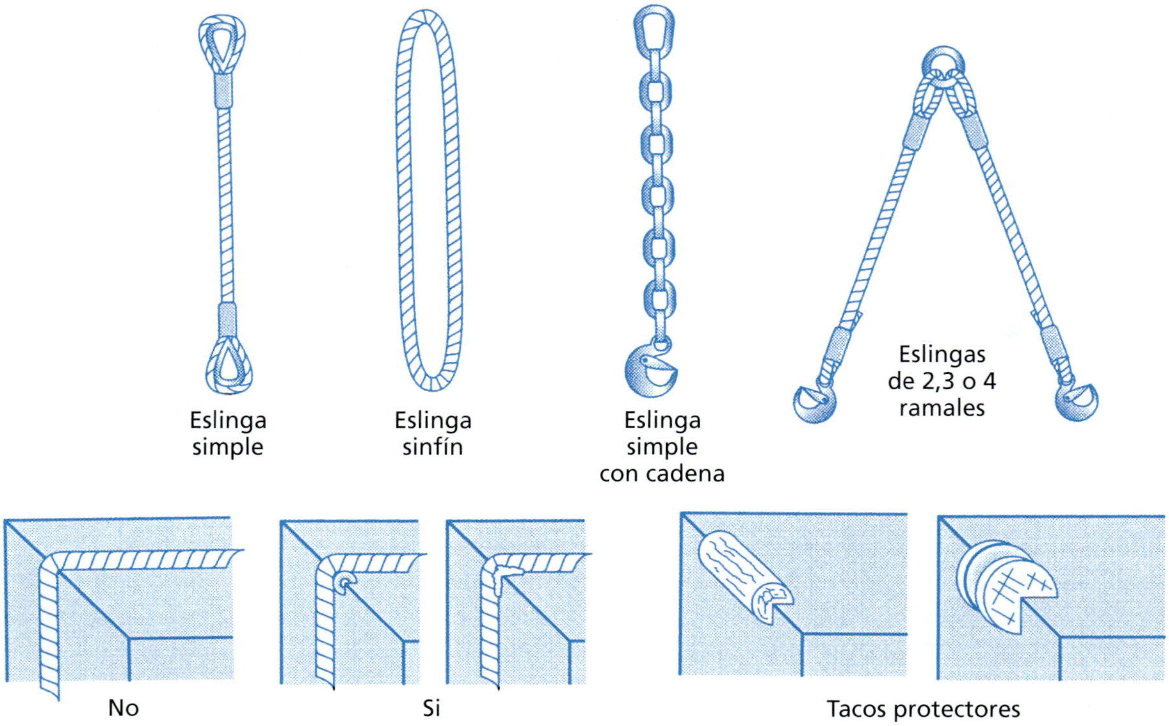

Figura 12.2. Eslingas y tacos protectores para sujetar las cargas.

Recuerda

Conducir una carretilla es un trabajo que exige durante todo el tiempo el 100 % de concentración, ya que un frenazo imprevisto puede provocar un accidente.

Importante

- La carga máxima permitida debe estar señalizada de manera visible y no se debe superar.
- La carretilla no se debe utilizar para el transporte y elevación de personas.
- Con las horquillas en alto se eleva el centro de gravedad carretilla-carga por lo que es menos estable, sobre todo cuando la carretilla va de vacío.

Normas para las carretillas elevadoras

Las principales normas de seguridad de las carretillas son:

- Inspeccionar el funcionamiento correcto, antes de empezar el trabajo. No se debe utilizar una carretilla que no disponga o tenga estropeados los medios de protección (resguardos, frenos, etcétera).
- Acceder al puesto del conductor utilizando los medios de sujeción y apoyo instalados en la máquina; mantener el cuerpo y las extremidades dentro de la cabina; mirar siempre en el sentido de la marcha y, cuando circule detrás de otro vehículo, mantener una distancia equivalente a tres veces la longitud de la carretilla.
- Colocar correctamente la carga para mantener la estabilidad de la carretilla; no debemos conducir con una carga inestable. La estabilidad varía según esté la carga en posición baja o alta, se mueva en horizontal o circule por terreno inclinado, una carga puede parecer segura en posición baja y resultar peligrosa al elevarla.
- La elevación y descenso de la carga se debe hacer con suavidad y utilizar los medios de presión y sujeción adecuados para evitar que se caiga.
- Durante el traslado no se debe elevar la carga a una altura superior a 20 cm del suelo y el soporte de las horquillas irá inclinado hacia atrás. Siempre se debe circular por las vías señalizadas, en línea recta y a velocidad moderada, acelerar y frenar despacio.
- El descenso de pendientes con carga se debe hacer marcha atrás, el giro en una pendiente supone riesgo inminente de vuelco. **(Recuerda: «con las horquillas cargadas hay que ir cuesta arriba y vacías cuesta abajo».)**

- La carga no debe impedir la visibilidad del conductor; en caso contrario se debe conducir marcha atrás y aprovechar dispositivos de alarma sonora y luminosa que permitan señalizar la localización de la carretilla.
- En las zonas de carga y descarga se requiere concentración y comunicación con la persona que dirige las maniobras, y en lugares con mala visibilidad o peligrosos, como las esquinas, se debe utilizar el sistema de alumbrado para distinguir el entorno de trabajo y que terceras personas vean la máquina.

Normas para las transpaletas

Además de las normas de seguridad en el manejo de las carretillas elevadoras, conviene destacar las siguientes normas específicas en el uso de transpaletas:

- Cuando cargamos una paleta debemos comprobar que está bien centrada en las horquillas, en caso contrario, puede volcar la carga al levantar la paleta.
- Debemos elevar la carga con precaución; pues, como las horquillas de la transpaleta son largas, existe la posibilidad de levantar, al mismo tiempo, el extremo de otra paleta y provocar su caída.
- Antes de descender la carga debemos comprobar que no hay nadie en las inmediaciones, para evitar posibles aplastamientos. Si las mercancías son frágiles hay que descenderlas con suavidad.
- El descenso de pendientes deberá realizarse a velocidad lenta y al dar marcha atrás debemos mirar para evitar chocar con algún obstáculo (pared, columna, bulto, etcétera).

Mantenimiento de los medios mecánicos

El mantenimiento consiste en una conservación adecuada de las instalaciones y los equipos. Los sistemas de mantenimiento que se pueden adoptar son:

- **Mantenimiento correctivo.** Consiste en reparar todas las averías y defectos en el momento que se producen o las comunican los usuarios. Durante el mantenimiento correctivo siempre hay paro que origina pérdida y, a veces, viene precedido del accidente con lesión. El inconveniente de este mantenimiento es que no se puede establecer un programa de trabajo para las reparaciones.
- **Mantenimiento preventivo.** Tiene por objeto conocer el estado de equipos e instalaciones y programar las revisiones, la corrección y la sustitución de los elementos más vulnerables o en estado crítico. El mantenimiento preventivo es muy eficaz ya que tiende a eliminar los peligros derivados de las piezas defectuosas, detectadas antes de que se produzca la avería o accidente, así se consiguen eliminar las lesiones personales, las pérdidas por interrupción del proceso y los daños materiales en equipos, instalaciones y materiales.
- **Mantenimiento predictivo.** Trata de prever el momento de rotura o avería del equipo, midiendo el grado de desgaste de los elementos críticos, como engranajes, rodamientos, embragues, etc. Este tipo de mantenimiento considera cada máquina independientemente y se basa en el estudio de las vibraciones mecánicas como indicador del estado de desgaste. Los componentes y elementos de seguridad (accesorios de sujeción y elevación, dispositivos de alarma sonora y luminosa, etc.) se deben sustituir o reparar antes de que se averíen o fallen.

El correcto mantenimiento de los medios mecánicos evita accidentes inesperados.

La manipulación de la carga con medios mecánicos debe atender a unas normas de seguridad.

12.4.2. Riesgos durante el almacenaje de materiales

Los riesgos o accidentes más comunes, durante el almacenamiento de materiales, son:

- Golpes, aplastamientos y caída de materiales, por colocar mal las mercancías, sobrecargar las estanterías y utilizar paletas defectuosas o en mal estado.
- Atropellos con los vehículos de manutención, por dificultades de visibilidad o por realizar mal las maniobras o los apilamientos.
- Incendios y explosiones, por almacenar juntos productos incompatibles o que pueden generar una reacción química violenta.

Normas para el almacenaje de productos

Las principales normas y medidas de seguridad que debemos respetar para evitar accidentes o lesiones tanto a personas como a materiales, instalaciones o equipos, son:

- Las zonas de almacenaje deben estar señalizadas y clasificadas para identificar los materiales depositados. Cada estantería tendrá señalizada, en lugar visible, la carga máxima que puede soportar y deben estar protegidos y señalizados los puntos que estén sometidos a posibles choques.
- El apilamiento debe ser homogéneo, ofrecer estabilidad, respetar la altura máxima en función de la resistencia y la forma de los materiales. Se debe respetar la zona reservada para ciertos productos que puedan producir reacción química o inflamación.
- Se debe comprobar periódicamente el estado de embalajes, paletas y plataformas; para retirar las que estén deterioradas, deformadas o defectuosas.
- Cuando una paleta esté aplastada o tenga parte de la carga caída no se debe sacar o mover del lugar de almacenamiento, antes de su traslado hay que desmontarla y volver a embalar correctamente la mercancía.
- Los almacenes que manejan sustancias químicas peligrosas se deben atener a las normas legales que regulan el almacenamiento y manipulación de cada tipo de producto. Las instrucciones de trabajo y medidas preventivas se deben colocar en lugar visible.
- Las sustancias peligrosas se deben señalizar con etiquetas y pictogramas (dibujos, figuras o símbolos); informar sobre tipo de peligro, riesgos específicos y medidas de seguridad durante su manejo y almacenamiento.
- El almacenaje de sustancias peligrosas se realiza en recipientes herméticamente cerrados. Las zonas o áreas deben estar protegidas y ventiladas, con paredes resistentes al fuego.
- Hay que mantener la temperatura y la humedad controlada para sustancias que emiten gases tóxicos o inflamables, que generen intoxicaciones agudas o incendios y explosiones.
- Se debe instalar un sistema que asegure la retención de líquidos corrosivos o inflamables, en caso de fugas o derrames masivos, y disponer de medios específicos para su neutralización y limpieza.

Importante

La normativa legal, respecto a las mercancías peligrosas, establece que se debe limitar la cantidad almacenada a la estrictamente necesaria. Además, las sustancias químicas peligrosas se almacenarán en zonas específicas, agrupándolas según el grado de riesgo y evitando la proximidad de productos que puedan generar reacciones violentas.

La carga debe permitir la visibilidad del conductor.

Volteador de bidones.

Tipos de sustancias en función de su peligrosidad

- **Inflamables:** son las que arden con gran facilidad. El grado de peligrosidad se determina por el «punto de inflamación», que es la temperatura mínima a la cual se produce la inflamación.
- **Tóxicas:** son sustancias venenosas que, al entrar en el organismo por inhalación, ingestión o a través de la piel provocan daños graves.
- **Corrosivas:** son aquellas que, al ponerse en contacto con el organismo, irritan o destruyen los tejidos, causando necrosis.
- **Nocivas o irritantes:** son las que al introducirse en el organismo por inhalación, ingestión o a través de la piel, pueden generar riesgos para la salud, sin que lleguen a ser tóxicas.
- **Oxidantes:** son aquellas que pueden producir reacciones químicas peligrosas, como los ácidos.

12.4.3. Equipos y prendas de protección personal

Los equipos y prendas de protección personal se utilizan para disminuir o evitar lesiones y daños. Estos elementos actúan en el momento del contacto, por eso están catalogados como medidas de protección contra accidentes y enfermedades profesionales. Las prendas de protección representan una mayor comodidad o facilidad para realizar el trabajo; aunque a veces también pueden producir efectos contrarios si se utilizan de forma inadecuada. Por eso, antes de implantar un equipo de protección hay que analizar los siguientes aspectos:

- **Seleccionar el elemento más adecuado:** identificando el peligro a proteger, las exigencias y circunstancias del trabajo, el grado de protección deseado, la homologación correspondiente a la clase de protección, la comodidad dentro de los márgenes de seguridad y la línea estética o aspecto agradable.
- **Comprobar el grado de utilización:** verificando la necesidad de su utilización, informando sobre su uso correcto, asignando prendas individuales para cada trabajador y responsabilizando al usuario, imponiendo disciplina de utilización y disponibilidad.
- **Conservar en buenas condiciones:** limpiando periódicamente y verificando su estado; fijando el tiempo de duración y asegurando su sustitución inmediata; teniendo existencias y almacenándolas en condiciones y lugares adecuados.

Véase en la Tabla 12.5 una relación de las prendas de protección personal más importantes, en función de la parte del cuerpo que protegen para evitar lesiones por accidentes o contacto.

Recuerda

Cuando las medidas de prevención resultan insuficientes o no se pueden aplicar es necesario recurrir a las prendas de protección personal. Otras veces, el objetivo de las prendas de trabajo es proporcionar a los trabajadores protección frente al calor, el frío, el viento y la humedad.

Dependiendo del tipo de producto que manipulemos, debemos utilizar, el equipo adecuado de protección.

Tabla 12.5. Equipos y prendas de protección personal

Equipos y prendas de protección personal	
Riesgos por accidente o contacto	**Región a proteger/Prenda o equipo**
• Caídas al realizar trabajos en altura. • Golpes por caída de objetos y contra objetos o salientes agudos. • Aplastamiento con objetos o cargas pesadas. • Magulladuras, cortes, rozaduras y pinchazos. • Aprisionamiento del cabello y las extremidades, dedos, manos, brazos, piernas, etcétera. • Descargas eléctricas y electroestáticas. • Proyección de chispas o partículas. • Salpicaduras de metal fundido o productos químicos. • Radiaciones ionizantes. • Contaminación con productos químicos, agentes biológicos, gases y sustancias agresivas. • Quemaduras por suelos u objetos calientes, llamas o fuego. • Estrés térmico o abatimiento por calor, frío, viento, humedad, etc. • Deslumbramiento o falta de visibilidad. • Derrame de productos químicos, gases y sustancias agresivas. • Deficiencia de oxígeno. • Contaminantes tóxicos gaseosos o de partículas. • Presión sonora, por ruidos continuos.	**Cabeza** Casco de resistencia, isotérmico, etc. Capuz ignífugo. Capucha impermeable. Gorra. Cofia. Redes. **Ojos y cara** Gafas con cristal filtro, antiláser, etc. Máscara facial, visera. Protector facial de malla metálica. Capuz protector (isotérmico, antiquímico, etc.). Cremas protectoras. **Manos y brazos** Guantes, manoplas, mangas (impermeables, isotérmicos, de material emplomado, aislantes, ignífugos, desechables, de cuero, sintéticos) y cotas de malla. **Pies y piernas** Calzado especial (con puntera metálica, plantilla reforzada, suela aislante, térmica o conductora). Botas con polainas, botas de caña impermeable. Zapatillas desechables, forro de plástico desechable. **Cuerpo** Vestimenta especial (traje: impermeable, aislante, isotérmico, ignífugo, de resistencia química, de fibra conductora, reflectante o fluorescente). Delantales y mandiles (impermeables, de cuero, etc.). Chalecos de cuero, acolchados, de seguridad, etc. **Vías respiratorias** Equipo autónomo de oxígeno o aire fresco, de autosalvamento, de retención de polvo, niebla o humo. **Sistema auditivo** Tapones auditivos. Orejeras. Casco antirruido.

Actividad propuesta 12.4

¿Qué prendas de higiene y protección necesita una persona que trabaja en la pescadería de un supermercado?

12.5. Riesgos por incendios

Un incendio es un fuego incontrolado que se manifiesta por un gran destello de luz y calor. Sus efectos producen lesiones personales por humo, gases tóxicos y altas temperaturas, y daños materiales en las instalaciones, las mercancías y el propio edificio.

El fuego es una reacción química que se produce cuando intervienen simultáneamente tres elementos: una **materia combustible** capaz de arder (papel, cartón, madera, gasolina, plástico, etc.), un **carburante,** normalmente, el oxígeno del aire y una **fuente de calor** que proporciona la energía necesaria para activar la reacción.

Según la velocidad de reacción y propagación de las llamas, al fuego se le denomina: **combustión** (velocidad inferior a 1 m/s), **deflagración** (velocidad superior a 1 m/s) y **detonación** (velocidad mayor que la del sonido).

Importante

Cuando el calor generado por el propio fuego vuelve a crear nuevas reacciones químicas, el fuego es incontrolable mientras no se elimine uno de los tres elementos (combustible, comburente y fuente de calor).

Tipos de fuego

El comportamiento del fuego depende del combustible que ha iniciado el incendio y, según la norma UNE 23-010, se clasifica por letras en cuatro tipos:

- **Clase A:** el fuego se origina por la **combustión de materiales sólidos,** como madera, carbón, papel, tela, corcho o gomas.
- **Clase B:** el combustible son materias **sólidas grasas o líquidos combustibles,** por ejemplo: cera, parafina, grasas, alcohol, gasolina, plástico, disolvente, pintura, aceite.
- **Clase C:** el origen del fuego son los **gases inflamables,** como acetileno, metano, propano, butano, gas natural.
- **Clase D:** son los fuegos producidos por **metales especiales,** como aluminio, polvo, potasio, sodio, magnesio, plutonio, uranio.

Algunos incendios se producen por la presencia de corriente eléctrica, siendo su causa inicial electrodomésticos, transformadores o cables en mal estado. En estos casos, al peligro que representa el fuego en sí, hay que añadir el riesgo de electrocución y para apagarlo debemos adoptar ciertas precauciones, como desconectar la electricidad y utilizar extintores adecuados.

El fuego es uno de los riesgos más importantes por su capacidad destructiva, por eso la normativa para su prevención debe ser rigurosa.

El incendio es un potencial importante de pérdidas

Las estadísticas indican que cada año aumentan los daños materiales y las víctimas, procedentes del efecto directo del fuego, el calor y las llamas, así como por el efecto indirecto de gases calientes, corrosivos y tóxicos.

Sin embargo, no siempre se adoptan las medidas necesarias para prevenir el fuego o protegerse contra el mismo, pues cada vez es más abundante el uso de materias combustibles de todo tipo. Esto hace que se produzcan fuegos no deseados que causan lesiones personales, muertes, daños materiales y degradación del medio ambiente.

Prevención de incendios

La prevención de incendios consiste en controlar las causas que lo originan, adoptando medidas para eliminar dichas causas y evitar así la aparición del incendio. Un incendio se produce cuando hay combustible a temperatura suficiente para combinarse con el oxígeno del aire y lo podemos prevenir si impedimos que haya materiales combustibles en condiciones de peligro, focos de calor y aire en contacto con materiales oxidables.

Las medidas de prevención actúan sobre uno o varios de los tres elementos que componen el fuego con el objeto de aislarlos o eliminarlos, para así evitar su inicio. Pues si falla uno de los tres componentes, el fuego no se producirá.

Las medidas de prevención de incendios más importantes son:

- Eliminación del combustible. Se pueden sustituir los materiales combustibles por otras sustancias menos inflamables; recubrir el combustible con materiales ignífugos (protectores contra el fuego); limitar la cantidad almacenada (el material necesario para una jornada o turno) y colocarla en compartimentos resistentes al fuego.

El fuego se debe atacar por la base y no por arriba.

- Controlar los lugares donde se puede iniciar. Extremar el orden y la limpieza, para evitar la acumulación de embalajes, residuos, etc.; de fácil combustión y rápidos propagadores del fuego. Prohibición, en las áreas que lo requieran, de utilizar cerillas, mecheros y otros medios que generen calor.
- Regulación estricta de los trabajos que se realizan utilizando llamas abiertas y equipos eléctricos de soldadura o corte. Para el uso correcto de estos equipos es fundamental instruir a los empleados y extender un permiso de trabajo en el que se indiquen las medidas de protección y prevención que se deben adoptar.
- Mantenimiento periódico de las instalaciones eléctricas, sustituyendo los materiales deteriorados o averiados, y controlar la existencia de fuentes de electricidad estática conectadas a tierra.

Los lugares de peligro y vías de evacuación deben estar señalizados de forma clara.

12.5.1. Protección contraincendios

Las medidas de protección se establecen para evitar que se inicie un incendio, controlar y eliminar su propagación, reducir al mínimo las consecuencias y los daños personales y materiales que puede generar. Las medidas de protección contraincendios, en los almacenes, deben contemplar: protección estructural del edificio y locales, sistema de detección y alarma, plan de evacuación y plan de extinción.

Protección del edificio y anexos

Consiste en construir el local con materiales adecuados y dividido en zonas aisladas entre sí, que formen una barrera contra el avance del incendio. Cuando se produzca un incendio en una zona concreta quedará aislado y controlado en dicha zona, que actuará como barrera para evitar que pase al resto del local. Las medidas de seguridad que contempla esta protección son:

- **Muros o paredes cortafuegos** que dividan el local en zonas denominadas sectores de incendio. Las zonas con mayor riesgo de incendio deben estar separadas, para que el fuego no se propague.
- **Puertas contraincendios** colocadas en las aberturas de los muros cortafuegos y aislar los huecos de escaleras y ascensores mediante puertas o cerramientos con alta resistencia al fuego y herméticos al humo.
- **Techos resistentes al fuego** para evitar su propagación hacia las plantas superiores. Colocar en el tejado aberturas automáticas para la salida del humo, su eliminación es imprescindible puesto que dificulta la evacuación del personal.

Sistemas de detección y alarma

La función del sistema de detección y alarma de incendio es avisar para que se ponga en marcha la extinción del fuego y la evacuación del personal, si fuese necesario. Este sistema puede ser mediante:

- **Pulsadores manuales.** La persona que detecta el incendio debe activar el pulsador de alarma contra incendios más cercano y avisar inmediatamente al departamento de seguridad. Los pulsadores deben estar convenientemente distribuidos y señalizados, para su fácil localización.

¿Sabías que...?

El proyecto de obra de un almacén debe incluir la **Seguridad contraincendios,** para garantizar la infraestructura más adecuada y disminuir el riesgo de las instalaciones, los materiales y el personal.

Recuerda

La persona que detecte un incendio no debe intentar apagarlo, salvo cuando se trate de un incendio pequeño que no presente riesgo para su vida.

- **Detectores automáticos.** Consiste en instalar en el techo del edificio varios detectores de incendios, conectados a una central de control. Los detectores automáticos, ante la presencia de humo o fuego, activan la alarma y avisan al departamento de seguridad, para que se organice la extinción y posible evacuación del personal.

Detector automático de incendios.

Plan de evacuación

Las vías de evacuación (puertas, pasillos, escaleras o rampas) deben estar señalizadas con rótulos, provistas de alumbrado de emergencia y libres de obstáculos. El local dispondrá, al menos, de dos salidas opuestas que comuniquen con el exterior. Las puertas de emergencia tendrán una anchura mínima de 1,20 m y se abren siempre hacia fuera, para facilitar la salida.

Todos los trabajadores deben conocer el sistema de evacuación, cuyo objetivo es utilizar adecuadamente los medios de extinción disponibles y asegurar una salida ordenada y segura del personal; para ello, se debe instruir al personal realizando periódicamente simulacros de emergencia.

Plan de extinción

La extinción de incendios trata de controlar y apagar el fuego, en el menor tiempo posible, mediante el uso de agentes y equipos de extinción. Entre los medios o equipos contraincendios que deben estar disponibles en el almacén se incluyen:

Pulsador en caso de incendio.

- Extintores portátiles o sobre ruedas. Son aparatos que contienen una sustancia extintora (anhídrido carbónico) que se proyecta directamente sobre el fuego con el fin de apagarlo. El extintor manual es el primer elemento de intervención contra incendios.
- Bocas de incendio equipadas con mangueras. Las mangueras tienen un diámetro interior de 25 o 45 mm y una boquilla que permite la salida del agua en forma de chorro o pulverizada. Suelen estar enrolladas o plegadas sobre un soporte, dentro de un armario con una tapa de cristal para su visibilidad. Las bocas de incendio o puntos de toma de agua se ubican cerca de las puertas o salidas y la distancia entre ellas no debe dejar ninguna zona sin protección.
- Rociadores automáticos de agua *(sprinklers)*. Son unos dispositivos que se colocan en el techo del local; su función es detectar el fuego, dar la alarma y extinguir el incendio. Para ello, están conectados a tuberías de agua y la arrojan en forma de lluvia sobre el lugar concreto donde está el foco del incendio.

Los equipos automáticos de extinción de incendios se deben instalar en locales donde la propagación del fuego pueda ser rápida y sea necesaria una intervención urgente.

¿Sabías que...

También existen instalaciones automáticas de anhídrido carbónico y polvo químico.

Actividad propuesta 12.5

Hacer un recorrido por todos los pasillos y aulas de vuestro centro para comprobar y hacer un inventario de los extintores, las puertas de emergencia o evacuación en caso de incendio, los pulsadores para avisar del incendio, los detectores automáticos instalados en el techo, etcétera.

Comprobar también la fecha de revisión-carga de los extintores, si funcionan los detectores automáticos, si están señalizadas las puertas de evacuación o si, por el contrario, no se pueden abrir o existe algún obstáculo que impida su visibilidad o fácil apertura.

Importante

Cuando tengamos que utilizar agua, para la extinción de un incendio, antes debemos desconectar la electricidad.

12.5.2. Actuación en caso de incendio

Cuando se descubre un conato de incendio la forma correcta de actuar es la siguiente:

- Avisar rápidamente al inmediato superior o al servicio de extinción (equipo de protección de incendios de la empresa y bomberos). Nos aseguraremos que el mensaje se ha recibido correctamente y/o activaremos el pulsador de emergencia más próximo.
- Si estamos seguros de poder apagar el fuego utilizaremos los extintores adecuados más próximos, hasta que lleguen los componentes del Equipo de Primera Intervención. El fuego se debe atacar por la base y no por arriba y la posición correcta es situarnos entre la puerta y el fuego.
- Si en el primer intento no conseguimos apagar el fuego debemos conservar la calma y actuar con rapidez, pero no correr, ni gritar, para evitar que se extienda el pánico.
- Tenemos que cerrar las puertas para que no se propague y ponernos en contacto con los componentes del Equipo de Primera Intervención, estos alejarán inmediatamente a todas las personas que no tengan una misión concreta en los trabajos de extinción.
- Debemos seguir las instrucciones del guía de evacuación. Antes de abrir cualquier puerta debemos tocarla con la mano y, si está muy caliente, nos alejamos sin abrirla. Para abrir una puerta de la zona donde está el fuego hay que hacerlo despacio, pegado a la pared y del lado del pomo, nunca de frente.
- Cuando estemos bloqueados por el humo debemos: agacharnos para respirar aire fresco, taparnos la nariz y la boca con un pañuelo, a ser posible húmedo y salir de la zona gateando, arrastrándonos por el suelo; no utilizar ascensores ni montacargas. En caso de que se prenda la ropa, nos tiraremos al suelo y rodaremos hasta que se apague.

Una de las medidas preventivas contraincendios consiste en revisar y mantener las instalaciones eléctricas en perfectas condiciones.

Adaptación del agente extintor al tipo de fuego

Los denominados «agentes de extinción» o sustancias extintoras que más se utilizan son:

- **El agua:** extingue el fuego por enfriamiento y se puede utilizar en forma de chorro o pulverizada. Su aplicación más importante es para fuegos de Clase **A** (sólidos). También se puede utilizar para fuegos de Clase **B** (sólidos grasos y líquidos combustibles), pero únicamente en forma pulverizada. El agua es muy útil para refrigerar tanques de líquidos, gases expuestos al calor del incendio y depósitos de gases incendiados, cuando no se puede cortar la fuga. Pero no se debe utilizar sobre instalaciones eléctricas.
- **La espuma física:** cubren la materia que arde, impide el contacto «combustible-oxígeno del aire», sofocando el incendio. La espuma física es muy eficaz para combatir incendios de Clase **B** (sólidos grasos y líquidos combustibles) y de Clase **A** (sólidos). Pero no se puede utilizar para fuegos líquidos solubles en agua, como el alcohol; en estos casos, se debe utilizar una espuma especial que se conoce como «espuma antialcohol» y sirve para todos los líquidos solubles en agua.

- **Los polvos químicos secos:** son el polvo BC o «normal» y el polvo ABC «polivalente» o «antibrasa». El **polvo BC** extingue el fuego por sofocación e inhibición de la reacción y se aplica para fuegos Clase **B**. El **polvo ABC** extingue fuegos Clase **A** y Clase **B**; también impide que se reinicien, pero cuando el combustible es sólido hay que enfriarlo con agua. Ambos tipos de polvo, BC y ABC, sirven para apagar fuegos de Clase **C** (gases combustibles), pero la extinción no es aconsejable cuando no se puede controlar posteriormente la fuga.
- **El anhídrido carbónico:** conocido como «nieve carbónica» (fórmula química CO_2) se utiliza como gas licuado, se evapora al salir del extintor absorbiendo calor y provocando un descenso de la temperatura. Extingue el fuego por sofocación, no ensucia las instalaciones y penetra por los huecos y rendijas. Se aplica para la extinción de fuegos Clase **B** y para fuegos producidos en instalaciones eléctricas por su mala conductividad.

Importante

El anhídrido carbónico no se debe proyectar directamente contra mecanismos que pueden resultar dañados por bajas temperaturas. También se debe evacuar el lugar donde se utilice si es pequeño, por riesgo de asfixia.

Tabla 12.6. Agentes extintores según el tipo de fuego

Clase A Materias sólidas	Clase B Líquidos combustibles	Clase C Gases inflamables	Clase D Metales especiales
• Agua pulverizada • Agua a chorro • Espuma física • Polvo polivalente • Anhídrido carbónico	• Polvo normal • Polvo polivalente • Espuma física	• Cerrar la válvula • Refrigerar el recipiente • Polvo polivalente • Polvo normal	• Productos específicos

Debemos elegir el tipo de extintor adecuado para cada caso.

Resumen 12

Normas de seguridad laboral:

- Normas generales: su cumplimiento afecta a todos los departamentos de empresa.
- Normas específicas: se aplican para actividades de alto riesgo y tareas críticas.
- Permisos de trabajo: se conceden o se prohíben para operaciones de alto riesgo.

Factores de riesgo en el almacén:

- Equipos de trabajo (máquinas, herramientas, instalaciones) que pueden causar accidentes, aplastamiento, atropellos, cortes y caídas.
- Condiciones ambientales que debilitan la salud del trabajador por la exposición a ruidos, vibraciones, vapores, gases, agentes químicos o biológicos, etcétera.
- Carga de trabajo y esfuerzos físicos que ocasionan lesiones en la espalda y las articulaciones.
- Organización del trabajo, asignación de tareas, turnos de trabajo, relaciones sociales y jerárquicas, que pueden provocar: ansiedad, estrés, insatisfacción laboral, etcétera.

Daños en la salud del trabajador:

- Accidente laboral.
- Enfermedad profesional.
- Fatiga laboral.
- Insatisfacción laboral.

Medidas preventivas de seguridad:

- Mantener el orden y la limpieza en las zonas de trabajo.
- Depositar en recipientes específicos los desperdicios, recortes, desechos de embalajes, etcétera.
- Mantener libres de obstáculos los suelos, pasillos, escaleras, accesos, etcétera.
- Señalizar lugares de almacenaje y pasillos, estableciendo normas de acceso.
- Advertir, mediante señales, de la presencia de obstáculos y áreas de peligro.
- Vigilar los niveles de temperatura, humedad, ventilación, iluminación, etcétera.
- Establecer y cumplir las normas para el almacenaje, manejo de cargas, materiales y máquinas.
- Utilizar equipos y prendas de protección personal.

Señales de seguridad:

- Símbolos normalizados (formas geométricas y señales en forma de panel).
- Colores que se aplican trazando marcas en suelo y paredes.
- Señales acústicas que se transmiten a través de alarmas y sirenas.
- Señales luminosas que se representan mediante contrastes de luz intermitente o continúa.
- Señales gestuales (movimientos de brazos y manos).
- Avisos de seguridad mensajes que se transmiten mediante paneles, rótulos, megafonía, etcétera.
- Balizamientos: barreras fijas o móviles, señales luminosas, banderolas o cintas.

Medidas de prevención de incendios:

- Adoptar medidas para evitar la aparición del incendio.
- Instalar un sistema de protección y alarma.
- Controlar los focos de ignición del fuego.
- Establecer medidas estrictas para trabajos con llama abierta y equipos eléctricos.
- Mantener de forma periódica las instalaciones eléctricas.
- Formar al personal sobre el plan de evacuación.

Actividades de comprobación

Actividad 12.1

Indica **la** respuesta correcta de las siguientes cuestiones:

1. **¿Quién está obligado a evitar los riesgos, combatiéndolos en su origen, y evaluar aquellos que no se puedan evitar realizando controles periódicos de las condiciones laborales?**
   a) El trabajador.
   b) El empresario.
   c) El servicio encargado de la Seguridad integrada.

2. **No poner fuera de funcionamiento y utilizar correctamente los dispositivos de seguridad existentes o que se instalen en los medios relacionados con su actividad así como en los lugares de trabajo en los que esta tenga lugar, es una obligación del:**
   a) Trabajador.
   b) Empresario.
   c) Servicio encargado de la Seguridad integrada.

3. **Contribuir al cumplimiento de las obligaciones establecidas por la autoridad competente, con el fin de proteger la seguridad y la salud de todos los trabajadores en el trabajo, es una obligación del:**
   a) Trabajador.
   b) Empresario.
   c) Servicio encargado de la Seguridad integrada.

4. **Las señales de prohibición son de color:**
   a) Azul.
   b) Rojo.
   c) Verde.

5. **Las señales con forma de triángulo, con símbolo NEGRO sobre fondo NARANJA y borde NEGRO, se utilizan para:**
   a) Advertir sobre productos nocivos o irritantes.
   b) Advertir de la utilización de equipos de protección (gafas, casco, botas, etc.).
   c) Advertir de las salidas de emergencia o equipos de salvamento.

6. **La ventilación del local tiene por objeto renovar el aire, reponer el oxígeno y eliminar el aire viciado. Para ello se puede utilizar:**
   a) Ventilación forzada con campanas extractoras de humos, polvo o vapores.
   b) Extracción localizada con ventiladores o equipos de aire acondicionado, que permitan renovar el aire.
   c) Ventilación natural con abertura de puertas y ventanas que comun quen con el exterior.

7. **Debemos utilizar calzado de seguridad normalizado:**
   a) Cuando tengamos que manipular productos o sustancias resbaladizas.
   b) Cuando el producto tiene partes o elementos cortantes, que no es posible eliminar.
   c) Cuando estemos manipulando productos pesados, que se pueden caer.

8. **Para que los equipos y las instalaciones del almacén funcionen correctamente se debe hacer un sistema de mantenimiento:**
   a) Correctivo, midiendo el grado de desgaste de los elementos críticos para sustituirlos antes de que se averíen o fallen.
   b) Preventivo, revisando el estado de equipos e instalaciones y sustituyendo los elementos vulnerables o críticos.
   c) Predictivo, reparando las averías en el momento que se producen o las comunican los usuarios.

9. **Las sustancias peligrosas que al ponerse en contacto con el organismo irritan o destruyen los tejidos, causando necrosis, se denominan:**
   a) Corrosivas.
   b) Tóxicas.
   c) Nocivas o irritantes.

10. **Según la norma UNE 23-010 los fuegos se clasifican dependiendo del combustible afectado en el incendio, por ejemplo:**
    a) Clase B: el combustible son materias sólidas (madera, carbón, papel, tela, corcho, gomas).
    b) Clase C: el combustible es un gas inflamable (acetileno, metano, propano, butano, gas natural).
    c) Clase D: el combustible son materias sólidas grasas o líquidos combustibles (cera, parafina, grasas, alcohol, gasolina, plástico, disolvente, pintura, aceite).

Actividades finales

Actividad 12.2

Indica si son verdaderas o falsas las siguientes afirmaciones:

1. La enfermedad profesional se refleja por daños o lesiones que sufre el trabajador al realizar su actividad.
2. La insatisfacción laboral es una consecuencia de trabajos rutinarios y falta de comunicación en las relaciones laborales y jerárquicas.
3. El accidente laboral es un deterioro lento y progresivo de la salud del trabajador.
4. El color de seguridad verde es indicativo de una advertencia.
5. Las señales de seguridad no eliminan el peligro por sí solas.
6. Al color de seguridad rojo le corresponde el color de contraste amarillo.
7. La señal de seguridad de salvamento es redonda y tiene el símbolo blanco sobre fondo azul.
8. El ángulo que forman entre sí los ramales de una eslinga abrazando la carga disminuye la resistencia de la eslinga.
9. Un combustible es toda sustancia que es capaz de arder.
10. Los fuegos de clase B son provocados por materias sólidas.

Actividad 12.3

La mayoría de los accidentes laborales que se producen en el almacén tienen su origen en los denominados «factores de riesgo», como: equipos de trabajo, condiciones ambientales, carga de trabajo y organización del trabajo.

Cita algunos ejemplos de cada factor e indica el accidente o daño que pueden causar en la salud de los trabajadores.

Actividad 12.4

¿Qué características presentan los daños o las lesiones que puede sufrir el trabajador que realiza su actividad en condiciones deficientes?

Actividad 12.5

¿Cuáles son los objetivos del sistema de señalización, como medida preventiva en materia de seguridad e higiene laboral?

Actividades de aplicación

12.6. Un operario estaba trasladando una carga suspendida de una eslinga. La carga se desprende de uno de los ramales y golpea a otro trabajador que pasaba.

Se pide:

Analizar las posibles causas del accidente ¿qué medidas de seguridad se deberían haber tomado?

12.7. El operario de un almacén estaba trasladando con una carretilla cargas largas; para no chocar con otros bultos que estaban en el suelo llevaba las horquillas a una altura de un metro y, para tener mejor visibilidad, bajaba las pendientes con la carga delante. En uno de los trayectos, la carga se salió y aplastó a un trabajador que pasaba por la zona.

Se pide:

Analizar las posibles causas del accidente, ¿qué medidas de seguridad se deberían haber tomado?